北欧商業史の研究

北欧商業史の研究

―― 世界経済の形成とハンザ商業 ――

谷澤　毅 著

知泉書館

目　次

地図　ハンザ・北欧商業圏 …………………………………………………… x

序　論 ……………………………………………………………………… 3
　1　問題意識と研究動向，本書の構成 ………………………………… 3
　2　史料について──ポンド税台帳 …………………………………… 21

第Ⅰ部
バルト海・北海間商業におけるリューベック

第1章　ハンザ盛期におけるバルト海・北海間の内陸商業
　　　　　──リューベック・オルデスロー間商業の記録から ……… 31
　はじめに ………………………………………………………………… 31
　1　内陸路によるバルト海・北海間の連絡 …………………………… 34
　2　内陸路によるバルト海・北海間商業
　　　──リューベック・オルデスロー間の商品流通を手がかりとして ……… 39
　　(1)　リューベックのバルト海・北海間商業 ……………………… 39
　　(2)　バルト海向け輸出商品 ………………………………………… 43
　　(3)　北海向け輸出商品 ……………………………………………… 46
　3　輸送──トラーフェ川の水運 ……………………………………… 50
　小　括 …………………………………………………………………… 54

第2章　ハンザ後期におけるバルト海・北海間の内陸商業
　　　　　──リューベック・ハンブルク間商業の記録から ………… 55
　はじめに ………………………………………………………………… 55

1　本章で依拠する史料について………………………………………56
　　2　リューベック・ハンブルク間の経路………………………………59
　　3　リューベック・ハンブルク間の商品流通…………………………61
　　　⑴　概要………………………………………………………………61
　　　⑵　主要商品…………………………………………………………66
　　小　括……………………………………………………………………72

第3章　リューベックにおけるロシア・リーフラント産品の取引……………………………………………………………75
　　はじめに…………………………………………………………………75
　　1　リューベックの対ロシア・リーフラント商業……………………78
　　2　ロシア・リーフラント産品流通の背景——蜜蠟の場合…………83
　　3　リューベックにおけるロシア・リーフラント産品の流通………89
　　　⑴　ポンド税台帳の記録……………………………………………89
　　　⑵　リューベック商人の申告証書の記録…………………………95
　　小　括——第3章のまとめと第Ⅱ部への展望………………………98

第Ⅱ部
世界経済形成期のハンザ商業
——国際商業のなかのハンザ都市——

第4章　ハンザ転換期におけるバルト海情勢と商業
　　　　　　——ハンザ・オランダ・デンマーク………………………105
　　はじめに…………………………………………………………………105
　　1　ハンザ・オランダ関係の変化……………………………………108
　　2　オランダのバルト海進出とハンザの対応………………………114
　　3　ハンザ・オランダ・デンマーク…………………………………121
　　　⑴　ハンザ・デンマーク関係の変化………………………………121
　　　⑵　ハンザ・デンマーク戦争………………………………………125
　　　⑶　ハンザ・オランダ戦争…………………………………………128
　　小　括——ハンザ都市間の利害対立………………………………135

第5章 バルト海・北海間商業におけるリューベックと
　　　　ダンツィヒ……………………………………………………… 138
　　はじめに ………………………………………………………………… 138
　　1　ダンツィヒの海上商業 ……………………………………………… 140
　　2　リューベックの海上商業 …………………………………………… 151
　　3　リューベックとダンツィヒの商品取引 …………………………… 158
　　小　括——ハンザの衰退について …………………………………… 164

補論　スウェーデン産銅の流通とリューベック ……………… 170
　　はじめに ………………………………………………………………… 170
　　1　ヨーロッパ経済のなかのスウェーデン産銅 ……………………… 173
　　2　スウェーデン産銅とリューベック ………………………………… 178

第6章　ケルンの通商動脈とバルト海商業 ……………………… 182
　　はじめに ………………………………………………………………… 182
　　1　ケルンの取引網 ……………………………………………………… 185
　　2　ケルン商人の北ドイツ・バルト海商業 …………………………… 192
　　　（1）リューベック ……………………………………………………… 193
　　　（2）ダンツィヒ ………………………………………………………… 197
　　3　交易路——ケルンの通商網のなかのリューベック・バルト海 … 200
　　小　括 …………………………………………………………………… 205

補論　ケルンの対イングランド商業——ハンザ除名の経済史的背景 … 207
　　はじめに ………………………………………………………………… 207
　　1　ケルンとイングランド ……………………………………………… 208
　　2　ハンザ内におけるケルンの孤立——ハンザからの除名 ………… 214
　　小　括 …………………………………………………………………… 220

第7章　ハンブルクの商業発展と大陸内商業 …………………… 224
　　はじめに ………………………………………………………………… 224
　　1　ハンブルクの商業発展——ハンザ時代からの概観 ……………… 226
　　2　大航海時代の到来とハンブルクの商業 …………………………… 232

3　ハンブルクと大陸内諸地域との商業関係……………………………238
  (1)　中世後期のエルベ川商業……………………………………………238
  (2)　ハンブルク・ライプツィヒ間商業…………………………………242
  (3)　17世紀におけるエルベ川商業の展開………………………………247
 小　括──第7章のまとめと第Ⅲ部への展望……………………………254

第Ⅲ部
ハンザ後期リューベックのバルト海内商業

第8章　スコーネ（ショーネン）を中心としたデンマークとの商業──15世紀末のポンド税台帳の記録から………………259
 はじめに………………………………………………………………………259
 1　商　品………………………………………………………………………261
  (1)　リューベックの輸入──鰊を中心に………………………………262
  (2)　リューベックの輸出──塩を中心に………………………………265
 2　商　人………………………………………………………………………269
 3　船長・船舶…………………………………………………………………274
 小　括…………………………………………………………………………278

補論　リューベックの対メクレンブルク・ポメルン商業…………279
 はじめに………………………………………………………………………279
 1　取引相手都市の確認──史料的制約との関連で………………………280
 2　商　品………………………………………………………………………283
 3　商　人………………………………………………………………………286
 4　船長・船舶…………………………………………………………………288
 小　括…………………………………………………………………………290

第9章　ドイツ北部・デンマーク間の商業関係
　　　──バルト海南西海域を舞台として……………………………292
 はじめに………………………………………………………………………292
 1　近世リューベックのバルト海商業………………………………………294
 2　ドイツ北部の対デンマーク商業…………………………………………299

　　　　　　　　　　目　　次　　　　　　　　　ix

　　⑴　航　海………………………………………………299
　　⑵　商　品………………………………………………304
　3　デンマークの対ドイツ商業…………………………314
　小　括……………………………………………………321

結　　び………………………………………………………323

あとがき…………………………………………………………329
初出一覧…………………………………………………………334
参考文献…………………………………………………………335
索　引……………………………………………………………369

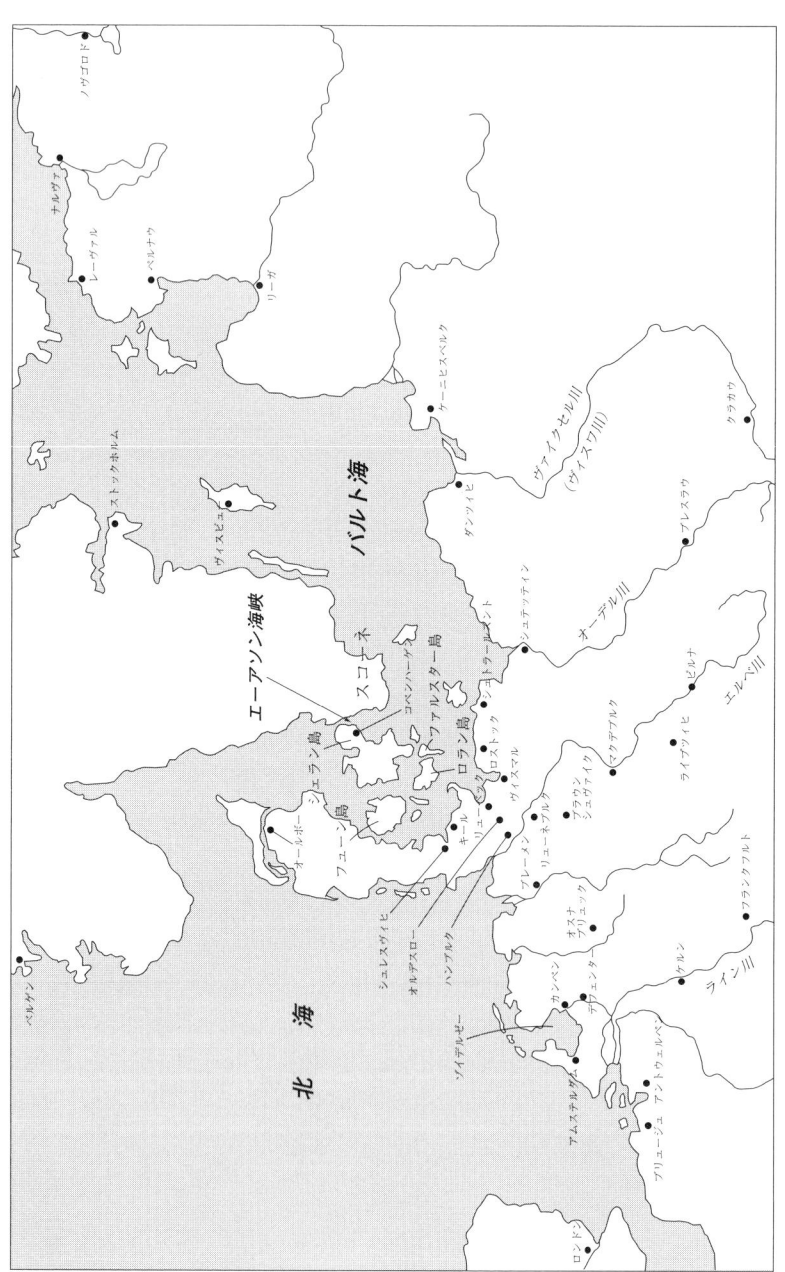

北欧商業史の研究
――世界経済の形成とハンザ商業――

序　論

1　問題意識と研究動向，本書の構成

問題意識

　本研究は，ヨーロッパの北の海域で繰り広げられた広域的な商業について，主にドイツの港湾都市リューベックに視点を置きながら，14世紀から17世紀までとやや長期的な時間軸の中で検討しようとするものである。このおよそ400年の長きにわたる期間は，ヨーロッパが中世から近世へと徐々に移行しつつあった時期であり，とりわけ1450年から1650年にかけての200年は，大きな変革期に該当した。経済面で著しい飛躍を見せたこの時代は，ブローデルが述べるように，「ヨーロッパが栄光に輝く時代」であったといえるだろう[1]。大航海時代を迎えたヨーロッパは経済拡大の過程に突入し，自らを中心とするグローバルな経済（ヨーロッパ世界経済）を生み出し，世界市場を形成していった。その過程でヨーロッパ経済の重心は，これまでのアジアの窓口であった地中海ヨーロッパからやがて環大西洋経済の窓口となる大西洋・北海に面した北西ヨーロッパへと移動していく[2]。

---

　1)　フェルナン・ブローデル（浜名優美監訳）『ブローデル歴史集成Ⅱ　歴史学の野心』藤原書店，2005年，第2章-1「ヨーロッパの拡大と資本主義（1450-1650年）」，381-382ページ。
　2)　むろん，その過程は急激なものではないとはいえ，このような変化を念頭に置くのであれば，16世紀の地中海世界を扱った同じブローデルの『地中海』は，繁栄の中心が北

だが，ヨーロッパで世界経済誕生の影響が及んだのは，地中海や大西洋の沿岸地域に限られない。その影響は，中世以来地中海と並ぶ商業圏を成してきた北のハンザ・北欧商業圏をはじめ，ヨーロッパの大陸内部にまで及んだ[3]。例えば，ウォーラーステインによれば，16世紀になるとこれまで別々に存在した地中海貿易圏と北欧貿易圏が結合したと解釈される[4]。「北の地中海」と呼ばれるバルト海を含むヨーロッパの北の諸地域（北方ヨーロッパ）も[5]，新たに誕生した世界経済へと組み込まれ，商業面に限っても様々な変化に直面していく。しかし，北方ヨーロッパの商業が，いわゆる「長い16世紀」の経済拡大の転換期を経て大きく

西ヨーロッパへ移動しつつあるさなかの，没落前の爛熟期を迎えた地中海を描いた作品として見なすことができる。フェルナン・ブローデル（浜名優美訳）『地中海』全5巻，藤原書店，1991-95年。同書では，バルト海・北海も地中海と交易関係にあった地域として「最大規模の地中海」に含まれる。

　3）　16世紀の大規模な変動は，東西ヨーロッパ間商業におけるバルト海の意義を他の地域にもまして高めたとともに，内陸の通商路にも影響を与えたという。Miroslav Hroch, Die Rolle des zentraleuropäischen Handel im Ausgleich der Handelsbilanz zwischen Ost- und Westeuropa 1550-1650, in: I. Bog (Hg.) Der Außenhandel Ostmitteleuropas 1450-1650, Köln, 1971. S. 1.

　4）　Immanuel Wallerstein, The Modern World-System I: Capitalist Agriculture and the Origins of the European World-Economy in the Sixteenth Century, New York, 1974, p. 68. 邦訳（川北稔訳）『近代世界システム――農業資本主義と「ヨーロッパ世界経済」の成立』I，岩波書店，1981年，102-103ページ。これまでも中世のヨーロッパでは，国際的な商品の流通や商人の移動が認められてきた。フリッツ・レーリヒ（瀬原義生訳）『中世の世界経済――一つの世界経済時代の繁栄と終末』未来社，1969年。「中世の世界経済」とは，「まだまったく未完成な内・外の王朝国家に対して，諸都市が断然優越しているような政治情勢から理解されるべき」ものであるとされる。『中世の世界経済』，74-75ページ。それゆえ，「中世の世界経済」は，ヨーロッパにおける国家の存在が前提とされる「近代世界システム」の「世界経済」とは異質なものと考えることができる。

　5）　「北の地中海」という表現を用いた例として，例えば以下を参照。ロバート・S・ロペス（松宮浩憲訳）『中世の商業革命――ヨーロッパ950-1350』法政大学出版局，2007年，143-151ページ。Herbert Langer u. Hans-Joachim Hacker, Fernhandel und Feudalmacht im Ostseeraum in der frühen Neuzeit (1560-1660), in: Der Ost- und Nordseeraum, AHS, Bd. 25, 1986. S. 37. Henryk Samsonowicz, Wirtschaftsbeziehung zwischen Schweden und dem Weichselgebiet im Spätmittelalter, in: Visby Colloquium des Hansischen Geschichtsvereins, hg. v. K. Friedland, QDHG, NF, Bd. 32, Köln, 1987, S. 3. 本研究では，スカンディナヴィアを中心とするいわゆる「北欧」と区別するために，アルプス以北のヨーロッパを指す言葉として「北方ヨーロッパ」を用いる。また，バルト海・北海沿岸を含むハンザの商業圏を意味する言葉として，しばしば「ハンザ・北欧商業圏」という言葉を用いている。なお，「北方ヨーロッパ」という言葉を用いるに際しては，以下からの示唆があった。玉木俊明『北方ヨーロッパの商業と経済　1550-1815年』知泉書館，2008年。

変質していくとはいえ、転換期の前と後に共通する点を指摘することもできる。それは、北方ヨーロッパがドイツ・ハンザ（ハンザ同盟）の商業活動の舞台であり、またその伝統により刻印されていたということである。

　ハンザとは、外地での商業権益の獲得とその維持を目的として主にバルト海・北海沿岸地域に成立したドイツの商人や都市の連合体であり、ドイツ本国ではドイツ・ハンザ、また我が国ではハンザ同盟と呼ばれる[6]。その実態は極めてつかみ所がなく、はたしてハンザがいつ成立して消滅したかを確定することはできない。幾つかあるハンザの通史では、12世紀のリューベックの建設から17世紀の最後のハンザ都市会議（ハンザ総会）までが扱われているので、このおよそ500年間が、組織としてのハンザの存続期間であったと見なすことができよう。この間、ハンザは、14世紀中頃を境として商人の団体から都市の同盟に類似した結合体へと変質を遂げたが、厳密に言えばハンザは同盟ではなかった[7]。ハンザ商業の主軸を成したのは、東からノヴゴロド・レーヴァル・リーガ/ヴィスビュー・ダンツィヒ・シュトラールズント・リューベック・ハンブルク・ブリュージュ（ブリュッヘ）・ロンドンを結ぶラインであった[8]。これにリューベック・フランクフルトなど、南北の経路が主要都市で交差して主な通商路が形づくられ、ハンザ・北欧商業圏の動脈を成した。ハンザ商業の影響が及んだ南限としては、例えば「ケルン・クラ

---

　6)　ハンザを成り立たせていた権益とは、シュプランデルに従い、次のようにまとめられる。1. 外地での取引活動の公的認可、2. 所有権の保証、とりわけ難船の際、相続・遺言書の作成に際して、3. 関税特権、4. 計量、貯蔵などに際しての市場での特権、5. 法律面での優遇。Rolf Sprandel, Die Konkurrenzfähigkeit der Hanse im Spätmittelalter, in: HGbll, 102, 1984, S. 21. もともとハンザという言葉は、「商人組合」や「団体」などを意味したほか、「納付金」、「税」という意味で用いられたこともあった。高橋陽子「サン＝トメールのハンザに関する一考察──13世紀を中心に」、『西洋史学』第164号、1991年、53ページ。ハンザについての端的な解説は以下を参照。高橋理「ハンザ同盟」、川北稔責任編集『歴史学事典1　交換と消費』弘文堂、1994年、680-685ページ。小野寺利行「ハンザ」、木村靖二編『ドイツの歴史──新ヨーロッパ中心国の軌跡』有斐閣、2000年、33-38ページ。

　7)　高橋理『ハンザ同盟──中世の都市と商人たち』教育社歴史新書、1980年、26-29, 52-54ページ。

　8)　Franz Irsigler, Der hansische Handel im Spätmittelalter, in: Die Hanse. Lebenswirklichkeit und Mythos. Textband zur Hamburger Hanse-Ausstellung von 1989, hg. v. J. Bracker, V. Henn und R. Postel, Lübeck, 1999, S. 701.

カウ（現クラクフ）軸」が想定されている[9]。ハンザに属していた都市はハンザ都市と呼ばれた。ハンザが組織としての実態をなくした後も，ハンザ都市が多い地域はハンザ地域と見なされたほか[10]，リューベックとハンブルク，ブレーメンをはじめ，かつてハンザの有力なメンバーであった都市は，現在でも正式には「ハンザ都市」を名乗る[11]。かつてハンザ・北欧商業圏に含まれていた北方ヨーロッパ一帯には，現在に至るまでハンザ商人の活動の足跡やハンザ都市繁栄の痕跡が残されている[12]。

さて，ハンザは組織としては曖昧な存在であったとはいえ，およそ500年を通じて成長から衰退までのサイクルを見せた。その盛衰を本研究では，ハンザ史学の伝統に従って，発展期・盛期・衰退期の三つの時代に区分するとともに[13]，それぞれが該当する時期を以下のように設定しておく。

(1) ハンザ前期（形成・発展期）：リューベックが建設されていく12世紀から1360年代のデンマーク戦争に勝利するまで。
(2) ハンザ盛期：デンマーク戦争における勝利から15世紀初頭まで。
(3) ハンザ後期（停滞・衰退期）：15世紀中頃から組織としてのハンザが消滅する17世紀後半まで。

---

9) ハメル-キーゾーは，バルト海産品の供給を通じてハンザの影響が及んだ南限を，エルフルト，ブレスラウ（現ブロツワフ）を経由する「ケルン・クラクウ軸」に設定している。Rolf Hammel-Kiesow, Hanseatic Leage, in: The Oxford Encyclopedia of Economic History, Vol. 2, Oxford, 2003, pp. 495, 497.

10) 例えば，ハンザ消滅後の18世紀のフランスの貿易統計では，「ドイツ」とは別に「ハンザ諸都市（Villes hanséatiques）」，「北方諸国（Nord）」といった項目がハンザ諸都市のために設けられていた。服部春彦『フランス近代貿易の生成と展開』ミネルヴァ書房，第2章，51-106ページ，特に101ページ，注40を参照。

11) リューベックとハンブルク，ブレーメンは「ハンザ3都市（drei Hansestädte）」と呼ばれる。Hermann Kellenbenz, Die Hanse und die Städte Lübeck, Hamburg und Bremen, in: Geschichte der deutschen Länder, Territorienplatz, 1. Band: hg. v. G. Wilhelm Sante, Würzburg, 1964, S. 451. また，例えば，ハンブルクの正式名称は，Freie und Hansestadt Hamburgである。

12) ハンザゆかりの都市の多くはユネスコの世界遺産に指定され，観光地としても注目されていることから，近年では以下のようなハンザ都市を題材とした一般書も刊行されるようになった。永松美穂『ドイツ北方紀行』NTT出版，1997年。旅名人ブックス3『北ドイツ』日経BP社，2006年。

13) Johannes Ludwig Schipmann, Politische Kommunikation in der Hanse (1550-1621). Hansetage und Westfälische Städte, QDHG, NF, Bd. 55, Köln/Weimar/Wien, 2004, S. 6.

序　論

本研究で考察の対象とするのは，(2)のハンザの盛期から(3)の後期にかけてである。ここで，ハンザの盛期と衰退期の時期の設定に関してどのような見方があるのか，簡単に振り返っておくことにしたい。

ハンザ研究の流れを戦前と戦後とに分けて大きく区分すると，研究の中心は政治・外交史から社会・経済史へと移ったように見える[14]。政治・外交史に重きを置く研究は，第二次世界大戦以前のドイツにおけるナショナリズムの高まりのなかで進められた。概してそれらの研究は，例えば，デーネルやシェーファーの著作から感じ取ることができるように，ハンザが関わった戦争や勝ち得た外交的な成果にドイツの栄光を見いだそうとするものであった。このような観点からハンザの歴史を見れば，幾多の戦争を乗り越え，ユトレヒト条約の締結（1474年：第6章補論参照）に代表される華々しい外交的な成果が生み出された15世紀こそが，ハンザの盛期にふさわしいとされる。デーネルの『ハンザの最盛期』は，記述の中心をまさに15世紀においている[15]。

これに対して，社会・経済に主眼を置いた研究からは，ハンザの盛期をもっと早期に設定する見解が生み出されてきた。例えばレーリヒは，デンマーク戦争における勝利（シュトラールズント条約：1370年）をもってハンザの最盛期とし，その後ハンザは数々の困難に見舞われ，守旧的な姿勢を取るようになると述べる[16]。シュトラールズント条約の締結とその直後の時期をハンザ最盛期と見なす見解は，戦後，ブラントやドランジェなどといった西側の研究者たちによって継承され，広く受け入れられるようになった[17]。一方，シュタルクやシルトハウアー，フリッツ

---

14) Walter Stark, Lübeck und Danzig in der zweiten Hälfte des 15. Jahrhunderts. Untersuchungen zum Verhältnis der wendischen und preußischen Hansestädte in der Zeit des Niedergangs der Hanse, AHS, Bd. 11, Weimar, 1973, S. 8.

15) Ernst Daenell, Die Blütezeit der deutschen Hanse, 3. Auflage, 2 Bde, Berlin/New York, 2001. シェーファーについては以下を挙げておく。Dietrich Schäfer, Die deutsche Hanse, Bielefeld/Leipzig, 1925.

16) Fritz Rörig, Großhandel und Großhändler im Lübeck des 14. Jahrhunderts, in: Wirtschaftkräfte im Mittelalter, zweite Aufl. hg. v. P. Kaegbein, Wien/Köln/Graz, 1971, S. 216-246. Ders. Außenpolitik und innerpolitische Wanderungen in der Hanse nach dem Stralsunder Frieden 1370, in: Wirtschaftkräfte im Mittelalter, S. 147-166.

17) Ahasver von Brandt, Geist und Politik in der lübeckischen Geschichte, Lübeck, 1954, S. 26. Philippe Dollinger, Die Hanse, 4. erweiterte Auflage, Stuttgart, 1989, S. 197.

ェといった旧東独系の，まさに社会・経済を重視する史的唯物論に当時依拠した研究も，15世紀初頭以降，ハンザおよびハンザ都市が次第に様々な困難に見舞われていったことを指摘している[18]。総じていえば，シュトラールズント条約が締結されたのち，15世紀とは，これまでのようにハンザの最盛期とされるのではなく，ハンザの成長が滞りがちになった停滞から衰退に向けての転換期とされる。このような見方が戦後一般的となったといえるだろう。

しかし，その一方でもっと遅い時期にハンザの衰退期を設定する見方も，やはり存在する。例えばツェルナーは1550—1600年を衰退期として考察の対象としている。ハンザの衰退に関してしばしば取り上げられるのはピッツの学説である。彼のとらえ方の特徴は政治と経済とに分けて16世紀のハンザを論じる点にあり，政治的に見れば16世紀にハンザは衰退したといえるが経済的には発展傾向を示していたとする彼の見解には，ジェンクスも同調している[19]。そうした点を踏まえてのことなのであろう，近年ハンザ後期を衰退（Niedergang）期ではなく過渡（Übergang）期とする観点からとらえようとする見方が登場している。すなわち，ハンザの衰退が指摘されるとしても，それは組織の構造を見て言える限りのことであり，それは，いわば貨幣の一面にすぎない。しかしもう一面として，ハンザの商業都市は繁栄を続ける，という見解である[20]。こうした現象をかつてオレヒノヴィッツはパラドックスとして捉え，「ハンザ衰退期におけるハンザ都市の海上商業は繁栄期にあった」と述べた。この矛盾は，フリートラントによっても指摘されている[21]。

---

18) Johannes Schildhauer, Konrad Fritze und Walter Stark, Die Hanse, Berlin, 1974, S. 197.

19) Klaus-Peter Zoellner, Seehandel und Handelspolitik der Hanse in der Zeit ihres Niedergangs (1550-1600), in: Jahrbuch für Wirtschaftsgeschichte, 1970/III, S. 221-238. Ernst Pitz, Steigende und fallende Tendenzen in Politik und Wirtschaftsleben der Hanse im 16. Jahrhundert, in: HGbll, 102, 1984, S. 39-77. Stuart Jenks, Der Frieden von Utrecht 1474, in: Der Hansische Sonderweg? Beiträge zur Sozial- und Wirtschaftsgeschichte der Hanse, hg. v. S. Jenks u. M. North, QDHG, NF, Bd. 39, Köln/Weimar/Wien, 1993, S. 75-76.

20) Gerog Schmidt, Städtehanse und Reich im 16. und 17. Jahrhundert, in: Niedergang oder Übergang? Zur Spätezeit der Hanse im 16. und 17. Jahrhundert, hg. v. A. Graßman, QDHG, NF, Bd. 44, Köln/Weimar/Wien, 1998, S. 25-46. Eckhard Müller-Mertens und Heidelore Böcker, Geleitwort, Konzeptionelle Ansätze der Hanse-Historiographie, hg. v. E. Müller-Mertens und H. Böcker, Hansische Studien XIV, Trier, 2003, S. 8.

なお，筆者の見解は，ハンザは15世紀前半に転換期をむかえ，同世紀後半は衰退期に相当するというものである。組織としてのハンザの衰退と主要ハンザ都市の繁栄とを踏まえたうえで，なぜそのように考えることができるのか，その根拠は本論を通じて，とりわけ第4章と第5章で示されるはずである。

　本研究では，このような転換期を含む長期間のハンザの商業が，リューベックを中心とする複数のハンザ都市に視点を置いて考察されていく。近世の資本主義世界経済誕生のもと，世界市場の形成に伴いヨーロッパ経済が大きく変質するなかで，ハンザ・北欧商業圏の主な都市がいかなる商業を展開し，それがハンザの変質といかにかかわっていたか。以下では，それを主に通商網の広がりを重視しながら，取引相手先や流通する商品，取引の頻度などを分析手段として解明していく。

研究動向の概観

　さて，近世の世界市場の形成に伴うヨーロッパ経済の構造変化という観点からハンザ・北欧商業圏を扱った研究成果をこれまでの研究史に求めるとすれば，少し遡ってマウォヴィストなどポーランド人の研究を出発点とすることができよう。近世のバルト海地域をヨーロッパ世界，とりわけ西欧との関係のなかに位置づけ，穀物・原料輸出を通じて生じた，東欧の西欧に対する従属化に注目しようとする彼らの問題意識は，のちにアメリカのウォーラーステインに継承される。また，モンチャックとサムソノヴィチも，ヨーロッパ世界の中でバルト海地域が担った役割を長期的・広域的な視野のもとで展望しようとする。モンチャックとサムソノヴィチは「地帯（zone）」という概念を提唱し，経済が外部に依存している地域（region）が連なるバルト海一帯を「バルト海地帯」と呼び，やはり従属論的な観点から食糧・原材料を西欧・南欧に輸出するバルト海沿岸一帯の経済的な特徴を世界経済的な観点から明らかにしよう

---

21) Karl-Friedlich Olechnowitz, Handel und Schiffahrt der späten Hanse, AHS, Bd. 6, Weimar, S. 11. フリートラントは，ハンザ後期（die Spätphase der Hansegeschichte）は早くも1371年に始まり1669年に終わるとする一方で，ハンザ衰退期の16世紀にハンザの取引規模は最大限に達していたと述べる。Klaus Friedland, Die Hanse, Stuttgart/Berlin/Köln, 1991, S. 176, 178-179. ハンザ後期におけるハンザ都市の商業的な繁栄が窺えるのである。

とした[22]。そして，1970年代にウォーラーステインの「世界システム論」が登場すると，バルト海地域と西欧との関係は，近世の「ヨーロッパ世界経済」における中心（中核）と周辺（辺境）との間の分業体制の一典型として扱われるようになり，バルト海商業が持つ意味がグローバルな経済的視野のなかで議論されることになった[23]。

このようにして経済世界の広がりのなかでバルト海商業を検証するための視座が確立されていった。しかし，「世界システム論」的な観点に限らず，グローバルな視野のもとで世界経済のなかにハンザを位置づけることを試みた研究をドイツ本国で探すとなると，そのような研究は思いのほか数が少ないことがわかる。

実証主義の伝統を築き上げてきたドイツ史学は，えてしてその保守性が指摘されることが多々あり，そうした性格はハンザ史学にも当てはまるように思われる。とはいえ，伝統的な研究対象と研究手法を長いあいだ遵守してきたハンザ史学にあって，近年，新制度学派経済学の分析手法を取り入れた研究が急速に広まっていることは瞠目に値する。例えば，『ハンザ史学誌（Hansische Geschichtsblätter）』の2005年号では，その前年2004年にキールで開催されたドイツ歴史家会議（全体テーマは「コミュニケーションと空間」）で報告された論考が幾つか掲載されている。そこではまず全体の基調をなす論文（コルデス，グラースマン，ハメル＝キーゾウ共著）で，ハンザ商業の広がりのなかに今日のグローバル化と

---

22) Marian Małowist, The Economic and Social Development of the Baltic Countries from the 15th to the 17th Centuries, in: Economic History Review, 2nd Ser., 12-2, 1959. Antoni Mączak & Henryk Samsonowicz, La zone baltique; l'un des éléments du marché européen, in: Acta Poloniae Historica, 11, 1965. Henryk Samsonowicz, Chenges in the Baltic Zone in the 13-16 Centuries, in: JEEH, 4-3, 1975, pp. 655-672. ポーランドにおけるハンザ史研究については，以下の文献で研究動向と主な業績とを知ることができる。Roman Czaja. Neuere Hanseforschung in Polen (1970-1998), in: HGbll, 117, 1999, S. 131-149.

23) Immanuel Wallerstein, The Modern World-System I, pp. 94-102, 121-123, 301-324, 邦訳『近代世界システム』Ⅰ，132-138，156-158ページ，Ⅱ，211-236ページ。Immanuel Wallerstein, The Modern World-System II: Mercantilism and the Consolidation of the European World-Economy, 1600-1750, New York, 1980, pp. 129-144. 邦訳（川北稔訳）『近代世界システム　1600〜1750──重商主義と「ヨーロッパ世界経済」の凝集』名古屋大学出版会，1993年，160-172ページ。また，山内進『北の十字軍──「ヨーロッパ」の北方拡大』講談社選書メチエ，1997年は，バルト海沿岸地域における「近代世界システム」拡大の雛形として，この地に向けた十字軍，いわゆる「北の十字軍」の派遣を重視している（290-291ページ）。

共通する点が存在することが指摘され，その広域化を可能とした条件として取引費用の低下，諸単位や貨幣価値の標準化，法制度の統一など制度的側面が重視されているほか，ジェンクスの論考では，ハンザの発展・成功の秘訣が取引費用の持続的な低下を可能としたハンザ商人の能力にあるとされる。また，リンクとカプフェンベルガーは，取引費用の概念を用いた具体的な分析に着手し，1409年のダンツィヒの海上商業にその適応を試みている[24]。ほかにもハンザ史研究に見られる近年の試みを挙げれば，人物誌研究（プロソポグラフィー）や，一見すると伝統的な博物学に連なる記述・分類的な研究ながら，これまでハンザ史ではほとんどなされていなかった商品学（Warenkunde）的な研究が行なわれるようになった[25]。また，1984年のリューベック大埋蔵金（Der Große Lübecker Münzschatz）の発掘は，貨幣史の研究を促したといえる[26]。

---

24) Hansische Geschichtsblätter, 123, 2005. Albrecht Cordes, Antjekathrin Graßman und Rolf Hammel-Kiesow, Zwischen Globalisierung und Konfessionalisierung: Kommunikation und Raum in der hansischen Geschichte, in: HGbll, 123, 2005, S. 4. Stuart Jenks, Transaktionskostentheorie und die mittelalterliche Hanse, in: HGbll, 123, 2005, S. 34. Christina Link und Diana Kapfenberger, Transaktionskostentheorie und hansische Geschichte: Danzigs Seehandel im 15. Jahrundert im Licht einer volkswirtschaftlichen Theorie, S. 153-169. 新制度学派経済学のほかアブナー・グライフの歴史制度分析など，中近世のヨーロッパ商業史・経済史研究における経済理論を整理した成果として以下を参照。玉木俊明「近世ヨーロッパ商業史・経済史研究に関する覚書——オランダの事例を中心に」，『京都マネジメント・レヴュー』第7号，2005年，43-65ページ。藤井美男『ブルゴーニュ国家とブリュッセル——財政をめぐる形成期近代国家と中世都市』ミネルヴァ書房，2007年，序章，1-33ページ。特にハンザ史研究における経済学適用の歴史は，以下でまとめられている。Stephan Selzer u. Ulf Christian Ewert, Die Neue Institutionenökonomik als Herausforderung an die Hanseforschung, in: HGbll, 123, S. 5-18. なお近年北方ヨーロッパ史では，アムステルダムに関する研究から「ゲートウェイ（Gateway）」の概念が提唱されるようになった。玉木俊明によれば，「ゲートウェイ」とは，オランダ史家クレ・レスハーClé Lesgerが提唱する概念であり，後背地とそれ以外の地域とを結ぶ拠点を指すとされる。玉木俊明「近世スウェーデン経済史概観」，『京都マネジメント・レヴュー』第12号，2007年，72ページ，注20参照。
25) プロソポグラフィーについては，例えば次のような成果がある。Der Stralsunder Frieden von 1370. Prosopographische Studien, hg. v. N. Jörn, R. -G. Werlich und H. Wernicke, QDHG, NF, Bd. 46, Köln/Weimar/Wien, 1998. Akteure und Gegner der Hanse - Zur Prosopographie der Hansezeit, Hansische Studien IX, hg. von D. Kattinger, H. Wernicke unter Mitw. von R. -G. Werlich, AHS, Bd. 30, Konrad Fritze- Gedächtnisschrift, Weimar, 1998. 商品学については，Rolf Gelius, Von Nutzen einer hansischen Warenkunde, HGbll, 124, 2006, S. 93-114 を参照。

だが，その一方で経済史研究に大きな影響を与え，現在では歴史学界で広く受け入れられつつあるにもかかわらず，ハンザ史研究界では思いのほか言及されることが少ない学説がある。「世界システム論」がそれである。わが国で「世界システム論」は，既に何も目新しい学説ではなくなり，一部ではその限界さえ指摘されるようになっている[27]。しかし，管見の限りではあるが，「世界システム論」のような巨視的な観点からハンザの商業を世界経済の中に位置づけようとする研究が，ドイツでは皆無なのである[28]。

　ハンザ商業そのものを広域的な視点のもとで捉えようとする研究は，むろんドイツのハンザ史学界でも数多く見いだすことはできる。かいつまんで例を挙げれば，古くはレーリヒが，ハンザの経済領域を「中世の世界経済」と彼が命名したヨーロッパ規模の市場圏の中に位置づけて論じたことがあったほか，1961 年には「東西ヨーロッパの仲介者としてのドイツ・ハンザ」といった共通テーマで一連の講演がなされ，その成果が 2 年後の 1963 年に論文集として刊行された[29]。

　26） 一例として以下を挙げておく。Rolf Hammel-Kiesow unter Mitarbeit von Dieter Dummler u. Michael North, Silber, Gold und Hansehandel, Lübecks Geldgeschichte und der Große Münzschatz von 1533/37, Lübeck, 2003.

　27） バルト海商業にちなむ批判を一つ挙げておく。それは，19 世紀の穀物貿易と 17 世紀のそれには大きな差があるにもかかわらず，ウォーラーステインは，19 世紀的な状況を 17 世紀から読み取ろうとするので，彼の 17 世紀の東西ヨーロッパ間穀物貿易に対する評価には多少疑問があるというものである。松井透『世界市場の形成』岩波書店，1991 年，92-93 ページ。

　28） 以下の約 900 ページに及ぶハンザの総合的な手引き（Handbuch）においても，世界経済的な観点からのハンザ商業の変質，ハンザの衰退に関する解説は見当たらず，世界システム論に関する言及もない。Die Hanse. Lebebswirklichkeit und Mythos; Textband zur Hamburger Hanse-Ausstellung von 1989, hg. v. J. Bracker, V. Henn und R. Postel, Lübeck, 1999. これは菊池雄太が注目していることであるが，下記の世界商業とグローバル化に関するドイツ語の論文集では，ドイツ内の地域を扱った論考は一つも含まれていない。Friedrich Edelmayer (Hg.), Die Geschichte des europäischen Welthandels und der wirtschaftliche Globalisierungsprozeß, Wien/München, 2001. 筆者は渡独の折に，ハンザ史研究において世界経済や世界システムの観点からハンザ商業を検討した研究があるかどうか，2006 年にはロルフ・ハメル－キーゾウ，また 2008 年にはミハエル・ノルトといったドイツのハンザ史学の中心に位置する研究者に直接口頭で質問したことがあった。両人の答えとも，そのような研究は見かけたことがないというものであった。なお，興味深いことにウォーラーステインも前掲『近代世界システム』（注（4）の岩波書店版，注（23）の名古屋大学出版会版）のなかでハンザ，さらにはドイツについて言及することがほとんどない。

　29） フリッツ・レーリヒ『中世の世界経済』（前掲）。Die Deutsche Hanse als Mittler

広域的な視野に長期的な観点が加味された研究も多い。例えば，ハメル-キーゾウは，不動産市場や関税台帳の記録，税収入，商人の活動といった特定のテーマをもとに時間軸を長く取り，広い視野のもとでハンザ商業を扱った論考を多く発表している。ハメル-キーゾウはまた，比較史的な研究（Vergleichende Geschichtsforschung）の推進者でもあり，ハンザ史研究を国民経済的観点のもとから開放する役割を比較史研究の中に見いだしている[30]。彼はさらに，ハンザ・北欧商業圏（ハンザ

---

zwischen Ost und West. Arbeitsgemeinschaft für Forschung des Landes Nordrhein-Westfalen. Wissenschaftliche Abhandlung 27, Köln, 1963. Eckhard Müller-Mertens, Die Hanse in europäischer Sicht. Zu den konzeptionellen Neuansätzen der Nachkriekszeit und zu Rörigs Konzept, in: Konzeptionelle Ansätze der Hanse-Historiographie, S. 35.「中世の世界経済」においては，東西間の交流のみならず，南北間の商業も重視された。例えば，14世紀後半に皇帝カール4世は，実現しなかったとはいえ，ヴェネツィアからプラーハ・マグデブルクを経て，ハンザ・北欧商業圏の中心の一つで西欧との連絡が容易なハンブルクに至る経路開拓の計画を打ち出したことがあった。カール4世とハンザについては，Heinrich Reincke, Kaiser Karl IV und die deutsche Hanse. Pfingsblätter des Hansischen Geschichtsvereins, 22, Lübeck, 1931 のほか，Rolf Hammel-Kiesow, Neue Aspekte zur Geschichte Lübecks: Von der Jahrtausende bis zum Ende der Hansezeit. Die Lübecker Stadtgeschichtsforschung der letzten 10 Jahre (1988-1999), Teil II,in: ZVLGA, 20, 2000, S. 48-52 も参照。

30) Rolf Hammel-Kiesow, Häusermarkt und wirtschaftliche Wechsellagen in Lübeck von 1284 bis 1700, in: HGbll, 106, 1988, S. 41-117. Ders., Die Lübecker Häusermarktkurve (1284-1700) und die wirtschaftliche Entwicklung in Schleswig-Holstein. Erste Ansätze zu einen Vergleich, in: Wirtschaftliche Wechsellagen in Schleswig-Holstein vom Mittelalter bis zur Gegenwart, hg. v. J. Brockstedt, Wirtschafts- und Sozialgeschichte Schleswig-Holstein, Bd. 20, Neumünster, 1991, S. 37-55. Ders., Hansische Seehandel und wirtschaftliche Wechsellagen. Der Umsatz im Lübecker Hafen in der zweiten Hälfte des 14. Jahrhunderts, 1492-96, und 1680-82, in: Der hansische Sonderweg? Beiträge zur Sozial- und Wirtschaftsgeschichte der Hanse, hg. v. S. Jenks u. M. North, QDHG, NF, Bd. 39, Köln/Weimar/Wien, 1993, S. 77-93. Ders., Schoßeinnahmen in Lübeck (1424-1811) und Hamburg (1461-1650), Überlegung zur Interpretation vorindustrieller Zeitreihen, in: Das Gedächtnis der Hansestadt Lübeck. Festschrift für Antjekathrin Graßmann zum 65. Geburtstag, hg. v. R. Hammel-Kiesow und M. Hundt, Lübeck, 2005, S. 301-312. Ders., Von Tuch und Herring zu Wein und Holz. Der Handel Lübecker Kaufleute von der Mitte des 12. bis zum Ende des 19. Jahrhunderts, in: Der Lübecker Kaufmann. Aspekte seiner Lebens- und Arbeitswelt vom Mittelalter bis zum 19. Jahrhunderts, hg. v. G. Gerkens, u. A. Graßmann, Lübeck, 1993, S. 13-33. 比較史に関しては以下を参照。Ders., Einführung zu den Hansischen Studien 13, Vergleichende Ansätze in der hansischen Geschichtsforschung. hg. v. R. H. -Kiesow, Hansische Studien, 13, Trier, 2002, S. 30. Eckhard Müller-Mertens und Heidelore Böcker, Geleitwort, Konzeptionelle Ansätze der Hanse-Historiographie, hg. v. E. Müller-Mertens und H. Böcker, Hansische Studien, 14, Trier, 2003, S. 3-4.

経済圏）における長期的な経済変動を明らかにしようとする総合的な研究にも携わっている[31]。これは，約400の農業，鉱工業，商業・サービス業に関わる時系列データの分析・比較検討から，経済構造の変化を視野に入れながら前工業化時代の経済の変動局面を検証しようとする国際的な研究プロジェクトであり，ハンザ史学界のなかでもとりわけ規模の大きな研究プロジェクトの一つであると思われる。

さらに，海上商業の長期的な変動分析を手がけてきたハンザ史研究者としては，例えば，古くはフォーゲル，また近年ではハーダー－ゲルスドルフが挙げられる。フォーゲルはリューベックとダンツィヒのイベリア半島貿易を，またハーダー－ゲルスドルフはリューベック・ロシア間貿易を題材として商業を時系列的に扱い，局面の変化に関する詳しい分析を行なっている[32]。近年では，また特定の商品に焦点を当てた大著のなかで，長期に渡る商品の広範な流通が詳述されることもある。そうした貢献の一つであるブランケンブルクのハンザ・北欧商業圏のビールの醸造とその流通に関する研究では，中世後期から三十年戦争後までと長い時間軸の中でビールの流通の広がりが検討されている[33]。

以上のわずかな事例に示されるように，ドイツのハンザ史学においても巨視的な問題意識のもとになされた研究は少なからず存在する。だが，これらの研究のほとんどに共通する一つの限界は，ハンザを包摂する世界経済がハンザ・北欧商業圏にどのような影響を与えたかということが

---

31) Wirtschaftliche Wechsellagen im hansischen Wirtschaftsraum 1300-1800. Ein internationales Projekt an der Forschungsstelle für Geschichte der Hanse und des Ostseeraum der Hansestadt Lübeck.（http://www.phil.uni-erlangen.de/~plges/hgv/wechsellagen.html）

32) Walther Vogel, Beiträge zur Statistik der deutschen Seeschiffahrt im 17., 18. Jahrhundert, in: HGbll, 56, 1931, S. 110-152, 57, 1932, S. 78-151. Ders., Handelskonjonktur und Wirtschaftskrisen in ihrer Auswirkung auf den Seehandel der Seestädte 1560-1806, in: HGbll, 74, 1956, S. 50-64. Elisabeth Harder-Gersdorf, Seehandel zwischen Lübeck und Rußland im 17./18. Jahrhundert nach Zollbücher Novgorodfahrer, in: ZVLGA, Teil 1, 41, 1961, S. 43-114, Teil 2, 42, 1962, S. 5-153. Dies., Lübeck, Danzig und Riga. Ein Beitrag zur Frage der Handelskonjonktur im Ostseeraum am Ende des 17. Jahrhunderts, in: HGbll, 96, S. 106-138.

33) Christine von Blanckenburg, Die Hanse und ihr Bier. Brauwesen und Bierhandel im hansischen Verkehrsgebiet, QDHG, NF, Bd. 51, Köln/Weimar/Wien, 2001. また，以下では鰊についての広域的，長期的な取引に関する考察を含む。Carsten Jahnke, Das Silber des Meeres. Fang und Vertrieb von Ostseehering zwischen Norwegen und Italien (12.-16. Jahuhundert), QDHG, NF, Bd. 49, Köln/Weimar/Wien, 2000.

踏み込んで論じられていないことである。例えば，ノルトの『北海からバルト海へ（From the North Sea to the Baltic）』というタイトルを持った論文集を見てみよう。ここには，世界経済形成期におけるバルト海・北海間商業に関する論考が多く集められており，東西ヨーロッパ間の分業体制に言及するなど，「世界システム論」的な経済のあり方が意識された論文集となっている。なかでも貴金属の流通を扱った一論文は，近世の世界経済における西欧とバルト海との経済的な結びつきが東インド貿易を視野に入れて論じられており，小論でありながら経済のグローバル化をはっきりと視野に入れた研究となっている。しかし，ハンザの中心的な貿易領域が扱われているとはいえ，ここではいずれの論文も，世界経済の形成に伴い，それによりハンザ商業がどのような影響を受け，どのように構造を変化させていったかということまでは踏み込んで論じられてはいない。それゆえ，例えばハンザの中心都市であるリューベックの商業が，世界経済形成の前と後とでどのように性格を変化させたか，というようなことまでは，ここでは十分に明らかにされることはない[34]。

　また，近年ハメル―キーゾウは，EU によるヨーロッパの統合とグローバル化が進む現代の状況とを視野に入れたハンザに関する論考を発表した。これは，ハンザに備わるヨーロッパ的ともいえる性格を改めて浮き彫りにするとともに，ハンザと EU との類似性を指摘し，グローバル化の進展を展望するというまことに刺激的な内容を含む論文である。だが，ここではグローバル化の問題が取り上げられているにもかかわらず，その展開と密接に関わるグランド・セオリーである「世界システム論」に言及されることはなく，従って，近世の世界経済の誕生がハンザ商業の枠組みをどのように変え，ハンザ衰退に影響したかといった問題にまでは，当然ではあるが考察は及んでいない[35]。

　概してドイツのハンザ史研究は，ハンザの活動領域をあたかも一つの

---

34) Mihael North, Bullion Transfer from Western Europe to the Baltic and the Problem of Trade Balances: 1550-1750, in: From the North Sea to the Baltic. Essays in Commercial, Monetary and Agrarian History 1500-1800, Variorum, Hampshire, 1996, pp. 186-195.

35) Rolf Hammel-Kiesow, Europäische Union, Globalisierung und Hanse. Überlegungen zur aktuellen Vereinnahmung eines historischen Phänomens, in: HGbll, 125, 2007, S. 1-44.

閉鎖系として扱うことが多いようである。そのため，ハンザをその外側から見ることにより，ハンザを取り囲む世界経済のなかにハンザを位置づけ，そうした高次の世界のなかでその商業の変質を探っていくという視点を欠くとの印象を受ける[36]。

さて，我が国でハンザ史研究は，ハンザの母体となったのがドイツの都市や商人だったこともあり，ドイツ経済史もしくは広くドイツ史研究の文脈に位置づけられることが多い。我が国では，ドイツの経済・商業をドイツ本国の伝統を受け継いで，これまで国民経済的な観点から論じることが多く，それゆえ，近世のドイツは，19世紀のドイツ資本主義の成立と展開とを視野に入れた「ドイツ初期資本主義経済」の枠組みで研究されてきた[37]。かくして，近世のドイツ商業・経済は，初期資本主

---

[36] 例えば，近年のハンザとその外部勢力との関係を描いた研究としてヨルン Jörn のハンザ・イングランド関係に関する大著がある。しかし，そこで分析されているのは，あくまでも 15, 16 世紀のハンザとイングランド両勢力の詳細な関係に限られ，当時勃興しつつあった世界市場との関連といったグローバルな視点は，そこにはほとんど見られない。また，その前に刊行された，これもハンザ・イングランド関係に関する大著であるジェンクスの三巻本も，大陸に広がる広域的な商業に関する記述を含むとはいえ，全体の枠組みを成すのはハンザ・イングランド間商業である。しかも，中世末以降を展望する上で留意されているのは国民国家（Nationalstaat）の成立であって，世界経済の形成ではないのである。Nirs Jörn, » with money and bloode « Der Londoner Stalhof im Spannungsfeld der englisch-hansischen Beziehungen im 15. und 16. Jahrhundert, QDHG, NF, Bd. 50, Köln/Weimar/Wien, 2000. Stuart Jenks, England, die Hanse und Preußen. Handel und Diplomatie 1377-1474, 3 Bde., QDHG, NF, Bd. 36, Köln/Weimar/Wien, 1992, S. 744. 中・近世のクラカウ（現クラクフ）の商業をヨーロッパ的な視野の中で検討したカーターは，ブシュコヴィッチ Bushkovitch の次の言葉を引用している。「ポーランド都市の盛衰をポーランド史の範囲内で語ることはできない」。ハンザの盛衰も，やはりハンザ史の範囲内で語ることはできないといえるだろう。Francis W. Carter, Trade and Urban Development in Poland. An Economic Geography of Cracow, from it's Origin to 1795, Cambridge Studies in Historical Geography 20, Cambridge, 1994, pp. 12-13. なお，近年のハンザ・イングランド関係史を扱ったもう一つの大著として以下があるが，これは，ジェンクスによりその内容が厳しく批判されている。John D. Fudge, Cargoes, Embargoes and Embassies. The Commercial and Political Interaction of England and the German Hansa, 1450-1510, Tronto, 1995. Stuart Jenks, England und die Hanse 1450-1509. Anmerkungen zu: John D. Fudge, Cargoes, Embargoes and Embassies, Tronto, 1995, in: HGbll, 117, 1999, S. 151-160.

[37] 諸田實『ドイツ初期資本主義研究』有斐閣，1967年。北村次一『初期資本主義の基本構造——ドイツ初期資本主義の研究』ミネルヴァ書房，1961年。川久保公夫『ドイツ初期資本主義の経済構造』法律文化社，1961年（川久保公夫『ドイツ経済史研究』大阪経済法科大学出版部，1995年に収められて再刊）。ケレンベンツの以下の論考では，ハンザ地域を扱った論文では珍しく，ウォーラーステインに言及されているほか，「長期持続」や

義の面から注目されるフッガー家など高地（南）ドイツの豪商に焦点を当てて論じられることが多く[38]，これに対して，北のハンザの商業は，中世都市の時代から宗教改革の時代へと移り変わる中で，視野の外に置かれてしまうのが一般的である。しかし，かつての活力を失ったハンザは16世紀にはフッガー家やアントウェルペン，そして17世紀にはオランダ・アムステルダムの繁栄の陰に隠されてしまうにせよ，ドイツのハンザ都市がつかさどる商業は，なおもヨーロッパ国際商業の不可欠な構成要素だったのである。

　以上のような研究動向の検証から，本研究が持つ意義が明らかになるのではないかと思われる。本研究では，オランダのバルト海進出がハンザ商業に与えた影響の検証を主な検討項目としており，なかでも，ハンザの動脈であるリューベック・ハンブルク間の内陸路における取引の実態を，これまでの研究よりさらに立ち入って分析する。さらにバルト海・北海間の通商動脈の移動という問題に注目し，この問題をリューベックとダンツィヒという主要ハンザ都市間の利害の対立と関連づけ，そこに組織としてのハンザ衰退の兆候を見いだそうとしている。このようなハンザ内部における利害対立（Separatismus）への注目は，例えば，シュタルクの研究にも見いだされるが[39]，本研究では，そこに世界システム論的な視点を盛り込み，オランダのバルト海進出をヨーロッパ世界経済形成の一過程として位置づけ，ハンザの衰退を世界経済の形成と関連させて見ていくための視座を提供しようとした。無論これは，ウォーラーステインの学説の単なる補強を目的とするものではない。さらに本

「長い16世紀」などアナールや世界システム論で多用される用語が用いられている。と同時にやはり「ドイツ経済の中の北ドイツ」といった国民経済的な関心も強く窺える。Hermann Kellenbenz, Norddeutsche Wirtschaft im europäischen Zusammenhang, in: Dynamik in einer quasi-statischen Welt. Kleine Schriften II, VSWG, Beiheft 93, 1991, S. 587-607.

38)　それゆえ16世紀の前半は，しばしば「フッガー家の時代」と呼ばれる。そして，「フッガー家の時代」の初期資本主義の時代を経過したドイツは，17世紀に入ると三十年戦争の影響で経済は大きく荒廃することになる。伝統的なドイツ経済史で，時代区分上画期とされるのは，世界経済の形成につながる大航海時代の到来ではなく，三十年戦争である。例えばFriedlich Lütge, Die wirtschaftliche Lage Deutschlands vor Ausbruch des dreißigjärige Krieges, in: Jahrbücher für Nationalökonomie und Statistik, 170, 1958, S. 99 を参照。

39)　Walter Stark, a. a. O.

研究では，取引相手や通商路の面からハンザ主要都市の商業基盤を検出することにより，個々のハンザ主要都市の相異なる利益基盤を明らかにし，それらハンザ都市の商業が繁栄する一方で，組織としてのハンザは弱体化していったのではないかという問題を検討した。このように，広域的，長期的視点からハンザ商業の変化を扱い，これまでのドイツ本国の研究で欠けていた世界経済的な視点からハンザの衰退を理解するための見取り図を提示しようとしており，ここに本研究が存在する意義があるのではないかと考えられる。

現在我が国でハンザ史研究は，日本ハンザ史研究会が設立されたこともあり，一頃と比べてかなり盛んになってきたといえる。ハンザの土台をなす商業に関する研究の蓄積も厚みが増してきた[40]。国際商業や世界経済といった巨視的な観点からハンザ・北欧商業圏を扱った研究成果も，まだそれほど多くはないとはいえ[41]，着実に増えつつある。その理由と

---

40) ハンザの通史としては以下がある。高橋理『ハンザ同盟』（前掲），関谷清『ドイツ・ハンザ史序説』比叡書房，1973 年。また，斯波照雄『中世ハンザ都市の研究——ドイツ中世都市の社会経済構造と商業』勁草書房，1997 年，同『ハンザ都市とは何か——中近世北ドイツ都市に関する一考察』中央大学出版部，2010 年が随所でハンザの商業に触れているほか，酒井昌美『ドイツ中世後期経済史研究序論——オスト・エルベを中心として』学文社，1989 年も，ハンザ商業に関する論考を含む。近年では，柏倉知秀「14 世紀ハンザ商業の一断片——リューベックの損害一覧（1345 年）」，『宗教社会史研究』（立正大学），第 3 号，2005 年，397-414 ページ，「14 世紀後半リューベック商人のネットワーク」，『立正史学』第 105 号，2009 年，1-23 ページなど，ハンザ商業史に関する論考を多く刊行している。我が国におけるハンザ史研究の動向については以下参照。斯波照雄ほか「日本におけるハンザ史研究の動向と現状」，『比較都市史研究』第 28 巻第 1 号，2004 年，58-63 ページ。我が国のハンザに関する文献一覧は，日本ハンザ史研究会のホームページ（http://members.jcom.home.ne.jp/hanse/）を参照。また，以下の文献目録にもハンザ史研究の成果が含まれる。延広知兒・柏倉知秀「日本における古代・中世「東欧」史関係研究文献目録（1984〜1994 年）」立正大学西洋史研究会，1995 年。

41) 我が国では，既に 1939 年に高村象平が商業革命のハンザに対する影響に言及しているのは注目に値する。高村象平『ハンザの経済史的研究——西欧中世都市の研究 2』筑摩書房，1980 年，203-222 ページ，第 7 章「商業革命とドイツ・ハンザ」（初出は昭和 14 年）。そのほかの成果として以下を挙げておく。比嘉清松「近世初頭におけるヴィスマールの海上貿易——スペイン・ポルトガル貿易を中心に」，『国民経済雑誌』第 152 巻第 5 号，1985 年，51-71 ページ。玉木俊明「地中海からバルト海へ——1600 年頃のヨーロッパ経済の中心の移動」，『文化史学』第 45 号，1989 年，173-193 ページ。同『北方ヨーロッパの商業と経済 1550-1815 年』（前掲）。同『近代ヨーロッパの誕生——オランダからイギリスへ』講談社選書メチエ，2009 年。拙稿「近世ドイツの商業都市とヨーロッパ国際商業に関する研究」平成 15-17 年度科学研究費補助金研究成果報告書，2006 年。

して，近年の我が国歴史学界における海洋世界重視の傾向や世界システム論への注目，それに国際商業史研究の普及などが挙げられるだろう[42]。いうなれば，近年の我が国では，海上世界で国際的に商業を展開してきたハンザの活動に，ある程度巨視的な視点から接近していくための知的な刺激に恵まれるようになったということができる。その意味で，本研究は，ヨーロッパのハンザ世界を扱っているとはいえ，それを描き出そうとする問題意識，視角のかなりの部分は我が国で培われたといえるのかもしれない。以下の各章では，世界経済そのものが直接論じられるのではないにせよ，「ヨーロッパ世界経済」の形成を念頭に置きながら，リューベックを中心にハンザの商業が検討される。各章で扱われる課題それ自体は限定されたものであるとはいえ，本研究全体で，ハンザ商業の変化が長期的な視野のなかで浮き彫りとなるように心がけた。

本書の構成

以下，本研究の構成と合わせて具体的な考察内容について述べておくことにしたい。

まず第Ⅰ部ではハンザ商業の動脈であるリューベックを経由したバルト海・北海間商業の構造の解明に光が当てられ，ハンザの伝統的な東西間商業が考察の中心となる。ハンザ盛期において，リューベックは内陸路によるバルト海・北海間の連絡を通じて北欧商業の一大拠点であった。取引の中心は，ロシア・リーフラント産品にあり，これら商品を中心とする貿易の基本構造は，ハンザ後期の1500年前後においても変わらなかった。第Ⅰ部では，これらの点を指摘していく。そのために，まず第1章ではハンザ盛期（1368年）の，第2章ではハンザ後期（15世紀後半

---

42) 深沢克己によれば，「国際商業の変動は，海上貿易が相互に結びつける世界各地の異質な経済変動，およびそれに影響をおよぼす国際政治情勢の函数としてあらわれる」と解釈される。深沢克己『商人と更紗——近世フランス＝レヴァント貿易史研究』東京大学出版会，2007年，223ページ。「国際商業史」は，国民経済的な視点に立つ「対外貿易史」からははっきりと区別される。ハンザ史研究に必要なのは，国際商業史的な問題関心なのである。国際商業史研究の問題視角，射程については以下を参照。深沢克己「比較史のなかの国際商業と国際秩序」，社会経済史学会編『社会経済史学の課題と展望』有斐閣，2002年，119-131ページ。同「年市と海港のヨーロッパ史」，深沢克己編著『近代ヨーロッパの探究9　国際商業』ミネルヴァ書房，2002年，1-18ページ。

―16世紀前半）のリューベックを経由したバルト海・北海間商業について集計史料に密着した分析を行ない，第3章で同市を経由するロシア・リーフラント産品の取引に焦点を当てる。

　第Ⅱ部では，ヨーロッパ経済の変化とそれに基づくハンザ都市間の関係の変化が念頭に置かれ，近世「ヨーロッパ世界経済」の形成過程の中でのリューベックを中心とする主なハンザ都市の商業が考察される。まず第4章では，それまで上り調子であったハンザ並びにリューベック商業の発展が頭打ちとなる15世紀初頭前後のバルト海情勢が，オランダとの関係を軸にデンマークとの関係を交えて検討される。第5章では，そのオランダのバルト海進出に伴うバルト海商業の構造変化が，リューベック商業への打撃とダンツィヒ商業の発展といったハンザ商業への影響面を通じて各種集計データから明らかにされる。また，第6章ではケルン，第7章でハンブルクの商業の展開を検証し，通商路や取引相手地域の面からこれらハンザ主要都市に独自の商業基盤があったことを確認する。これら主要都市の商業のいわば「生命線」が，リューベックのそれとは異質なもので，「ヨーロッパ世界経済」の展開に伴い，その違いが明瞭となったことが示される。こうして，リューベックを中心とする組織としてのハンザ衰退の一因を，大航海時代以降のヨーロッパ経済の変質と，それを背景とする主要ハンザ都市による個別的商業利害の重視とに関連づけて論じるための筋道が見えてくる。総じて第Ⅱ部は，「ヨーロッパ世界経済」の形成を背景とするハンザ商業の変化が考察の中心となる。

　ところで，世界経済的な視野からハンザ商業を扱った数少ない研究の一つに，パラヴィッチーニのハンザの大西洋商業に関する研究がある。この論文で彼は，ハンザ商業がハンザ色を薄めていき超ハンザ的な商業へと変化していくと述べる。その過程では，ダンツィヒとハンブルク，そして条件付ながらケルンがハンザの商業空間との結びつきを弱め，やがてこのハンザ空間を含めて欧州全体から成る高次元の商業が誕生し，それが世界商業へと拡大を遂げるとの見通しを提示する[43]。「脱ハンザ」

---

43) Werner Paravicini, Jenseits von Brügge. Norddeutsche Schiffer und Kaufleute an der Atlantikküste und im Mittelmeer in Mittelalter und früher Neuzeit, in: Konzeptionelle Ansätze der Hanse-Historiographie, S. 91.

を目指す都市としてパラヴィッチーニが取り上げるダンツィヒとハンブルク，そしてケルンこそは，ここ第Ⅱ部でハンザ商業の変質並びに組織としてのハンザの求心力低下を見ていくために注目する都市とまさしく一致する（第5，第6，第7章）。

　第Ⅲ部は，再びリューベックの商業に視点を置く。概して，ハンザの主要都市は，ハンザ衰退期に組織としての動向とは裏腹に商業面での重要性を高めていったといえる。リューベックは，「ヨーロッパ世界経済」の形成に伴う東西ヨーロッパ間の分業体制の成立を背景として，その主軸の一つをなすバルト海・北海間商業でかつての動脈としての重要性を失いつつあった。とはいえ，バルト海内に限定すれば，ここでの商業的拠点性を以前にもまして高めていった。ここではその具体相を当時のデンマーク領との取引頻度の面から考察する。まず第8章では，15世紀末の集計史料に密着した分析からハンザが衰退期に差し掛かった頃のリューベック・スコーネ（ショーネン）間商業の実態が明らかにされる。第9章では，それより200年ほど後の17世紀後半の関税データを扱う。その分析から，リューベックがバルト海の内部でも特に地理的に近い周辺地域と活発な取引関係を構築していたことを明らかにし，特にデンマーク領とリューベックとの密接な商業関係に焦点を当てる。そして，デンマークとの高頻度の商業関係を母体として，ハンザ衰退期のバルト海南西海域にリューベックを一つの結節点として濃密な商業圏が形成されていたのではないかとの仮説を述べる。

2　史料について——ポンド税台帳

　次に，本研究で主に利用する関税史料について，ポンド税台帳を中心にあらかじめ解説を加えておきたい。
　本研究で主に依拠する史料は，ハンザ諸都市で徴収された各種港湾税の記録である港湾税台帳である。ハンザの港湾都市では，港の整備や治安の維持，さらには戦費の調達など様々な名目で税が徴収された。そのような税としてはポンド税をはじめ，ダンツィヒで徴収されたプファール税，リューベックで徴収された付加税，ハンブルクで徴収されたヴェ

ルク税などが挙げられる。これら港湾税の徴収の記録は，一律に論じることはできないとはいえ，商品の種類や量，船舶の出港地や目的地など，商業史研究に不可欠な情報を含むことが多い。それゆえ港湾税台帳は，貿易の規模や構造などの面から個々のハンザ都市のみならずバルト海・北海一帯に広がるハンザ・北欧貿易圏の商業の実態を解明していくうえで多くの研究者により活用されてきた[44]。なかでもポンド税は，長期に渡り断続的ではあれ多くの都市で徴収された税であり，残されている台帳も数が多く，取引規模を推し量るデータとしてその集計値が取り上げられることが多い。本研究でも，ポンド税の集計から得られた数値が多く利用される。以下，ポンド税について述べておこう。

　1361年，ハンザ都市は，グライフスヴァルトで開催されたハンザ総会で新たな関税の導入を決定した。この関税は，同じ年の国王ヴァルデマー4世治下のデンマークによるゴトランド島・ヴィスビュー占領に対処するために設けられた関税であり，ハンザ・デンマーク戦争が繰り広げられていくなか，主に軍事費を賄いバルト海の治安を維持していくために設けられた臨時税としての性格を持った。これがポンド税（Pfundzoll）[45]徴収の嚆矢であり，翌1362年の航海開始から徴収期間延長の後の1363年9月29日までハンザの港湾都市で徴収された[46]。この後，ポンド税は，機会あるごとに断続的にハンザ都市で徴収されるようになった。本研究で主に用いるのは，既に編纂・刊行された1368年と1492—1496年のリューベックの台帳であり，双方の台帳の原簿は，ともにリューベック市文書館（Archiv der Hansestadt Lübeck）に保管されている。以下，これらの台帳に絞って述べていくことにする。

　1367年，ハンザ・デンマーク戦争が継続するなか，ハンザ諸都市は

　44）ハンザ・北欧商業圏における港湾税台帳については，以下を参照。Johannes Schildhauer, Hafenzollregister des Ostseebereiches als Quellen zur hansischen Geschichte, in: HGbll, 1968. Quellen zur Hanse-Geschichte mit Beitr. v. Jürgen Bohnbach u. Jochen Goetze, hg. v. R. Sprandel, Ausgewählte Quellen zur Geschichte des Mittelalters, Bd. 36, Darmstadt, 1982, S. 429-434.
　45）ポンド税という名称は，初期にフランドル・ポンド（Pfund fälmisch）が主な貨幣単位として用いられたことに由来する。Georg Lechner, Die hansischen Pfundzollisten des Jahres 1368, QDHG, NF, Bd. 10, Lübeck, 1935, S. 17-18.
　46）柏倉知秀「14世紀ハンザ諸都市のポンド税台帳」，『立正西洋史学』第19号（高橋理教授古希記念号），2003年，20ページ。

ケルンに代表を送り,対デンマーク戦争の膠着状況打破を目的とした大掛かりな同盟,いわゆるケルン同盟（Die Kölner Konföderation）を北ネーデルラントの一部の諸都市をも加えて結成することになった。その際,戦費調達の手段としてポンド税の徴収があらためて決定されることになり,1368年2月20日から幾度かの徴収期間延長の末,戦争終了翌年の1371年9月29日までケルン同盟加盟都市でその徴収が続いた[47]。税率は,様々な通貨で徴収されていたために定まった数値をここで示すことはできないが,編纂者のレヒナーは,商品価格の約三分の一パーセント,船舶価格の約六分の一パーセントという値を挙げている[48]。この1368年から1371年までのポンド税の記録からは,1368年3月18日から1369年3月11日までの約一年間の台帳が,レヒナーにより編纂・刊行されている[49]。

一方の1492—1496年のポンド税徴収も,バルト海における治安の確保と関係していた。海賊の横行に伴うバルト海の取引環境の悪化を契機として,リューベックは既に1490年から1491年にかけて自らの財源を割いて警備艇を近海に派遣していたが,翌1492年4月15日からポンド税の徴収が改めて開始され,ここにバルト海海上の治安維持を目的とした別枠の財源が確保されることとなった。徴収は,リューベックがバルト海の安全確保のために要した費用約12,539リューベック・マルク（以下マルクと略）が回収されるまで継続され,1496年7月1日まで続いた。税率は,商品に対して1マルクあたり1ペニヒ,船舶に対しては明らかでない[50]。この1492—1496年のポンド税台帳は,フォークトへ

---

47) 同論文,20ページ。開催地のケルンはこの同盟に参加していない。ハンザにおけるケルンの特異な位置については,本研究第6章の補論で具体的に扱う。

48) Georg Lechner, a. a. O., S. 19. 陸路で輸送された商品も課税の対象となった。しかし,台帳は船長名を記録している一方,陸路の輸送業者の名前を記録していない。これが荷車に対する非課税を意味するのか否かは不明。

49) Ebenda. なお,1368年の台帳は,レヒナーが編纂を行なう以前に,既にヴェントにより集計が試みられている。Oscar Wendt, Lübecks Schiffs- und Warenverkehr in den Jahren 1368 und 1369 in tabellarischer Übersicht am Grund der Lübecker Pfundzollbücher aus denselben Jahren, Marburg, 1902. とはいえ,その集計方法はやや粗雑だといわれている。Georg Lechner, a. a. O., S. 11. Curt Weibull, Lübecks Schiffahrt und Handel nach den nordischen Reichen 1368 und 1398-1400. Studien nach den lübischen Pfundzollbüchern, in: ZVLGA, 47, 1967, S. 10.

50) 編纂者フォークトヘアによれば,1492年から1496年までのポンド税の収入総額

アにより編纂・刊行されている[51]。

1368年から1371年までポンド税が徴収された際，徴収の対象，すなわち台帳への記載の対象となったのは，ケルン同盟加盟都市を出港する船舶とその積荷，及びケルン同盟に加盟していない都市から入港した船舶とその積荷であった。つまり，出港か入港の際に一回課税するという原則であった。また，1492—96年に課税の対象となったのは，リューベックから他のバルト海諸港に向かったハンザの船舶とその積荷，ないしバルト海諸港からリューベックに入港したハンザの船舶とその積荷であり，後者の商品の多くは北海方面に再輸出されるものであった。また，1492年8月4日からは，デンマークとの関係を悪化させていたスウェーデン商人の行なう取引が課税の対象に加わった。台帳への記載の内容は，双方の徴収時ともに商品の種類や量，税額（価格）に関する情報をはじめ，船長名，傭船者（商人）名，船舶の出港地や目的地などに及んでいる[52]。

ポンド税台帳の史料的価値は，なによりもハンザの商業・貿易を検討していくうえで不可欠なデータが詳細に記録されている点にあるといえよう。それゆえ，ハンザ史研究に大きな足跡を残したレーリヒは，ポンド税台帳を「リューベック・北欧商業史における至宝」[53]と評したのであるが，台帳が持つ史料としての欠陥は無視できるものではない。ポンド税の課税原則が，荷主が交代した（つまり商品が売買された）場合を除

(12,539マルク：端数は切り捨て）からこの期間の船舶価格を含む取引総額を計算すると2,407,506マルクとなる。Hans-Jürgen Vogtherr (Bearb.), Die lübecker Pfundzollbücher 1492-1496, Teil 1-4, QDHG, NF, Bd. 41, 1-4, Köln/Weimar/Wien, 1996, Teil 1, S. 31. これに対して，現存する台帳全体を集計して得られる商品価格の合計は，それより少ない2,088,640マルクとなり，これにわかる範囲内（1492，1493，1496年度分）で課税の対象となった船舶の価格61,890マルクを加えたとしても2,150,530マルクとなり，2,407,506マルクには，なお256,976マルク不足する。はたしてこの不足額が商品，船舶のいずれに該当するのかは不明であるが，フォークトヘアは，現存するもの以外にも失われた台帳が存在していた可能性を示唆している。Ebenba, Teil 1, S. 33-34.

51) Ebenda. 20世紀初頭，ブルンスが商品を中心とした主要なデータの集計を行い，その成果を公表している。Friedrich Bruns, Die lübeckischen Pfundzollbücher von 1402-1496, in: HGbll, 11, 1904-5, S. 457-499. 13, 1907, S. 109-131. 14, 1908, S. 357-401. しかし，台帳の編纂・刊行にまでには至っていなかった。

52) 1492—96年のポンド税徴収の経緯については Hans-Jürgen Vogtherr, Pfundzollbücher, Teil 1, S. 1-12を参照。

53) Fritz Rörig, Großhandel und Großhändler im Lübeck des 14. Jahrhunderts, S. 223.

き，一回のみの課税であるのだから，すでに課税された商品は，課税すなわち台帳への記録の対象とならない。はたして実際に行なわれた取引がすべて記録されているか否かという疑問は，関税台帳などの集計史料を用いる際に常に付きまとう。やはりポンド税の徴収に際しても抜け荷や過少申告のほかに，課税の対象とならない商品や船舶があったことは忘れてはならない。1368—69年の台帳（以下1368年の台帳とする）の編纂に際して，レヒナーはリューベックの文書館に残されていたポンド税領収証（Pfundzollquittung）も合わせて編纂している[54]。ポンド税領収証とは，ほかのケルン同盟加盟都市ですでにポンド税の支払いが済んでいることを示す証書である。この領収証は最終目的地で回収され，これが提示される限り，商品と船舶は課税済みと見なされて台帳には記録されなかった。しかし，リューベックを通過しただけの商品の領収証は目的地にもたらされたわけであるし，たまたまリューベックで保管されていた領収証も，実際に回収された領収証の一部でしかないかもしれない。領収証を合わせても，リューベックの取引がすべて記録されたということにはならないのである。一方，1492—96年の台帳には，こうした史料の網羅性という問題に加えて，課税すなわち記録の対象がバルト海内を行き来する船舶と商品に限られるという制約がある。すなわち，バルト海・北海間商業は記録の対象とはなっていなかった。要するに，ポンド税の記録からは，リューベックの取引の全貌を正確に把握することはできないと言わざるをえないのである。

　さらにポンド税台帳には，記録の網羅性に関する欠点に加えて，台帳への記載方法や記載内容に関わる問題もある。まず，商品の量や価格，税額のいずれか，あるいはすべてが不明の記録は多々存在する。また，商人が複数の商品を申告した場合，それらの合計金額から税額が算出されるので，個々の商品の金額が記録されることはない。このようなケースは非常に多く見受けられる。

　1492—96年の台帳特有の問題を指摘しておこう。この台帳の原簿では，船舶ごとの記録と取引相手地域ごとの記録の二つの記載方法が並行して採用されている。また，余白を活用すべく同じ頁（Seite）に複数

---

54) Georg Lechner, a. a. O., S. 321-384.

の相手地域との取引が記録されることがあったほか，ある一つの地域との取引が記録されていた頁に余白ができたため，そこに後からほかの地域との取引が記録されるようになり，それに合わせてその頁の項目自体が，後から変更されたケースも存在する。こうした余白活用の例としては，メクレンブルク（ヴィスマル／ロストック）の項目にデンマークとの取引が加えられた結果，項目自体が「ヴィスマル／ロストック／デンマーク」へと改められた場合があり[55]，こうしたことは地域別の取引額の確定を難しくしていることにも繋がっている。

　このように，台帳への記載方法が一貫しているとは言いがたい状況にあるなかで，フォークトヘアは，かなり大胆な編纂方針を採用して1492—1496年の台帳のおよそ14,000の記録全体を再構成している。すなわち，台帳に記録されたデータをアルファベット順の商人を単位としてまとめ，各商人の取引の展開が通時的に明らかになるように再構成しているのである。このような編纂方法は，近年盛んな人物誌研究に便宜を図ったものであると推測される。その際，船長名に関しては以下の二つの記載方法が採用されている。すなわち，商品輸送の記録が，(a)原簿で船舶単位でなされた箇所にある場合，当該の商品を輸送した船長は「船長（Schiffer）」の欄に記入され，商品輸送の記録が，(b)原簿で取引相手地域別になされた箇所にある場合，船長名は「商品」の欄にそれぞれ記入され，原簿での記載方法の違いが編纂された台帳からも区別できるようになっている[56]。(b)のケースは，デンマーク・スコーネないしメクレンブルク・ポメルン等リューベックの近隣地域との取引に多く見られる。また取引相手地域を単位として台帳への登録がなされる箇所では，複数の船舶で輸送された商品が一つの記録として一括してまとめられていたり，船長名が省かれていたりする記録もある。そのような場合，わかる範囲内で船長名が挙げられているが，各船舶への商品の振り分け，すなわち当該の商品がどの船舶（船長）によって輸送されたかは確認することができない。総じて(b)の場合，各船舶の運航スケジュールとその積荷とをはっきりと確認する手だてはなく，それが，正確な航海数及び

---

55) Hans-Jürgen Vogtherr, Pfundzollbücher, Teil 1, S. 18-20.
56) Ebenda, Teil 1, S. 23-24.

航海ごとの積荷の確定を難しくしている[57]。

　以上確認してきたように，ポンド税台帳は少なからず史料的な欠陥を持つといえる。さらに，1368年，1492—1496年の台帳が平時の取引状況を正確に反映しているか否かという問題も避けて通ることはできない。そもそもポンド税が徴収されていたということ自体，海上貿易に危険が伴っていたことの何よりの証拠であるがゆえ，台帳を利用する際，これらの年度が平時でなかったことは当然留意する必要がある。それゆえ，本研究でポンド税台帳が用いられる際，取引の量や金額について，当時の正確な取引規模を確定させる目的で本史料が利用されることはない。集計値が求められ，活用されるとしても，それらはあくまでも記録された範囲内で取引規模のおおよその変化を推し量るための一助として，並びに取引相手地域や品目などの側面から商業の構造・特徴を探っていくための手段として利用されるはずである。また，ポンド税台帳は臨時税であることから，その記録は断片的にしか残っておらず，よく知られる「エーアソン（ズント）海峡通行税台帳」[58]のように，時系列データとしてその集計値だけに依拠して通時的な変動局面の検出に用いることはできない。本研究では，取引の具体的な内容を確認するために，さらにはハンザ商業の長期的な構造的変化を検出するためにポンド税台帳の記録に依拠していくが，その際に可能であれば他の集計的史料をも利用している。すなわち，第2章におけるリューベックの申告証書，第5章におけるダンツィヒのプファール税台帳，第9章におけるリューベックの付加税台帳などがそうである。

　ともあれ史料的制約が多いとはいえ，ハンザ期リューベックのおおよその貿易規模・貿易構造を俯瞰させてくれる数少ない史料の一つとしてポンド税台帳は貴重である。ハンザ商業史の分野では，ポンド税台帳の

　57）　本研究では，第8章の本論とその補論でこうした問題に直面している。なお，人名について，編纂者フォークトヘアは商人名，船長名ともに原簿にある綴りに手を加え，データ処理をしやすいように統一化を図っている。そのような変更がなされた場合でも，原簿での綴りは編纂された台帳の各取引の記録の欄に挙げられている。なお，会社の結成を含めて複数の商人が共同で取引を行なうことがあったが，そのような場合は商人名（姓）の後に＊印が付されている。

　58）　さしあたり以下を参照。玉木俊明「『ズント海峡関税台帳』前編——1560-1657年」，『文化学年報』第41号，1992年，134-154ページ。

記録の集計を試み，それに依拠した研究がしばしば行なわれてきたほか[59]，新たな台帳が紹介されて研究上のさらなる便宜が図られるようになったこともある[60]。また，台帳の編纂者自らが集計した基礎的な数値が，ハンザ期リューベックの貿易規模を推し量る基礎資料として，多くの文献に引用されてきたことからも[61]，この台帳の史料的価値は十分窺うことができよう。「至宝」と評されるゆえんである。史料の限界，すなわち集計によりある数値が得られたとしても，それは記録された限りでの取引量に過ぎないという点に留意しながら，本研究ではポンド税の記録を用いていくことにしたい。

---

59) 1368年と1492—96年の台帳に関しては，例えば以下のような研究がある。Wilhelm Mantels, Der im Jahre 1367 zu Köln beschlossene zweite hanseatische Pfundzoll, in: Beiträge zur Lübisch- hansischen Geschichte. Ausgewählte Historische Arbeiten, Jena, 1881, S. 233-286. Wilhelm Stieda, Schiffahrtsregister, in: HGbll, 5, 1885, S. 77-115. Curt Weibull, Lübecks Schiffahrt und Handel nach den nordischen Reichen 1368 und 1398-1400. Wilhelm Koppe, Lübeck-Stockholmer Handelsgeschichte im 14. Jahrhundert, AHS, NF, Bd. 2, Neumünster, 1933. Walter Stark, a. a. O., Hans-Jürgen Vogtherr, Beobachtungen zum Lübecker Stockholm-Verkehr am Ende des 15. Jahrhunderts, in: HGbll, 111, 1993, S. 1-24. 我が国では，柏倉知秀が14世紀のポンド税台帳に依拠した研究を手がけている。柏倉知秀「14世紀ハンザ諸都市のポンド税台帳」（前掲）。「14世紀後半レーヴァルの海上商業」，『立正史学』第93号（高橋理教授退職記念号），2003年，61-63ページ。「中世ハンザ都市の商業規模——14世紀後半のポンド税決算書を中心に」，『比較都市史研究』第23巻第1号，2004年，33-44ページ。

60) 例えば以下がある。Carsten Jahnke, Die hamburg-lübischen Pfundgeldlisten von 1458/59 und 1480-1487, in: ZVLGA, 76, 1996, S. 27-53.

61) 例えば邦語文献では以下がある。伊藤栄『西洋商業史』東洋経済新報社，1971年，111ページ。高橋理『ハンザ同盟』，125，127ページ。

第Ⅰ部

バルト海・北海間商業におけるリューベック

第 1 章

ハンザ盛期におけるバルト海・北海間の内陸商業
——リューベック・オルデスロー間商業の記録から——

はじめに

　ここでは，まずハンザ商業の動脈であるリューベックを経由したバルト海・北海間商業を取り上げ，ハンザ盛期の北方ヨーロッパ商業におけるリューベックの拠点性の強さを明らかにする。
　中世後期のヨーロッパ国際商業の一翼をなすハンザ・北欧商業圏は，バルト海・北海沿岸地域及びその後背地から形成されていた。この二つの海を連絡する経路としては，自然の水路（エーアソン海峡など）が存在する。だが，その利用はハンザ形成期から見られたとはいえ，著しく増えたのは 16 世紀以降のことである[1]。ハンザの発展期・盛期にバルト

---

1)　バルト海からリューベックを経由して海路ノルウェー，イングランドに向けた穀物などの嵩が張る商品の輸送 (bulk trade) は，既に 13 世紀から増加が見られたことが指摘されている。Rolf Hammel-Kiesow, Lübeck and the Baltic Trade in Bulk Goods for the North Sea Region 1150-1400, in: Cogs, Cargoes, and Commerce: Maritime Bulk Trade in Northern Europe, 1150-1400, ed. by L. Berggren, N. Hybel, A. Landen, Papers in Medieval Studies 15, Tronto, 2002, p. 74. ハンザ史において，エーアソン海峡など海路を経由してバルト海と北海を結ぶ経路は，内陸路に対してしばしば迂回航路 (Umlandfahrt) といわれる。迂回航路の経路の中でもユトランド半島北端の周辺海域は，砂州が多くて西風が吹くために，オールのない帆船にとって座礁や難破の危険が多い航海の難所であった。片平宣秀「15 世紀ドイツ・ハンザの造船技術と海運の構造変化」，『クリオ』vol. 12, 1998 年，21 ページ。迂回航路の利用に関する史料上の初出は 1251 年とされるが (HUB, 1, Nr. 411)，それ以前からの利用があったのは確かだとされる。Rolf Hammel-Kiesow, Lübeck and the Baltic Trade in Bulk Goods, S. 55. スカゲン岬からボルンホルム島までのエーアソン海峡を経由する航路について

海・北海の連絡に多く利用されていたのは，ユトランド半島を横断する経路であり，特にハンザ盛期に主に利用されていたのは，その半島の基部，リューベックとハンブルクとを結ぶ，一部水路の区間を含む内陸交易路であった。このうちリューベックから途中オルデスローまでは，主にトラーフェ川の水路が，オルデスローからハンブルクまでは陸路が用いられた。オルデスローは，ハンザの表舞台にも登場しない小都市であるが，ハンザの盛期，バルト海と西欧の間を往来する商品は，大抵ここを経由していた[2]。東西ヨーロッパを結ぶハンザの東西間商業を支えていたのは，オルデスローを経由するこの僅か60キロの内陸交易路であったと述べても過言ではない（地図参照）。ハンザ・北欧商業圏においてこの経路が重視されていたからこそ，リューベックは，ハンザの盟主

リューベック・ハンブルク間の交易路

は，Jochen Goetze, Hansische Schiffahrtswege, in: HGbll, 93, 1975, S. 71-88 を参照。

2) 14世紀後半にフランドル・バルト海間の商品流通の主流を成していたのも，このオルデスローを経由するルートであった。Georg Asmussen, Die Lübecker Frandernfahrer in der zweiten Hälfte des 14. Jahrhunderts (1358-1408), in: W. Paravicini (Hg.), Hansekaufleute in Brügge, Teil 2. Kieler Werstücke Reihe D. Beiträge zur europäischen Geschichte des späten Mittelalters, Bd. 9, Frankfurt am Main, 1999, S. 216, 217.

第1章 ハンザ盛期におけるバルト海・北海間の内陸商業　　　33

として政治経済の両面で君臨することができたといえよう[3]。

　ところで，このリューベック・オルデスロー・ハンブルク経路の持つ意義は，確かにこれまでも一部のハンザ史家によって指摘されてきた[4]とはいえ，いまだその重要性が広く認識されるには至っていないと考えられる。研究状況を見ても，この交易路に焦点を当てた研究は，管見の限り，日本はもとよりドイツ本国においても少ない。この交易路に関するやや踏み込んだ研究としては，キーセルバッハとレーリヒの研究が挙げられるが，いずれも内陸交易路によるバルト海・北海の連絡というテーマに直接焦点が当てられているわけではない[5]。一方，バーシュは，通過交易（Durchfuhr）という側面からリューベックのバルト海・北海間の連絡地点という機能に注目しているが，考察の中心は，同市の17, 18世紀の商業政策にあり，通過交易の実態までは明らかにしてはいない。また，ヴィルラートはオルデスローの歴史を論じた際に商業史にも一項目を設けているものの，ハンザのバルト海・北海間連絡商業にまでは，十分な検討は及んでいない[6]。

───────────

　3) リューベックがバルト海で担った役割は，地中海東部海域で大きな勢力を築き上げたヴェネツィアのそれとしばしば比較される。Ahasver von Brandt, Die Hanse und die nordischen Mächte im Mittelalter. Arbeitsgemeinschaft für Forschung des Landes Nordrhein-Westfalen, Heft 102, Köln/Opladen, 1962, S. 11. 例えば以下を参照。Ahasver von Brandt, Der Untergang der Polis als Großmacht (Lübeck und Venedig im 16. Jahrhundert), in: Geist und Politik in der lübeckischen Geschichte, Lübeck, 1954, S. 147-164.

　4) この経路の重要性を指摘した邦語文献としては，例えば次がある。高村象平『ハンザの経済史的研究―西欧中世都市の研究2』筑摩書房，1980年（『ドイツ・ハンザの研究』日本評論新社，1959年），137ページ。関谷清『ドイツ・ハンザ史序説』比叡書房，1973年，329-330, 345-347ページ。高橋理『ハンザ同盟――中世の都市と商人たち』教育社歴史新書，1980年，126-128ページ。影山久人「ハンザ都市リューベックの財政収入（1407/8）に関する若干の覚書 I」，『コスミカ』第13号，1983年，151ページ。斯波照雄「ハンザ商人考」，渡辺國廣編『経済史讃，92』慶應通信，1992年，67ページ。

　5) G. Arnold Kiesselbach, Die wirtschaftlichen Grundlagen der deutschen Hanse und die Handelsstellung Hamburgs bis in die zweite Hälfte des 14. Jahrhunderts, Berlin, 1907. Fritz Rörig, Großhandel und Großhändler in Lübeck des 14. Jahrhunderts, in: Wirtschaftskräfte im Mittelalter, zweite Aufl. hg. v. P. Kaegbein, Wien/ Köln/Graz, 1971, S. 216-246.

　6) Ernst Baasch, Die »Durchfuhr« in Lübeck. Ein Beitrag zur Geschichte der lübischen Handelspolitik im 17. und 18. Jahrhundert, in: HGbll, 13, 1907, S. 109-152. Helmut Willert, Anfänge und frühe Entwicklung der Städte Kiel, Oldesloe und Plön, Neumünster, 1990, S. 180-273.

このような乏しい研究状況の背景としては，いうまでもなく史料面での制約が挙げられると思うが，本章では，試みに，1368年にリューベックで徴収された関税（ポンド税）の記録（Pfundzollisten）を用いて，上述の内陸交易路を経由したバルト海・北海連絡貿易の一端を明らかにしてみたい[7]。この関税台帳は，序論でも述べたように，少なからぬ史料的欠陥を持つとはいえ，ハンザ盛期のリューベックの商業を検討していくうえで欠くことのできない史料である。以下では，まず，第1節で予備的考察として取引経路の確認などの概説を行ない，第2節で商品を中心とした分析を行なう。そして第3節では輸送面に光を当てながら，リューベック・オルデスローを経由したバルト海・北海連絡貿易の一端を史料に即して検討していく。以上のような側面から内陸交易路を経由した商品流通の実態を探っていき，ハンザの東西間商業においてこの経路が担った重要な役割を明らかにしてみたい[8]。

1　内陸路によるバルト海・北海間の連絡

　リューベックを中心としたバルト海・北海間の商品流通体制が整ったのは，バルト海商業の中心が，ゴトランド島のヴィスビューからリュー

　7）　Georg Lechner (Hg.), Die Hansischen Pfundzollisten des Jahres 1368 (18. März 1368 bis 10. März 1369), QDHG, Neue Folge, Bd. 10, Lübeck, 1935.
　8）　バルト海と北海とを結ぶ経路としては，沿岸に沿って東西に伸びる内陸路も利用された。東からダンツィヒ・シュテッティン（現シチェチン）・リューベック・ハンブルク・ブレーメン・デフェンター・アントウェルペン・ブリュージュへと延びる沿岸路は，特に軽量高価な商品の輸送に利用された。Michael Gassert, Kulturtransfer durch Fernhandelskaufleute. Europäische Hochschulschriften Reihe III, Geschichte und ihre Hilfswissenschaften, Bd. 915, Frankfurt am Main u. a. 2001, S. 278. Philippe Dollinger, Die Hanse, 4. erweiterte Auflage, Stuttgart, 1989, S. 293-294. なお，本研究でリューベックを取り上げる場合，考察の対象をバルト海，北海沿岸海域との商業に絞るので，大陸内部との南北間商業は検討の対象としていない。リューベックの大陸内商業については，さしあたり以下を参照。Klaus Nordmann, Oberdeutschland und die deutsche Hanse. Pfingstblätter des Hansischen Geschichtsvereins, 26, Weimar, 1939. Ders. Nürnberger Großhändler im spätmittelalterichen Lübeck. Nürnberger Beiträge zu den Wirtschafts-und Sozialwissenschaften, Heft 37/38, Nürnberg, 1933. また邦人の成果として，影山久人「中世ニュルンベルク・リューベック間交易事情の一斑」，『コスミカ』第7号，1977年，260-280ページがある。

ベックに移った13世紀中頃のことであった。それまでバルト海・北海の連絡は主にシュレスヴィヒを経由していたが[9]，リューベック建設（1159年）の後，13世紀になると，早くもリューベックとハンブルクとを結ぶ区間が交易路として重視されるようになった[10]。このことは，この区間を移動する商人の安全確保のために，リューベックとハンブルクの両都市当局が，頻繁に協議を重ねていたことからも窺うことができる。例えば，時期は確定できないが，1230年頃の協定で，リューベックとハンブルクは，互いの都市法のもとで互いの商人及び商品が保護されるべき旨を確認している[11]。また，1241年には，リューベックとハンブルクを結ぶ区間で，両市の市民を盗賊から守るために，双方の都市がその

---

9) Walther Vogel, Geschichte der deutschen Seeschffahrt, Bd. 1, Berlin, 1915, S. 181. Erich Hoffmann, Lübeck im Hoch- und Spätmittlalter: Die große Zeit Lübecks, in: A. Graßmann (Hg.), Lübeckische Geschichte, 2. überarbeitete Auflage, Lübeck, 1989, S. 91-92. シュレスヴィヒは，ユトランド半島東部に深く穿たれた湾（Schlei）の奥に位置する。ここから北海に注ぐアイダー（Eider）川流域に達すれば，陸送部分を極力短縮することができたほか，北海側に面した都市フーズムに至る経路もあった。Hermann Kellenbenz, Landverkehr, Fluß- und Seeschiffahrt im europäischen Handel, in: Europa, Raum wirtschaftlicher Begegnung. Kleine Schriften 1, VSWG Beihefte Nr. 92, Stuttgart, 1991, S. 360. シュレスヴィヒを経由するバルト海・北海間商業については，Christian Radtke, Die Entwicklung der Stadt Schleswig: Funktionen, Strukturen und die Anfänge der Gemeindebildung, in: E. Hoffmann u. F. Lubowitz (Hg.), Die Stadt im westlichen Ostseeraum. Vorträge zur Stadtgründung und Stadterweiterung im hohen Mittelalter, Frankfurt am Main u. a., 1995, S. 47-91 を参照。カービーは，リューベック・ハンブルク間経路以外にユトランド半島を北海側から東に横断する経路として以下の三つを挙げている。(1)アイダー・トレーネ水系をホリングシュテットまで遡行してそこから陸路シュライまで至るルート。(2)その北のリーベ・ハーデルスロー間の水路を利用するルート。(3)リムフィヨルドを経由するルート。David Kirby and Merja-Liisa Hinkannen, The Baltic and the North Sea, London/New York, 2000, p. 72. そのほかのバルト海と北海を結ぶ各種内陸路については以下を参照。Hermann Kellenbenz, Die Durchfuhr durch die schleswig-holsteinische Landbrücke als Konkurrenz der Öresundfahrt, in: H. Knittler (Hg.), Wirtschafts- und sozialhistorische Beiträge, Festschrift für Alfred Hoffmann zum 75. Geburtstag, Wien, 1979, S. 138-155.

10) シュレスヴィヒ経路よりもリューベック・ハンブルク間経路が重視されるようになった理由として，ホフマンは，リューベック・ハンブルク間経路のほうがヴェストファーレンの人びとにとって近くに位置し，しかもハインリヒ獅子公の配下に含まれていたので安全だったこと，また港湾施設の面でリューベックがシュレスヴィヒに勝っていたことを挙げている。Erich Hoffmann, Lübeck und die Erschließung des Ostseeraums, in; Die Hanse. Lebenswirklichkeit und Mythos, Textband zur Hamburger Hanse-Ausstellung von 1989, hg. v. J. Bracker, V. Henn und R. Postel, Lübeck, 1999, S. 42.

11) HUB, 1, Nr. 239. 以下のリューベック・ハンブルク間の安全確保の経緯については，主に G. Arnold Kiesselbach, a. a. O., S. 95-99, 204-208 を参照した。

費用を分担するという合意がなされた[12]。さらに 1255 年に，リューベックとハンブルクは，商人や商品の保護に関する同盟をオルデスローで結成している[13]。こうした一連の協議が，二都市間の安全保障という枠を超えて，後のハンザ総会の母体として都市ハンザ形成のうえでも大きな意味を持ったであろうことは想像に難くない[14]。

リューベックとハンブルクの間の活発な商取引は，この区間の交易路への領邦の介入をも招いた。例えば，1241 年にザクセン公アルブレヒトは，リューベックの要請を受けて，この区間を往来する商人から護衛料を徴収したうえで通行の安全を保障する旨を申し出た[15]。また，1304 年には，リューベックとハンブルクが，この区間で独自に武装した護衛団を組織することを決定している。それによると，護衛団結成のため，リューベックが 32 名，ハンブルクが 8 名をそれぞれ提供し，各荷車は，護衛料を支払ったうえで 10 台以上まとまって運行することとされた[16]。1324 年には，また，ホルシュタイン伯のゲルハルト 3 世とヨハン 3 世とが，この二都市を結ぶ区間の輸送の保護を申し出ている[17]。

このように領邦をも交えて繰り返し安全確保のための配慮がなされたのも，リューベックとハンブルクの間の商取引がそれだけ活発であったからだと考えられる。少なからぬ盗賊たちが目をつけるだけの高価な商

---

12) HUB, 1, Nr. 305. UBSL, 1, Nr. 195. Erich Hoffmann, Lübeck im Hoch- und Spätmittlalter, S. 123-124. また，A. Graßmann (Hg.), Lübeckische Geschichte, Lübeck, S. 806 も参照。
13) HUB, 1, Nr. 484. G. Arnold Kiesselbach, a. a. O., S. 97.
14) 例えば，Klaus Friedland, Die Hanse, Stuttgart/Berlin/Klön, 1991, S. 121.
15) HUB, 1, Nr. 307. UBSL, 1, Nr. 191.
16) HUB, 2, Nr. 62, 63. この取り決めは，1306 年，さらに 1309 年にも更新された。HUB, 2, Nr. 85, 140. この事例にもあるように，危険回避のためにも各荷車は，まとまって移動することが多かったと推測される。荷車の積載量は，中世で 30-35 ツェントナー程度，16 世紀になると 50-55 ツェントナー程度であったという。Theo Sommerlad, Verkehrswesen im deutschen Mittelalter, in: Handwölterbuch der Staatswissenschaft, 3. Aufl., Bd. 8, Jena, 1911, S. 205. また，リューベックでは車両の種類によって税関で課せられる税額が異なり，ヴァーゲン Wagen 型の荷車が 4 デナリ，カレ Karre 型の荷車が 2 デナリであった。Ferdinand Frensdorf, Die Zollordnung des Lübischen Rechts, in: HGbll, 9, 1897, S. 139. 恐らくヴァーゲン型の荷車のほうが大型だったと推測される。
17) HUB, 2, Nr. 421. 1327 年には両ホルシュタイン伯とリューベック，ハンブルクの間でラント・フリーデが締結され，両伯は，毛織物，蜜蠟，毛皮について，有償での護送と盗難に遭った際の補償を約束している。HUB, 2, Nr. 461.

品が，ここを経由してバルト海・北海双方へ大量に輸送されていたことが，ここから推測されるのである。

　では，リューベックとハンブルクは，具体的にどのようなルートで結ばれていたのであろうか[18]。まず，リューベックからオルデスローまでは，一般にトラーフェ川の水路が利用されていたが，川幅が狭いので，バルト海の外航船が直接オルデスローまで向かったとは考えられず，ほとんどの商品は，リューベックで平底の川舟や艀に積換えられたと推測される。陸路でオルデスローに向かう場合は，水路に比べれば希であったが，一応その経路を見ておくと，地図で示したように，トラーフェ川の左岸，現在の国道（Bundesstraße）75号線にほぼ沿った経路が用いられ，ハンスフェルデ（Hansfelde）やステュッベンドルフ（Stubbendorf）などの地点を経由してオルデスローに達していた。水路を用いた場合，オルデスローでの商品の陸揚げは，トラーフェ川とベステ川の合流地点で行なわれ，ここにはクレーンが設置されていたという[19]。

　バルト海・北海連絡路の中継地ということもあり，オルデスローでは関税が徴収され，宿屋や居酒屋が活況を呈していたほか，トラーフェ川の水運の発達は，回漕業の発展をも促すことになった。但し，オルデスロー商人自身が遠隔地商業に従事するということはあまりなく，彼らが組織した取引が，リューベック，ハンブルク以遠に及ぶことはほとんどなかったと考えられている。中世オルデスローの人口は約1,100人前後と推測され，中世の小都市の中でも比較的小さい部類に位置づけられる[20]。商業以外のオルデスローの産業を見ると，製靴業，ビール醸造業

　18）　取引経路の確定に関しては，Friedrich Bruns, Lübecks Handelsstraßen am Ende des Mittelalters, in: HGbll, 8, 1896, S. 47-55. Hansische Handelsstraßen. Aufgrund von Vorarbeiten von F. Bruns bearbeitet von H. Veczerka, QDHG, NF, Bd. 13, Köln/Graz, Teil 1, 1967, S. 137-147, Teil 3, Atlas, 1962, Karte 2を主に参照した。

　19）　ここには，1370年頃，オルデスローの参事会により倉庫が建設された。Helmut Willert, a. a. O., S. 241. また，遅くとも1175年にはオルデスローに税関が設置されていたようであり，1226年にリューベックが帝国都市に昇格するとその市民はここでの税の支払いが免除されるようになった。Friedrich Bruns, Lübecks Handelsstraßen, S. 47-48. なお，オルデスロー税関における関税徴収額は1340—87年のものが記録に残されており，柏倉知秀によりグラフ化されている。UBSL, 3, S. 144. 柏倉知秀，日本ハンザ史研究会第10回研究会（2007年12月15日）における当日配布レジュメ。

　20）　Helmut Willert, a. a. O., S. 223-224.

などの手工業部門が確認されるが，住民の多くは，農業に従事していたと考えられる。特産品としては，近郊の塩坑で採取される塩があったが，その生産規模は，有名なリューネブルクのそれにははるかに及ばず，リューベックからバルト海各地に送られる塩のほとんどは，リューネブルクの塩であった[21]。

　引き続きルートをハンブルク方面に辿っていくと，よく利用された経路は，オルデスローから途中バルクテハイデ（Bargteheide）まで二つ挙げることができる。一つは現在の国道 75 号線に沿ってネリッツ（Neritz）などを経由するもの，もう一つはその南，フィッシュベック（Fischbeck）などを経由するもので，両者はバルクテハイデで再び合流する。ここからは，今日の国道 434 号線に沿ってベルクシュテット（Bergstedt），バルムベック（Barmbeck）などの地点を経由してハンブルクに達していた。

　リューベックとハンブルクとを結ぶそのほかの経路としては，地図に示したように，クルムメッセ，トリッタウなどを経由する陸路のほか，シュテクニッツ運河を経由する水路が挙げられる[22]。シュテクニッツ運河は，塩の生産地として名高いリューネブルクで生産された塩をリューベックに送り出すために計画され，1391 年にメルン湖から着工され，1398 年に完成した。竣工時には，塩や石灰を積んだ 30 隻以上の船舶がリューネブルクからリューベック方面に向かった[23]。シュテクニッツ運

　21）Ebenda, S. 229-239. オルデスローの歴史については，Ebenda, S. 180-273 のほか，Handbuch der Historischen Stätten Deutschlands, Bd. 1, Schleswig-Holstein und Hamburg, hg. v. O. Klose, Stuttgart, 1964, S. 201-204 を参照。オルデスローの製塩所は，1153 年にハインリヒ獅子公により破壊された。その後，ハンザ・北欧商業圏ではリューネブルク産塩の重要性が増したという。Angelika Lampen, Fischerei und Fischhandel im Mittelalter. Wirtschafts- und sozialgeschichtliche Untersuchungen nach urkundlichen und archäologischen Quellen des 6. bis 14. Jahrhunderts im Gebiet des Deutschen Reichs. Historische Studien, Bd. 461, Husum, 2000, S. 176.

　22）トリッタウには，おそくとも 1457 年には税関が設置されていた。Friedrich Bruns, Lübecks Handelsstraßen, S. 59.

　23）Hermann Heineken, Der Salzhandel Lüneburgs mit Lübeck bis zum Anfang des 15. Jahrhunderts, Berlin, 1908, S. 80-82. シュテクニッツ運河については，Handbuch der Historischen Stätten Deutschlands, Bd. 1, Schleswig-Holstein und Hamburg, S. 247. Philippe Dollinger, Die Hanse, S. 199-200 を参照。また，この運河を利用した水運については，Rudorf Nissen, Neue Forschungsergebnisse zur Geschichte der Schiffahrt auf der Elbe und dem Stecknitzkanal, in: ZVLGA, 46, 1966, S. 5-14 を参照。

第1章　ハンザ盛期におけるバルト海・北海間の内陸商業　　39

河は塩の輸送で活用されたとはいえ，それ以外の商品の輸送において多用されたのは，オルデスロー経路であったと考えられる。ハンザ時代の里程標や地図の多くは，リューベックとハンブルクの間の宿駅としてオルデスローを挙げていたという[24]。

　また，15世紀中頃になると，シュテクニッツ運河を先例としてバルト海・北海沿岸地域を結ぶもう一つの運河の建設計画が浮上した。トラーフェ川の支流ベステ川をアルスター川と結ぶこの運河に関して，1448年にハンブルク市とホルシュタイン伯との間で建設に関する条約が取り結ばれ，1525年にはリューベックも加わり，あらためて契約が結ばれた。運河自体はおそくとも1550年頃には開通していたようであるが，シュテクニッツ運河に比べて交通量は少なく，しかも技術的な問題を抱えていたため16世紀末には利用されなくなってしまったという[25]。

2　内陸路によるバルト海・北海間商業
──リューベック・オルデスロー間の商品流通を手がかりとして──

(1)　リューベックのバルト海・北海間商業

　ここでは，内陸交易路を経由したバルト海・北海間商業について，1368年リューベックのポンド税台帳のなかからリューベック・オルデスロー間の取引記録をもとに見ていくことにしたい。

　まず，リューベックを中心としたバルト海・北海連絡商業のおおよその構造を概観しておくことにしよう。この1368年という年は，ハンザとデンマークとの戦争（第1次ハンザ・デンマーク戦争）がまだ継続中であったため，この年のリューベックの対デンマーク，ノルウェー貿易は，ほぼ停止状態にあった。また，戦争は海路のエーアソン海峡（ズント海

---

　24) Hansische Handelsstraßen, Teil 1, S. 137. 例えば，ミュンスターの商人 Jakob Störe がダンツィヒで活動していた頃（1560年頃）の事務上の覚書では，リューベック・ハンブルク間の宿駅として挙げているのはオルデスローであった。Eduard Schulte, Das Danziger Kontorbuch des Jakob Störe aus Münster, in: HGbll, 62, 1937, S. 40-72, S. 58-59.

　25) ローレンツェン-シュミットは完成年を1529年とする。Kraus-Joachim Lorenzen-Schmidt, Lübisch und Schleswig-Holsteinisch Grob Courant, Handel, Geld und Politik 7. Lübeck, 2003, S. 10-11. 以下も参照。Michael Scheftel, Künstliche Wasserstraßen, Kanäle, in: Die Hanse, Lebenswirklichkeit und Mythos, S. 799.

峡）の安全を脅かしていたがゆえ，それがオルデスローを経由する内陸路の利用増加に繋がったとも考えられる。しかし，その一方で 1368 年を含む 14 世紀後半は黒死病の流行による人口減少・経済衰退期に該当しており，嵩が張る商品を中心にポンド税台帳に記録された取引は，その半世紀前と比べて少ないとも考えられる[26]。史料的な制約が多い中でまったくの平時の史料を見いだすことは容易なことではないが，1368 年が戦時に該当し，社会経済的な変動局面の推移の中では下降・沈滞の局面にあったということは，念頭に入れておく必要があろう。

　1368 年のポンド税台帳からみたリューベック経由の商品の流れは，図 1 のようにまとめることができる。この年，リューベックがオルデス

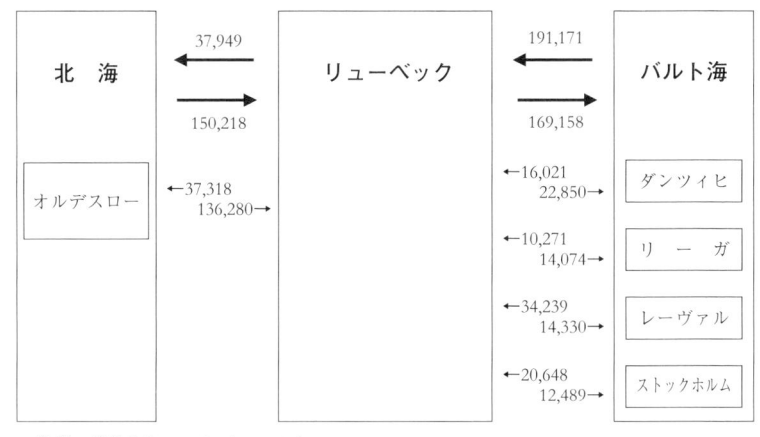

北　海	← 37,949 ← リューベック	← 191,171 ← バルト海
	→ 150,218 →	→ 169,158 →
オルデスロー	←37,318 136,280→	←16,021 22,850→ ダンツィヒ
		←10,271 14,074→ リ　ー　ガ
		←34,239 14,330→ レーヴァル
		←20,648 12,489→ ストックホルム

備考）　単位はリューベック・マルク。
　　　太字の矢印はリューベックとバルト海地域全体及び北海地域全体との取引額を示す。
出典）　G. Lechner, Die Hansischen Pfundzollisten des Jahres 1368, S. 406-409. より作成。

図 1　リューベック経由の商品の流れ（1368 年）

---

26)　Rolf Hammel-Kiesow, Lübeck and the Baltic Trade in Bulk Goods for the North Sea Region 1150-1400, p. 57. その一方でハメル・キーゾーは，1368 年をリューベック経済の発展期であり，頂点に達しようとするその直前であると位置づけもする。Ders. Hansische Seehandel und wirtschaftliche Wechsellagen. Der Umsatz im Lübecker Hafen in der zweiten Hälfte des 14. Jahrhunderts, 1492-96, und 1680-82, in: Der hansische Sonderweg? Beiträge zur Sozial- und Wirtschaftsgeschichte der Hanse, hg. v. S. Jenks u. M. North, QDHG, NF, Bd. 39, Köln/Weimar/Wien, 1993, S. 88. それだけこの当時を取り巻く状況が複雑であったということなのであろう。

第1章　ハンザ盛期におけるバルト海・北海間の内陸商業　　　　41

ローを経由して輸入した商品は，約 136,000 リューベック・マルク（以下マルクと略），同じくリューベックがオルデスローを経由して輸出した商品は約 37,000 マルクが記録され，前者はリューベックの輸入総額の約 40%，後者は輸出総額の約 18% に達した。図1には，リューベックと主なバルト海都市との取引額を挙げておいたが，オルデスローのような小都市が，リューベックの輸入においてダンツィヒやリーガなどのバルト海主要都市との取引額を大幅に上回る取引額を記録したのも，バルト海・北海連絡貿易が，ここオルデスローを重要な中継点として行なわれていたからに他ならない。

　リューベック・オルデスローを経由した商品の流通は，また，個々の商人の取引網からも確認することができる。ポンド税台帳は，この区間で取引に従事していた商人を 700 名近く記録しているが，これらの商人の多くは，オルデスロー・ハンブルク方面のみならず，リューベックとバルト海各地との間の取引にも従事していた[27]。表 1-1 は，取引記録数の多かった商人のなかからリューベックのクラウス・ド・カメン（Claus de Kamen）なる商人を選んで彼の取引をまとめたものである。表からは，カメンの取引がストックホルム，レーヴァルなどのバルト海都市からリューベックを経由してオルデスロー，つまりハンブルク，西欧方面に達していたことを確認することができる。ハンザ商人の家族や血縁者のネットワークは，取引上のネットワークと重なることが多く，それが信頼関係の醸成を通じて取引費用をはじめ各種コストを引き下げるうえで大きな意味を持っていた[28]。このカメンに代表される様々な規

　27）　シュプランデルによれば，ハンザ期リューベックの重要な史料として知られるニーダーシュタットブーフ Niederstadtbuch には，1311 年から 1361 年にかけて 249 社の商事会社 Handelsgesellschaft の記録があり，これらの会社に名前を連ねた 400 名以上の商人のうち，40 名以上の名前が 1368 年のポンド税台帳にも見出されるという。Rolf Sprandel, Wirtschaftliche Einführung, in: A. Cordes, K. Friedland, R. Sprandel (Hg.), Societates. Das Verzeichnis der Handelsgesellschaften im Lübecker Niederstadtbuch 1311-1361. QDHG, NF, Bd. 54, Köln/Weimar/Wien, 2003, S. 2. なお，ニーダーシュタットブーフは以下のものが刊行されている。Das Lübecker Niederstadtbuch 1363-1399, 2 Bde, bearb. v. U. Simon, QDHG, NF, Bd. 56, Köln/Weimar/Wien, 2006.
　28）　例えば以下を参照。Stephan Selzer u. Ulf Christian Ewert, Verhandeln und Verkaufen, Vernetzen und Vertrauen. Über die Netzwerkstruktur des hansischen Handels, in: HGbll, 119, 2001, S. 135-161. ハンザ商人に焦点を当てた邦人の研究成果として，例えば以下がある。斯波照雄「中世末期のハンザ商人像の検討」，『北陸史学』第 44 号，1995 年，

表1-1 リューベック商人 Claus de kamen の取引

	バルト海から		バルト海へ	
3/18 から 5/8 まで	ゴトランドから 不明 －(91) 銅，バター 260(92)	オルデスローへ バター －(240)	ストックホルムへ 塩 20(85) ロストックへ オスムント鉄 15(130)	オルデスローから 毛織物 80(190)
5/9 から 6/23 まで	ストックホルムから 不明 －(366,369) 毛皮 40(367) ゴトランドから 銅，バター 255(389)	オルデスローへ バター 110(525)	レヴァルへ 塩 30(334) 塩 10(340) ベルナウへ 塩 54(358) ストックホルムへ 塩 80(372) 毛織物 100(373) 塩 20(374)	オルデスローから 毛織物 －(517) 毛織物 －(518)
6/24 から 9/30 まで	スウェーデンから 不明 －(624) ストックホルムから バター，オスムント鉄 －(631) バター 150(632) バター 130(634) バター 131(638) 麦芽 －(641) ゴトランドから バター 49(686)	オルデスローへ バター 220(869) バター 77.5(874) 毛皮 200(875)	レヴァルへ 毛織物 218 + 191(619) ストックホルムへ 不明 －(644) 塩 －(645) 不明 28(646) 塩 32(647) ロストックへ 塩 20(773) 塩 10(774)	オルデスローから 毛織物 300(853) 毛織物 100(854) 不明 －(858)
10/1 から 1369 3/10 まで	ストックホルム，ゴトランドから 不明 －(1110) バター 42(1112) ストックホルムから バター 48(1118)	オルデスロー，フランドルへ バター，魚油 150(1359-1363)	ストックホルムへ 毛織物 74(1119) 小麦粉 11(1133) ゴトランド 小麦粉 11(1133) ロストックへ 不明 －(1232) 塩 9(1235) フェーマルンへ 塩 24(1342)	オルデスローから 毛織物 120(1355) ブリュージュから 油 160(1356-1358)

備考） 括弧外は取引額（リューベック・マルク），－は取引額が不明の場合。
　　　括弧内は，G. Lechner, Die Hansische Pfundzollisten des Jahres 1368 の資料番号。
　　　毛織物はすべて pannus。(注26 参照)

54-70 ページ。柏倉知秀「14 世紀後半リューベック商人のネットワーク」，『立正史学』第 105 号，2009 年，1-23 ページ。なお，本研究では，商人が結成した会社については扱わない。会社を母体としたハンザ商人の取引については，以下を参照。Albrecht Cordes, Spätmittelalterlicher Gesellschaftshandel im Hanseraum, QDHG, NF. 45, Bd. Köln/Weimar/Wien, 1998.

模の商人のハンザ・北欧商業圏におけるネットワークによって，リューベック・オルデスロー・ハンブルク経路の流通は支えられていたのである[29]。では，この内陸ルートを経由して具体的にどのような商品が流通していたか，次に見ていくことにしよう。

(2) バルト海向け輸出商品

オルデスローからリューベックに向かった商品は，レヒナーが作成した索引を参考にして，表1-2のようにまとめることができる。史料自体，品目の分類の基準が曖昧であること，また，実態の明らかでない商品もあることを考慮して，ここでは品目別の分類は行なわず，台帳の記録のなかから金額の判明する商品のみを集計して合計金額の多い順に配列することにした。しかし，価格不明の取引が多く存在し，それらはここでは集計の対象とはなっていないので，実際の取引額から見た商品の順位は，多少はこの表と異なることが推測される。

とはいえ，確実にいえることは，表から明らかなように，毛織物[30]の占める圧倒的な重要性である。約106,000マルクという金額は，リューベックのオルデスローからの輸入総額の実に78％に相当する。これらの毛織物は，イングランド産と記録されたものを除き，ポンド税台帳から生産地を確認することはできない。しかし，ハンザ盛期に該当するこの時期，その多くがフランドル・低地地方で生産され，ハンザの商館のあるブリュージュから調達されていたであろうことは，容易に推測でき

---

29) リューベック商人の通商網は，すでに13世紀後半にはフランスの内陸部，パリにまで及んでいた。この頃のパリの関税台帳にリューベックに関する記述があるほか，リューベックにおいても13世紀以降フランス人の滞在が記録されるようになったという。Brughart Schmidt, Die Beziehungen zwischen Frankreich und den drei Hansestädte Hamburg, Bremen und Lübeck im Zeichen von Politik, Wirtschaft und Kultur (13.-19. Jahrhundert), in: Die Beziehungen zwischen Frankreich und den Hansestädte Hamburg, Bremen und Lübeck, Mittelalter-19. Jahrhundert, hg. v. I. Richefort u. B. Schmidt, Bruxelles, 2006, S. 13. Rolf Sprandel, Die wirtschaftlichen Beziehungen zwischen Paris und dem deutschen Sprachraum im Mittelalter, in: VSWG, 49, 1962, S. 289-319, S. 292, 293, 297-298.

30) 表1-2では編纂者に従って，毛織物をpannusとpanniに分けて集計した。前者はテルリンクなどの量を示す単位とともに，後者はそれらの単位なしに台帳に記録された毛織物であるという。Georg Lechner, a. a. O., S. 54. 表1-2から明らかなように，panniの記録はpannusに比べて圧倒的に少ない。以下本節で示される毛織物の集計値はpannusのみの集計値である。

表1-2 オルデスローからリューベックに
向かったおもな商品（1368年）

品　　目	金額（リューベック・マルク）
毛織物（pannus）	105,870
小間物	3,384
樽（tunna）	2,291
イングランド産毛織物	1,165
油	621
米穀（rys, git）	610
毛織物（panni）	481
樽（reventunna）	468
ワイン	450
毛皮（opus）	360
皮（cute）	354
亜麻	221
樽（vas）	210
糸	159
胡椒	165
鰊	147
バター	101

備考）　小数点以下四捨五入
出典）　G. Lechner, Die Hansischen Pfundzollisten des Jahres 1368, Teil 1, Nr. 173-205, 498-522, 844-860, 1355 より作成。

る[31]。毛織物（pannus）の単位としては，台帳では，主にテルリンク（terling）とフルストゥム（frustum）が用いられている。これらの単位が具体的にどれだけの量に相当するかは不明だが，1テルリンク当たりの価格は，20マルクから650マルクまで，1フルストゥム当たりの価格は20マルクから850マルクまでと非常に大きな開きがあり[32]，高級品から大衆品まで様々な質の毛織物が流通していたことが推測される。1368年にリューベックに輸入された毛織物は，三分の一に当たる37,449マルクが再輸出され[33]，そのうち7,049マルクがダンツィヒに[34]，

31)　リューベックは毛織物の重要な生産地というわけではなかったが，ハンブルクと同様に輸入した毛織物をここで加工していた。染色工は，1500年頃からツンフトを結成していた。Rolf Gelius, Farbewaren im Seehandel der Ostseeländer, in: HGbll, 121, 2003, S. 110.
32)　Georg Lechner, a. a. O., S. 572. なお，1 Terling = 20 Laken（反）と換算されるという。Walter Stark, Lübeck und Danzig in der zweiten Hälfte des 15. Jahrhunderts. Untersuchungen zum Verhältnis der wendischen und preußischen Hansestädte in der Zeit des Niedergangs der Hanse, AHS, Bd. 11, Weimar, 1973, S. 36.

第1章　ハンザ盛期におけるバルト海・北海間の内陸商業　　　45

5,355マルクがリーガに輸出された[35]。

　毛織物に比べれば，ポンド税台帳から確認されるそのほかの商品の輸入額はわずかでしかない。小間物とは，史料で diversa や kramerie などと記録されたものをまとめたものであるが，その実態は明らかでない。場合によっては宝石や貴金属のような高価な装飾品が含まれていたかもしれない。一取引当たりの価格は，2マルク[36]から1,700マルク[37]までとはなはだ大きな幅がある。樽は，具体的な品目名なしにただ tunna とのみ記録されたものを集計した。これらが空であったか否かは分からない。reventunna や vas と記録された樽についても，樽自体が商品であったのか，それとも何か商品が詰められていたのか判然としない。イングランド産と記録された毛織物は，三回の取引が記録されているに過ぎないが，そのうちの価格の判明する二つの取引の合計が1,165マルクに達した。油は，オルデスローからの輸入の項目よりブリュージュからの輸入の項目に多く記録されており，ブリュージュからの輸入は2,075マルクに達していた[38]。オルデスローを経由したものも含めて，これらの油は，南欧貿易の拠点であったブリュージュから輸入されたことから，オリーブ油であったと考えられる。ワインについては，原産地は不明である。「ハンザのワイン蔵」といわれたケルンから送られたライン・ワインである可能性が高いが，地中海産もしくは大西洋沿岸地域からもたらされた可能性も捨てきれない。

　ところで，リューベックが西欧方面から輸入した商品のなかでは，オリーブ油以外にも南欧産商品がいくつか記録されており，果実や香辛料など，南欧を産地もしくは経由地としてもたらされた商品を一つの商品群としてみると，これらは毛織物に次ぐ位置を占めていた。ここで最も記録の多かったのは米を中心とした穀類で，主にスペインからブリュージュを経てリューベックに輸入され，ここからさらにロストックやシュ

---
33) Georg Lechner, a. a. O., S. 53.
34) Ebenda, S. 79-81, 127-130, 178-184, 266-270 より価格の判明する記録のみを集計した。疑問符を付された箇所（S. 178-181, 269-270）も編者にしたがって集計に加えた。
35) Ebenda, S. 90, 134-135, 189-190, 273 より価格の判明する記録のみ集計。
36) Ebenda, Nr. 520.（以下史料番号は Nr. と略）
37) Ebenda, Nr. 849.
38) Ebenda, Nr. 1356-1358.

トラールズントなどに再輸出された。

(3) 北海向け輸出商品

リューベックからオルデスロー方面に向かった商品については，表1-3にまとめたが，これも表1-2と同じく，史料にある商品の記録から金額の判明するもののみを集計した結果を金額の順に配置したものである。

バルト海から北海に向かった商品には，逆方向の毛織物のように取引の著しく集中した商品は見られず，最も金額の多いバターでリューベックのオルデスロー向け輸出全体の13％を占めるにとどまる。1368年にリューベックに輸入されたバターは，19,295マルクが記録され，その大部分はスウェーデンから輸入された[39]。ただ，一般的にリューベック

表1-3 リューベックからオルデスローに向かったおもな商品

品　目	金額（リューベック・マルク）
バター	4,816
蜜蠟	4,492
鰊	3,485
銅	2,182
小間物	1,836
亜麻	1,349
毛皮	1,301
スキムメーゼ	1,008
樽（tunna）	959
ノヴゴロド産品？（Naughergut）	600
毛織物（pannus）	589
鉄	346
皮	316
ビール	296
樽（reventunna）	240
樽（vas）	237
魚	228
魚油	225

備考）小数点以下四捨五入
出典）G. Lechner, Die Hansischen Pfundzollisten des Jahres 1368, Teil 1, Nr. 206-254, 523-545, 861-877, 1359-1363 より作成。

---

39) Ebenda, S. 53.

のバターの仕入先はデンマークだといわれているので，1368 年は，継続中のデンマーク戦争の影響でデンマークに代わってスウェーデンからの輸入が多く記録されたのではないかと考えられる[40]。

蜜蠟は，ロシア・東欧の代表的な西欧方面向け輸出商品の一つである。リューベックへは，ロシアをはじめリーフラント，プロイセンなどバルト海東部から輸入された。これらの蜜蠟は，ハンブルクからさらに西欧方面に海路で輸出され，例えば，本章で扱っている 1368 年の翌年である 1369 年にハンブルクで徴収されたポンド税の記録（台帳）からは，約 9,000 マルクの蜜蠟の輸出が確認される[41]。

次に，鰊について見ていくと，鰊の漁獲期が夏と秋だったため，その取引も，夏から秋にかけて集中的に行なわれていた。これらの鰊は，スカンディナヴィア半島南端のスコーネ地方の沿岸で獲れたもので，長期間の輸送に耐えられるように塩とともに樽詰めされたものがリューベックに輸入され，さらに大陸内部の諸地域に再輸出された。1368 年にスコーネからリューベックに送られた鰊は，少なくとも 37,000 マルクに及んでいた[42]。一方，リューベックからスコーネへは，鰊の保存に必要な塩（リューネブルク産）が大量に送られた。16 世紀以降，鰊は，北海産のものがオランダ船舶によりバルト海方面に向かうことが多くなるが，14 世紀後半において，鰊はなおバルト海から北海へ輸出される商品であった[43]。

銅は，鉄——オスムント鉄を含む——と共に，リューベックに輸入されたもののほとんどは，スウェーデンからもたらされた。これら鉱産物

---

40) Curt Weibull, a. a. O., S. 86.
41) Das Hamburgische Pfundzollbuch von 1369, bearb. v. H. Nirrnheim, Veröffentlichungen aus dem Staatsarchiv der Freien und Hansestadt Hamburg Bd. 1, Hamburg, 1910. この史料は，リューベックにとっての「北海側の窓口」となるハンブルクの商業を見ていくうえで貴重であるが，記載が輸出のみに限られているほか，輸出先も記録されていないという欠点があるので，ここではほとんど参照されていない。なお，蜜蠟に関しては以下第 3 章第 2 節でやや詳しく扱う。
42) Georg Lechner, a. a. O., S. 238-241, 306-311, 366-384 より金額の判明する記録のみを集計。ハンザ盛期を経過した 15 世紀末においてもリューベックの対デンマーク・ショーネン商業における鰊と塩の比重の圧倒的な高さは見て取ることができる。本研究第 8 章を参照。
43) 鰊の流通する方向はやがて北海からバルト海へ向けた流れへと逆転する。本研究第 2 章を参照。

は，近世にスウェーデンが「大国時代」を迎える際に貿易面から同国経済を支えた輸出産品である。近世のスウェーデンは，鉱業や金属加工業を通じてオランダとの経済関係を深めていき，貿易を通じたリューベックとの商業関係は希薄なものとなっていくが[44]，バルト海・北海間の直通航海がまだ一般化していなかった14世紀後半において，スウェーデンから輸出された鉱産物の多くはまずリューベックに輸出され，そこから西欧方面に再輸出されたものがオルデスローを経由したと推測される。ポンド税台帳に記録された銅・鉄ともにほかの商品と一括して課税されることが多々あり，価格の判明しない取引が多いので，実際の取引額は表に挙げた数値をかなり上回るものと推測される。

　銅に続いては，以下，小間物，亜麻，スキムメーゼといった商品が挙げてあるが，小間物は，先にも述べたように，その実態は明らかではない。亜麻は，バルト海南岸地域に加えてドイツ内陸部から送られたものが，オルデスロー方面に輸出された。毛皮や皮について，台帳は，具体的な動物名が欠けているが，ビーバー[45]及び羊[46]の毛皮と明記された取引がそれぞれ二回ずつ記録されている。スキムメーゼとは，編纂者によれば，皮包みの梱包品を指すという。恐らく，その中身も皮ないし毛皮であろうと推測されている[47]。蜜蠟とともに，毛皮はハンザの東西間の動脈の東端に位置するロシア方面からはるか西欧に向かった商品であり，ハンザ商人が扱う商品の中では数少ない奢侈品に該当した。蜜蠟と毛皮，それにスキムメーゼの流通から，リューベックにとっての対ロシア商業の重要性を窺うことができよう。

　以上，ポンド税台帳の記録から，バルト海と北海の間で取引された商

---

44) ただし銅のみは17世紀初頭においても，その多くがまずはリューベックに向けて輸出された。本研究第5章補論参照。また，オスムント鉄については，同補論注（19）を参照。

45) Georg Lechner, a. a. O., Nr. 537, Nr. 1359-63.

46) Ebenda, Nr. 212, Nr. 531.

47) Ebenda, S. 60. 15世紀末のポンド税台帳の集計を試みたブルンスも，スキムメーゼを皮・毛皮として扱っている。Friedrich Bruns, Die lübeckische Pfundzollbücher, in: HGbll, 14, 1908, S. 338. なおハンザの毛皮取引，とりわけ毛皮の品種や史料上の名称に関して詳しくは，以下を参照。Michael P. Lesnikov, Der Hansische Pelzhandel zu Beginn des 15. Jahrhunderts, in: Hansische Studien. Heinrich Sproemberg zum 70. Geburtstag. Forschungen zur mittelalterlichen Geschichte, Berlin, 1961, S. 219-272.

品を検討してきた。表1-2と表1-3に挙げられた商品には，ハンザ・北欧貿易圏における主要商品としてかねてからも指摘されてきたものが多い。ここでの考察からは，これらの商品がバルト海・北海両海域で広域的に取引されるに際して，リューベック・オルデスロー・ハンブルク間の内陸交易路を経由して流通していたことを具体的に確認することができきた[48]。

なお，ハンザの主要取扱商品であったにもかかわらず，リューベック・オルデスロー間での取引記録がわずかでしかなかった商品に，塩，穀物，木材がある[49]。ハンザの発展期・盛期においてバルト海で流通していた塩のほとんどは，リューベック・ハンブルク間経路の南に位置するリューネブルクで生産された塩であった。このリューネブルク塩が海路での発送拠点であるリューベックに至るまで利用された陸路は，メルン (Mölln)，クルムメッセ (Krummesse) を経由するリューベック・リューネブルク街道であった。この街道のリューネブルク・メルン間は，ボイツェンブルクを経由するルートとその西方アルテンベルクを経由するルートとがあり，前者のボイツェンブルク経路が古くからの「塩の道」であった[50]。リューネブルク塩は，多くが海路バルト海各地へ輸出されたので，北海に至るオルデスロー経路での流通が少なかったのではないかと推測される。例えば，1369年ハンブルクのポンド税台帳を編纂したニルンハイムによれば，この年にはハンブルクの塩の輸出記録は，わずか1回しかないという[51]。重量安価な商品に関しては，穀物はノルウェー，木材はイングランド方面へ迂回航路を経由した流れがあったと

---

48) ハンザ・北欧商業圏で流通していた商品が，最終的にどこで誰により購入されたかは，まだ十分明らかにはされていない。こうした問題に取り組んだ数少ない研究の一つとして次がある。Rolf Hammel-Kiesow, Wer kaufte die Waren des hansischen Handels? Eine Annäherung an die Endverbraucher, in: kopet uns werk by tyden: Beiträge zur hansischen und preußischen Geschichte; Festschrift für Walter Stark zum 75. Geburtstag, hg. v. N. Jörn u. a., Schwerin, 1999, S. 73-80.

49) ここに琥珀を加えてもよいであろう。古代よりバルト海は，琥珀の産地として知られており14世紀以降プロイセン産の琥珀はもっぱらリューベック・ブリュージュへと送られた。山田作男「プロイセンにおける琥珀特権」，『愛知学院大学教養部紀要』第41巻第1号，1993年，3-11ページ。だが，1368年のポンド税台帳でオルデスロー向けの琥珀の流通の記録は一つしかない。Georg Lechner, a. a. O., Nr. 213.

50) Hansische Handelsstraßen, Teil1, Textband, S. 126-133.

51) Das Hamburgische Pfundzollbuch von 1369, S. XXXIX.

考えられる一方，人口減少期のこの頃，嵩高商品の流通は活発でなかったという推測も成り立つ。とはいえ，ポンド税台帳での記録が少ないからといってリューベックにおけるこれら基礎的商品の流通量がわずかであったとは考えられない。穀物のような最も基本的といってよい商品であれば，都市人口を養うに足るだけの十分な量が，周辺の農村地域からリューベックに向けて流通していたと考えて良いであろう。ポンド税台帳が記録の対象としていたのはバルト海貿易と関係する商品だったのであり，リューベックの周辺から陸路で運ばれ市内で消費されるような日常品は課税の対象とはならず，記録されていなかった[52]。

　なお，これら穀物を中心とした重量安価な商品がバルト海・北海間商業で比重を増していくのは，エーアソン海峡の通航量が増え，積換え不要な海路でバルト海東部から直接西欧へ輸出されるようになる15世紀後半以降になると思われる。

3　輸　送——トラーフェ川の水運

　最後に輸送状況について述べる。1368年リューベックのポンド税台帳からは，リューベック・ハンブルク間内陸交易路のうちリューベック・オルデスロー間のトラーフェ川の輸送の一側面を知りうるのみである。それゆえ，ここでは，この区間の輸送に限定し考察を進めていくことにしたい。

　1368年にこの区間を航行した船舶は，延べ数でオルデスロー向けが81隻，リューベック向けが56隻，合わせて137隻が記録されている[53]。

　52）　フリッツェの試算値を紹介する。彼によれば，当時人口が約2万のリューベックが都市全体で年間に消費する穀物の量は醸造用を含めて約8,600トンとされ，その収穫のためには，耕作者である農民自身の消費分を考慮して約2,900ヘクタールの土地が必要とされるという。Konrad Fritze, Problem der Stadt - Land - Beziehungen im Bereich der wendischen Hanse Städte, in: HGbll, 85, 1967, S. 51-52. 斯波照雄「中世末期リューベックの「領域政策」と商業」，『商学論纂』（中央大学），第43号第4・5号，2002年，191-192ページ。本研究では遠隔地間の商業を考察対象としているので，都市・農村関係に触れることはない。なお近世のリューベックは，デンマーク領から穀物をはじめ多くの食糧，農産物を調達していたと推測されるが，この問題については，以下第9章で扱っている。

　53）　この他に，荷車を用いたと思われる輸送の記録がリューベック向けで1回，オル

第1章 ハンザ盛期におけるバルト海・北海間の内陸商業　　51

ここから，船長名から判断して重複分を除くと，少なくとも29隻の船舶を確認することができる。この29隻のうち運行回数の多い5人の船長の5隻の船舶の運航状況は，表1-4のようにまとめられる。記録には時期により大きな偏りがあるが，ここでリューベック・オルデスロー間の輸送のサイクルを見るために，3月18日から5月8日までの期間に着目してみよう。例えば，ヘンネケ・ランゲ（Henneke Lange）なる船長の場合，この51日間にこの区間を5往復しているので，一往復におよそ10日を要したことがわかる。ドゥーレ（Dure）とのみ記された船長の場合，リューベック向けで4回の記録しかないが，オルデスロー向けで8回の記録があるので，おそらくは8往復の航行を行なったと推測され，この区間の往復に大体一週間を要していたことがわかる。ブラーデンフン（Bradenhun）とベルトルト・ルーゲマン（Bertold Lugeman）の場合もリューベック向けの航行は1回ずつであるが，オルデスロー向けの航行数から判断すれば，前者が5往復，後者は8往復していたと考えられるだろう。これらのことから，リューベック・オルデスロ

表1-4　トラーフェ川水運に従事した主な船長と運航状況

船　長	行き先	1368/3/18-5/8	5/9-6/23	6/24-9/30	10/1-1369/3/10
Dure	リューベック	4	2	1	―
	オルデスロー	8	2	1	―
Hinrich van Odellinge	リューベック	7	1	―	―
	オルデスロー	5	3	―	―
Henneke Lange	リューベック	5	2	―*	―
	オルデスロー	5	4	2	2
Bradenhum	リューベック	1	2	―	―
	オルデスロー	5	1	2	―
Bertold Lugeman	リューベック	1	1	―	―
	オルデスロー	8	3	2	―

＊）フェーマルン島からリューベックへの航海が一回記録されている。
出典）G. Lechner, Die Hansischen Pfundzollisten des Jahres 1368, Teil 1, Nr. 173-254, 498-545, 844-877, 1355, 1359-1363 より作成。なお，船長名の確定に際しては，人名索引（Ebenda, S. 423-502, Personenregister）を参照した。

デスロー向けで6回あるほか，どの船舶で輸送されたのかが確認できない商品の記録も存在する。Georg Lechner, a. a. O., S. 75-76, 387, 389, 391, 394, 396-399.

一間の往復に必要とされた日数は，商品の積込みと積下ろしのための待機の数日を含めて大体一週間から 10 日であったと考えられる。むろん，これはあくまでも史料からうかがえる平均値であり，実際の往復に要した時間はもっと短かったと見てよいだろう。

　トラーフェ川の水運に携わっていた 29 人の船長のうち，海上輸送の記録のある船長はわずか 4 人に過ぎず，回数にしても 8 回しか記録されていない[54]。トラーフェ川の水運に従事する船長の多くは，リューベック・オルデスロー間のピストン輸送に従事していたものと推測される。なお，この区間以外での輸送の記録のある船長の一人ヒンリクス・パルケンティン（Hinricus Parkentin）は，トラーフェ川の支流シュテクニッツ川に位置する内陸の小都市メルンに向けた輸送を一回記録している。リューベックから内陸部に伸びる水路のもう一つの目的地としてメルンがあり，1368 年の台帳（領収証も含む）からは，メルン向けで 5 回，リューベック向けで 1 回の輸送の記録がある[55]。

　次に，船舶の積荷に着目してみると，台帳を見る限りでは，各船舶に特定の品目が集中するということはなかったようであるが，各船舶の積荷の金額には大きな差が見られる。一回当たりの輸送における積荷額の平均を見てみると，リューベック向けで約 1,400 マルク，オルデスロー向けで約 420 マルクとなり，毛織物を多く積んだリューベック向けの積荷額が逆方向のそれを大きく上回っている。例えば，ヘンネケ・ニエラート（Henneke Nyerat）なる人物を船長とする船は，人数にして少なくとも 64 人の商人の，毛織物を中心とした商品を一回の輸送でオルデスローからリューベックに運んでおり，これらの商品の合計金額は少なくとも 15,930 マルクに達していた[56]。ただ，これほどの大量の積荷と

---

　54) 8 回の記録のうち，リューベックとリーガ並びにブリュージュとを結ぶ航海が 1 回ずつ記録されたほかは，いずれもリューベックと同港の近隣地域（スコーネなど）とを結ぶ輸送であった。Ebenda, Nr. 256, 843, 921, 1010, 1094, 1356-58, 1383, 1405.
　55) Ebenda, Nr. 255, 256, 257, 258, 259, S. 406-409. メルン近辺を流れるシュテクニッツ川はおそくとも 1342 年には船の通航が可能であった。Peter Rehder, Bauliche und wirtschaftliche Entwicklung der lübeckischen Schffahrtsstraßen und Hafenanlagen, in: ZVLGA, 11, 1909, S. 341. かくして，リューベックからメルンまでは陸路と水路双方の利用が可能となっていた。
　56) Georg Lechner, a. a. O., Nr. 518.

第1章 ハンザ盛期におけるバルト海・北海間の内陸商業　　　　53

なると，積載量の不十分な平底の川舟[57]一隻には到底積みきれなかったものと推測されるので，実際の輸送の際には，小型の舟か艀かを何隻かまとめて一回の輸送と見なしていたと考えられる。表1-4で挙げられた各船長が記録した一回あたりの輸送における積載商品全体の最高額を見ると，ドゥーレが1,365マルク，H. v. オーデルリンゲが5,317.5マルク，H. ランゲが4,431.5マルク，ブラーデンフンが3,708マルク，B. ルーゲマンが1,300.5マルクとなり，いずれもオルデスローからリューベックに向かう輸送であった[58]。オルデスロー向け輸送における一回当たりの積載商品全体の最高額は2,941マルクであり，船長はブラーデンフン，積荷は少なくとも36人の商人から輸送を委託された鰊をはじめとするオスムント鉄，油，バターなどの商品であった[59]。

　ところで，上で述べたリューベック向け船舶の約1,400マルクという積荷の平均額は，バルト海で遠隔地貿易に従事する船舶の積荷に優に匹敵する金額であった。例えば，同じ1368年にストックホルムからリューベックに入港した船舶の積荷額の平均をポンド税台帳から求めると約940マルクとなり[60]，オルデスローからの入港船舶の1,400マルクを大きく下回っていた。このように，船舶一隻当たりの積荷額といった側面からも，ハンザ・北欧商業圏におけるオルデスロー経路の重要性は窺うことができるのである。

　57）　トラーフェ川で用いられた川船の積載量は不明だが，ハイネケンによれば，やがて運河でリューベックと繋がるエルベ川の支流イルメナウ川において，リューネブルク産の塩の輸送に用いられた川船の一般的な積載量は，32ヴィスペル（Wispel）（＝約7.5ラスト）であった。Hermann Heineken, Der Salzhandel Lüneburgs mit Lübeck bis zum Anfang des 15. Jahrhunderts, Berlin, 1908, S. 29. また，時期はずれるが，1527年に発令されたシュテクニッツ運河の利用に関する規約が川船の積載規模をうかがわせる。それによると，艀の積荷は，それがリューネブルク塩の場合，6.33ラスト，喫水の深さは17-18 Zoll（＝約41-43センチメートル）を超えないこととされた。Michael Scheftel, a. a. O., S. 797-800.
　58）　Georg Lechner, a. a. O., Nr. 176, 188, 502, 504, 536.
　59）　Ebenda, Nr. 876.
　60）　Ebenda, S. 408-409 より計算。

小　括

　以上，内陸交易路を経由したバルト海・北海連絡貿易を 1368 年のポンド税台帳の記録に依拠しつつ検討してきた。史料的な制約もあって，まだ多くのことが不明のまま残されているが，以上の考察からは，取引経路や商品構成，輸送の状況などの分析から，ドイツ本国でもこれまで立ち入って論じられることのなかったリューベック・オルデスロー・ハンブルクを結ぶ内陸路を利用した取引状況の一端を明らかにすることができた。また，ポンド税台帳の集計値の検討（図１参照）やハンザ・北欧商業圏で広域的に取引された主要商品のこの経路における流通状況からは，北方ヨーロッパの国際商業においてこの経路が担う重要性が示されたのではないかと思われる。ハンザ・北欧貿易圏においてこの内陸交易路が果たした経済史的な意義は，十分に強調されてよいであろう。この経路がバルト海・北海間の動脈をなしていたからこそ，そのバルト海側に位置するリューベックは，商品の積換えを通じて北海・西欧地域とバルト海地域とを結ぶ商品流通上の一大結節点へと成長することができた。その意味で，この内陸交易路は，まさにリューベックにとっての「生命線」とも言うべき意義を担い，その利用状況がリューベックの繁栄に大きく作用したものと考えられる。

　以上で検討したのは，ハンザ盛期に該当する 1368 年におけるリューベックを経由するバルト海・北海間の商業であった。次章では，それから約一世紀が経過した後の 15 世紀後半から 16 世紀前半にかけての同じくリューベック・ハンブルクを経由するバルト海・北海間商業について分析を加える。

第2章

ハンザ後期におけるバルト海・北海間の内陸商業
――リューベック・ハンブルク間商業の記録から――

は じ め に

　前章で検討したように，リューベックとハンブルクの間の内陸路は，ハンザ・北欧商業圏を東西に貫く通商動脈の一区間をなした。この区間の内陸路は，リューベックをバルト海・北海間の商品流通上の一大結節点へと浮上させた，いわば喉頸にも相当する部分であった。本章で検討するのは，盛期を経過した後のハンザ後期（15世紀後半―16世紀前半）におけるリューベック・ハンブルク間の取引状況である。

　さて，バルト海，北海の各地に及ぶ商品の流通を束ねていたリューベック・ハンブルク間の商業は，既に指摘した経済的な重要性を担ってきたといえるが，この区間の取引状況に関するまとまった史料となると，その数は限られてくる。その数少ない史料の一つに前章で扱った1368年リューベックのポンド税台帳があり，もう一つのものとして，ここで扱う1436年から1527年にかけてのものが残るリューベック商人の申告証書（Lübecker Zertifikat）がある。後者の史料に関しては，商品取引に関する記載箇所がフォークトヘアにより，1993年に『リューベック歴史・考古学会誌』に掲載されている[1]。以下では，このフォークトヘ

---

1) Hans-Jürgen Vogtherr, Hamburger Faktoren von Lübecker Kaufleuten des 15. und 16. Jahrhunderts, in: ZVLGA, 73, 1993, S. 39-138. そのほか，近年発見された1458/59年と1480―1487年のリューベックのポンド税台帳（Pfundgeldlisten）が，恐らくハンブルク方

ア編纂の申告証書に基づいて筆者が試みに行なった集計の成果に依拠しながら、ハンザ後期におけるリューベック・ハンブルク間の取引状況の一端を明らかにしてみたい[2]。まずはここで用いる史料について、基本的な事柄を一瞥しておくことにしよう。

1 本章で依拠する史料について

　中世後期以降のハンブルクは、西ヨーロッパをリューベックを経由してバルト海沿岸地域に、さらにエルベ川水系を通じてその流域の中部ドイツ・中欧に結びつける商業・交通の要衝であった。そのため、ハンブルクに集まる商人や商品からは、様々な名目で関税が徴収されていた。すなわち、14世紀初頭からは、エルベ川を通航する際にヴェルク島の灯台を目印に航行する船舶からヴェルク税（Werkzoll）が[3]、さらに15世紀初頭になると各商人から浮標・標柱税（Tonnen-Bakengeld）が徴収されていたが、リューベックの商人は、「かねてからの慣習」に基づきこれらの課税は免除されていた[4]。リューベックの商人が優遇された背景に、バルト海の窓口である同市とハンブルクとの密接な経済関係があったことは想像に難くない。とはいえ、リューベック商人の原則非課税扱いは、しばしば両市の間で問題とされたという[5]。

　課税免除のためにリューベックの商人が行なうべき手続きは、1418年のハンブルクとの折衝の場で取り上げられている[6]。それによるとリ

面との取引を記録していると推測されるが、ここでは利用していない。この史料に関する紹介と簡単な内容は、ヤーンケの以下の論文を参照。Carsten Jahnke, Die hamburg-lübischen Pfundgeldlisten von 1458/59 und 1480-1487, in: ZVLGA, 76, 1996, S. 27-53.

　2）　この申告証書を用いた研究としては、編纂者自身による次の成果がある。Hans-Jürgen Vogtherr, Hansischer Warenverkehr im Dreieck Lübeck-Hamburg-Lüneburg am Ende des 15. Jahrhunderts, in: HGbll, 123, 2005, S. 171-188.

　3）　Ernst Pitz, Zolltariffe der Stadt Hamburg, Deutsche Handelsakten des Mittelalters und der Neuzeit, 11, Wiesbaden, 1961, S. XX.

　4）　浮標・標柱税の存在は、例えば1463年12月にハンブルク参事会からリューベック参事会に布告された規定により確認することができる。UBSL, 10, Nr. 425.

　5）　Hans-Jürgen Vogtherr, Hamburger Faktoren von Lübecker Kaufleuten, S. 40-41.

　6）　HR, I, 6, Nr. 528, 1, 2.

ューベック商人は，年に一度，ハンブルクを経由してどのような商品を取引したかを公表せねばならず，その際，商品を自らの名義のものとリューベック市民権を持たない商人から委託を受けたものとに分類し，後者が課税の対象となった。その具体的な手続きをフォークトヘアに従って見ておこう。年度が替わるとリューベック商人は，大抵1月にリューベックのラートに出頭し，前年にハンブルクを経由して搬送・搬入したすべての商品を申告し，合わせて彼に代わって業務を遂行するハンブルク側の代理商もしくは店主の名前と，さらにリューベックの市民権を持たない彼の取引先もしくは共同経営者から委託を受けた商品を提示して，最後に宣誓する。するとラートは，出頭した商人本人がリューベック市民であることを確認したうえで，売り上げに関する当商人の申告を記録した証書（Zertifikat）をハンブルクのラートに送る。これを受けてハンブルクでは，送付された証書の記載内容がハンブルク側の代理人が申告した記録と照らし合わされ，照合を経た上でどの商品が非課税扱いとなるかが決定された[7]。こうして申告証書が作成され，リューベック商人のハンブルクを経由した商品の記録が証書として残されることになった。

　リューベック商人の申告証書は，このような手続きの過程で作成されていった。リューベック商人がハンブルクで非課税特権を享受していたからこそ，両都市間の取引に関する貴重な記録が生まれたと見ることもできよう。現在この一連の証書はハンブルク市文書館に保管されており，その数は244記録，また記録が残されている年代の幅は，1436年から1527年の100年近くに及ぶ。しかし，比較的長期間の記録が残されているとはいえ，表2-1に示されるように，記録が存在する年度は断続的に分布しているに過ぎず，しかも各年度の証書（記録）の数を見ると，多い年（1480年）で31記録に過ぎない。残されている記録の数を見る限り，リューベック・ハンブルク間の取引がすべて網羅されているとは到底思えないわずかな数でしかない。たとえ，そこから各年度のデータを合計して数値が得られたとしても，それは残された記録から得られた限りでの集計値に過ぎず，取引のおおよその特徴なり傾向なりを把握す

---

[7] Hans-Jürgen Vogtherr, Hamburger Faktoren von Lübecker Kaufleuten, S. 40-42.

表 2-1　各年度の証書の数

1436年	1	1487	2	1512	3
1447	2	1488	22	1513	11
1461	1	1490	1	1514	10
1477	3	1491	16	1521	1
1478	5	1502	16	1522	13
1479	1	1503	2	1524	5
1480	31	1504	1	1525	11
1482	22	1508	7	1526	2
1483	1	1509	16	1527	8
1485	21	1510	9		

出典）H.-J. Vogtherr, Hamburger Faktoren von Lübecker Kaufleuten des 15. und 16. Jahrhunderts, S. 42. 原表での誤記は訂正してある。

るための素材に過ぎない。こうした史料的な欠陥，限界を，以下の集計，考察に際しては十分踏まえておく必要がある。

　とはいえ，断片的な記録であるにもかかわらず，ハンザ後期におけるバルト海・北海間の内陸路の利用状況を示す数少ない史料の一つとして，この申告証書が明らかにする取引の実態は，ハンザや北方ヨーロッパ各地の結びつきや商業に関心のある者にとって，少なからず興味深いものであろうと思われる。以下での検討は，リューベック・ハンブルク間における取引の正確な量を確定することではなく，そのおおよその構造と特徴を探ることを目的とする。そのためのささやかな試みであることを，ここで確認しておきたい。

　さて，本史料の部分的刊行に際してフォークトヘアは，各証書に通し番号を付し（以下〔Nr.〕で表わす），各史料番号の最上段にリューベック側の商人の名前とハンブルク側の彼の代理商（Partner）の名前，それに証書の日付の欄を設けた上で，その下に商品取引に関する本文を引用・掲載している。このような人物本位の編纂方法からは，フォークトヘアがこの史料を 1492—96 年のポンド税台帳と同様[8]，まずは人物誌研究のための素材として位置づけていたということを垣間見ることができ

---

8)　Die Lübecker Pfundzollbüher 1492-1496, Teil 1-4, bearb. v.H.-J. Vogtherr, QDHG, NF, Bd. 41. 1-4, Köln/Weimar/Wien, 1996.

る。実際フォークトヘアの史料解題と分析の事例からも，彼のこの方面への関心を窺うことができるのであるが，ここではリューベック・ハンブルク間の商品流通状況への関心から，あえて商品面からの分析に絞って考察を行なっており，商人の側面からの検討にまでは踏み込んでいない。ちなみにフォークトヘアの集計によれば，証書に登場するリューベック商人の数は合計130名，彼らに対応するハンブルク側の代理商の数は67名に及ぶという[9]。ここで扱う申告証書は，これだけの数の商人と代理商との間の商品取引の記録であるということを踏まえて，以下経路の確認の後，第3節で集計と分析を試みていくことにしたい。

2 リューベック・ハンブルク間の経路

　史料から得られた集計値の検討に先立ち，ハンザ後期にリューベック・ハンブルク間の取引で利用された経路について述べておこう。
　第1章で述べたように，ハンザの時代とりわけその盛期においてリューベック・ハンブルク間の経路として一般的に利用されていたのは，オルデスローを経由するルートであった。これに対して，以下で扱う申告証書を編纂したフォークトヘアがこの両ハンザ都市を結ぶ経由地として挙げているのは，オルデスローとは方角のずれるカストルフ（Castorf）とグローセンゼー（Großensee）である[10]。ブルンスとヴェチェルカのハンザの内陸交易路に関する詳細な研究からは，カストルフとグローセンゼーともにオルデスローの南方トリッタウを経由してリューベックとハンブルクを結ぶ経路に沿って存在することが確認できる[11]。フォークトヘアがどのような点を根拠としてこの経路を指摘しているのかは不明であるが，オルデスロー経路に代わってその南方のトリッタウ経路が利

---

9) Hans-Jürgen Vogtherr, Hamburger Faktoren von Lübecker Kaufleuten, S. 45.
10) Ebenda, S. 39. なお，史料の文中に，しばしば陸路の利用を示す用語（to lande, averlantなど）が見受けられるが，これはハンブルク・フランドル間での陸路の利用を意味すると考えられている。Ebenda, S. 39.
11) Hansische Handelsstraßen. Aufgrund von Vorarbeiten von F. Bruns bearbeitet von H. Veczerka, QDHG, NF, Bd. 13, Köln/Graz, Teil 3, Atlas, 1962, Karte 2.

用されるようになった背景には，当時のデンマークの南に向けた勢力拡大があったと考えることができる。

　1416年，デンマークはホルシュタインへの攻撃を開始した。その目的は，かつてデンマーク領であったシュレスヴィヒをホルシュタインから奪回することにあった。戦争に際してデンマークは，ハンザの支援を要請したが，ハンザはホルシュタイン側に立ち，一方のデンマーク側もハンザの経済的影響下からの脱却とオランダとの関係強化を図るなか，対立の火種はハンザ・デンマーク間にまで及ぶことになってしまった。かくして両者の関係は，1360年代の戦争以来の悪化を見せ，第二次ハンザ・デンマーク戦争が戦われることになった（1426—1435年。第4章を参照）。さらに1460年になると，デンマークはシュレスヴィヒ・ホルシュタインがデンマークの領有であることを宣言することとなり，ホルシュタイン領に囲繞されるオルデスローは，デンマーク配下の都市となった[12]。かくして，バルト海・北海間の連絡はオルデスロー経路を回避して，その南側に位置するトリッタウ経路が，また水路であればエルベ川を経由してハンブルクと結ばれるシュテクニッツ運河が利用されるようになったと考えられる。

　リューベック・ハンブルク間の交易の主流が，この頃オルデスロー経路ではなくトリッタウ経路にあったことを裏付ける事例としては，例えば，前者のルートを経由する輸送の減少がオルデスローにおけるデンマークの関税徴収額にも影響を与えているとして，1506年にデンマークがリューベックを批判したことを挙げることができる。このような批判に対してリューベックは，まずは反論を行なったものの，結局はデンマーク側の意向を受け入れ，商人たちに対して新たな経路（トリッタウ経路）の利用を控え，かねてより一般的だった経路（オルデスロー経路）を選択するように通達を発した[13]。だが，その10年後に再度同様の批

　12）1450年にアドルフ8世が死去すると，シュレスヴィヒ・ホルシュタインを領有していたシャウエンブルク家の血統が断絶してしまった。そこでアドルフの甥であるデンマーク王クリスチャン1世がこれら地域の領有権を主張し，1460年にシュレスヴィヒ・ホルシュタインはクリスチャンの領有下に置かれた。関谷清『ドイツ・ハンザ史序説』比叡書房，1973年，491ページ。

　13）Hansische Handelsstraßen, Teil 1, Textband, S. 142.

判がデンマーク側から提出されていることからすれば、トリッタウを経由するルートは、オルデスロー経路の迂回路として少なからぬ意味を持っていたと考えてよいであろう[14]。

3 リューベック・ハンブルク間の商品流通

(1) 概要

まずは各商品がどれだけ取引されていたか確認してみよう。証書では各商品の取引量は述べられているものの、価格に関する記述がないので、金額面から個々の商品の重要性を推し量ることはできない。また、各商品の数量、重量に関しても、様々な単位が用いられており、商品どうしの比較を行なうことが難しい。そこで、ここでは一つの目安として各商品が言及される証書の数に注目して、その数の面からリューベック・ハンブルク間で取引された商品の一覧を作成することにした。それが表2-2である。ここでは、商品が記録されている証書の数（以下これを記録数とする）が多く残されている8年（1480, 1482, 1485, 1488, 1491, 1502, 1509, 1522年）を取り上げ、年度ごとに主要商品の合計記録数が挙げられているほか、右端の欄に1436年から1527年までの計244記録のうち各商品が言及されている記録の数の合計が掲げられている。表2-2の(1)では北海方面向けの商品が、また(2)ではバルト海方面向けの商品がまとめられている。なお、品目名のない樽数のみの記録は、樽自体（tunne, vat）[15]が商品である可能性もあるが、ここでは内容不明の商品として集計には含めていない。また、証書に記録があるとはいえ取引方向、すなわちリューベック向けかハンブルク向けか、確定できない商品についても含めていない。

---

14) Ebenda, S. 143. トリッタウ・ルートのリューベック商人による利用増加の理由の一つとして、この地が1504—15年にかけてリューベック市の抵当の下にあったということも挙げられよう。なお、この後オルデスロー・ルートが再度主流となったのか、なるとすればそれはいつ頃であったのかという点に関しては、解明することができなかった。

15) 以下、本章では、本文及び表の商品名と単位名の欧文の頭文字が小文字の場合は、史料上の綴りが用いられていることを示す。

表 2-2(1) リューベックからハンブルク方面に向かった
商品の記録数（証書の数）
―主要年度と 1436―1527 年の合計―

年度(記録数) 品目	1480 (31)	1482 (22)	1485 (21)	1488 (22)	1491 (16)	1502 (16)	1509 (16)	1522 (13)	合計 (244)
蜜蝋	10	7	14	7	6	12	12	11	132
銅	8	6	15	10	8	8	4	6	90
スキムメーゼ	11	8	6	10	4	2	6	2	60
獣脂（talg）	5	4	5	8	4	2	7	1	56
皮	6	4	2	4	3	2	8	2	43
魚油	1	2	2	5	4	―	2	1	27
毛皮製品	―	1	―	―	―	3	4	1	21
亜麻	1	2	2	7	1	―	―	2	21
調理用油脂	―	―	1	2	2	―	4	―	15
獣脂（vlom）	3	2	1	1	1	1	1	1	15
薬種	1	―	1	2	1	―	―	1	14
羊毛	1	―	―	1	1	―	4	―	12
木の実	―	4	―	2	5	―	―	―	12
亜麻布	―	1	1	―	4	―	―	―	12
タール	―	―	―	1	1	―	―	1	8
雄牛皮（含塩漬皮）	―	1	―	―	1	―	1	1	7
灰	―	―	―	―	3	―	―	―	6
木材（wagenschot）	1	1	1	2	―	―	1	―	6
亜麻製の slachdoke	2	―	―	4	―	―	―	―	6
麻	―	―	―	4	1	―	―	―	5
ピッチ	―	―	―	―	1	―	―	1	5
魚	―	4	―	―	―	―	―	―	5
肉	3	―	―	―	―	―	―	―	4
バター	1	―	1	2	―	―	―	―	4
蜂蜜	―	―	―	―	1	―	―	2	4
lithmoseß	2	―	―	―	1	―	―	―	4

記録数（証書の数）の合計が 3 以下の商品
・3 記録：彗類（victeale），ベーコン，オスムント鉄，アザラシのベーコン，羽根
・2 記録：雄ヤギ皮，食糧，ハンブルク産ビール，穀粉，毛織物，糸，ポタッシュ，har-
  pois（ピッチとタールの混合物），slachdoken，kannefas，masen，
・1 記録：ハム，アニス，ビール，チョウザメ，塩漬の魚，干し鱈，runth（魚の一種），
  脂肪，roetß（獣脂の一種？），石鹸，イングランド産羊毛，亜麻製の kannefas，亜麻・
  麻，pectling（きめの粗い亜麻布），衣服，ミンク，外国産皮，sardok（亜麻と羊毛の混
  織布），明礬，大青の灰，オーフス産容器（ahusesche assken），染料，策具用の綱（kabel-
  garn），硝石，針金，szemes，slachkleder，huß blaß，scredoke

出典） H.-J. Vogtherr, Hamburger Faktoren von Lübecker Kaufleuten des 15. und 16. Jahrhunderts.
  S. 53-121 より作成。

第2章　ハンザ後期におけるバルト海・北海間の内陸商業　　　　63

表 2-2(2) 　ハンブルクからリューベック方面に向かった
　　　　　　商品の記録数（証書の数）
　　　　　　―主要年度と 1436―1527 年の合計―

年度(記録数) 品目	1480 (31)	1482 (22)	1485 (21)	1488 (22)	1491 (16)	1502 (16)	1509 (16)	1522 (13)	合計 (244)
毛織物	28	21	18	18	9	16	15	11	207
油	8	4	8	6	4	3	6	－	49
薬種	9	2	5	4	6	－	3	4	48
鰊	8	3	3	1	3	2	3	1	31
石鹸	2	2	2	5	2	－	2	－	20
明礬	4	1	4	2	4	1	1	－	20
鉛	1	3	2	1	2	－	－	4	17
イチジク	5	3	2	1	－	2	2	－	15
干し葡萄	4	2	1	5	－	2	2	－	15
バター	－	－	－	－	3	1	4	1	9
米	2	1	1	4	－	－	－	－	9
マルヴァジアワイン	2	－	2	1	1	－	－	－	7
胡椒	－	－	－	－	－	－	－	1	6
イングランド産毛織物	－	－	－	－	－	－	－	－	6
アーモンド	1	－	1	1	－	－	－	－	6
鉄	－	－	1	－	－	－	－	1	5
sensegarn (弓用の弦?)	－	－	1	4	－	－	－	－	5
コルク	1	－	－	－	－	－	－	－	4
ガラス	－	2	－	－	－	－	1	－	4
タイム	－	－	－	1	－	2	－	－	4

記録数（証書の数）の合計が 3 以下の商品
・3 記録：ロマーニャワイン，sproth（小魚の一種），紙，錫
・2 記録：オリーブ，ワイン，ポワトゥー産ワイン，チーズ，korveken
・1 記録：バスタートワイン，ハンブルク産ビール，肉，ホップ，鰻，燻製，鰊，ベイ（大西洋産）塩，シロップ，砂糖，魚油，薬草，蜂蜜飲料（meden），衣服，westerland産毛織物，オランダ産毛織物，nersch 産毛織物，スペイン産棒鉄，硫黄，kapeiß などの高額品，箱，没食子，銅，皮，木靴，ベルク産品，pessegarn（弓用の弦?），石砲（sstenbusßen），火砲（scherpetyner），slange（蛇砲?），rekelynges（ヒラメ・カレイの一種），slachdoken，lechliken

出典）H.-J. Vogtherr, Hamburger Faktoren von Lübecker Kaufleuten des 15. und 16. Jahrhunderts, S. 53-121 より作成。

　記録数を基準としてまとめたこの表からは，取引頻度の高い商品が一目瞭然であろう。すなわち，まずリューベックからハンブルク・北海方面に向かった商品の記録数の合計を見ると，蜜蠟（132：記録のある証書の数。以下同じ）の取引頻度が最も高く，以下銅（90），スキムメーゼと

呼ばれる皮包みの梱包品（60），獣脂（talg）（56），皮（43），魚油（27），毛皮製品（werk）（21），亜麻（21）などと続く。蜜蠟や皮・毛皮，獣油など，ロシア・リーフラント地方を主要な産地とする商品がリューベックからハンブルク・西欧方面に向けて盛んに流通していたことが，これら商品の一覧から確認することができる。

　一方，ハンブルクからリューベック・バルト海方面に向かった商品の記録数の合計を見ると，毛織物（207）の取引頻度が群を抜いて高く，以下油（49），薬種（48），鯡（31），石鹸（20），明礬（20），鉛（17），イチジク（15），干し葡萄（15）などと続く。記録の集中する商品がある一方で，一回限りの記録しか残されていない商品も西向け，東向けともに多数存在する。リューベック・ハンブルク間で取引された商品の種類は，原史料での分類の基準が一定してなく，しかも実態不明のものが少なからず残されているので正確な数を得ることは期し難いが，おおよその数を挙げれば，ハンブルク向けで70種類前後，リューベック向けで60種類前後である。なお，記録の多い商品はいずれもハンザの主要商品であるが，そのような商品に含まれるにもかかわらず，塩とスウェーデン産オスムント鉄に関する記録がここにはほとんどない[16]，ということを付け加えておこう。

　さて，リューベック・ハンブルク間で取引された主要な商品には，ハンザ盛期のころと比べて変化が見られるであろうか。表2-3では，取引の多い上位5品目を選び，ハンザ後期と盛期とで対比させてみた。ハンザ後期のデータは表2-2より得られた申告証書における取引記録の集計から，また，ハンザ盛期のデータは1368年のリューベック・ポンド税台帳から得られた金額面での集計（表1-2，1-3）から，それぞれ得られた結果である。無論これも，史料から確認できた限りでの，しかも金額と記録数（証書の数）というそれぞれ異なった数値を集計して得られた

16）　表2-2(1)参照。オスムント鉄は，ハンザ盛期の1368年には比較的頻繁にリューベック・ハンブルク間の内陸路を経由して北海方面に送られていた。また，塩は，産地リューネブルクから既に完成していたシュテクニッツ運河を経由してリューベックに輸送されていたと考えられる。第1章第1節参照。また，既に15世紀後半にもなれば西大西洋産の塩がリューベック・ハンブルク間経路を通過することなく直接バルト海諸港に輸入されていたと考えられる。

第2章　ハンザ後期におけるバルト海・北海間の内陸商業　　65

表 2-3　リューベック・ハンブルク間で取引された主要商品

(1) リューベックからハンブルクへ

順位	ハンザ盛期（1368年）	ハンザ後期（1436-1527年）
1	バター	蜜蠟
2	蜜蠟	銅
3	鰊	スキムメーゼ
4	銅	獣脂（talg）
5	小間物	皮

出典）ハンザ盛期は，上記の表1-3から，ハンザ後期は上記の表2-2(1)から作成。

(2) ハンブルクからリューベックへ

順位	ハンザ盛期（1368年）	ハンザ後期（1436-1527年）
1	毛織物（pannus）	毛織物（laken）
2	小間物	油
3	樽（tunna）	薬種
4	イングランド産毛織物油	鰊
5	油	石鹸

出典）ハンザ盛期は，上記の表1-2から，ハンザ後期は上記の表2-2(2)から作成。

異質のデータの比較であり，厳密さを欠くものであるが，商品構成のおおよその変化を見るためにこのような試みを行なった。表2-3で特に注目されるべき商品は，毛織物と鰊である。リューベック向け商品のなかで毛織物が圧倒的に重要であるという点は，ハンザの盛期と後期とで変化は無い[17]。中世から近世にかけての北方ヨーロッパにおいて，毛織物が製造面，そして流通面でいかに主要な位置を占めていたかということの一端が，ここからは見て取ることができよう。これに対して，鰊は主要商品としての重要性を維持したままハンブルク向け（表2-3(1)）からリューベック向け（表2-3(2)）へと流通の方向をまったく逆転させている。かねてより，ハンザ衰退期になると鰊はハンザが支配する漁場を離れ，オランダの北海産鰊がバルト海に搬入されるようになったことが指摘されているが[18]，ここに示したデータは，このような事情を反映した

---

17) 1368年にリューベックがハンブルク・オルデスロー方面から輸入した商品総額の約78％を毛織物が占めた。第1章第2節参照。
18) ハンザ貿易圏における最大の鰊漁場であるスコーネ地方の沿岸では，14世紀末頃を頂点として漁獲高を減らしつつあった。以下第8章第1節参照。また，高村象平『ハンザ

ものと見ることができる。

(2) 主要商品

次に主要な商品を取り出して個別に見ていくことにしたい。表 2-4 と表 2-5 では，表 2-2 の一群の商品の中から東西それぞれに向けて取引頻度の高い上位 3 商品を取り上げ，主要な年度について取引量の合計を算

表 2-4 主な商品の取引量―リューベックからハンブルクへ―
(1) 蜜蠟

年度	記録（証書）数	記録された取引量
1480 年	10	94.5 stro
1482 年	7	46 stro
1485 年	14	126 stro
1488 年	7	138 stro
1491 年	6	59 stro 1 tunne
1502 年	12	208 stro
1509 年	12	239 stro
1513 年	8	124 stro
1514 年	7	58 stro
1522 年	11	75 stro
1525 年	9	96.5 stro 6 schip 2 小 stucke

出典) H.-J. Vogtherr, Hamburger Faktoren von Lübecker Kaufleuten des 15.und 16.Jahrhunderts, S. 53-121 より作成。以下(2)(3)も同様。

(2) 銅

年度	記録（証書）数	記録された取引量
1480 年	8	65 mese 37 vat
1482 年	6	101.5 mese
1485 年	15	374 mese 2 tunne 1 ハンブルク tunne 3 rulle
1488 年	10	204 mese 24 vat 4 rulle
1491 年	8	164 mese 3 tunne
1502 年	8	68 mese 33 vat 1 mese (?)
1509 年	4	58 mese
1513 年	6	71 mese
1514 年	5	63 mese
1522 年	6	26 mese
1525 年	3	10 mese 6 schippfund libeten koppers

の経済史的研究――西欧中世都市の研究　2』筑摩書房，1980 年，補論 2「スカネール市場における鯡取引」，107-122 ページも参照。

第2章　ハンザ後期におけるバルト海・北海間の内陸商業　　67

表 2-4

(3)　獣脂（talg）

年度	記録（証書）数	記録された取引量
1480年	5	21.5 ラスト 19 tunne myn 2 tunne
1482年	4	35.5 ラスト 8 tunne myn 4 tunne
1485年	5	42 ラスト 50 tunne
1488年	8	116.5 ラスト 34 tunne 2 vat myn 2 tunne
1491年	4	最大　32.5 ラスト 18 tunne
		最小　18.5 ラスト 18 tunne
1502年	2	5.5 ラスト 15 tunne
1509年	7	最大　68 ラスト 71 tunne 3 vat
		最小　2 ラスト 63 tunne 3 vat
1513年	3	最大　6 ラスト 1 tunne 12 vat
		最小　4 ラスト 1 tunne 12 vat
1514年	5	22 ラスト 15.5 tunne 59 vat
1522年	1	2 ラスト
1525年	4	12 ラスト 23 vat

備考)
　1488年：一部獣脂（vlom）が含まれる〔Nr.97〕。
　1509年：tonne 単位のうち 19tonne は溶けた〔gesmolten〕talg〔Nr.160〕。表に挙げた記録以外に vlom と調理用油脂から区分できない talg が 23tonne〔Nr.162〕，また vlom から区分できない talg が 19 ラスト + 5 tonne 記録されている〔Nr.166〕。この2記録を加えると，talg のこの年の記録（証書）の数は9 となる。
　1514年：一部獣脂（vlom）と調理用油脂が含まれる〔Nr.196〕。
　1525年：一部獣脂（vlom）が含まれる〔Nr.231〕。

出している。すなわち，表2-4では，ハンブルク向け商品の中から(1)で蜜蠟，(2)で銅，(3)で獣脂（talg）について，表2-5では，リューベック向け商品の中から(1)で毛織物，(2)で油，(3)で薬種についてそれぞれまとめている。なお，表2-4(3)で取扱い頻度のより高いスキムメーゼに代えて獣脂を選んだのは，無単位（個数）で台帳に記載されているスキムメーゼより，諸単位が並存して用いられ，しかも取引量の確定し難い獣脂の方が，本史料の史料的制約を確認することにもなると考えたからである。

　まず西方向け商品の蜜蠟について見ると，最も記録数の多い年は1485年の14記録126ストロー（stro），また取引量の最も多い年は1509年の12記録239ストローであった。蜜蠟で用いられる単位は，ほとんどの場合がストローであるが，その量は一定していなかったようで

表 2-5 主な商品の取引量
—ハンブルクからリューベックへ—
(1) 毛織物

年度	記録(証書)数	記録された取引量
1480年	28	192 テルリンク 2 myn 8 Aalst 産
1482年	21	239 テルリンク 3 tunne 1.5 pack
1485年	18	250 テルリンク
1488年	18	285.5 テルリンク
1491年	9	143 テルリンク
1502年	16	216 テルリンク 5 pack
1509年	15	256.75 テルリンク 3 pack 1 小 pack
1513年	11	95.5 テルリンク 31.5 pack
1514年	10	62.5 テルリンク 27 pack
1522年	11	104 テルリンク 9.5 pack
1525年	11	49 テルリンク 11.5 pack 25.5 stucke

(備考)
1482年：1.5 pack は灰色の毛織物〔Nr.57〕
1488年：285.5 テルリンクのうち 7 テルリンク分は重複加算の可能性あり。〔Nr.95〕
1525年：量の確認できない記録が〔Nr.224〕にある。また、〔Nr.234〕で産地別の記載がなされている毛織物はここに加算されていない。

出典 H.-J. Vogtherr, Hamburger Faktoren von Lübecker Kaufleuten des 15. und 16. Jahrhunderts, S. 53-121 より作成。以下(2)(3)も同様。

ある。例えば 1492—96 年のリューベックのポンド税台帳を集計したブルンスによれば、この台帳から分かる 1 ストロー当りの価格は 48-180 マルクの幅があるという[19]。ちなみにこの価格を、例えば 1485 年の 126 ストローに当てはめてみると最低価格の 48 マルクの場合でも、この年の取引額は 126 × 48 = 6,048 マルク、1509 年の場合であれば、239 ストロー × 48 = 11,472 マルクとなる。これらの取引額は、最低価格を想定しているにもかかわらず、ハンザ盛期の 1368 年にリューベックからハンブルクに向かった蜜蠟の合計金額 4,492 マルク[20]をはるかに上回り、単純に比較する限り、取引規模の拡大を窺うことができる。とはいえここでは、物価の変動が無視されており、しかも、すべての取引を網羅しているわけではない双方の史料の不備を考えれば、あまり意味のある比

---

19) Friedrich Bruns, Die lübeckischen Pfundzollbücher von 1492-1496, in: HGbll, 14, 1908, S. 405.
20) 第 1 章、表 1-3 参照。

第2章　ハンザ後期におけるバルト海・北海間の内陸商業　　　69

表 2-5

(2) 油

年度	記録（証書）数	記録された取引量
1480 年	8	41 pipe
1482 年	4	32 pipe
1485 年	8	82 pipe
1488 年	6	81 pipe
1491 年	4	80 pipe
1502 年	3	18 pipe
1509 年	6	65 pipe
1513 年	0	0
1514 年	0	0
1522 年	0	0
1525 年	1	11 pipe

(3) 薬種

年度	記録（証書）数	記録された取引量
1480 年	9	3 tunne 20 vat 1.5 pipe
1482 年	2	1 tunne 2 vat
1485 年	5	1 tunne 17 vat
1488 年	4	0.5 tunne 15 vat
1491 年	6	1.5 tunne 8.5 vat 1 小 vat
1502 年	0	0
1509 年	3	2.5 tunne 3 vat 1 小 vat 1 ホグズヘッド
1513 年	2	1 vat 1 小 vat
1514 年	1	1 vat
1522 年	4	8.5 tunne 1 ホグズヘッド
1525 年	2	3.5 tunne

較とはいえない。蜜蠟は主に，ダンツィヒやリーガ，レーヴァルからリューベックに輸入されたものが，ハンブルクを経由して西欧方面に送り出された。高価で嵩が小さいがゆえに，海路による東西ヨーロッパ間貿易が増えた後も，リューベック・ハンブルク間の経路を経由して流通したと推測される商品の一つであり，その点を考慮すれば，1500年前後におけるこの区間での蜜蠟の流通量は，ハンザ盛期を上回っていた可能性が高い[21]。

---

21) 中澤勝三によれば，16世紀中頃（1552年4月—1553年6月）にアントウェルペンからイベリア半島に輸出された油脂類の中で，蠟は94％を占め，これらはダンツィヒとハンブルクからアントウェルペンに輸入されたという。この蠟とは，恐らく蜜蠟のことであろう。中澤勝三「16世紀中葉におけるアントウェルペンのイベリア交易」，『地中海論集』

銅も，ハンザ盛期から後期にかけてリューベックでの流通規模が拡大したと考えられる商品である。長期的に見て，17世紀初頭を頂点としてスウェーデンから輸入される銅が増え，リューベックが西欧向けスウェーデン産銅の主要経路となるからである（第Ⅱ部第5章補論参照）。表2-4(2)で銅の記録数が最も多かったのは，1485年の15記録である。この年は取引量の面でも表の中では最多の年であり，その量は，メーゼ(mese)単位のもののみを取り出せば，374メーゼであった。メーゼという単位はストックホルムから輸入される銅について用いられ，1メーゼは3シップポンドないし四分の一ラストに換算されるという[22]。表から明らかなように，メーゼ単位の銅の取引が多いことから，この時期，リューベックからハンブルクに向けて流通していた銅の多くはスウェーデン産であったことがわかる。さて，1492―96年のリューベックのポンド税台帳から1メーゼ当りの銅の価格を求めると45マルクになる[23]。この価格をもとに1485年にリューベックからハンブルクに向かったメーゼ単位の銅の総額を求めると，374メーゼ×45＝16,830マルクとなり，1368年にリューベックからハンブルクに向かった銅の合計金額2,182マルク[24]をはるかに上回る。同じようにして，この1メーゼ当りの価格45マルクを表2-4(2)で取り上げた各年に当てはめ，取引額を計算してみると，ほとんどの年で銅の取引額が1368年のそれを上回り，ハンザ後期における流通量の増加を推測することができる。厳密な比較ではないので，これだけから確実なことを導き出すことはできないが，ハンザ盛期から後期にかけてリューベックを経由してハンブルク方面に送り出される銅が増大したことは，スウェーデン産銅の経路をかんがみて，ほぼ確かだったと考えられる。

　獣脂については取引量を確定することが困難である。表2-4(3)に示されるように，複数の単位が用いられていることに加え，ほかの油脂類と合わせて記録されたために量的把握の不可能な記録が多数存在するからである。さらに証書上には獣脂であるか否かを確定しがたい記載箇所が

第9号，1984年，154ページ。
22) Friedrich Bruns, Die lübeckischen Pfundzollbücher von 1492-1496, S. 396.
23) Ebenda, S. 396-397.
24) 第1章，表1-3参照。

第2章　ハンザ後期におけるバルト海・北海間の内陸商業　　　71

幾つか存在する。そのような場合は，あいまいな箇所を含めた数値とそれらを除いた数値とを，それぞれ最大値，最小値として表に掲げることにした。獣脂には Talg（talg）のほか Flom（vlom）があり，後者については 1436—1527 年の合計で 15 の記録（証書）がある。それ以外の油脂類としては，魚油（27），調理用油脂（kockenveth）（15: talg, vlom を含む），バター（4），脂肪（1）の記録がある（括弧内は 1436—1527 年の証書数）。

　東方向け主要商品に移ろう。ハンブルクからリューベック，バルト海方面に送られた商品の中では，先に指摘したようにハンザ盛期と同様毛織物の比重が極めて高く，1436—1527 年の記録数の合計でほかの商品を圧倒している。その数は 207 記録に達し，全証書（244）の約 85％が毛織物取引の記録を含んでいることになる。この間，毛織物取引を記録した証書が最も多く残されていたのは 1480 年で，その数は 28 記録，取引量は，テルリンク単位のもののみを取り出せば 192 テルリンクである。また最も多くの取引が記録されていたのは 1488 年で，重複の可能性のある記録を含めて 285.5 テルリンク，記録数は 18 である。毛織物は比較的後の時代までリューベックを経由して北海側からバルト海各地に達していた。例えば 15 世紀後半（1468—1476 年）のダンツィヒが西方から輸入した毛織物の過半数はリューベックから輸入されたものであり[25]，海路によるバルト海・北海間の連絡が増しつつあったこの時期，リューベックはなおもバルト海向け毛織物の重要な中継積換え港であったと考えられる。ほとんどの毛織物の記録には種類・生産地名は付されていないが，若干の記録からそれを窺うことができる。例えば，史料番号 Nr. 234, 235 の証書からは，ポペリンゲ，ブリュージュ，アムステルダム，ライデン，ハーゲン，ホールンの各織物産地のほか，armenterisch, nerdesch, hardewyker といった産地名を示す単語の付された毛織物を確認することができる[26]。また，イングランド産と銘打った毛

---

25) Walter Stark, Lübeck und Danzig in der zweiten Hälfte des 15. Jahrhunderts. Untersuchungen zum Verhältnis der wendischen und preußischen Hansestädte in der Zeit des Niedergangs der Hanse. AHS, Bd. 11, Weimar, 1973, S. 38, Tabelle 4.
26) Hans-Jürgen Vogtherr, Hamburger Faktoren von Lübecker Kaufleuten, S. 117-118.

織物の記録の数は6であった。

　西方から送られてくる油については具体的な種類を確認することはできないが，恐らくはブリュージュなどを経由して北欧に輸出される南欧産のオリーブオイルと考えてよかろう[27]。表を見る限りでは16世紀の記録が少なく，ハンブルクからリューベックに向けての流通量が減っているように見受けられるが，これらの断片的な記録だけを根拠に確実なことは言えない。油の記録が最も多いのは1480年と1485年の8記録であり，取引量は前者が41ピーペ（pipe）であったのに対し，後者は82ピーペであった。

　薬種は史料の droge（Trockene Waren：乾物）に関する部分の集計である。具体的にどのような商品がそこに含まれるのか，本書で扱う史料から窺うことはできない。一般には様々な商品の総称として用いられ，染料，香辛料（香料）のほか絹，木綿などの繊維製品を含んでいた。香辛料（Gewürz, Spezerei）が当時薬種としても消費されることが多かったことや，ここで扱っている史料に胡椒の記録が少ない（6記録）ことなどを考慮すれば，史料中のこの項目には胡椒をはじめとする各種香辛料（生姜，丁子，ウイキョウ，ニクズク，アニスなど）が含まれていた可能性がある。その一方で，本来乾物として扱われてもおかしくない明礬には，この史料では独立した項目が設けられている。いずれにせよ，ここで droge の実態を把握するのは難しい。また，薬種は反対方向のリューベックからハンブルク方面に向けても比較的多くの記録が残されているが（14記録。但し方向を確認し得ないものは除く），やはりその具体的品目は不明である。

小　　括

　本章では，1436—1527年のリューベック商人による申告証書の記録

---

27) 例えば，15世紀末のブリュージュ（ブリュッヘ）には，ポルトガルやモロッコ，スペイン産のオリーブを原料とする油が輸入されていたといわれる。中澤勝三「15世紀ブリュッヘと世界経済——デスパル商会の交易」，『弘前大学経済研究』第14号，1991年，54ページ。

を用いて，筆者が試みに行なった商品に関する集計結果をもとに，ハンザ後期におけるリューベック・ハンブルク間の取引状況の一端を明らかにしてみた。本史料は取引全体を網羅するものではないとはいえ，残されていた記録からは，これまで詳しく検討されることなく既知のこととされてきた，ハンザ後期に両都市間を往来した商品について，おおよその取引の頻度やその内容，及び確認し得る範囲内での量を具体的に把握することができた。蜜蠟や銅，毛織物などといった，ハンザの主要取扱商品としてかねてよりその繁栄を支え，バルト海・北海間で頻繁に流通していた商品は，ハンザ後期においてもリューベック・ハンブルク間で頻繁に取引され，この区間の商品流通の中心をなしていた。史料の不備により，ハンザ盛期と後期との金額面での比較は不十分なものでしかなかったが，盛期から後期にかけて蜜蠟や銅は流通量を増大させた可能性があったことが示された。その意味でリューベック・ハンブルク間の経路は，ハンザ後期の1500年前後の時期においても，なおもバルト海と北海とを結びつけるうえで一定の役割を担っていたと推測してよさそうである[28]。

　ところで，リューベックからハンブルク方面に向かった商品のなかではロシア・リーフラント方面から輸入された商品が主要な位置を占めていたことを先に指摘した（本章第3節(1)）。ここで改めて，表2-2(1)の主要商品を列挙すれば，上位から，蜜蠟，銅，スキムメーゼ（皮・毛皮），獣脂（talg），皮，魚油，毛皮製品，亜麻，調理用油，獣脂（vlom）と続く。このうち銅は，主にスウェーデンから輸入されたものであるが，それ以外の商品は，すべてロシア・リーフラント産品と見なし得るものばかりである。無論そこには，やはりこれらの商品を輸出するプロイセ

---

28) 後世のこの区間における輸送状況について述べた文献を一つ紹介しておこう。かの『人口論』で名高いマルサスは1799年に北欧を旅行した際，ハンブルクから途中シェーンベルク（Schoenberg）を経由してリューベックに向かった。この区間の輸送について1799年6月2日付けの『日記』のなかで，簡単ではあるが以下のように述べている。「リューベックからの若干の財貨が，エルベ河に入るシュタイクニッツ川（Steiknitz）（引用者注：Stecknitz川のことか？　1398年のシュテクニッツ運河の完成により，リューベックはエルベ河と水路で連絡されていた）を通ってハンブルクに送られる。しかしこの通路は遠回りで，シュタイクニッツ川は非常に小さな船しか航行できない。財貨の最大部分は，時には三頭ずつ馬首を並べた九頭立ての馬車で，陸路で送られている。」パトリシャ・ジェームズ編（小林時三郎・西沢保訳）『マルサス北欧旅行日記』未来社，2002年，18-19ページ。

ン方面からの輸入品も含まれてはいることであろうが，次章で見るように，リューベックにおける対リーフラント貿易の比重の大きさに鑑みれば，やはりリーフラント及びここを窓口とするロシアからの輸入品が中心にあったと見てよかろう。そこで，以下章を改め，リューベックで流通していたロシア・リーフラント産品に焦点を当ててみることにしたい。

第 3 章

リューベックにおける
ロシア・リーフラント産品の取引

———

は じ め に

　広大な面積と豊富な天然資源を誇るロシアは，かねてより一次産品を中心とした諸商品をヨーロッパ諸国に供給してきた。中世ドイツの商人が，バルト海沿岸都市の建設を伴いつつノヴゴロドにまで進出した背景には，毛皮や蜜蠟といったロシア産品に対する需要の高まりがあった。彼らのロシア及び沿バルト・リーフラント地方との貿易は，ハンザの形成・発展の母体の一つであった。また，近代のイギリスにとって，ロシアは船舶必需品や鉄の主要な調達先となり，対ロシア貿易はイギリスの「帝国」形成や産業革命の進展にとって不可欠の貿易部門となった[1]。ロシアと西欧とを結ぶ東西貿易は，リーフラントやプロイセンなど様々な地域の貿易をも包摂しつつ，ヨーロッパ国際商業の基本軸を形成していたと述べても過言ではない。
　さて，この東西ヨーロッパ間の通商動脈を支えた経路としてまず注目されるのは，言うまでもなく，バルト海・北海を経由する海上路である[2]。嵩高商品の比較的多い北方ヨーロッパにおいて，海路の利用が重

　　1）　玉木俊明「イギリスのバルト海貿易（1731～1780 年）」，『社会経済史学』第 63 巻第 6 号，1998 年，100 ページ。同「イギリスとオランダのバルト海・白海貿易――ロシアとの関係を中心に」，深沢克己編著『近代ヨーロッパの探求 9　国際商業』ミネルヴァ書房，2002 年，291，312 ページ。

視されたことは推測に難くない。ロシアの西欧向け窓口となるリーフラント諸港，それにダンツィヒなどプロイセン諸港を舞台とするバルト海・北海貿易こそは，後にサンクト・ペテルブルクを加えてハンザやオランダ，そしてイギリスの繁栄を根底で支えた経済史上極めて大きな意味を持った貿易部門であるといえる。ところで，バルト海と北海を連絡する具体的なルートとしては，大別して二つの経路を指摘することができる。すなわち，ハンザの動脈の一部をなしたリューベック・ハンブルク間内陸路と近世以降オランダやイギリスの船舶の経路となるエーアソン海峡をはじめとする海路である。前章に引き続き，本章で取り上げるのは前者のリューベック・ハンブルク間内陸路を経由したバルト海・北海間商業である。以下では，主に西欧方面に再輸出されるべくリューベックに集荷された，リーフラントを含めたロシアの物産の流通に注目し，その実態を明らかにしてみることにしたい。

対ロシア・リーフラント商業はハンザ商業の根幹に位置していただけに，この分野に関しては，長年に渡る研究の蓄積がドイツやロシアに存在する[3]。また，我が国を見ても，近年バルト海商業に対する関心が高まりつつあるなかで，ハンザ期のロシア，リーフラントの商業を扱った研究もしばしば発表されるようになった[4]。ところで，ハンザ期リュー

---

2) 東西ヨーロッパを結ぶ経路としては，ライプツィヒをはじめとする内陸都市を経由するルートも16世紀ごろから重要性を増したと推測される。また，アルハンゲリスクを舞台とする白海貿易については，玉木俊明「イギリスとオランダのバルト海・白海貿易」289-316ページを参照。リューベック商人が普段海路アルハンゲリスクに向かうことはなかったが，戦争という特殊事情の下，17世紀に兵器をアルハンゲリスクに納入したリューベック商人がいたという。Norbert Angermann, Johann von Gohren. Ein Lübecker Rußlandkaufmann des 17. Jahrhunderts, in: ZVLGA, 64, 1984, S. 109. ロシア内のハンザの通商路については，以下を参照。Hugo Weczerka, Hansische Handelswege in den nord-westrußischen Raum, in: N. Angermann u, K. Friedland (Hg.), Novgorod. Markt und Kontor der Hanse, QDHG, NF, Bd. 53, Köln/Weimar/Wien, 2002, S. 15-24.

3) ハンザの対ロシア商業に関する研究史，研究状況については，例えば，Norbert Angermann, Der hansische Rußlandhandel. Zur Forschungslage, in: Novgorod - Markt und Kontor der Hanse を参照。

4) 例えば以下がある。柏倉知秀「中世リーフラント・ロシア間の内陸交易――13世紀末・14世紀初頭のハンザ都市リーガを中心に」，『立正史学』第86号，1999年，47-64ページ，同「中世リーフラントの「そりの道」――13・14世紀のハンザ都市リーガと冬季商業」，『立正大学大学院年報』第17号，2000年，195-204ページ。小野寺利行「13世紀ノヴゴロドの対ハンザ通商政策――西ドヴィナ川流域地方との比較において」，『ロシア史研究』

第3章　リューベックにおけるロシア・リーフラント産品の取引　　77

ベックのロシアを含めたバルト海商業を見ていくのであれば，まさに相応しい史料が既に刊行されている。1492年から1496年にかけてリューベックで徴収された関税の記録簿，いわゆるポンド税台帳である[5]。序論でも指摘したように，この関税台帳は，記録の網羅性や記載方法などの点で少なからず欠陥が指摘されるものの，これまでのところ，ハンザの時代——さらに正確に言えばハンザが停滞期から衰退期へと差し掛かった頃——のリューベックの海上商業に関する最も詳細かつ包括的な史料であるといえる。この史料を用いたリューベックの対ロシア・リーフラント商業については，編纂者であるフォークトヘア自らが行なった分析や，1368/69年のポンド税台帳などを合わせて参照した柏倉知秀の学会報告が先行研究として既に存在するが[6]，本章では，これらの成果に依拠しながら今一歩踏み込んだ検討を試みる。また，もう一つの史料として，リューベックからハンブルク・西欧方面に向けて再輸出されたロシア・リーフラント産品を追跡するために，前章でも用いたリューベック商人の申告証書の記録 (1436—1527年) を補助的に用いる[7]。以上のような先行研究や史料に依拠しながら，以下でハンザ盛期から後期にかけてのリューベックにおけるロシア・リーフラント産品の取引を明らかにしていきたい[8]。

第64号，1999年，53-60ページ。同「中世ノヴゴロドのバルト海貿易における陸路——13世紀の対ハンザ通商政策の一側面」，『立正西洋史』第19号（高橋理教授古稀記念号），2003年，9-18ページ。同「中世ハンザ交易におけるノヴゴロドの内陸輸送」，『比較都市史研究』第23巻第1号，2004年，45-57ページ。

5) Die Lübecker Pfundzollbüher 1492-1496, Teil 1-4, bearb. v. Hans-Jürgen Vogtherr, QDHG, NF, Bd. 41, 1-4, Köln/Weimar/Wien, 1996.

6) Hans-Jürgen Vogtherr, Livlandhandel und Livlandverkehr Lübecks am Ende des 15. Jahrhunderts, in: N. Angermann u. P. Kägbein (Hg.), Fernhandel und Handelspolitik der baltischen Städte in der Hansezeit. Schriften der Baltischen Historischen Kommission, Bd. 11, Lüneburg, 2001, S. 201-237. 柏倉知秀「15世紀末リューベックのバルト海商業——リーフラントとの関係を中心に」日本西洋史学会第51回大会（2001年5月31日）

7) Hans-Jürgen Vogtherr, Hamburger Faktoren von Lübecker Kaufleuten des 15. und 16. Jahrhunderts, in: ZVLGA, 73, 1993, S. 39-138. 本研究第2章第1節参照。

8) ポンド税台帳，申告証書ともに商品の調達先が記載されていないので，ロシア産品とリーフラント産品は区別されずに記録されてしまう。それゆえ以下では，両者を分けずにロシア・リーフラント産品として一括して扱うことにする。なお，中世・近世にドイツの対ロシア商業の拠点となった都市は，ノヴゴロド，プレスカウ（プスコフ），スモレンスクなどであり，モスクワはドイツ商業にとっては16世紀になるまで辺境に位置した。Norbert

1 リューベックの対ロシア・リーフラント商業

リューベックの海上商業において対ロシア・リーフラント商業は，どの程度の比重を占めていたのであろうか。まず，ハンザ盛期について見ていこう。表3-1は，第1章でも参照した1368年（1368/69年）のリュ

表 3-1　1368/69 年リューベックの輸出入

（概算値：単位はリューベック・マルク）

取引相手地域		輸入額	輸出額	輸出入合計
プロイセン	ダンツィヒ	16,000	22,800	48,400
	エルビング	3,000	6,600	
リーフラント	レーヴァル	34,000	14,300	95,000
	リーガ	10,000	14,000	
	ペルナウ	—	22,700	
スウェーデン／ゴトランド		52,000	29,400	81,400
メクレンブル	ヴィスマル	5,500	6,100	42,400
ク／ポメルン	ロストック	2,200	4,600	
	シュトラールズント	4,000	7,500	
	シュテッティン	5,500	7,000	
ベルゲン		4,300	—	4,300
スコーネ（ショーネン）		49,400	32,600	82,000
バルト海小規模港		3,000	1,200	4,200
西欧方面		150,000	38,000	188,000
合　　計		338,900	206,000	545,000

備考）　合計金額は，原図（円グラフ）の各値の集計値。
出典）　G. Lechner (Hg.), Die Hansischen Pfundzollisten des Jahres 1368 (18. März 1368 bis 10. März 1369), QDHG, NF, Bd.10, Lübeck, 1935, Diagramm I より作成。

Angermann, Deutsche Handelsverbindungen mit Moskau im 15. und 16. Jahrhundert, in: HGbll, 125, 2007, S. 121-142. 一方，ノヴゴロドのハンザ商館は，1495年にイヴァン3世の命令により閉鎖されてしまう。とはいえ，その後ノヴゴロドにドイツ商人が来なくなったわけではなく，例えば，土地台帳にリューベック人の屋敷が記載されることがあったという。松木栄三「ノヴゴロドの市場——店舗台帳ノート」，『宇都宮大学教養部研究報告』第22号第1部，1989年，65ページ。

ーベック・ポンド税台帳の記録を取引相手地域ごとにまとめたものである。ここに示されるように、この時期、ロシアの窓口となるリーフラント諸港との取引は輸出入合わせて 95,000 マルク、比率にして約 17% を記録し、対西欧取引に次いで多い金額を記録していた。対西欧取引とは、ほとんどがオルデスローを経てハンブルク、北海方面との間で行なわれた取引を指し、表からは、第1章でも確認したように、この頃リューベックがバルト海・北海間の商品取引を媒介する位置にあったことが確認できる。ちなみに、この表で対西欧取引（188,000 マルク）を除いたバルト海貿易（357,700 マルク）に占める対リーフラント貿易の比重を求めると約 26% となる。リューベックにおいて対ロシア・リーフラント商業は、スウェーデンやデンマーク領スコーネ（ショーネン）地方との取引額を若干とはいえ上回る最も高い比重を占めていた。

同様の考察を 15 世紀末のハンザ後期についても行なってみよう。表 3-2 は、1492—96 年のリューベックのポンド税台帳に記録された取引を、相手地域ごとに期間全体を通じてまとめたものである。ここに示されるように、この期間、リーフラント諸港との取引は輸出入合わせて比率にして 44.6%、金額にして 931,516 マルクを記録していた。ロシア・リーフラント産品流通の集散地となるリーフラント諸港との取引が、ハンザ後期においてもリューベックの海上貿易の中で極めて大きな意味を持っていたことが、ここからは窺える[9]。ただ、ハンザ盛期との大きな違いを一つ指摘するとすれば、取引相手都市間の比重の変化であろう。レーヴァル、リーガ、ペルナウのリーフラント三都市のなかでは、ペルナウを窓口とする取引が 15 世紀末には減少して、これら三都市の中で占める比率を極端に低下させた一方、レーヴァルの比重はさらに増大した。表 3-2 に示されるように、1492—96 年の輸出入のなかで、レーヴァルは一都市で全体の約 31% を占め、二位のダンツィヒの約 18% をはるかに上回っていた[10]。

---

9) このことはアンゲルマンも指摘している。Norbert Angermann, Die Bedeutung Livlands für die Hanse, in: Die Hanse und der Deutsche Osten, hg. v. N. Angermann, Lüneburg, 1990, S. 108.

10) 16 世紀中頃になるとレーヴァルの輸出先は、主にリューベックとアムステルダムとなり、輸入はほとんどがリューベックを経て行なわれるようになった。以下の研究は、レ

表 3-2　1492—1496 年リューベックの輸出入総額

(単位はリューベック・マルク)

取引相手地域	輸入額	輸出額	輸出入総額	比（%）
リーフラント	537,917	393,599	931,516	44.60
レーヴァル	384,559	278,063	662,622	31.3
リーガ	137,017	110,860	247,877	11.86
ペルナウ	16,341	4,676	21,017	1.01
プロイセン	101,167	318,107	419,274	20.07
ダンツィヒ	83,282	290,457	373,739	17.89
ケーニヒスベルク	17,849	27,332	45,181	2.16
ブラウンスベルク	36	318	354	0.02
スウェーデン	192,304	120,892	313,196	15.00
ストックホルム	176,288	99,513	275,801	13.21
スウェーデン南部	10,983	17,719	28,702	1.37
ゴトランド	3,325	144	3,469	0.17
オーボ	1,708	3,516	5,224	0.25
スコーネ（ショーネン）	165,521	68,725	234,246	11.22
デンマーク	6,745	15,682	22,427	1.07
メクレンブルク／ポメルン	35,641	121,803	157,444	7.54
その他	69	1,391	1,460	0.07
不明	2,782	6,295	9,077	0.43
合　　計	1,042,146	1,046,494	2,088,640	100.00

出典）　Die Lübecker Pfundzollbüher 1492-1496. Teil 1, S. 37, Tabelle 4.

　次に，リューベックとロシア・リーフラントとの間で往き来した商品について検討したい。主な商品が金額にしてどれだけ取引されたか，ここでは柏倉友秀によるポンド税台帳の集計結果を素材として，リューベック・レーヴァル間で行き来した商品に関して見ていくことにしよう。

　まず，ハンザ盛期に該当する 1368/69 年について見ると[11]，この年，

ーヴァル・リューベック・アムステルダムの間に三角貿易関係の形成を見いだし，ここに中世後期のハンザ商業と 17 世紀の商業資本との一時的ではあるが革新的な結合があったとする興味深い成果である。Jüri Kivimäe, Reval- Lübeck-Amsterdam: The Triangle of Trade on the Eve of the Livonian War (1554-1557), in: From Dunkirk to Danzig. Shipping and the Trade in the North Sea and the Baltic, 1350-1850, ed. by W. G. Heeres, L. M. J. B. Hesp, L. Noordegraaf and R. G. W. van der Voort, Hilversum, 1988, pp. 299-315. リヴォニア戦争の後，レーヴァルの商業は衰退し，代わってナルヴァの重要性が増していく。Vasilij V. Dorošenko, Quellen zur Geschichte des Rigaer Handels im 17.-18. Jahrhundert und Problem ihrer Erforschung, in: K. Friedland u. F. Irsigler (Hg.), Seehandel und Wirtschaftswege Nordeuropas im 17. und 18. Jahrhundert, Ostfildern, 1981, S. 3.

リューベックがレーヴァルから輸入した商品の合計金額は34,239マルク5シリング6ペニヒであった。主な商品の輸入額を，内訳を明示することができないものも含めて確認し得る範囲内で示せば，毛皮が9,136マルク，毛皮・蜜蝋が4,466マルク，蜜蝋が281マルク，毛皮・バターが126マルクなどとなり，何よりもまず毛皮，それに蜜蝋がロシア・リーフラント方面からレーヴァル港を経てリューベックに送られた主要商品であったことがわかる。レーヴァル向けの輸出額に目を転じると，合計金額は14,329マルク15シリング，主な輸出品（貨幣を含む）とその金額は，塩が4,591マルク，毛織物が4,100マルク，毛織物その他が1,349マルク，鍊が420マルク，貨幣が371マルクなどであった[12]。東向け商品の中では塩と毛織物の取引額が他の商品を圧倒しており，金額の確認できるものだけでも，それぞれ約32%，29%と大きな比重を占めていた。

同様にして，今度は15世紀末のポンド税台帳の記録を用いて，ハンザ後期にリューベックとレーヴァルとの間で取引された主要商品を取り上げてみよう。以下で示すのは，1492年と1493年の取引額を合計した値である[13]。

まず輸入から見ると，この両年にリューベックがレーヴァルから輸入した商品の合計金額は195,298.0マルク，主な商品の輸入額は，内訳を明示することができないものも含めて示せば，蜜蝋が35,113.0マルク，蜜蝋とその他商品が85,437.5マルク，亜麻が14,909.0マルク，魚油（柏倉の原表では鯨油）が10,135.5マルク，獣脂（油）が6,442.0マルク，魚が2,640.5マルク，皮革・毛皮が2,538.5マルクなどであった。ハンザ盛期と比べると，まず蜜蝋が毛皮以上に重要性を増して最重要商品と

---

11) 柏倉知秀「14世紀後半レーヴァルの海上商業」，『立正史学』第93号，2003年，66-67ページ。

12) 恐らくここには，リューベック産の毛織物も含まれていたと推測される。ホールバッハによれば，リューベック産の毛織物が，とりわけレーヴァルで流通していたという。Rudolf Holbach, Zur Handelsbedeutung von Wolltuchen aus dem Hanseraum, in: Der Hansische Sonderweg? Beiträge zur Sozial- und Wirtschaftsgeschichte der Hanse, hg. v. S. Jenks u. M. North, QDHG, NF, Bd., 39, Köln/Weimar/Wien, 1993, S. 175-176.

13) 以下で示す主要商品に関する集計値は，柏倉知秀「15世紀末リューベックのバルト海商業」日本西洋史学会第51回大会当日（2001年5月13日）配布資料からの引用である。

なり，正確な数値は得られないものの，輸入額全体に占める比重も拡大したであろうことがわかる。また，15世紀末には，亜麻や様々な油脂類が主要商品としてレーヴァルからリューベックへ輸出されるようになっていたことも見て取ることができる。但し，1368/69年と比べて亜麻や油脂類の取引がどの程度増えたのかは，示すことができない。とはいえおおよその傾向として，近世に向けて蜜蠟以外にも亜麻や各種油脂類の取引が拡大しつつあったことは，間違いないであろう。

　レーヴァル向けの輸出に移ると，輸出総額は194,493.0マルク，主要商品の輸出額は毛織物が121,192.5マルク，毛織物とその他商品が28,504.0マルク，金属が8,962.5マルク，魚が6,669.5マルク，ワインが4,151.0マルク，蜂蜜が3,067.0マルク[14]などの順であった。ここからは毛織物の占める圧倒的な位置が明らかである。ハンザ期のリューベックは，フランドルなど西欧方面から大量の毛織物を輸入していたが，この西から東へ向かう毛織物の流れの延長軸上にダンツィヒ，リーガそしてレーヴァルが位置していた。

　対レーヴァル貿易で確認し得た商品構成に関する特徴は，大まかな点では同時期の対リーガ貿易についても当てはまる。すなわち，リューベックからの輸出では，西欧の代表的な手工業製品である毛織物が極めて大きな比重を占め，逆方向では蜜蠟を筆頭として様々な原材料がリューベックに輸入されていた。

　以上，リューベックの対リーフラント貿易についてポンド税台帳の記録に即して検討を加えてきた。対ロシア・リーフラント商業を母体とするリーフラント諸港との取引は，リューベックの海上商業のなかで極めて大きな比率を占めた。また，ロシア・リーフラント産品の流通という点からまとめれば，14世紀後半から15世紀末までのハンザ盛期から後期にかけてリーフラントからリューベックに送られた商品の中では，毛皮そして蜜蠟が重要な位置を占めていたといえよう。これら二商品は，かねてよりロシア・ノヴゴロド方面から西欧に送り出された最重要商品として指摘されてきた商品であった[15]。また，ハーダー–ゲルスドルフ

　14）ロシア・リーフラントのドイツ産蜂蜜の輸入については，以下第2節注（24）を参照。

　15）Norbert Angermann, Die Bedeutung Livlands für die Hanse, S. 106. Karl Leopord

は，12—15世紀にハンザ商人がノヴゴロドで求めた商品として，毛皮と蜜蠟のほか，魚，魚油，獣脂，皮を挙げているが[16]，このような品目面から見たハンザのロシア商業の特徴は，ここで検討したリューベックの対レーヴァル輸入取引からも窺うことができた。

なお，収支について一言述べておけば，リューベックのバルト海貿易は輸入超過であり，リーフラント諸港を窓口とした対ロシア・リーフラント貿易も赤字であったと考えられる。但し，バルト海の治安如何によって貿易額，収支が激しく変動していたことは言うまでもない[17]。

2 ロシア・リーフラント産品流通の背景——蜜蠟の場合

次に，ロシア・リーフラント産品が西ヨーロッパで求められ，東西ヨーロッパ間で広く流通した背景について述べてみたい。

既に指摘したように，中世後期から近世にかけて東から西に向かったロシア・リーフラント産品には，原材料を中心に様々な商品があったが，ハンザが盛期から後期へと向かう転換期にかけては，毛皮と蜜蠟が代表的な商品であった。ところで，これまでの研究を振り返ってみると，これら二大商品のなかで，この時期の毛皮については，この商品自体が喚起する華やかなファッション性も手伝ってか，我が国でもしばしば言及され，経済史においても比較的まとまった研究が存在する[18]。これに対

Goetz, Deutsch-russische Handelsgeschichte des Mittelalters, Lübeck, 1922, S. 248.

16) Elisabeth Harder-Gersdorf, Hansische Handelsgüter auf dem Großmarkt Novgorod (13.-17. Jh.): Grundstrukturen und Forschungsfragen, in: Novgorod - Markt und Kontor der Hanse, S. 134.

17) 例えば，1492年は前年度の滞留商品が一挙に動いたことにより，リューベックのリーフラント貿易は大幅な黒字を計上した。Hans-Jürgen Vogtherr, Livlandhandel und Livlandverkehrs, S. 202-205. 近世になると，一般的にバルト海側が西欧との貿易において黒字を計上し，収支の差額としてバルト海側には貴金属が流入していく。Michael North, Bullion Transfer from Western Europe to the Baltic and the Problem of Trade Balances: 1550-1750, in: From the North Sea to the Baltic. Essays in Commercial, Monetary and Agrarian History 1500-1800, Variorum, Hampshire, 1996, pp. 186-195.

18) 経済史の面からの研究成果に以下がある。比嘉清松「中世末北ヨーロッパにおける毛皮取引」，『松山商大論集』第19巻第2号，1968年，27-43ページ。下山晃「毛皮交易史の研究：毛皮の世界フロンティアと人種奴隷制(1)〜(4)」，『社会科学』（同志社大学），第

して，蜜蠟については，現在の我が国での生活にはあまりなじみがないからであろうか，ハンザのロシア商業におけるその重要性はこれまでも指摘されてきたとはいえ，中世後期のこの商品自体に経済面から光を当てた研究は我が国では皆無であると考えられる。こうした研究状況は，ヨーロッパにおいてもそれほど変わらないと思われるが，そのなかでヴァルンケは，東西ヨーロッパ間の蜜蠟取引の問題を，教会における蠟燭利用やヨーロッパの植生，養蜂の形態などと関連させながら極めて興味深い考察を行なっている[19]。そこで以下では，リューベックの商業世界を少し離れ，このヴァルンケの研究成果に依拠しながら，蜜蠟がヨーロッパで広く求められ，広域的に流通した理由について，基本的な事柄を確認しておくことにしたい。

　さて，ヴァルンケによれば，西ヨーロッパでは9世紀ごろから蜜蠟の需要が増し，それを西欧内部で賄うことができなくなったという。まず蜜蠟の用途を俗界と聖界とに大きくに分けてみよう。俗界では，それは精銅鋳造の際の鋳型や封蠟印，書字板（Schriebtafel）などの作成に用いられたほか，医療の世界では膏薬や軟膏など薬を調合する際に必要とされた。また上層の人々の間では照明用の蠟燭の原料として蜜蠟が用いられたほか，法曹界では裁判において時間を計測する手段としてそれが用いられた。だが，より大きな意味を持つ蜜蠟需要者は聖界，すなわちローマ，ビザンツ双方の教会の側にあった。特に前者では，香気を醸す蠟燭の原料として蜜蠟の需要が増加していった。

　そもそも蠟燭は，キリストのシンボルとしての意味を持ち[20]，典礼の

51号～第54号，1993年～1995年。また，毛皮の世界史ともいえる幅広い内容を持つものとして以下がある。西村三郎『毛皮と人間の歴史』紀伊國屋書店，2003年。下山晃『毛皮と皮革の文明史』ミネルヴァ書房，2005年。その他にも近年の毛皮に関する研究成果として以下がある。木村和男『カヌーとビーヴァーの帝国』山川出版社，2002年。同『毛皮交易が創る世界』岩波書店，2004年。森永貴子『ロシアの拡大と毛皮貿易――16-19世紀シベリアの北太平洋の商業世界』彩流社，2008年。

　19）Ch. Warnke, Der Handel mit Wachs zwischen Ost- und Westeuropa im frühen und hohen Mittelalter. Voraussetzungen und Gewinnmöglichkeiten, in: Untersuchungen zum Handel und Verkehr der vor- und frühgeschichtlichen Zeit in Mittel- und Nordeuropa. Teil IV, hg. von K. Düwel u. a., Göttingen, 1987, S. 545-569.

　20）ヨハネによる福音書第8章第12節「わたしは世の光である。わたしに従って来る者は，やみのうちを歩くことがなく，命の光をもつであろう」（『新約聖書』1954年改訳，日本聖書協会）とのイエスの言葉に基づく。

際にその明かりは欠かせなかったがゆえに，教会にとって蠟燭の確保は，すでに6世紀において問題とされていたという。定例のミサにおける蠟燭の消費は3本から7本とそれほど多いものではなかったが，やがてミサの開催が増えるにつれ，特に個人の奉納に基づくミサ（Votivmesse）の機会が増えるに従って蠟燭の消費は増大していった。そのほかにも，洗礼や堅信，終油の秘蹟，司祭や司教の叙階式に加えて列聖式（Hiligsprechung）や列福式（Seligsprechung），さらには聖遺物にまつわる行列のような，いわゆるプロセッションの機会にも多くの蠟燭が用いられるようになっていった。しかも人々は，例えば，病や怪我からの回復を神に祈願する際，奉納品として病んだ箇所を模った蠟燭を用いることが多く，その際，蠟燭が大きいほど神の恩寵も大きいと考えられていた。

　ところで教会側は，なぜ蜜蠟から作られた蠟燭にこだわったのであろうか。ヴァルンケによれば，キリストのシンボルとして蠟燭は最も混じり気のない純粋な素材から作成されねばならず，純潔の（jungfräulich）ミツバチの蜜蠟こそがそのようなものとして見なされた[21]。それゆえ，教会では蜜蠟が不足した場合にのみ，他の油脂類の利用が認められ，蠟燭のシンボル性に照らし合わせてこの規定は厳格に運用されたという。

　このように，蜜蠟でできた蠟燭は聖界で重んじられたことにより，それは人々の生死や救いに関わる特別な意味を持つ商品となった。ところが蜜蠟需要増大の結果，9世紀になると西欧世界は，この聖性を帯びた天然の産物を地元の養蜂業者から調達するだけでは需要を満たすことができなくなり，地中海世界そして東欧方面からの輸入に依存せざるを得なくなってしまう。この後中世盛期から近世初頭まで，蜜蠟は，ロシア・リーフラントを代表する物産として西方へ輸出されていくのである。

　蜜蠟は，いうまでもなくミツバチの巣から採取される蠟成分である。その素材を提供するミツバチの生物学上の種（Braune Biene, 学名 apis mellifera L.）は，19世紀に至るまでスペインからアルプス，シベリア

21）かつて蜜蜂は，受精することなしに処女生殖を行なうと考えられていた。蜜蜂の生殖と処女マリアからのキリストの誕生とが重ね合わせて考えられていたのである。甚野尚志『中世ヨーロッパの社会観』講談社学術文庫，2007年，第1章「蜜蜂と人間の社会」50-57ページを参照。

に至るまで同じであったという。ヨーロッパ各地では，古くから養蜂が営まれ，蜜蠟は蜂蜜とともに地元で賄われていた。そのなかで東欧は，確かに養蜂のための自然条件は備えてはいたものの，養蜂にうってつけの（prädestiniert）地というわけではなかった。では東欧側は，そのような自然条件の下で，しかも地元での需要さえもが大きかったと推測されるにもかかわらず，なぜ16世紀に至るまで西欧側の増大しつつある蜜蠟需要に応えることができたのであろうか。ヴァルンケは，西欧と東欧における養蜂の形態の違いに注目する。

中世ヨーロッパにおいて，養蜂には以下の二つの基本形態があった[22]。
1. 家屋や庭園で営まれるもので，一般にイムケライ（Imkerei）と呼ばれる。
2. 森林で営まれるもので，ボイトネライ（Beutnerei），もしくはツァイドレライ（Zeidlerei）とも呼ばれる。

このうちイムケライは，木材，後には麦藁で作成された巣箱を家屋の周囲に設置するもので，我々が一般的にイメージする養蜂に近い形態である。これに対してボイトネライは，家屋周辺の森に生息している恐らくは野生の蜜蜂を利用する。蜜蜂の分封期にあわせて地上から5-6メートルの樹上に巣が設置され，木には設置者の印が付けられた[23]。ヴァルンケによれば，養蜂のこの基本的な二形態の分布の境界は，スラヴ人居住区域の西の境に重なるという。すなわち，イムケライはゲルマン人の，ボイトネライはスラヴ人の養蜂形態とそれぞれ見なすことができるのである。

ところで，養蜂のための基本的な作業，必要とされる労働力はイムケライ，ボイトネライ双方においてほとんど変わらないという。すなわち，巣箱の設置や蜂蜜，蜜蠟の収穫それに分封の方法についてどちらかが有利であるということはない。蜂の品種改良もまだ行なわれてはいなかった。ところが両者の巣箱の設置条件の違い，これがしばしば蜜蜂の生み

---

22) Ch. Warnke, a. a. O., S. 551.
23) ボイトネライの生業形態は数世紀を通じて変わらない。18世紀においてもなお，当時の旅行者の記録によれば，巣はやはり各種の木材でできた巣箱（Stock, Beute）が用いられ，その大きさは，設置される木の大きさに応じて様々であったという。Ch. Warnke, a. a. O., S. 552, Anm. 19.

出す産物の収穫の差となって現れることになった。イムケライとボイトネライとを比較すると，2：3もしくはそれ以上の割合で森に生息する蜜蜂を利用するボイトネライからの収穫が勝ったというのである。このような収穫の違いが生じるのであれば，なぜ西欧側ではボイトネライが普及しなかったのであろうか。ヴァルンケは，その理由をヨーロッパにおける植生分布と関連させながら説明する。

　ボイトネライが普及し得たのは，ある限られた植物群落の見られる地域であった。それは松もしくはそれにトウヒとオークの混じった樹林地帯で最も効率よく営むことが可能で，そうした森林は，中世ではエルベ川東部，カルパチア山脈北部からウラル山脈にかけての東ヨーロッパに広く分布していた。これに対してスラヴ人居住区域の西側に広がるブナ樹林帯ないしブナを主体とする植物群落は養蜂に不向きであった。なぜなら，葉が覆い茂ることによって太陽光線が遮られてしまい，蜜を十分に提供できる灌木や下草がここでは満足に育たないからである。またブナの花自体も蜜蜂を寄せつけることはなかった。さらに，針葉樹でもモミやトウヒの純粋な樹林は養蜂に不向きであったほか，オークのなかでも中欧に多い Traubeneiche は，東方に多い Stieleiche と異なり蜂蜜の味を損なうので養蜂には向いていなかった[24]。かくして，養蜂に比較的不向きな樹林帯が広がっていたことにより，西欧・中欧では森林地帯における養蜂の普及が妨げられてしまったのである。

　西欧と比べて人口が希薄なロシア・東欧では，森林は大規模なままに保たれ，必要であれば，養蜂の経営規模を拡大することができた。森林のなかには養蜂を生業とする人々からなる小規模な集落が見られた。そこでは蜂蜜や蜜蠟が地代（Zins）として納められ，耕作や家畜の飼育は自給の範囲内で行なわれた。ロシア・東欧における養蜂の規模や蜜蠟の収穫量については不明だが，ヴァルンケによれば，一般に一人の養蜂業者が世話することのできる巣箱の数はおよそ60箱，ひとつの巣箱から

---

24) このような指摘がある一方で，ドイツ産の蜂蜜 Blütenhonig のほうがロシア産の蜂蜜 Tannenhonig よりも甘くて質が良いとの指摘もある。リューベックからレーヴァルに蜂蜜が輸出されていたことを第一節で指摘したが，リーフラント，ノヴゴロドは広くメクレンブルク，ポメルン，ニーダーザクセンから蜂蜜を輸入していたという。Philippe Dollinger, Die Hanse, 4. erweiterte Aufl., Stuttgart, 1989, S. 295.

採取される蜜の量は平均して15キロ，蜜蠟の量は0.6キロであり，もし10万個の巣箱があれば，必要とされる養蜂業者の数は1,700名を下回る程度，採取される蜂蜜と蜜蠟の量は，それぞれ1,500トン，50樽（Tonne）に及んだという。

　これに対して家屋周辺で営まれるイムケライは，人家の周辺，川辺の灌木や草本群落を利用してほぼどこでも行なうことができたので，ブナ樹林帯の多い西欧では，こちらのタイプの養蜂が普及した。だが，先にも述べたように蜜蠟や蜂蜜の収穫率で言えば森林養蜂のボイトネライが勝っていた。加えて中世の西ヨーロッパでは蜜蠟需要が拡大しつつあるなか，人口が増加して開墾が進み，耕地面積が増えてしまい，養蜂にとって望ましい植物を含む群落が減少したり，あるいは集落から遠のいたりすることにより，家屋の周辺で多数の蜜蜂を養っていくことが徐々に難しくなりつつあった。畑地で小麦やライ麦，カラス麦，大麦などが栽培されていったとはいえ，これらイネ科の穀物の花は蜜を分泌せず，養蜂の役には立たなかった。開墾による野生蜂の減少は，ミツバチ狩りによる収穫にも影響を与えたことが推測される。かくして，西欧側は，植物景観が大きく変化していくなか，まさに蜜蠟需要が拡大しつつある時期にその収穫量を低下させてしまい，収穫率で勝るボイトネライの普及により蜜蠟余剰を生み出しつつあった東欧側からの輸入に依存するようになったのである。

　リューベックの対ロシア・リーフラント商業において蜜蠟の輸入が大きな意味を持った背景には，以上で述べたような事情が存在した。ドイツ人のバルト海沿岸都市の建設，ノヴゴロドにまで至る東方進出の目的の一つに，毛皮や蜜蠟をはじめとするロシア・東欧産品の調達があったことは，これまでも指摘されてきた[25]。ことにリューベックに早くから移住してきた商人の中には，ドイツ西部出身の商人が多く含まれていたので，ケルン出身の商人のように早くから低地地方諸都市やイングランドとの取引を展開していた者は，西欧各地でロシアの物産がいかに強く

　25）　高村象平，『中世都市の諸相——西欧中世都市の研究1』筑摩書房，1980年，第3章「バルト海諸都市の建設」，62ページ。プロイセンからも蜜蠟は輸出されていた。例えば以下を参照。Werner Böhnke, Die Binnenhandel des deutschen Ordens in Preußen und seine Beziehungen zum Außenhandel um 1400, in: HGbll, 80, 1962, S. 79-82.

第3章　リューベックにおけるロシア・リーフラント産品の取引　　89

求められていたか，十分理解していたと考えてよかろう。第1節で見たように，リューベックの対ロシア・リーフラント輸入貿易において蜜蠟は毛皮とともに最も大きな比重を占め，中世後期にもなればその商業面での重要性は，むしろ毛皮を上回っていたとさえ推測された。毛皮が富や地位を象徴する商品であったとすれば，蜜蠟は，キリストを象徴する蠟燭の素材として教会の行事や人々の信仰と関わる商品であり，毛皮と同様，量や金額に換算することのできない意味を持っていたといえる。さらに付け加えれば，比較的人口が希薄でなおかつ広大な森林の残されている東欧にとって，養蜂業は，所与の自然条件を生かして展開させていくことのできる生業の一つであり，それゆえ蜜蠟を生み出す養蜂業は，この地の経済の本質的ともいえる部分を成していたといえよう[26]。蜜蠟の担ったこのような重要性を踏まえたうえで，以下では，再度リューベックに視点を置き，この蜜蠟をはじめとするロシア・リーフラント産品の流通について，さらに踏み込んで検討してみよう。

3　リューベックにおけるロシア・リーフラント産品の流通

(1)　ポンド税台帳の記録

　ここでは引き続きポンド税台帳を用いて，リューベック港に寄港する船舶及び商人のネットワークのなかで蜜蠟を中心としたロシア・リーフラント産品を検討していくことにしたい。まずは，リーフラント諸港とリューベックとの間を行き来した船舶から検討してみよう。

　先にも見たように，対ロシア商業の窓口となるリーフラント諸港，ことに15世紀末の段階でレーヴァルとの貿易は，リューベックのバルト海貿易のなかでも極めて高い比重を示し，同市繁栄の経済的生命線とも言える役割を担っていた。それゆえ，バルト海の治安が悪化した1491年，リューベックのロシア貿易を統括するノヴゴロド渡航商人組合（ノヴゴロド・ファーラー）は，航海の安全確保のために，同渡航商人組合がチャーターした船舶のみでの対レーヴァル直通航海や船団の形成を指

---

[26]　Ch. Warnke, a. a. O., S. 555-556.

示し，航海の安全を図ろうとした[27]。だが，バルト海の危険な状況はその後も続き，やがてはポンド税の徴収——その記録が本研究でも依拠している1492—96年リューベックのポンド税台帳である——が決定され，そこから警備艇巡回のための費用が賄われていく。

　航海の面から見たリューベックの対ロシア・リーフラント商業の特徴の一つに，大量商品の少数船舶への集中的積載があった。他のバルト海各地との航海と比べると，この方面に向かった船舶一隻当りの積荷は極めて多く，しかもその商品も西向けの場合では，蜜蠟や毛皮といった高価な商品が中心に位置していた。それゆえ，リーフラント諸港，特にレーヴァルとの間を行き来する船舶は，リスクの分散という面では大きな問題を抱えていたがゆえ，航海の安全確保には十分注意を払う理由があったのである。この区間の一隻当りの積荷がいかに多かったか，ここで具体的な記録を見ておこう。1493年5月にレーヴァルからリューベックに入港したトマス・モラー（Tomas Moller）を船長とする船舶の場合，ポンド税台帳の集計から得られた蜜蠟や獣脂を中心とした商品の積載総額は39,471マルクにも達し，台帳に記録されたこの船舶への商品積載登録数は64件，そのうち蜜蠟取引を記録した登録数は37件，また，この船舶に商品を託した商人の数は58名であった。同様にして，リューベック発の船舶についても，ポンド税台帳の集計結果から一つ例を挙げておけば，1493年8月にレーヴァルに入港したゲルト・オーフェンドルプ（Gert Ovendorp）を船長とする船舶の場合，毛織物を中心とした商品は，積載総額にして24,834マルク，台帳でのこの船舶への商品積載登録数は99件，また，この船舶に商品を託した商人の数は73名であった[28]。

---

　　27)　Hans-Jürgen Vogtherr, Livlandhandel und Livlandverkehr, S. 227.
　　28)　モラー，オーフェンドルプの船舶に関するデータともども Hans-Jürgen Vogtherr, Die Lübecker Pfundzollbüher 1492-1496, Teil 1-4, S. 50-1750 より作成。集計は Ebenda, Teil 4. の索引（Verzeichnis einzelner Schiffsladungen), S. 1901-1902, 1905-1906 に基づいている。リーフラント・リューベック間を行き交うような大型船は，リューベック港に入港できなかったので，積荷はトラーフェ川河口の投錨地トラーフェミュンデで艀（Lichter）に積換えてから川をさかのぼってリューベックまで送られた。Hans-Jürgen Vogtherr, Hansischer Warenverkehr im Dreieck, Lübeck - Hamburg - Lüneburg am Ende des 15. Jahrhunderts, in: HGbll, 123, 2005, S. 187.

また，これは試算値に過ぎないが，1492年から1496年までを通じてバルト海の主要な港からリューベックに入港した船舶1隻当りの積荷額の平均を求めてみると，ダンツィヒからの入港船のそれは365マルク（83,282マルク/228隻）でしかなかったのに対して，ストックホルムとリーガからの入港船では，それぞれ1,520マルク（176,288マルク/116隻）と1,473マルク（137,017マルク/93隻），さらにレーヴァルからのそれになると5,127マルク（384,559マルク/75隻）に達していた（括弧内の分母は1492—96年の入港船舶総数，分子は同期間の輸入総額）[29]。大型船が用いられたと考えられる対リーフラント航海のなかでも，とくに対レーヴァル航海において大型船が用いられ[30]，少ない数の船舶に多くの商品が積載されていたことがわかる。少数の大型船舶に大量の商品が集中した対リーフラント航海，特に対レーヴァル航海は，商品を多くの船舶に小分けすることによるリスクの分散という点では問題があったとはいえ，大型ゆえに堅牢な船舶が用いられ，しかも船団が形成されることにより，危険回避がある程度は図られていたものと考えられる。

次に，リーフラント・ロシア商業に従事した商人に注目してみよう。フォークトヘアは，自ら編纂した1492—96年のポンド税台帳から，リューベック・リーフラント間で取引を行なった主要商人の一覧を作成し，対レーヴァル商業における取引額を基準に同商業で10,000マルク以上の取引を記録した21名の商人を挙げている（表3-3）。これら商人の取引内容をポンド税台帳で確認すると，一部商人（例えばヴェルナー・ブクステフーデ）を除き，大抵の者はリーフラント以外のバルト海各地とも取引を展開していたことがわかるが，その内容や規模については様々

---

29) 輸入総額は表3-2より引用。また，入港船舶総数は，Friedrich Bruns, Die Lübeckischen Pfundzollbücher von 1492-1496, in: HGbll, 11, 1904/05, S. 119 の表から集計。これら船舶数について，原表作成者のブルンスは，あくまでも試算値に過ぎない旨を断っている。

30) 大型船が用いられたとはいえ，ハンザの時代，北方ヨーロッパ海域の多くの港では土砂が堆積して大型船の寄航が困難となった。早くも1412年のリューベック・ハンザ総会では，船舶の積載量を最大で100ラストに制限することを決定したが，（HR, I, 6, Nr. 68 §41.）実際には守られず，それ以上の大型船がハンザの造船所で造られていったという。Konrad Fritze, Der Hafen zur Hansezeit als ökonomisch- technisches und soziales Ensemble, in: Beiträge zur hansischen Kultur-, Verfassungs- und Schiffahrtsgeschichte. Hansische Studien 10, hg. v. H. Wernicke u. N. Jörn, AHS, Bd. 31, Wemar, 1998, S. 106.

であり，一概にまとめることはできない。ここでは，フォークトヘアに従い表 3-3 に挙げた上位数名の商人の取引内容について，ポンド税台帳を参照しながら簡単に付言することにより，リューベック・リーフラント間で貿易に従事した商人の取引活動の一端を垣間見ることにしたい[31]。

・ヴェルナー・ブクステフーデ（Werner Buxstehude）

表 3-3　リーフラント貿易で活躍した主要商人

商人名	レーヴァル貿易	リーガ貿易	合計
Werner Buxstehude	28,589	1,176	29,765
Peter Possik	28,347	15,354	95,792
Hans Rute	26,215	2,932	31,953
Magnus Bruns	25,710	4,356	30,066
Hinrik Witte	24,976	2,406	41,999
Hans Meyer	22,870	300	23,563
Wolter van Lennepe	20,507	5,093	36,422
Balser Bockholt	20,177	150	20,435
Claus Perkentin	19,982	2,246	22,336
Hermann Meyer	19,226	-	19,426
Gert Gruter	18,646	220	19,052
Davit Divessen	15,525	816	51,068
Kersten Swarte	15,009	1,160	17,650
her Johann Kerkrink	13,987	475	14,462
her Tidemann Berk	13,586	2,160	15,756
her Wilm Heide	12,346	1,688	14,034
Mattes Hudepol	11,817	100	13,900
Hinrik Berk	11,777	-	11,777
Frederik Sneberch	11,264	2,340	15,745
Hinrik van der Horst	10,361	4,967	15,742
Hermen Ruckerdink	10,280	726	27,579

備考）1，ここでは 1492—1496 年に対レーヴァル貿易で 10,000 リューベック・マルク以上の取引を記録した商人を挙げている。
　　　2，合計にはペルナウとの取引が含まれる。
　　　3，her Wilm Heide（ドルパト市民）を除き，すべての商人はリューベック市民。
出典）H. J.-Vogtherr, Livlandhandel und Livlandverkehr Lübecks am Ende des 15. Jahrhunderts, S. 208, Tab. 6 より作成。

---

31) Hans-Jürgen Vogtherr, Livlandhandel und Livlandverkehr. なお，リューベック・リーフラント間貿易に従事した商人並びに会社について詳しくは，16 世紀に関する以下の研究を参照。Pierre Jeannin, Lübecker Handelsunternehmungen um die Mitte des 16. Jahrhunderts, in: ZVLGA, 43, 1963, S. 19-67. Marie-Louise Pelus, Walter von Holsten. Ein Lübecker Kaufmann in der zweiten Hälfte des 16. Jahrhunderts, in: HGbll, 95, 1977, S. 66-79.

彼はリーフラント貿易に特化した商人であり、記録のすべては対レーヴァル、リーガ貿易に関わるものである。彼がレーヴァルから輸入した主な商品は、油脂、蜜蠟、毛皮であり、典型的なロシア・リーフラント産品を扱っている。こうした取扱品目は、リューベック・リーフラント間の取引に記録を残す主要商人の多くに共通し、少なくともこれら商品群のいずれかを彼らは扱っていた。一方、ブクステフーデがリューベックからレーヴァルに輸出した商品のなかでは、何よりも毛織物が目立ち、これもこの区間で活躍した主要商人の多くにおいて指摘できる特徴である。ブクステフーデの場合、対レーヴァル貿易の記録のある1492—94年の3年間にかけて合計55テルリンクの毛織物を同港に送り出していた[32]。

・ペーター・ポシック（Peter Possik）

1492—1496年のポンド税台帳に残された彼の取引総額は95,792マルクに達している。恐らくポシックは、この時期リューベックで活躍した商人の中でも最大規模の取引を展開していた者の一人に数えられることであろうが、地域別に見て彼の取引が最も多かった地域はリーフラント（レーヴァル：28,347マルク、リーガ：15,354マルク）ではなくダンツィヒ（52,061マルク）であり、それも1492年（36,645マルク）に記録の多くが集中していた。この年、ポシックがリューベックからダンツィヒに輸出した毛織物の量は、99.5テルリンクと極めて多い[33]。これだけの量の毛織物を、はたして彼は一人で扱うことができたのか、もしそうであるとするなら、そのために必要な資金を彼はどこから調達したのかとの疑問を史料編者のフォークトヘアは呈している。そのうえで、1492年の対ダンツィヒ取引が例外であるのなら、ポシックを「リーフラント商人」と見なすことができるとも述べる。彼の対リーフラント商業の内容は、東向けが毛織物、リューベック方面西欧向けが、蜜蠟、亜麻・麻、毛皮それに灰などから成り立ち、なかでもやはり蜜蠟と毛織物の取引が目立っていた。例えば、彼がレーヴァルに向けて輸出した毛織物は、1492年のみで40.5テルリンクに達していた[34]。また、1493年にゴトラ

---

32) Hans-Jürgen Vogtherr, Die Lübecker Pfundzollbüher 1492-1496, Teil 1, S. 250-253.
33) Ebenda, Teil 3, S. 1144-1147.
34) Ebenda, Teil 3, S. 1147-1148.

ンド島の代官（Vogt）により拿捕されたレーヴァル発の船舶には，ポシック名義の蜜蠟が積み込まれていたが，その金額は1,047マルクと，フォークトヘアの表現を用いれば「法外に高額」なものであった[35]。

・ハンス・ルーテ（Hans Rute）

3位のハンス・ルーテも，リーフラントから大量の蜜蠟（21 Stück 2 Last）を輸入していたほか，この方面からの他の輸入品として毛皮（23 boreven vate），油脂類（魚油，ベーコン，バター）を記録していた[36]。ポンド税台帳には，リーフラント以外の地域との取引も記録されているが，対レーヴァル商業26,215マルク，対リーガ商業2,932マルクからなる彼の対リーフラント商業は彼の取引額全体の91.2％に及んでいた。東方向け商品では，毛織物のほか鰊を扱った記録があるが，この方向でのルーテの貿易で注目される点は，彼がベイ塩（大西洋産塩）を扱い[37]，しかもそれがリューベックを経由しない海路で直接リーフラント方面に送られたと推測される点である。彼はしばしばリューベックを経由させることなく西欧方面から海路バルト海方面に商品を送り込んでいたようであり，例えば，1493年にフェールVeerからレーヴァルに向かう船舶に積み込んだ彼の37 Stückのワインが一時没収されたとの記録がある[38]。

この他の表3-3に挙げた主要商人も，やはりロシア・リーフラント産品として蜜蠟，油脂類，毛皮，亜麻のなかのどれかを扱っており，特に蜜蠟は，21名すべての商人が扱っていた。リーフラント諸港を窓口として対ロシア・リーフラント商業に従事した商人の取引網の広がりやその規模は様々であったが，西向けの取扱商品という面から見れば，このような共通性を指摘することができる。15世紀末における同商業の商品構成面から見た特徴は，個々の商人の取引内容からも確認することができるのである。

---

35) Hans-Jürgen Vogtherr, Livlandhandel und Livlandverkehr, S. 209.
36) Hans-Jürgen Vogtherr, Die Lübecker Pfundzollbüher 1492-1496, Teil 3, S. 1249-1255.
37) Ebenda, Teil 3, S. 1254. これは1495年のレーヴァル向けの塩輸出の記録である。
38) HUB11, Nr. 674. Hans-Jürgen Vogtherr, Livlandhandel und Livlandverkehr, S. 210. なお，Veerという地名は現ベルギー，オランダにかけて幾つか分布しており，確定することができなかった。

では，リューベックに輸入されたロシア・リーフラント産品は，ここで売却される分を除いた後，どこへ再輸出されたのであろうか。ポンド税台帳からは，リューベックからバルト海各地に向かった輸出商品については品目を細かく確認することができるが，そこにはロシア・リーフラント産品と目される商品は，思いのほか少ない。であるとすれば，市内での販売分を除く再輸出品の多くは，西欧方面へ，それもハンブルクに至る内陸路を経由して発送されたものと見なすことができる[39]。

ここで改めて，第2章で扱ったリューベック・ハンブルク間の商品流通を記録したリューベック商人の申告証書の記載内容を思い出しておきたい。すなわち，そこにロシア・リーフラント産品に関する記載が多いのは，リューベックにとって，対ロシア・リーフラント商業の持つ比重がそれだけ大きく，しかもそれら地域の産品の多くが内陸路を経由してハンブルク，西欧方面に再輸出されていたからであると考えられるのである。

(2) リューベック商人の申告証書の記録

まずは，第2章で申告証書の記載内容から浮き彫りとされたロシア・リーフラント産品の重要性をここで再度確認しておこう。

リューベック商人の申告証書は，1436年から1527年にかけての合計244の証書が残されている。取引の頻度を検出するために，第2章で見た表2-2(1)から，リューベックからハンブルク方面に送られた各商品が言及された証書の数（記録数。以下括弧内の数）に再度注目しておこう。記録数の多い順に主な商品を列挙してみると，蜜蝋 (132)，銅 (90)，スキムメーゼ (60)，獣脂 (talg) (56)，皮 (43)，魚油 (27)，毛皮製品

---

39) 毛皮はアルプスを越えてヴェネツィアにまで達した。有名なハンザ商人の一人であるヒルデブラント・フェッキンクーゼン (Hildebrand Veckinchusen) の1418—1419年の商業帳簿を分析したレズニコフによれば，ヒルデブラントが組織した会社がリューベックからヴェネツィアに送った商品のなかでは毛皮 (Rauchwaren) が最も重要であり，ヴェネツィア向け輸出の約28％，金額にして16,958リューベック・マルクを占めたという。Michael Lesnikov, Lübeck als Handelsplatz für Osteuropäische Waren im 15. Jahrhundert, in: HGbll, 78, 1960, S. 68. 恐らくこれらの毛織物は，ノヴゴロド・リーフラントの取引先を経由して，ブリュージュ・ケルンといったフェッキンクーゼン家の通商動脈を経由してヴェネツィアに送られたと推測される。

(21), 亜麻 (21), 調理用油 (15), 獣脂 (vlom) (15) などと続く。銅を除けば, すべてロシア・リーフラント産品と見なし得るものがここに含まれていたのであった。無論, プロイセンなどからの輸入品もここに含まれていようが, リューベック港における対リーフラント貿易の比重の大きさをかんがみれば, やはりロシア・リーフラントからの輸入品が中心にあると推測される。最も取引頻度の高い商品は蜜蠟で, その取引の記録のある証書は, 証書全体の 54% に達していた。毛皮製品の記録数は 21 記録であるが, 皮・毛皮の梱包品であるスキムメーゼも毛皮と見なすのであれば, その数は一挙に 81 記録へと増加する。すなわち, この時期リューベックからハンブルクに向けられた商品のなかでは, ロシア・リーフラント産品, なかでも蜜蠟がその中心に位置していたことを第 2 章で確認したのであった。また蜜蠟が, ハンザ盛期においてもハンブルク向け商品群の中の重要な一角を占めていたことも, 既に 1368 年のポンド税台帳から確認している[40]。蜜蠟は, この年リューベックへの輸入の多かったスウェーデン産バターに次ぐ位置を占め, 毛皮も 1,000 マルク以上を記録し, 重要商品の一角を占めていた。ここでもスキムメーゼを毛皮と見なすのであれば, その合計は 2,309 マルクとなり, 第 3 位の鯡に次ぐ重要性を示すことになる。

　次に, この史料からリューベック・ハンブルク間で取引を行なった商人の個別的な取引記録を見てみよう。表 3-3 に掲載されている対レーヴァル商業に従事した主要商人 21 名の中で, リューベック商人の申告証書に記録のある商人は, ヴェルナー・ブクステフーデ (Werner Buxstehude), ハンス・ルーテ (Hans Rute), ヒンリク・ヴィッテ (Hinrik Witte), ハンス・マイアー (Hans Meyer), ヴォルター・ファン・レンネペ (Wolter van Lennepe), マッテス・フーデポル (Mattes Hudepol), ヒンリク・ファン・デア・ホルスト (Hinrik van der Horst), ヘルメン・ルッカーディンク (Hermen Ruckerdink) の 8 名であった[41]。

---

　　40) 第 1 章参照。この年, リューベックから途中オルデスローを経由して, ハンブルク, 西欧方面に送り出された商品は, 台帳から確認しえたものだけで, 金額の多いものから順に, バター (4,816), 蜜蠟 (4,492), 鯡 (3,485), 銅 (2,182), 小間物 (1,836), 亜麻 (1,349), 毛皮 (1,301), スキムメーゼ (1,008) などであった。(表 1-3 参照。括弧内は金額:リューベック・マルク)

第3章　リューベックにおけるロシア・リーフラント産品の取引　　97

申告証書からは，対ロシア・リーフラント商業に従事したこれら主要商人がリューベック・ハンブルク間で行なった取引の内容を見て取ることができる。

　まず，上記8商人の中から表3-3の上位2名の取引内容を見てみよう。対レーヴァル商業で最高額を記録したヴェルナー・ブクステフーデは，1482年に6.5テルリンクの毛織物と薬種（droge）3樽を，恐らくはハンブルクからリューベックに向けて発送した[42]。また，表3-3では3番目に位置するハンス・ルーテがこの区間で扱った商品は多様である。彼は，1491年にハンブルクに向けて22メーゼの銅，9個のスキムメーゼ，102.5デッヒャー（Decher, decker：10枚一組の単位）の塩漬け牡牛皮を送り出し，リューベックへは25ボーテ（bote）のrunnigeとマルヴァジアのワイン，6樽のアーモンド，1ピーペpipeのシロップ，66ダースのスペイン鉄，26ラスト＋4樽の鰊，それに少なくとも19.5樽の明礬の仕入れを記録した[43]。但しここには最重要商品である蜜蠟は含まれていない。

　一方，上記8名のなかで申告証書での登場回数が最も多かったのはヴォルター・ファン・レンネペの6回，次いでヘルメン・ルッカーディンクの4回である。前者のレンネペは，1491，1502，1509，1510，1512，1513の各年度，後者のルッカーディンクは1480，1482，1485，1513の各年度にリューベック・ハンブルク間での取引を記録している[44]。彼ら2商人の記録からは，リューベックから西方ハンブルク，北海に向けた蜜蠟をはじめとするロシア・リーフラント産品の個人レヴェルでの流通を確認することができる。ここではハンブルク向け商品のみを取り上げておこう。まずレンネペの場合，例えば，1509年には16ラスト＋10デッヒャー＋2キプ（kip）の皮，104ヘーレ（hele）＋4.5ストロー（stro）の蜜蠟，17ラスト＋8樽（tunne）＋3樽（vat）の獣脂（talg），

---

　41)　ポンド税台帳のHermann Meyerと申告証書のHermenn Meyerは同一人物であるか否か不明なのでここには含めていない。
　42)　Hans-Jürgen Vogtherr, Hamburger Faktoren von Lübecker Kaufleuten, S. 67, Nr. 46.
　43)　Ebenda, S. 88, Nr. 123.
　44)　Ebenda, S. 124, 127.

2ラスト + 5 樽（vat）の魚油，29 メーゼの銅，1 スキムメーゼ，2.5 樽（vat）+ 1 樽（tunne）の毛皮製品などがあり[45]，また 1510 年には 17 樽（vat）の魚油，9 メーゼの銅，9 ラスト + 1 樽（tunne）の獣脂（talg），10 樽（tunne）の獣脂（vlom），3 樽（tunne）の調理用油，36 ストローの蜜蝋などが記録された[46]。ルッカーディンクの場合，例えば 1482 年にハンブルク方面に向けて 13 メーゼの銅，5 ストローの蜜蝋，7 ラスト + 4 樽（tunne）の獣脂（talg），107 デッヒャーの皮，2 スキムメーゼ，42 フンデルトの木材（wagenschoss）が記録された[47]。やはりこれら商品は，銅を除けばいずれもロシア・リーフラント産と見なし得る商品ばかりである。これらはあくまでも個別的な事例に過ぎないとはいえ，リューベック商人の申告証書の記録全般から浮き彫りにされるロシア・リーフラント産品の記録数の面での比重の大きさとポンド税台帳の記録の内容とを照らし合わせてみれば，これらの産品が，ハンザ後期においてなおもリューベック・ハンブルク間の内陸路を経由してバルト海から北海方面へ輸送されていたことが見えてこよう。

小　括──第 3 章のまとめと第 II 部への展望

　ハンザ盛期から後期にかけてのリューベックの海上商業において，リーフラント諸港を経由した対ロシア・リーフラント商業は極めて大きな比重を占めた[48]。ロシア・リーフラント産品の中身に注目すれば，リューベック，西欧方面に向かったこれら産品のなかでは，毛皮と蜜蝋が流通の中心に位置していた[49]。これらのことは，かねてより主張されてき

---

45)　Ebenda, S. 98, Nr. 161.
46)　Ebenda, S. 102-103, Nr. 176.
47)　Ebenda, S. 70-71, Nr. 60.
48)　以上で検討したのはハンザ後期の前半部分に当たる 15 世紀後半から 16 世紀初頭に限られる。16 世紀後半になるとロシアの対西欧商業におけるハンザの役割は失われていくという。例えば，Norbert Angermann, Die Hanse und Rußland in den Jahren 1584-1603, in: HGbll, 102, 1984, S. 80, 79-90. を参照。
49)　17 世紀のハンザ晩期になると，ロシアは西欧に向けて，これまでの商品に加えて新たにロシア皮の輸出を増加させていくが，このロシア皮の流通においてもリューベックは，その仕向け地として極めて重要な位置を占めたことが，ハーダー゠ゲルスドルフの研究によ

た事柄ではあるが，以上では，既存の研究成果やポンド税台帳の記録を整理しながら具体的な数値を挙げることにより，これまで以上に立ち入った考察を行なった。加えて本章では，毛皮と蜜蠟という両重要商品のなかでもハンザ後期においては蜜蠟の持つ意味が勝っていた可能性のあることを指摘したほか，西欧に向かうロシア・リーフラント産品の流通において，16世紀初頭のリューベックが，海路を経由するバルト海・北海間直通貿易が増加するなかでなおも中継地としての立場を確保していたことを，史料に即して明らかにした。また，東西ヨーロッパ間における蜜蠟流通の背景に，キリスト教の普及による蠟燭需要の増加以外にも，東西間での養蜂形態や植生の違いといった問題があったことも確認することができた。我が国では中・近世のヨーロッパで流通した蜜蠟について，これまで詳しく論じられることはなかったので，この点も本章での考察をわずかとはいえ意義あるものとしていると考えられる。

* *

ところで，以上見てきた限りにおいて，商品構成や取引相手先から見たリューベックの海上商業は，基本的な点でハンザの盛期（1368年）とハンザ後期（15世紀後半—16世紀初頭）とでそれほど大きな変化はない[50]。

り明らかにされている。Elisabeth Harder-Gersdorff, Avoiding Sound Traffic and Sound Toll: Russian Leather and Tallow Going West via Archangel and Narva-Lübeck (1650-1710), in: From Dunkirk to Danzig, Shipping and Trade in the North Sea and the Baltic, 1350-1850, ed. by W. G. Heeres et al., Hilversum, 1988, pp. 246-248. 拙稿「ハンザ期リューベック商業の諸相——近年の研究成果から」，『長崎県立大学論集』第40巻第40号，289-294ページ。例えば，リューベックのロシア皮輸入は，1690年に25万リューベック・マルク，同市のバルト海東部からの輸入の36%に達し，1696—1700年には60万リューベック・マルク，バルト海東部からの輸入の50%以上を占めるまでになった。さらにこの比率は70%にまで上昇するという。Elisabeth Harder-Gersdorff, Lübeck, die Kompagnie der Novgorodfahrer und der Rußlandhandel vor Gründung St. Petersburg. Eine Untersuchung zum 17. Jahrhundert, in: HGbll, 120, 2002, S. 139. そのほかロシアの西欧向け輸出で重要性を増す商品として，造船向け資材，麻・亜麻（Hanf, Flachs）が挙げられる。Åke Sandström, Schweden und russische Markt im 16. und 17. Jahrhundert - Erwartungen und Enttäuschungen, in: H. Wernicke (Hg.), Beiträge zur Geschichte des Ostseeraumes. Vortrtäge der ersten und zweiten Konferenz der ständigen Konferenz der Historiker des Ostseeraumes, Katzow, 1996/Greifswald, 1998, Greifswalder Historiker Studien, Bd. 4, Hamburg, 2002, S. 67.

50) 但し，鰊の流通する方向は，ハンザの盛期から停滞・衰退期にかけて西方北海向

すなわち北海海域をも含むハンザ・北欧商業圏において，リューベックは毛織物とロシア・リーフラント産品を取引の中心に置きつつ，バルト海の主要港と北海側西欧とをハンブルクを経由して結んでいた。なかには蜜蠟や銅のように流通規模が拡大したと考えられる商品があったことも示唆された。しかし，このようにハンザ盛期と後期とで共通する特徴が検出できるとしても，中世後期から近世初頭にかけての世界経済の形成に伴うヨーロッパ経済の大変動は，バルト海・北海海域の商業にも無視することのできない大きな影響を及ぼしつつあった[51]。

　ヨーロッパ経済は，およそ1500年前後の時期に大きな構造的変化を遂げる。大航海時代を皮切りとしてヨーロッパを中心とした広域的な経済，いわゆる「ヨーロッパ世界経済」が形成されていく。世界規模でモノ・ヒト・カネの流れが活発になりグローバルな市場が誕生していくのである。世界市場の形成は，ヨーロッパの中でも北海・大西洋沿岸に面した西欧地域の経済的比重を増加させていく。西欧のなかでも，ハンザ商人の活動領域に直接進出してリューベック商業の進展に大きな影響を与えた地域として，北部ネーデルラント，後のオランダが挙げられる。オランダは国家として台頭する以前からバルト海に進出し，リューベックを中心とする組織としてのハンザは，オランダのバルト海進出を一つの契機として停滞期を迎え，徐々に変質していくことになる。

　近世のヨーロッパ経済が拡大と変容を遂げていく中で，オランダのバルト海進出はリューベックを中心とするハンザ商業に，どのような側面から変化をもたらし，組織としてのハンザの結束に影響を与えていくのであろうか。そして，オランダを含む低地地方をはじめとするヨーロッパ北西部が世界経済の重心となるなかで，ハンザの主要都市は「ヨーロ

けから東方バルト海向けへと逆転したのだった。

　51）ヴェチェルカによれば，1370年以降，ハンザの交易網はほとんど変化しない。もし変化したとしても，それはハンザ全体に関わるものではなく，個別のハンザ都市の利害を反映したに過ぎない変化であるとされる。Huge Weczerka, Verkehrsnetz und Handelsgüter der Hanse, in: Von Pommern bis zum Baltikum. Die Hanse im Ostseeraum, 12. bis 17. Jahrhundert, Bonn, 1983, S. 34. ハンザを取り囲むさらに高次のレヴェルで生じた経済的変動（世界経済の形成）が，まさしくハンザの個々の主要都市の利害に影響を与えていくのである。世界規模の商業ネットワークが形成されていくなかで，ハンザの主要都市は，ハンザの交易網の中に位置づけられたまま，組織としてのハンザとは別の個別的な利害を重視していく。

ッパ世界経済」の展開とともに，どのような商業基盤を持ち，国際商業の網の目の中でどのような特徴を備えていくようになったのであろうか。第Ⅱ部では，こうした点を中心に考察を進めていくことにしたい。

第Ⅱ部

世界経済形成期のハンザ商業

―― 国際商業のなかのハンザ都市 ――

第4章

ハンザ転換期におけるバルト海情勢と商業
――ハンザ・オランダ・デンマーク――

はじめに

　第Ⅱ部では，まず第4章でオランダのバルト海進出に伴うハンザ・北欧商業圏における国際情勢の変化について考察する。
　周知のように，17世紀に「黄金時代」を迎え，世界経済の「ヘゲモニー」を掌握するまでに急成長を遂げたオランダの繁栄基盤は商業・海運であった[1]。なかでも，西欧向けの穀物を中心に繰り広げられたバルト海商業が極めて大きな意味を持ったことは，近年の我が国におけるエーアソン海峡の通行税台帳をはじめとする史料の分析結果からかなりの程度明らかになったといえよう[2]。しかしその一方で，オランダが実際に東の海に進出してバルト海における制海権を掌握していたハンザと接触し，次第に摩擦を重ねて勢力を拡大していく具体的な過程についてはなおも不明な点が多いと思われる。本章では，長期にわたるオランダのバルト海商業展開の過程の中から初期の14世紀末―15世紀前半を取り上げ，ハンザ・オランダ間の摩擦が顕在化し断続的な対立関係が形成さ

---

　1) オランダは1625年から1675年にかけてヘゲモニーを掌握したとされる。オランダのヘゲモニーについては，中澤勝三「「オランダの覇権」をめぐって」，『弘前大学経済研究』第8号，1985年，21-38ページ。玉木俊明「オランダのヘゲモニー」，川北稔編『ウォーラーステイン』講談社選書メチエ，2001年，103-121ページを参照。
　2) 近年の邦語による研究成果は第5章の「はじめに」の注 (1) を参照。

れるに至る時期の両勢力と,それにデンマークを加えたバルト海情勢に注目してみたい[3]。

ところで,ここで取り扱う 14 世紀末から 15 世紀前半にかけての時期は,ハンザの歴史においてその成長にかげりが見られ,転換期へと差し掛かっていく時期に当たる。周知のように,ハンザ史の画期を成す出来事としては,1370 年のシュトラールズント条約の締結を挙げることができる。デンマークとの戦争(第一次ハンザ・デンマーク戦争:1361―70 年)に勝利することにより,ハンザの成長・権益は頂点に達した。しかし,序論でも述べたように,その後まもない 14 世紀末から 15 世紀前半にかけてのハンザは,既得権益の保守,停滞の時代へと移っていったと一般的には考えられている。ハンザが困難を乗り越えてその後も成長を続けていくのか,それともこの時期が決定的な転換期となり,衰退の過程へと突入していくのかといった長期的な見通しは本研究全体で提示されるとして[4],この時期のハンザ,とりわけその中心に位置したリューベックが,様々な困難に直面して何らかの対応を迫られるようになったことは確かであろう。例えば,個々のハンザ都市の貿易活動は,長期的にはさておき,以前と比べればこの頃は不振となり,その組織化や統制が進んだ。一方,都市内部では経済格差の拡大や有力商人による寡頭体制に対する批判が高じ,多くの都市で市民闘争が勃発するなど,当時ハンザを取り巻く状況は決して明るいとはいえなかったということが,第 2 次大戦後の諸研究により指摘されてきた[5]。

---

3) 西洋近世史では,オランダはしばしば北ネーデルラントと言い換えられるが,本章では北ネーデルラントのなかでも,その北東部の「ゾイデルゼー都市」地域とその南西部のホラント,ゼーラントとを分けることが重要な意味を持つ。そこで本章では,オランダという地名を,北ネーデルラント南西部(ホラント,ゼーラント)を指すものとして主に用いる。ただし,文脈により後のオランダ連邦共和国の領域を指すこともある。

4) ハンザがいつごろから衰退するかといった問題に関する主な見解は,序論,1「問題意識と研究動向,本論文の構成」を参照。

5) 14 世紀後半以降にハンザ都市が直面する困難を指摘した研究として,例えば以下を参照。斯波照雄「15 世紀におけるハンザの動向について――ハンザ商業と都市経済事情」,『商学論纂』(中央大学)第 40 号第 1・2 号,1998 年,39-40 ページ。リューベック商業も 1370―80 年代から停滞あるいは縮小傾向を示したことは,以下が示す。服部良久「中世末期のリューベックにおける市民闘争」,『史林』第 59 巻第 3 号,1976 年,113-115 ページ。斯波照雄「中世末期リューベックの「領域政策」と商業」,『商学論纂』(中央大学)第 43 巻第 4・5 号,2002 年,179,193 ページ。同「中世末期から近世初頭におけるリューベックの

しかし,さらにこの時期をハンザの存立基盤をなす商業並びに外部勢力との関係といった面から検討していくとすれば,やはり西欧勢力とりわけオランダとの関係を取り上げる必要があろう。ドイツ・ハンザの衰退を促した要因の一つとして,オランダのバルト海進出と同国によるバルト海・北海貿易の主導権の掌握は,見逃すことのできない大きな意味を持つ。オランダのバルト海進出は,ハンザからオランダへのバルト海・北海貿易の主導権の移行というハンザ商業の基本構造の転換に関わるのみならず,本章冒頭でも指摘したようなオランダの世界経済におけるヘゲモニーの掌握,さらにはそれに伴う東西ヨーロッパ間の分業体制と東欧地域におけるいわゆる「再販農奴制」の成立にも関連する[6]。すなわち,バルト海商業をめぐるハンザとオランダとの関係を見ていくことは,ハンザ史の枠を超えて「ヨーロッパ世界経済」の形成過程の一側面の解明にも通じると考えられる[7]。

無論,本章は,ハンザ史の側からオランダとの関係を素描していこうとする試みに過ぎないが,以下では組織としてのハンザの盛衰について,また,北方ヨーロッパにおける「ヨーロッパ世界経済」形成の前史について今一歩多面的に理解するために,ハンザ・デンマーク関係をも含め

商業と都市経済事情」,『商学論纂』(中央大学)第 45 巻第 3・4 号,2004 年,50-51 ページ。ドランジェは,15 世紀におけるハンザ衰退の一要因として,都市とその周辺の諸侯との闘争を挙げている。Philippe Dollinger, Die Hanse, 4. erweiterte Auflage, Stuttgart, 1989, S. 155. 本研究では,考察を商業に絞っているのでこうした問題には触れていない。

6) 一方で,「再販農奴制」に依拠する農場領主にとって,外国向けの穀物輸出は,考えられているほどには重要ではなかったという見解もある。例えば以下を参照。藤井和夫「内陸の交易路──16, 17 世紀ポーランドにおける毛皮・肉牛取引から」,田中きく代・阿河雄二郎編『〈道〉と境界域』昭和堂,2007 年,124 ページ。とはいえ,バルト海地域が北海側の西欧と経済的に強く結びついていたことはたしかであろう。なぜなら,バルト海はよく地中海との類似性が指摘されるとはいえ,巨大な地中海ほどには自足的でない。バルト海は,西欧をも含むより広大な「北方ヨーロッパ」を形づくる一つの構成部分でしかないからである。例えば,以下を参照。Kristof Glamann, European Trade 1500-1750, in: The Fontana Economic History of Europe, The Sixteenth Centuries, ed. by C. M. Cipolla, Glasgow, 1974, p. 441.

7) 世界経済においてバルト海が持った意味は,以下で簡潔に解説されている。小山哲「バルト海貿易と東ヨーロッパの社会」,週刊朝日百科『世界の歴史 67　16 世紀の世界 1　商品と物価』朝日新聞社,1990 年,B-440-443 ページ。ウォーラーステインの「世界システム論」では,オランダやバルト海が重視されるものの,バルト海におけるハンザ・オランダ間の攻防にまでは議論は及んでいない。

たバルト海情勢をこれまでのハンザ史研究の成果に依拠しつつ整理してみることにしたい[8]。バルト海を含むハンザ・北欧貿易圏は様々な国の思惑や利害が交錯しあう場であり，そこで繰り広げられる国際関係は極めて複雑である。ことにバルト海・北海の接点に君臨するデンマークの存在は，同国の情勢が海路による両海連絡商業の動向を左右するだけにバルト海商業を営む勢力にとっては無視できない意味を持ったと考えられる[9]。それゆえ，以下ではデンマークとの関係を含めてバルト海情勢を検討していく。さらにその検討内容を踏まえ，本章の最後でハンザの一体性という側面からハンザの衰退期に関する筆者の見解を示す。

1 ハンザ・オランダ関係の変化

第一次ハンザ・デンマーク戦争は，ハンザがその発展史のなかで頂点を築いた大きな意義を持つ戦いであった。当初デンマーク側優位で推移したこの戦争は，最終的には1370年のシュトラールズント条約の締結によりハンザ側の勝利に終わるが，後者の側へと戦局の転換を導くうえ

---

8) ハンザ・オランダ関係史に関する基本文献の紹介を兼ねて，本章で参照する主な文献を以下に挙げておく。Friedel Vollbehr, Die Holländer und die deutsche Hanse, Pfingstblätter des Hansischen Geschichtsvereins, 20, Lübeck, 1930. Konrad Fritze, Dänemark und die hansisch - holländische Konkurrenz in der Ostsee zu Beginn des 15. Jahrhunderts, Wissenschaftliche Zeitschrift der Ernst-Moritz-Arndt-Universität Greifswald, Jahrgang 13, 1964, Gesellschafts- und sprachwissenschaftliche Reihe Nr. 1/2, S. 79-87. Klaus Spading, Holland und die Hanse im 15. Jahrhundert, AHS, 12, Weimar, 1973. Dieter Seifert, Kompagnons und Konkurrenten. Holland und die Hanse im späten Mittelalter, QDHG, NF, Bd. 43, Köln/Weimar/Wien, 1997. Job Weststrate, Abgrenzung durch Aufnahme. Zur Eingliederung der Süderseeischen Städte in die Hanse, ca. 1360-1450, in: HGbll, 121, 2003, S. 13-40. このうちザイフェルトの研究書は，ハンザ・オランダ関係を両者の対抗関係に力点をおいて見ていこうとする通説に対して，両者の協調，協同関係に注目しながら15世紀半ば過ぎまでのハンザ・オランダ関係史を新たに解釈していこうとする意欲的な研究である。その見解は，ハンザのコンパクトな通史である Rolf Hammel-Kiesow, Die Hanse, München, 2000 でも紹介されている（S. 100-101）。なお，我が国におけるオランダのバルト海進出に関する先駆的な成果として，高村象平『ハンザの経済史的研究——西欧中世都市の研究2』筑摩書房，1980年所収「オランダ商業資本のバルト海進出」，125-154ページ（初出は1937年）がある。

9) 北欧三国の中では，デンマークがハンザにとって最も重要だったとの指摘もある。Ferdinand Frensdorf, Die Hanse zum Ausgang des Mittelalter, in: HGbll, Jg. 21, 1893, S. 92.

第4章　ハンザ転換期におけるバルト海情勢と商業　　　109

で無視することのできないハンザ側の動きとしては,「ケルン同盟」の結成を挙げることができよう。

　ケルン同盟は,結成の地となったケルンがそれに参加していないという点で異色の同盟であるが,加えて,ハンザ都市ではないアムステルダムなどオランダの諸都市が参加したという点でも,1367年に成立したこの同盟はユニークであるといえる。後にハンザとオランダは,ブリュージュ商館の商業政策そしてバルト海商業における覇権を巡って対立関係を深めていくとはいえ,当時デンマークに対する応戦を巡って双方の都市が結束したということは,既にオランダはバルト海商業に乗り出していたものの,なおもハンザと対立するには至らず,むしろ同海域における商業上の治安確保という点で両者は利害を共通させていたということを推測させる。

　一方,ハンザ都市の間には,ケルン同盟の受け止め方に対する温度差が存在した。同盟結成地のケルンの不参加はさておくとしても,例えば,ヴェストファーレンのように海戦とは直接の関係の無い地域の都市は資金援助の要請に応じることはなく,また,港湾都市ではあっても北海側のハンブルクやブレーメンは,軍事参加を拒否して資金援助を申し出ただけであった[10]。すなわち,ケルン同盟はハンザが一丸となって結成された同盟ではなく,かならずしも「ハンザ的 (hansisch)」といえるものではない[11]。軍事面からハンザの動向を左右する重要性を持ち,しかも拘束力のある同盟であったにもかかわらず,それは全ハンザの勢力を結集したとはいえず,しかも非ハンザをも含むものであった。ハンザの組織としての危うさは,なにも停滞・衰退期になって生じてきたのではなく,すでに発展期においてそれは胚胎されていたと見ることもできよ

---

　10)　Philippe Dollinger, a. a. O., S. 100.
　11)　Job Weststrate, a. a. O., S. 17. ボーデは,ケルン同盟を結成した都市を指す言葉が stede や seestede であって,ハンザ都市 Hansestädte という言葉が用いられていないことに注意を促している。HUB, 4, Nr. 215. HR, I, 1, Nr. 403, 412. Wilhelm Bode, Hansische Bundesbestrebungen in der ersten Hälfte des 15. Jahrhunderts, in: HGbll, 25, 1919, S. 179. 組織の面からハンザに光を当てた研究としては,以下を参照。Volker Henn, Städtebünde und regionale Identität im hansischen Raum, in: Regionale Identität und soziale Gruppen im deutschen Mittelalter, hg. v. P. Moraw, Zeitschrift für historische Forschung, Beiheft 14, Berlin, 1992, S. 41-64.

う。

　さて，ケルン同盟は第一次デンマーク戦争終結後も更新され，結局はハンザ側によるエーアソン海峡周辺の4要塞（ヘルシングボリ，マルメ，スカンイェール，ファールステルボー）の領有が終了する1385年まで効力を有した[12]。その間及びその後もしばらくのあいだ，ハンザとオランダの関係はおおむね良好であったと見なすことができる。例えばアムステルダム，ドルトレヒト，ツィーリクゼーといった都市は，1372—84年に開催された12のハンザ都市会議のうち6回に代表を送っていた[13]。またオランダ都市には，ハンザの同盟者としてバルト海商業の拠点とすべく，漁場としても名高いスカンディナヴィア半島南端のスコーネ（ショーネン）で占有地（フィッテ Fitte）を獲得することが認められた[14]。1394年3月に当時激化しつつあった海賊行為に対応するためリューベックで都市会議が招集された際にも，ツィーリクゼー，カンペンそしてアムステルダムが「ゾイデルゼー都市」を代表して出席者を派遣した[15]。なお，当時「ゾイデルゼー都市」は旧ゾイデル（ザイデル）海を取り囲む広範な地域を含む広義の都市概念であったことに注意しておく必要がある。この都市群に含まれる都市の範囲はやがて変化していくが，あえ

　12）　シュトラールズント条約を締結したのはデンマークと「ケルン同盟」であり「ハンザ」とではなかった。それゆえ，ホラント・ゼーラントはハンザに加盟してはいなかった (nie hansisch) が，1385年まではハンザ都市と同盟を組んでいたと解釈される。Philippe Dollinger, Die Bedeutung des Stralsunder Friedens in der Geschichte der Hanse, in: HGbll, 88, 1970, S. 150. また，アムステルダム商人が1430年代になるとノルウェーに進出していくが，その権利はアムステルダムがケルン同盟に加盟していたために1376年に同市に認められていたのであった。Justyna Wubs-Mrozewicz, The Bergenfahrer and the Bergenvaarder: Lübeck and Amsterdam in a Study of Rivalry c. 1441-1560, in: Das Hansische Kontor zu Bergen und die Lübecker Bergenfahrer - International Workshop Lübeck, 2003, Veröffentlichungen zur Geschichte der Hansestadt Lübeck, Bd. 41, Lübeck, 2005, S. 209.

　13）　Dieter Seifert, a. a. O., S. 112.

　14）　ただし，オランダ人に対しては，1384年のシュトラールズント都市会議の際，ショーネンでの漁業を目的とした船舶（Schute）の装備並びに彼らへの船舶及び貨幣の貸付を認めるべきでないとする議決がハンザ側からなされた。HR, I, 2, Nr. 276, §12. この決定に関してザイフェルトは，すべてのホラント，ゼーラント人がその対象となったわけではなく，この決定からハンザ・オランダ間の対立を窺うことはできないと述べる。その根拠として，彼は，翌1385年のリューベック都市会議の際，ドルトレヒト，アムステルダム，ツィーリクゼーといったオランダ都市から前年の取り決めに関する言及が何もなかったことを挙げている。Dieter Seifert, a. a. O., S. 90-92, 108.

　15）　HR, I, 4, Nr. 92. Job Weststrate, a. a. O., S. 22.

て単純化すれば，それは広義のゾイデルゼー都市内部で親ハンザ，反ハンザの二つの都市群が形成されていくことと関連する。やがてはゾイデルゼー都市という呼称は前者の都市に対して用いられていくようになる。

　この1394年のリューベック会議では，ケルン同盟を前例としてバルト海から海賊を一掃するための艦隊の導入が決定され，ドルトレヒトやアムステルダムなどの広義のゾイデルゼー都市にも乗組員と合わせて艦船（コッゲ船）の提供が要請された。ところが同年5月末にプロイセン都市が全ハンザ的行動への不参加を表明していることを聞き及ぶに従い，ゾイデルゼー都市はユトレヒトで会議を招集し，ハンザへの協力について討議を行なった。その際，アムステルダムとツィーリクゼーが，ハンザ船隊への参加はプロイセンの意向次第である旨を表明したのに対して，カンペンは参加を表明，そのほかの都市はこれらアムステルダムなど3都市の出方次第で態度を決めたいというものであった。結局，プロイセンが「独自の決定」を行なったがゆえに，ゾイデルゼー都市からもバルト海に向けて艦船が送られることはなかった。翌1395年9月には，同じ問題を巡って再びリューベックでハンザ都市会議が開催されたが，この時はホラント，ゼーラントの各都市は参加していない。しかもその時になると，ホラント，ゼーラントの都市は，ゾイデルゼー都市とは区別して扱われるようになったのである[16]。その経緯は，ヴェストストラーテに従い次のような事情と関連させて理解することができるであろう。

　オランダ（ホラント，ゼーラント）では，かねてよりアルブレヒト・フォン・バイエルンが兄のウィレム5世に代わり摂政として君臨していたが，1389年の兄の死去に伴いホラント伯となり，名実ともにオランダの君主となった。これによりオランダ諸都市は，商業的利害の共通する他のゾイデルゼー都市との協調，もしくは領邦君主への忠誠のいずれを優先させるかという問題を抱えることになった。そうしたなか，1396年に開始されたホラント・フリースラント戦争は治安の悪化を通じて，オランダを含む広義のゾイデルゼー都市の商業に大きな打撃を与えていった。しかし，オランダ都市は，他のゾイデルゼー都市と同様戦争から不利益を被っていたにもかかわらず，結局は戦争遂行に力点を置くアル

---

16) HR, I, 4, Nr. 308, §3. Job Weststrate, a. a. O., S. 22-23.

ブレヒトに対する忠誠を優先せざるを得ず，君主の求めに応じて船舶や港湾施設の提供を行なった。かくして，この戦争を一つの契機として，オランダ都市は，他のゾイデルゼー都市とは異なる独自の利害を際立たせていくようになり，これに伴い，ゾイデルゼー都市と見なされる領域も変化していくのである[17]。また同じ頃，北海に活動の場を移していた海賊フィタリエンブリューダー（Vitalienbrüder）による被害を食い止めるため，ハンザ都市は，その費用の捻出のためにショーネンでポンド税を徴収することを協議したが（1399年），それに賛同した都市にはカンペン，ハルデルウェイクに加えてアムステルダム，ツィーリクゼーといったオランダ都市が含まれていた。しかし実際にフィタリエンブリューダーをエムス川河口から排除する際には，広義のゾイデルゼー都市のなかでもオランダ都市は参加していない[18]。

また，ホラント・フリースラント戦争はハンザ・オランダ関係が変化する一契機ともなった[19]。戦争のさなか，ハンブルクは敵側のフリースラントとの取引継続を通じてオランダを刺激しただけでなく，1399年には自港を訪れた52隻のオランダ船とその積荷を差し押さえ，乗組員を拘束してしまった。一方，アルブレヒト側は，私掠船の手を借りながらハンザ船をも攻撃の対象に含めていった。リューベックなどから派遣された都市使節を交えた協議を経て，ハンブルクに対して賠償金をオランダ側に支払うべしとの仲裁による決定が下ったのは1403年のことであった[20]。この後ハンブルクはオランダとの関係を改善し，商業特権を認めてもらうことができたとはいえ，ハンザとオランダの間には小さな溝が生じることになった。

一方，ハンザの側でもゾイデルゼー都市という呼称を用いて意味される都市群は，14世紀から15世紀への移行期に変化していったと考えられている。ヴェストストラーテによると，この時期以降，ハンザ側でゾイデルゼー都市に該当するのは，オーフェルスティフト，ユトレヒト，

---

17) Job Weststrate, a. a. O., S. 24-25.
18) HUB, 5, Nr. 385. Job Weststrate, a. a. O., S. 25.
19) Klaus Spading, a. a. O., S. 9.
20) Ernst Daenell, Die Blütezeit der deutschen Hanse, 3. Auflage, Berlin/New York, 2001, Bd. 1, S. 275-276.

ヘルデルン，フリースラントの諸都市だけになったという[21]。すなわち，まさしくハンザの経済力が頭打ちとなるこの時期，ブリュージュ商館からの要請などもあり，ハンザは特権に与ることのできる都市商人を改めて厳格に規定する必要があった。ハンザの競合相手がハンザ商人を詐称して特権を乱用するような状況をなくすためにも，ハンザ・非ハンザの区別をはっきりとさせておく必要があったのである。すなわち，ハンザ側は，自らとの関係という観点からそれまでの広義のゾイデルゼー都市の見直しを進め，改めてオランダ（ホラント，ゼーラント）諸都市とそれらを除いた狭義のゾイデルゼー諸都市とを区別して扱うようになったのである。実際，後者の主要な商業都市はブリュージュや沿バルト地方などでのハンザ特権を重視していたがゆえに，ハンザに加盟した都市も少なからずあった。一方，前者のホラント，ゼーラント都市も，やはりバルト海を重視し，既にかなりの頻度で同海域との貿易を行なっていたとはいえ，それはハンザとの対抗関係を浮上させ，その権益を侵しつつハンザの組織基盤を揺るがすかたちでバルト海商業を展開していく。その意味で，ここで見たハンザ・オランダ関係の変化は，オランダのバルト海貿易の展開と合わせて検討すべき問題であると言えよう[22]。

但し，言うまでもなく，狭義のゾイデルゼー都市も，リューベックに代表されるハンザの意向に必ずしも忠実ではなかった。これらの都市にとっては，オランダ都市も重要な取引相手であったので，カンペンのようにハンザに加盟しながらハンザとオランダとの間で巧みに身を処する術を心得ていた都市もあった。それゆえにカンペンは，ハンザとの間に距離を置き，一時期ハンザ会議への欠席が続いたことから，ハンザ都市とは見なされなかった時期も存在した。

オランダにおけるアルブレヒトの君臨は，これまで広くゾイデルゼー都市として扱われてきた諸都市の中にホラントを中心とするオランダ都

---

21) Job Weststrate, a. a. O., S. 27.
22) ブリュージュ商館の政策も，例えばそこで打ち出された対低地地方商業政策がオランダの商業，手工業的利害にも抵触していくことからハンザ・オランダ間の懸案となり，両者の関係悪化の一因となったと見なすことができる。本章ではブリュージュを巡るハンザと低地地方諸勢力との対立について述べていく余裕はないが，この点については，高村象平「ブリュージュ指定互市場の争奪」（初出は1938年），『ハンザの経済史的研究』，155-179ページを参照。

市という新たな枠組みが生まれる端緒となった。意味内容が変化したあとの（狭義の）ゾイデルゼー都市の幾つかはハンザに加盟し[23]，ハンザの一翼を担っていくのに対して，オランダ都市はハンザとりわけリューベックを中心とするヴェンド・ハンザの競合相手となっていく。ゾイデルゼー，オランダ双方の都市ともにバルト海貿易に深く関わっていくとはいえ，オランダはバルト海における商業的影響力を拡大していくにつれ，ハンザとの対立を鮮明にしていくのである。

2　オランダのバルト海進出とハンザの対応

　オランダを含む低地地方（ネーデルラント）一帯は，中世以来アルプス以北のヨーロッパにおける経済的先進地域であった。大陸ヨーロッパの水運の動脈を成すライン川の河口域に位置し，しかもイングランドにとっての大陸側の窓口となる低地地方は，このような地理的な利点を背景に，かねてより商人や商品の往き交う地であり，それを背景に多くの都市が形成され，毛織物に代表される手工業が発展してきた。確かに，後のオランダ連邦共和国成立の舞台となる低地地方北部は低湿地が多いなどの地質的条件に左右され，フランドルなど南部と比べれば都市化の進展が遅れたとはいえ，鰊漁を中心とした漁業の発展が可能な地域であった。やがて鰊漁が造船業をはじめとする各種手工業並びに商業の発展を促し，操船技術の向上に寄与して海運業発展の土台となった経緯は，「オランダ発展の母」として鰊漁が広く認識されてきたことからも知る

　　23）　ドランジェは，エイセル川・ゾイデルゼー地域のハンザ都市として以下の12都市を挙げている。Arnhem, Deventer, Doesborg, Elburg, Harderwijk, Hasselt, Hattem, Kampen, Ommen, Staveren (Stavoren), Zutfen, Zwolle, Philippe Dollinger, Die Hanse, S. 592. このうちデフェンターとツヴォレ，ズトフェンでは年市が開催され，14世紀末には3都市で合計12の年市が開催されていた。Bert Looper, Holland, die Ijssel und die Hanse, in: HGbll, 121, 2003, S. 5. カンペン，デフェンター，ツヴォレなど，エイセル川流域の都市は，この川を通じてオランダ各地のみならずバルト海やノルウェー，さらにはライン川への連絡によりラインラントやヴェストファーレン南部地域との交易にも携わることができた。W. Jappe Alberts, Overijssel und die benachbarten Territorien in ihren wirtschaftlichen Verflechtungen im 14. und 15. Jahrhundert, in: Rheinische Vierteljahrsblätter, Jg. 24, 1959, S. 43.

ことができる[24]。既に 14 世紀後半のホラント伯領で商工業の著しい発展があったとの指摘もある[25]。

かくしてオランダは早くから海運業を発展させていき，その活動の範囲は，東方では北海を越えてその先のバルト海にまで拡大していった。それゆえ 16 世紀に「ヨーロッパ世界経済」の形成を背景に経済の拡大期を迎え，西欧や南欧の各地が食糧の不足からしばしば飢饉に見舞われるようになると，オランダの商人や船舶は，他国に先駆けてバルト海南岸の穀倉地帯から大量の穀物を本国さらには大西洋を南下して地中海にまで供給することができた。海運業・商業の発展と合わせて 16 世紀のオランダでは，アムステルダムを中心として都市化がさらに進展していくのである[26]。

さて，オランダ船舶のバルト海進出が本格化するのは 16 世紀以降のことであるとはいえ，航海の難所として知られるスカーイェラク海峡やエーアソン海峡を経由するいわゆる迂回航路を利用してバルト海に進出したオランダ船の記録は 13 世紀中頃にさかのぼる。14 世紀中頃以降にもなればかなりの頻度でオランダ船は，エーアソン海峡を往き来していたものと推測される。

バルト海において，まずオランダ船舶の目的地となったのはスコーネ地方であった。鰊の漁場を控え，鰊のみならずバルト海産品の商品集散地として多くの商人を集めていたこの地でオランダ都市が，占有地（フィッテ）の領有さえ認められていたことは，既に指摘した。バルト海商業におけるハンザの優位がまだ揺らぎ無く，あまつさえ北欧の大国デンマークとの戦争に 1370 年に勝利した直後のハンザ及びその盟主リュー

---

24) 以下のようなタイトルを持つ文献も刊行されている。田口一夫『ニシンが築いた国オランダ――海の技術史を読む』成山堂書店，2002 年。

25) 田中史高「14 世紀後半ホラント伯領諸都市の『会合行動』(dagvaarten)」，小倉欣一編『ヨーロッパの分化と統合』太陽出版，2004 年，131 ページ。

26) バルト海進出並びにハンザに対する優位を可能としたオランダ国内の経済的条件については，例えば以下を参照。Wim P. Blockmans, Der holländische Durchbruch in der Ostsee, in: S. Jenks u. M. North (Hg.), Der Hansische Sonderweg? Beiträge zur Sozial- und Wirtschaftsgeschichte der Hanse, QDHG, NF, Bd. 39, Köln/Weimar/Wien, 1993, S. 40-58. また，アムステルダムの発展については，杉浦未樹「近世アムステルダムの都市拡大と社会空間」，歴史学研究会編（深沢克己責任編集）『港町の世界史② 港町のトポグラフィー』青木書店，2006 年，297-324 ページを参照。

ベックにとって，オランダはまだ取り立てて警戒すべき勢力としては認識されていなかったようである。スコーネで最も活発な取引を行なっていたオランダ都市はツィーリクゼーであり，ここにフィッテを領有していた都市には同市をはじめブリール，ドルトレヒト，アムステルダム，セルトーヘンボス，スタフォーレンなどがあった[27]。

しかし，オランダ商人の取引がスコーネを超えてバルト海南岸の各地でも盛んになれば，それはハンザ商人の既得権益を侵害することに繋がり，各地で両者の間の摩擦が不可避となっていく。ハンザは組織としてオランダ諸都市との関係を見直さざるを得なくなるのであり，それが前節で指摘したようなハンザと非ハンザとの間の線引きの厳格化とオランダへの規制強化となって表れていく[28]。

オランダのバルト海における取引活動を窺わせる具体的な記録を見ておこう。1383年2月，ブレーメン市民のベルント・スウェイン（Bernd Swijng）なる人物は，アムステルダムの船長ヤン・ファン・デン・フェーン（Jan van den Veen）のコッゲ船にダンツィヒでライ麦を積込み，オランダ沖に差し掛かったところ海難にあってしまった。また，同年春，アムステルダムのコッゲ船の船長レイナー・デイ（Reyner Dey）は，プロイセンからの帰路嵐に遭遇した際，聖母に祈願することによってそれを切り抜けることができ，年内に再度プロイセン向けの航海を行なったという[29]。プロイセンでは，オランダ産の毛織物の取り扱いが増えたために，早くも1402年にオランダ人に対して年間を通じて彼らがもたらす毛織物の販売禁止が通告された[30]。さらに1380年頃のレーヴァルで徴収された関税台帳の記録をも参照すれば，既に14世紀後半にオランダからバルト海にむけて規則的とも言える航海が行なわれ

---

27) Friedel Vollbehr, a. a. O., S. 16-17.
28) スコーネでもハンザはリューベックを中心に，非ハンザ商人を締め出す政策を取るようになる。これにより14世紀末に最盛期を迎えたファールステルボーやスカンイェールなどのスコーネの諸市場は諸商品の市場から鰊に特化した市場へと変化していく。Thomas Hill, Der Schonenmarkt - die große Messe im Norden, in: Die Hanse. Lebebswirklichkeit und Mythos; Textband zur Hamburger Hanse-Ausstellung von 1989, hg. v. J. Bracker, V. Henn und R. Postel, Lübeck, 1999, S. 726.
29) Dieter Seifert, a. a. O., S. 88-89.
30) Friedel Vollbehr, a. a. O., S. 25.

第4章 ハンザ転換期におけるバルト海情勢と商業　　　117

ていたことがわかる。同台帳を分析したコッペによれば，レーヴァルに入港した船舶の船長には，名前から判断して少なからぬ数の低地地方出身と思しき船長が含まれ，出身地の確定が可能な者も存在するという。なかでも多かったのはカンペン（狭義のゾイデルゼー都市）出身者であったが，ツィーリクゼーやアムステルダムをはじめゼーラント，ホラントの出身者もそこには含まれていた[31]。

　バルト海においてオランダ船の目的地となったのは，商品集散地として位置づけられる主要港ばかりではなかった。ことに穀物のような必需品の入手のために都市の規制を回避すべく訪れたのは，人里はなれた小さな港や投錨地，いわゆるクリップハーフェン（Klipphafen）であった[32]。これらのいわば「もぐりの港」は，ゴルヴィッツやフェーマルン島，ニーダーエルベ，プロイセンにかけて分布しており，そこでオランダ商人は仲介商人の手を経ることなく生産者から穀物を安く直接入手することができた[33]。ハンザは，オランダ船舶が穀物を求めて次々に東方に進出し，それが商業や輸送の担い手の変化のみならず北欧貿易圏における商業の構造的変化を伴うものとなることを理解するにつれ危機感を募らせていった。こうした事態を受けて1416年，ハンザはクリップハーフェンへの入港禁止を決定した。その際ホラント，ゼーラントといった地域名が明記されていなかったとはいえ，これがオランダの商人，船長に向けられた決定であったことは確かであるという[34]。これ以降，クリップハーフェンへの入港禁止令は繰り返し発令されるが，それだけこの種の港への入港船舶が多く，それが有効な手段となりえなかったことがわかる。翌1417年にはハンザ側のオランダに対する態度は，いかにしてオランダのバルト海進出を阻止するかということを，リューベックとロストックで開催された都市会議において協議するまで硬化していた。この年リューベックから提案された一連の対オランダ策をフリッツェに

---

31) Wilhelm Koppe, Revals Schiffsverkehr und Seehandel in den Jahren 1378/84, in: HGbll, 64, 1940, S. 121-126.
32) Konrad Fritze, a. a. O., S. 81.
33) 高村象平「オランダ商業資本のバルト海進出」, 147, 149-150 ページ, Klaus Spading, a. a. O., S. 11-12.
34) Konrad Fritze, a. a. O., S. 82.

従って整理すれば，それは，オランダ人に対するハンザ都市の市民権付与，ハンザ商業におけるオランダ産毛織物の取り扱い，オランダ商人のリーフラント訪問をそれぞれ禁止するというものであった[35]。オランダ商業にまつわる諸問題は，翌1418年にリューベックで開催された都市会議でも取り上げられた。

　しかし当然のことながら，こうしたハンザ側の対応はオランダの反発を招いた。オランダのバルト海商業に対する規制が強まれば，逆にその報復としてハンザのオランダに向けた商業が妨害を受け，リューベックやヴィスマルの商人が略奪を受けるなどの記録が目立つようになった。それがまた，ハンザ側の態度をさらに硬化していくことに繋がるのであり，両者の関係は1420年代初頭以降には険悪化の度合いをさらに増すことになった。すなわち，1422年には，ホラント，ゼーラント商人のプロイセン滞在が一時的とはいえ禁止されたほか，翌年以降も対リーフラント，ノヴゴロド商業が禁止されていき，オランダのバルト海商業を標的とした禁令が続いた。さらに1425年には，オランダの海運力の上昇を食い止めるために将来的に同国に向けた船舶の売却，建造を禁止する旨がハンザにより決定されている。なお，ハンザがオランダ人をスコーネ地方から排斥するのも15世紀初頭のことであるが[36]，既にバルト海各地で地歩を固めつつあったオランダ商人にとってその影響はさほど大きなものではなかったと推測される。

　かくして，オランダのバルト海進出はハンザ側の反発を招いていった。しかし，詳しく見れば，オランダ商業の進展に対してもっとも敏感に反応したのはリューベックを中心としたその周辺のハンザ諸都市からなるヴェンド・ハンザであり，同じくバルト海沿岸に位置するハンザ都市とはいえ盟主リューベックの政策に批判的な都市があったことに気付かされる。例えば，リーフラントにおける非ハンザ商人なかんずくオランダ

---

35) HR, I, 6, Nr. 397, §93. Konrad Fritze, a. a. O., S. 82. 但しザイフェルトは，これらの会議での議事録を改めて検討したうえで，ハンザとオランダの関係は多面的であるがゆえに，これらハンザの対オランダ政策を後者のバルト海進出に対する前者の単純な防衛闘争として理解する見方に警鐘を鳴らしている。Dieter Seifert, a. a. O., S. 209.

36) Ernst Daenell, Der Ostseeverkehr und die Hansestädte von der Mitte des 14. bis zur Mitte des 15. Jahrhunderts, in: HGbll, 1902, S. 14. Konrad Fritze, a. a. O., S. 82.

第4章　ハンザ転換期におけるバルト海情勢と商業　　　119

商人の取引禁止が打ち出されていく中で，ブリュージュにおけるリーフラント代表であるリーガ市民ヨハン・ブロートハーゲン（Johann Brothagen）は，1425 年のオランダを標的とした決議に対して「暫定的に（ad referendum）」のみ受け入れることを表明している。オランダのバルト海貿易の主要な舞台の一つであったリーフラントの意向を忖度すれば，リューベックが主張するハンザの「共通利害」には反するとはいえ，このような規制策は拒否したいというのが本音であっただろうと思われる。すべてのハンザ都市がオランダに対して敵意を抱いていたわけではなかったのであり[37]，この点は，早くからイングランドとの交易に力を入れていたダンツィヒを含むプロイセンについても当てはまる。リューベック及びその周辺のヴェンド都市とプロイセン，リーフラント都市とではオランダのバルト海商業の受け取り方に大きな違いが生じていた。それは，しばしば指摘されてきたことではあるが，ハンザの通商路を巡る次のような問題と関連させて説明することができるだろう[38]。

　第1章でも述べたように，ハンザ盛期のバルト海・北海間商業は，ユトランド半島の基部に位置するバルト海側のリューベックと北海側のエルベ川の河口に近いハンブルクを結ぶ内陸路を経由して行なわれるのが一般的であった。このうちリューベックから途中オルデスローまではトラーフェ川による水路が，オルデスローからハンブルクまでは陸路が用いられた。リューベックは，広くバルト海・北海間を流通する商品の海路と内陸路の間の積換え地に当たっており，この経路こそがリューベック繁栄の最も重要な経済基盤であったといえる。ところで，オランダがバルト海で求めたのは，なによりもまず都市化の進展する低地地方，西欧で不足する食糧としての穀物や建築・造船資材としての木材などであった。既に 1272 年の飢饉の際，オランダ沿岸からバルト海に向けて穀物の調達に向かったとの記録がある[39]。こうした穀物や木材のような嵩

---

[37] Dieter Seifert, a. a. O., S. 229.
[38] この問題に注目した邦語文献として，例えば以下がある。高村象平「オランダ商業資本のバルト海進出」，125-154 ページ。また以下の文献では，イングランド・プロイセン商業からこの問題に触れている。板垣晴朗「イングランド商人のプロイセン進出とハンザ都市リューベック」，『ヨーロッパ研究』第 2 号，1998 年，273-298 ページ。
[39] Klaus Spading, a. a. O., S. 6, Anm. 20.

高商品は，大型船舶で目的地まで積換えなしで輸送するのが合理的である。この点で，ダンツィヒをはじめとするバルト海南岸の穀物，木材輸出都市とオランダの利害は一致した。すなわち内陸路への貨物の積換えが必要ないエーアソン海峡を経由するルートが選択されたのであり，自らの利害に抵触しない限りでプロイセンやリーフラントの港湾都市は，オランダ商人との取引を歓迎したのである[40]。だが，リューベックにとって，自都市を経由しない新たな通商動脈の形成は，商業的繁栄の基盤を損なう致命的ともいえる意味を持つものであった[41]。自らをバルト海・北海間商業の中核とするハンザ本来の貿易体制の維持を標榜するリューベック及びその周辺のヴェンド都市と，オランダと提携しつつ取引規模の拡大を図ろうとするプロイセンやリーフラントの港湾都市とは，こうして経済的利害を異にしていく。オランダのバルト海進出は，かくしてハンザ諸都市間の利害の違いに基づく不和をも引き起こしつつ，ハンザの組織的な行動を以前にもまして困難なものにしていくのである[42]。

このように，ハンザの全勢力を挙げての結束が困難な状況の中で，リューベックとその周辺のヴェンド諸都市（ヴェンド・ハンザ）は，オランダとの競争にさらされていく。その際，両勢力ともにハンザ・北欧商

---

40) Arnold Soom, Der Kampf der baltischen Städte gegen das Fremdkapital im 17. Jahrhundert, in: VSWG, 49, 1962, S. 436-437. ただし，オランダ商人は，都市後背地への進出と外来商人どうしの取引は禁止された。また，オランダ商業がハンザの利害に抵触した場合の例として，先に挙げた1402年の毛織物販売禁止令が挙げられよう。以下でも触れるように，オランダとバルト海東部ハンザとの関係も常に良好というわけではなかった。

41) 立地条件が都市の盛衰を一元的に支配するという地理的決定論を否定する好例として，中世から近世にかけてのリューベックの商業的繁栄は注目されよう。立地条件は変わらずとも，全体状況が変わればそれはプラスにもマイナスにも作用するのであり，リューベックに関して述べれば，ユトランド半島のバルト海側の基部という立地条件が，バルト側に商業の重心があったハンザ発展期・盛期にはプラスに作用し，西欧側へと重心が移ったハンザ衰退期にはマイナスに作用したということになろう。例えば，以下を参照。Fritz Rörig, Das Meer und das europäische Mittelalter, in: Festschrift für Hermann Reincke, Zeitschrift für Hamburgische Geschichte, 47, 1951, S. 17. なお，ハンザ発展期に関しては，シュタインが，大河も良港をも欠いていたリューベックではあったが，その立地条件がここを北方ヨーロッパ商業の最重要拠点にしたと述べている。Walther Stein, Beiträge zur Geschichte der deutschen Hanse bis um die Mitte des 15. Jahrhunderts, Gießen, 1900, S. 29.

42) ポスタンによれば，14世紀と15世紀の境目にハンザ内部での地域的な利害の対立が明らかになっていったという。Michael Postan, The Trade of Medieval Europe: The North, in: The Cambridge Economic History of Europe, second edition, vol. 2, Cambridge, 1987, p. 279.

業圏における経済的影響力の拡大を意図するのであれば，バルト海・北海間で地政学的要衝をなすデンマークとの関係を無視することはできなかった。そこで以下では，ハンザ，オランダにデンマークを加え，ハンザの側からこれら勢力との関係に焦点を当てることにより，15世紀前半のバルト海を巡る国際情勢の一端を見ていくことにしたい。

3 ハンザ・オランダ・デンマーク

(1) ハンザ・デンマーク関係の変化

シュトラールズント条約の締結（1370年）は，勝者と敗者という立場の違いがあるとはいえ，ハンザとデンマークの間に和平をもたらし，両者の関係をひとまずは平穏に戻した。1375年に，ハンザとの戦争期間を含む35年に渡りデンマークに君臨してきたヴァルデマー4世が死去すると，ハンザは，それぞれ王位継承権者を子として持つ彼の長女インゲボルクと次女マルグレーテのうち後者に加担することを決定した。すなわち，マルグレーテからその息子——ノルウェー王ホーコンとの間で生まれた——オーロフへと連なる系統である[43]。ヴァルデマー王の死後，マルグレーテは息子であるオーロフ3世の摂政として急速に権力を拡大していったが，これは彼女との関係を重視したハンザにとって対デンマーク関係の安定を図るうえで幸いしたといえよう。マルグレーテの側でも，カルマル連合結成（1397年）の翌年のストックホルム入城に先がけて，デンマークをはじめとする連合三王国内でのハンザ特権を認めた[44]。バルト海・北海間商業の動向を左右するオランダとデンマーク双方との関係が比較的安定裡に推移していたということからすれば，14世紀末のバルト海には，ハンザが最盛期を迎えるにふさわしい国際的条件が備わっていたと見ることができる。

むしろこの頃は，ハンザ内部で利害の対立を垣間見ることができた。

---

43) Philippe Dollinger, Die Hanse, S. 101-102.
44) Ebenda, S. 113. この頃のデンマークを含む北欧の王位継承問題及びカルマル連合については，百瀬宏ほか編『北欧史』，新版世界各国史21，山川出版社，1998年，100-109ページ。

例えば，1388年のハンザによるフランドル商館封鎖に際しては，ハンザに名を連ねていたドイツ騎士修道会とプロイセン都市の支持が得られず，両者のために例外的な規定が設けられた。ほかにも，バルト海の治安悪化を通じて商業不振の一要因ともなった海賊フィタリエンブリューダーに対する処置を巡っては，彼らの略奪行為の拠点となったヴィスマル，ロストック両都市が，領主への忠誠を理由として海賊側に立ち，ハンザ全体の利害に反する対応さえ見せた[45]。やはり，組織としてのハンザのもろさは，盛期といわれる時期においてさえ存在したのである。

さて，デンマーク王さらにはノルウェー王となったオーロフ3世は1387年に急死する。するとマルグレーテは王位継承者としてポンメルン公家のエーリヒ（エーリク）を指名し，やがて彼が初代の連合王エーリク・ア・ポンメルンとして北欧三国に君臨する[46]。デンマークでは，マルグレーテの死去（1412年）に伴いエーリクの単独統治が始まったが，これ以降ハンザ・デンマーク関係は再度悪化していくことになる。その原因の一つにデンマークのシュレスヴィヒ（スレースヴィ）獲得を巡る問題があった。

シュレスヴィヒ公領は元来デンマークの封土であったにもかかわらず，1386年以来ホルシュタインに併合されていた。そこでデンマークは，シュレスヴィヒの再度の獲得を目的として1416年以降ホルシュタインとの戦いを繰り広げ，戦争遂行に際してはハンザからの援助を期待した。当時のリューベック市長プレスコウ（Pleskow）は，エーリクのシュレスヴィヒ占領政策を甘受するつもりではいたが，デンマーク側はリューベックの譲歩のみでは満足せず，堅固な同盟及び仲裁の際の明確な支援を求めた[47]。しかし，さしあたりエーリクは，ハンザとの関係については現状維持を図るのが得策であると考えていたようであり，「もぐりの港」の利用を巡って当時顕在化しつつあったハンザ・オランダ間の対立を自国に有利な形で政治的に利用しようとする動きも，まだ彼の側にはなかった[48]。

---

45) Philippe Dollinger, Die Hanse, S. 108, 112, 113.
46) エーリク戴冠までの経緯は，牧野正憲「1397年のカルマル連合会議に関する一考察——戴冠文書と連合文書を中心に」，『北欧史研究』第4号，1985年，1-10ページを参照。
47) Philippe Dollinger, Die Hanse, S. 108, 112, 113.

しかし，リューベックやハンブルクがデンマークの領土拡大政策に関心を示さず，あまつさえ敵側のホルシュタイン諸伯との関係をより重視すべきものとして受け止めていたことが明らかとなるにつれ，エーリクはハンザに対して経済面で厳しい態度で臨むようになった。漂着物占取権（Strandrecht）のハンザ商人に対する不利な適用，スコーネ地方やオスロでのハンザ特権の侵害，さらには貨幣の悪鋳といった，ハンザの側からすれば苦情の種となるような出来事が急増するなかで，エーリクはハンザ側の特権復活の要請を却下し，彼らの取引に対する締め付けを強化した。加えてイングランド，オランダ商人を領内で厚遇するなど反ハンザ色を鮮明にしていったのである[49]。エーリクは，1422年の秋までにエーアソン海峡封鎖に着手したほか，この海峡を通過する船舶から国際商業史上名高い通航税の徴収を開始した[50]。同海峡の通行の自由が妨げられたということは，船団を有するバルト海ハンザ都市にとって大きな打撃であったことは推測に難くない。

これら一連の措置と合わせて，エーリクには自国経済に対する強い関心があった。彼が意図していたことの一つに，穀物と家畜を中心とする内陸商業のデンマーク諸都市への集中があり，そのためにもカルマル連合諸国商人に特権を付与してハンザ商人に対する競争力を向上させる必要があった。対ハンザ政策の転換を契機として，エーリク王はオランダとの協調を模索するようになる。このことは，後のハンザ・オランダ関

---

48) Konrad Fritze, a. a. O., S. 81.
49) Philippe Dollinger, Die Hanse, S. 380-381. Konrad Fritze, a. a. O., S. 82-83. また百瀬ほか『北欧史』，109ページも参照。
50) HR, I, 7, Nr. 538. Konrad Fritze, Erich von Pommern und die Sundfrage, in: Mare Balticum, Kiel, 1992, S. 203-211. この通行税が何時から徴収されるようになったかは確定しがたいとフリッツェは述べる。ちなみに彼は，徴収開始期をシェーファーの見解を受け入れて1425—1429年の間としている。Konrad Fritze, Dänemark und die hansisch - holländische Konkurrenz, S. 83, Anm. 30. Dietrich Schäfer, Zur Frage nach der Einführung des Sundzolls, in: HGbll, Jg. 5, 1885, S. 35. また，他の文献からエーアソン海峡通航税の導入年を探ると1429年説が多く，例えば以下の文献がそうである。百瀬宏ほか編『北欧史』，109ページ。橋本淳編『デンマークの歴史』創元社，1999年，42ページ。井上光子「近世デンマーク史と「ズント海峡通航税」」，『関学西洋史論集』23号，2000年，35-44ページ，36ページ。Axel Nielsen, Dänische Wirtschaftsgeschichte, unter Mitarbeiten von E. Arup, O. H. Larsen und A. Olsen, Jena, 1933, S. 63-64. 一方ほかの文献では，Philippe Dollinger, Die Hanse, S. 381 では1426年ごろ，H. S. ヤコブセン（村井誠人監修，高藤直樹訳）『デンマークの歴史』ビネバル出版発行，星雲社発売，1995年では1425年（70ページ）とされている。

係のみならずバルト海商業の展開を見ていくうえで重要である。1422年秋にエーアソン海峡周辺には，鰊を求めてオランダの船団が姿を見せたが，デンマークがこれらの船団の協力の下にハンザに対する攻撃の機会を窺っているとの情報を得たヴェンド・ハンザは，これらオランダ船団に対して徹底的な攻撃を加えてしまった。はたしてハンザ側が得た情報が事実であったか否かは確認することができないが，これを機会にデンマークとオランダが反ハンザという点で利害を一致させたことは確かであろう[51]。

　当時，リューベックはデンマークにおいてハンザ特権が侵されている現状に鑑みつつも，なおもその回復を望んでいたことから，同国との融和を断念することなく模索し続けていた。そうしたなかでエーリク側からも，対ホルシュタイン戦争を念頭に置いた同盟締結の意向がリューベックに向けて打診されていた。そこでリューベックとその周辺のハンザ都市からなるヴェンド・ハンザはその要求を受け入れることとし，1423年1月に両者の間で同盟が成立，対ホルシュタイン戦争に備えて戦時における双方の側からの兵員派遣が約束された。但し，付帯条項において，同盟当事者は参戦前に仲裁裁判所及び仲介交渉を経て戦争を終結に持ち込むこともあり得る，とされたので，ヴェンド・ハンザからすれば，エーリクとの強い結びつきは回避することができたということになろう。また，以前よりハンザ商人から不満の出されていた名目価値以下に減価されたデンマーク銅貨の流通についても，ヴェンド側は，ハンザ特権の尊重と合わせてその使用停止の約束をエーリクから取り付けることはできた。とはいえ同盟は両者の関係を完全に修復するものではなかった。デンマークでは相変わらずハンザ特権の侵害が続き，さらにリューベックでは，1426年の市長プレスコウの死後，デンマーク，ホルシュタインに向けられた最後の仲介案がエーリクによって拒否されたことから反デンマークの機運が高まり，ホルシュタイン・シャウエンブルク家との同盟に向けた動きが盛んになった。結局，ヴェンド・ハンザ側はデンマークに同盟破棄を通告する書簡を送り，同年10月にはデンマークと交

---

51) Konrad Fritze, Dänemark und die hansisch - holländische Konkurrenz, S. 83-84. 但し，この時点でのハンザ・オランダ間の対立を強調する解釈に対しては，やはりザイフェルトは批判的である。Dieter Seifert, a. a. O., S. 221-224 を参照。

戦状態に陥ってしまった（第二次ハンザ・デンマーク戦争）[52]。

(2) ハンザ・デンマーク戦争

　ハンザ側から見たこの戦争の特徴の一つに，この戦争がデンマークを相手として戦われたにもかかわらず，ハンザがオランダの出方に対して注意を怠らず，その動向に対して常々神経を尖らせていたという点がある。ハンザは，この戦争を商業上の競争相手であるオランダのバルト海進出阻止のための好機と見なし，戦争期間中スカンディナヴィアの交易地への訪問を控えるようオランダ都市に警告を発した。だが，その効果も無く，オランダ船の北欧向け航海が続いたため，ハンザはオランダ船に対する取締りをさらに強化すべく，スカンディナヴィア諸港を出入りするオランダ船舶，さらには利敵行為の可能性ありとの嫌疑を受けただけの同国船舶をも警備艇による拿捕の対象とした[53]。

　リューベックにとって，この戦争の主眼はエーアソン海峡の封鎖にあった[54]。それゆえヴェンド・ハンザは，ほかのハンザ都市の賛成・協力を取り付けたうえで，東西間の海上交通の要衝を成すこの海峡をはじめとするデンマークの諸海峡に対する統制強化を試みようとした。しかし，ここがまさに海路による東西間商業の動脈であるがゆえに，その試みはオランダ船のバルト海航海のみならずハンザ都市のバルト海・北海間貿易の阻止に繋がってしまう[55]。先にも述べたようなバルト海商業に関する，ことに通商路を巡るハンザ諸都市間の利害の違いがハンザ側の結束

　52）　Erich Hoffmann, Lübeck im Hoch- und Spätmittelalter: Die große Zeit Lübecks, in: A. Graßmann (Hg.), Lübeckische Geschichte, Lübeck, 1989, S. 265-266.

　53）　HUB, 6, Nr. 711. Konrad Fritze, Dänemark und die hansisch - holländische Konkurrenz, S. 84. リューベックは，この戦争をハンザ全体にとっての戦争と見なし，ホラント，ゼーラントの都市にデンマーク商業の停止を要請した。UBSL, 6, Nr. 777. Dieter Seifert, Der Hollandhandel und seine Träger im 14. und 15. Jahrhundert, in: HGbll, 113, 1995, S. 85. しかしそれははっきりと断られた。なお，ザイフェルトはこの論文においても15世紀後半に至るまでハンザ・オランダ間に敵対関係がなかったということを主張している。

　54）　Dieter Seifert, Kompagnons und Konkurrenten, S. 237.

　55）　海上ルートの危険増大は，内陸路を経由してバルト海・北海を結ぶルートの利用増加に繋がったようである。例えば戦期間中，とりわけ1429年から1430年にかけて，エルベ川に接続してリューベックとハンブルクを結ぶシュテクニッツ運河の通行税収入は増加を見せた。酒井昌美「対デンマーク戦争とリューベック財政──研究ノート」，『帝京史学』第6号，1991年，165-166ページ。

力の弱さを顕在化させてしまう。

　ハンザ側から見たこの戦争の特徴をもう一つ挙げるとすれば，それは参戦したハンザ都市の数の少なさということになろう。ハンザ側で参戦したのは，ヴェンド・ハンザの6都市だけであった。すなわちリューベック，ハンブルク，リューネブルク，ロストック，ヴィスマル，シュトラールズントだけしか参戦しなかったこの戦争は，ハンザの総力が結集されるどころか諸都市間の利害の違いを外部に向けて露呈させる機会となってしまった。海上貿易を通じてオランダ・西欧との結びつきを強めつつあったプロイセンやリーフラント諸都市は，デンマークとの戦争がエーアソン海峡の封鎖に繋がり，それが商業の不振を招いてしまうことを十分承知していた。これら諸都市が参戦しなかった理由の一つに，こうした事情があったことは想像に難くない。実際，戦争開始後もプロイセン，リーフラント陣営はヴェンド・ハンザのエーアソン海峡封鎖策には反対の姿勢を示し，特に騎士修道会とヴェンド・ハンザとの関係は悪化していた[56]。結局，リューベックはハンザ内部のさらなる関係の悪化を懸念したこともあり，デンマーク諸海峡の通航を厳格に統制するまでには至らなかった。

　バルト海東部のハンザの動きを見ておこう。1427年夏にはオランダ船がダンツィヒ港で出港停止を命じられたが，これは敵愾心に基づく措置ではなく，エーアソン海峡通過に際しての船団形成のために騎士修道会総長が命じたものであり，ホラント，ゼーラント，イングランド，プロイセンの全商人，船舶を対象とするものであった[57]。8月1日には，総長がプロイセンを除く上記各地域にエーアソン海峡の通行を認可している。これに対して，リューベックをはじめとするヴェンド・ハンザ側は，翌1428年1月にホラント・ゼーラント都市に向けてスカンディナヴィア方面での交易を手控えるよう警告する書簡を送ったほか，騎士修

　56）　また，ケルンも参戦を断ったほか，ザクセン諸都市も条件付での出兵を約束しただけであった。Dieter Seifert, Kompagnons und Konkurrenten, S. 236. ゾイデルゼー都市も中立を保持して参戦していない。HR, II, 2, Nr. 230, 231. Volker Henn, Die Bergenfahrer und die süderseeische Städte. Ein Werkstattbericht, in: Das Hansische Kontor zu Bergen und die Lübecker Bergenfahrer - International Workshop Lübeck, 2003-, Veröffentlichungen zur Geschichte der Hansestadt Lübeck, Bd. 41, Lübeck, 2005, S. 238-239.
　57）　HR, I, 8, Nr. 218, 219. Dieter Seifert, Kompagnons und Konkurrenten, S. 234-235.

道会総長に向けても，危険を避けるため，エーアソン海峡に向かう船舶が「通行禁止期間」内に出港することがないように要請する書簡を送った[58]。だが，一方で騎士修道会とプロイセン都市，それにデンマーク王エーリクが，中立国船舶による同海峡の通航を非課税とすることで合意すると，西欧側商人のバルト海進出は一挙に高まりを見せ，同年10月末にはダンツィヒ港に少なくとも116隻のオランダ，イングランド船舶が一度に入港したという[59]。

リューベックを中心としたヴェンド・ハンザによるエーアソン海峡の封鎖は，戦争当事国のデンマークに対する措置であったが，バルト海進出の機会をうかがっていた西欧諸国なかんずくオランダに対する経済的影響は大きかった。それゆえ，オランダは対ヴェンド・ハンザ対策を通じてデンマーク側と共同歩調を取るようになり，食糧や船舶の提供を通じて戦争に関与するようになった。1427年7月には当戦争最大といわれる海戦がエーアソン海峡海域で繰り広げられ，ハンザ側の敗北に終わったが，その際デンマーク陣営には，スウェーデンそしてオランダ船隊が加わっていた。そこで翌年，ハンザは敵側に致命的な打撃を与うべくコペンハーゲンにむけて大規模な攻撃を仕掛けようとしたものの，再度オランダ勢の前に計画は挫折してしまった。ヴェンド・ハンザとオランダとの間は，宣戦布告はなされていなかったとはいえ，実質的には戦闘状態にあったと見る論者も存在する[60]。

ハンザ側の受難はさらに続く。1430年になるとヴェンド・ハンザ6都市のうち，ロストックとシュトラールズントが8月から9月にかけてエーリク王と単独で講和を結んでしまった[61]。ハンザの結束力は，比較的まとまりのある都市群と見なされてきたヴェンド都市内部においても失われていたのであり，このまま情勢が推移すれば，ヴェンド・ハンザ

---

58) HR, I, 8, Nr. 378. Dieter Seifert, Kompagnons und Konkurrenten, S. 236. 6月24日までエーアソン海峡の通行を禁止する取り決めがあったようであるが，詳細は不明。

59) HR, II, 1, S. XI. Konrad Fritze, Dänemark und die hansisch - holländische Konkurrenz, S. 84. Klaus Spading, a, a, O., S. 18.

60) HR, I, 8, Nr. 406, 448. Konrad Fritze, Dänemark und die hansisch - holländische Konkurrenz, S. 85.

61) Konrad Fritze, Dänemark und die hansisch - holländische Konkurrenz, S. 85. Dieter Seifert, a. a. O., S. 249.

の劣勢は覆いがたいものになったと考えられる。ところが，ここで事態は思わぬ展開を遂げることになった。

　フリッツェによれば，連合王としてのエーリクの権力基盤は，ハンザの一部とはいえヴェンド・ハンザ都市との抗争を成功裡に導くだけの安定性を欠いていたという[62]。特にスウェーデンでは，エーリクのデンマーク貴族優遇策がスウェーデン貴族の反感を招いていたのみならず，ハンザとの戦争は，ダーラナ地方のハンザ商人向けの銅，鉄輸出を減少させ，鉱山経営者や鉱夫はデンマークに対する反感を募らせていた。戦争の重圧から農民さえもデンマークの領主や代官に対しては抵抗を示したという。こうした動きが1434年のダーラナ人の蜂起に繋がり，それは翌年スウェーデン全土に広がった[63]。このいわゆるエンゲルブレクトの反乱が，結局はエーリクの政策に致命的とも言える打撃を与えることになった。反乱の余波がデンマーク本国にまで及び，エーリク治下での治安の確保に不安を抱いたノルウェーを含む封建貴族たちが，一斉に彼に反旗を翻してしまったからである。最終的にエーリクの選択した苦肉の策は，スウェーデン蜂起軍との間を取り持つ調停者の役割を，ついこの間までの敵であるヴェンド・ハンザに要請することであった。ハンザとデンマークによる和平に向けた折衝が続くなかで，ハンザ側はエーリクのこの要請を受け入れたが，その際，ヴェンド・ハンザは，和平条約がハンザ優位のものとなることを条件とし，特にエーアソン海峡で課せられる通行税がハンザ都市船籍の船舶からは徴収されないように要求した。結局，この戦争で敗北を喫したのはデンマーク側であり，1435年7月にハンザ・デンマーク間で締結されたヴォーディンボー（Vordingborg）条約において，デンマーク領内のヴェンド都市の特権は復活した。

(3) ハンザ・オランダ戦争

　デンマーク戦争の期間中，ハンザ・オランダ関係は先に述べたような事情により悪化していたとはいえ，オランダのバルト海商業は，1430

---

[62] 以下デンマークの内政事情については，Konrad Fritze, Dänemark und die hansisch-holländische Konkurrenz, a. a. O., S. 85 に依拠する。
[63] 百瀬宏ほか編『北欧史』，109-111ページ。

年代に入ってからも継続して行なわれていた。例えば，1431年6月24日のハンザ都市会議では，ベイ塩（大西洋産塩）[64]輸送船団がエーアソン海峡を航行していることと合わせ，ホラント・ゼーラント，イングランドの多くの船舶がバルト海に向けて航海していることが，ブリュージュのドイツ商人からリューベックに報告されている。但しその場でこの船団の通航禁止が議論されることはなかったという。また，同年7月14日付のアムステルダム，ツィーリクゼー宛の書簡において，ダンツィヒはオランダ船によるバラスト投棄と鯡樽の大きさについて苦情を述べており，ダンツィヒでオランダ商人が活動していたことがわかる[65]。一方，バルト海側からもプロイセン商人が船を仕立てて北海側に向かっており，既にこの時代，双方の側からバルト海・北海間商業が行なわれていた。こうしたなか，1434年6月のリューベック都市会議では，改めてホラント，ゼーラント人を含む非ハンザ商人の取引に関する諸規定が制定された。とはいえ，その多くの条項は以前と同じものであり，しかもその運用についてもハンザ各都市から完全な同意が得られたわけではなかった。概してこれらの規定は，個別的な利害や要求を押し通そうとするハンザの各都市，商館の妥協の産物でしかなかったと推察されている[66]。

1435年には，これまで実質的には戦争状態にあったとも言われるヴェンド・ハンザとオランダとの間で一応の和解が成立し，休戦条約が結ばれた[67]。だが，これによっても結局は両者の対立を根本的に払拭することはできなかった。条約自体は，翌年，翌々年と更新されていったものの，1436年8月のリューベックにおけるハンザ都市会議では，オランダ向け交易の禁止（オランダに対する商業封鎖）が表明されるまでに両者の関係は険悪化してしまった[68]。ハンザとオランダの間で公然たる武

---

64) ベイ塩については，第5章第3節の注（49）を参照。
65) HR, II, 1, Nr. 53. HUB, 6, Nr. 951.
66) HR, II, 1, Nr. 321. 以上は，Dieter Seifert, Kompagnons und Konkurrenten, S. 251-256に依拠する。
67) 但し，ザイフェルトによれば，1430年代前半のハンザ・オランダ間の直接的な衝突に関する証拠はほとんど提示されていないという。にもかかわらず，両者の間でなされた和解の成果が「休戦」であることから，それ以前に戦争があったことがこれまで想定されてきたようである。Ebenda, S. 259-260.
68) HR, II, 2, Nr. 8. Konrad Fritze, Dänemark und die hansisch - holländische Konkurrenz, S. 86.

力衝突が開始されたのは 1438 年のことである。ザイフェルトによれば，同年 3 月 31 日の休戦（条約）失効時には，ヴェンド・ハンザのオランダを攻撃する態勢は既に整っていたという[69]。オランダの勢力をバルト海から完全に排除しようというドイツ（ハンザ）側の意図[70]の現われであろう。

　しかし，このたびの戦争も全ハンザの総力を結集して繰り広げられたものではなかった。上記 1436 年のリューベック都市会議で打ち出された対オランダ交易禁止案に対しては，プロイセンがその遵守を拒否したほか，翌 1437 年に騎士修道会総長は，自由な相互通商関係の樹立という点でオランダ側と見解の一致を見た[71]。ヴェンド都市が推し進めようとするエーアソン海峡の封鎖には，プロイセン，リーフラント双方の都市が反対であった。それゆえ，このたびの対オランダ戦争に参戦したのはまたもやヴェンド都市のみ（リューベック，ハンブルク，リューネブルク，ロストック，ヴィスマル，シュトラールズントの 6 都市）であり，ヴェストファーレン，ライン，ゾイデルゼーの諸都市も参戦は控えた。

　プロイセンではオランダとの取引が引き続き行なわれた。とはいえ，オランダ側は，この戦争の交戦相手をヴェンドに限定することなく「ハンザ」と認識していたので，中立を装っていたプロイセン，リーフラント船舶への攻撃も容赦しなかった。例えば 1438 年 5 月にオランダはプロイセン，リーフラントの船舶から構成される塩輸送船団の拿捕に及んだのであり，リューベックと異なりオランダ商人の受け入れに積極的であったバルト海東部ハンザとオランダとの関係にさえも，戦争にまでは至らずとも不和を生みだす要因は存在した[72]。

　ところで，ハンザ（ヴェンド・ハンザ），オランダ，デンマーク三勢力間の関係を振り返ると，先の第二次ハンザ・デンマーク戦争ではオランダの動向が戦況の展開に大きな意味を持っていたことが看取されたが，

---

　69) Dieter Seifert, a. a. O., S. 273.
　70) Konrad Fritze, Am Wendepunkt der Hanse, Untersuchungen zur Wirtschafts- und Sozialgeschichte wendischer Hansestädte in der ersten Hälfte des 15. Jahrhunderts, Berlin, 1967, S. 248.
　71) HR, II, 2, Nr. 94, 146. Konrad Fritze, Dänemark und die hansisch - holländische Konkurrenz, S. 86. Klaus Spading, a. a. O., S. 19-20.
　72) Klaus Spading, a. a. O., S. 20.

今回のハンザ・オランダ戦争においては，デンマークの存在がハンザ，オランダ双方にとって無視できない意味を持った。いうなれば，これら三者の思惑や利害が互いに関連し合いながら当時のバルト海の政治・経済的な枠組みがつくりだされていたと述べてよいであろう。ハンザ・オランダ戦争期のこれら三勢力間の関係を以下で整理していこう。

　1439年，デンマーク参事会は，同国およびスウェーデンに広がりつつあった蜂起の収拾のため，国王エーリクの廃位を宣言し，彼の甥であるクリストファ・ア・バイエルンを次の国王に選出した[73]。次期国王に選出されたクリストファ三世には，農民蜂起の鎮圧と前王支持者の根絶それにカルマル連合の再建といった課題があり，これらの懸案実現のために彼は後ろ盾となるべき有力な後援者を必要としていた。これに応じたのは，オランダとの戦争によりこれも同盟者を必要としていたヴェンド都市であった。デンマーク国内にエーリクとクリストファそれぞれの支持派が形成されていくなかで，ヴェンド・ハンザは後者への支持を表明し，新国王との早急な関係樹立を熱望するとともに，クリストファからは，支援の対価としてオランダに対抗していくためのハンザ・デンマーク同盟の結成を要求した。ハンザの要求は，地位の安泰を願うデンマーク貴族にも支持されることになり，1439年6月26日，ヴェンド・ハンザとデンマーク参事会との間で同盟結成のための条約が取り交わされ，相互の協力が約束されたほか，ヴェンド側にはエーアソン海峡における非課税特権が与えられた。一方，デンマーク側には対オランダ関係構築に制限が課せられた[74]。ヴェンド・ハンザにこのような譲歩を見せたとはいえ，その支援も得られたことにより，クリストファはエーリク勢に占領されていたエーアソン海峡周辺の要塞の奪取及びシェラン島の農民蜂起の鎮圧に成功した。

　しかし，エーリク側はなおも復位への希望を失ってはおらず，こちらはオランダ側と結びつくことによってハンザ及びクリストファの陣営に

　73）　Konrad Fritze, Dänemark und die hansisch - holländische Konkurrenz, S. 86, 百瀬宏ほか編『北欧史』，111ページ，橋本淳編『デンマーク史』，43ページ。フリッツェの文献ではエーリクの廃位の年が1438年とされている。
　74）　HR, II, 2, Nr. 306. Klaus Spading, a. a. O., S. 21-22. Konrad Fritze, Dänemark und die hansisch - holländische Konkurrenz, S. 86.

対抗しようと画策した。だが，彼がオランダ（ホラント）とブルゴーニュに持ちかけた同盟結成案は交渉の過程で立ち消えとなってしまっていたほか，1440 年にオランダ側からエーリクに向けられた支援も，ハンザ側の軍事的措置により遅きに失してしまった[75]。1440 年 4 月にクリストファが正式にデンマーク王に即位すると，エーリク支援者の数もその影響力もが失われていき，オランダからの支援があったとしても彼の復位は見込めないまでにその勢力を失っていった。

　かくして，ヴェンド・ハンザから見れば，後ろ盾と見込んだクリストファの勢力がデンマーク内で安定したことにより，オランダに対抗していくための足場を固めることができたはずであった。ところが，ここで事態はまたもやハンザが思いもかけなかった方向へと流れ始める。オランダがクリストファとの接触を試み，彼との関係強化を模索し始めたのである。すると，クリストファ側もそれに応じるとともにヴェンド・ハンザとの同盟があったにもかかわらずオランダ寄りの姿勢を鮮明化していき，やがては，彼のほうからオランダ艦隊の幹部に護衛の提供を申し出るまでに関係を強化させてしまった。クリストファとオランダとの交渉は一時決裂することもあったとはいえ，両者の関係強化は双方の利害が考慮されてのことであった。すなわち，デンマーク側にとっては，自国経済の発展のために国内でのハンザの影響力を排除していくためにも，オランダとの友好関係の樹立は望ましい選択であった。一方，オランダにとってもエーアソン海峡をコントロールする立場にあるデンマークとの関係強化は，今後の北方ヨーロッパ地域における商業・海運の発展のためにもやはり必要であったのである[76]。

　視点をハンザ・オランダ関係に戻し，戦況を確認しておこう。戦争の進展は，バルト海・北海間貿易にも少なからぬ影響を与えた。ヴェンド・ハンザとオランダの双方から敵船に対する拿捕が強行されるなか，海上ルートでの危険増大は内陸路を用いた東西間の貿易を促しはした。しかし，リューベックを経由する内陸路を利用してバルト海側から北海側に到達することができたとしても，北海の至る所にオランダの私掠船

---

　75) Klaus Spading, a. a. O., S. 22. Konrad Fritze, Dänemark und die hansisch-holländische Konkurrenz, S. 86.
　76) Klaus Spading, a. a. O., S. 23.

第 4 章　ハンザ転換期におけるバルト海情勢と商業　　133

が出没していたため，バルト海沿岸都市の対西欧貿易は難しい状況にあった。戦争期間中は，ベイ塩のバルト海側への搬入が阻止されてしまったほか，カテガット海峡を経由するヴェンド都市のベルゲン航海もが危険にさらされた。このような商業面での戦争のマイナス要因が痛感されていたなかで，ヴェンド・ハンザ側の同盟者であるデンマークのクリストファが敵側に懐柔され内通するようになったとすれば，ハンザ側の戦意喪失はもはや時間の問題であったと考えてよいだろう[77]。一方，オランダでもバルト海商業の不振により商品の供給が減り，一時期物価が上昇した[78]。恐らくはオランダ側にも，戦争を早く打ち切ることによりバルト海貿易の安全を早く確保し，取引の安定を図りたいとの意向があったと思われる。かくして，双方の陣営で休戦に向けた動きが模索されるなか，1441 年の夏にコペンハーゲンにてデンマーク王クリストファのもと，和平に向けた折衝が続けられていった。その結果，両者は 10 年間の休戦ということで合意に達し，8 月 23 日に文書化された条約（コペンハーゲン条約）に従い，陸上では 9 月 10 日，海上では 10 月 19 日が休戦の開始日とされた[79]。この合意は，将来の和平交渉を視野に入れてあくまでも休戦に限るものであったが，交渉が先送りされても休戦状態は維持することができたからであろうか，実際に和平条約が締結されるまでには至らなかった[80]。

　コペンハーゲンにおける交渉の過程で，ハンザはオランダと双方の側で自由な貿易を復活させることで合意に達した。またデンマークからは，粘り強い交渉の末，さしあたり以前と同様の特権を確保することに成功

---

77) Ernst Daenell, Der Ostseeverkehr und die Hansestädte, S. 35.
78) Klaus Spading, a. a. O., S. 24.
79) HR, II, 2, Nr. 491.
80) Dieter Seifert, Kompagnons und Konkurrenten, S. 316. Friedel Vollbehr, a. a. O., S. 45. 実際に 10 年後の 1451 年にこの休戦条約は更新された。しかし，その際ハンザとオランダ双方の代表の念頭にあったのは，戦争問題の解決ではなく，取引を可能とする休戦状態の確保であった。Dieter Seifert, Kompagnons und Konkurrenten, S. 333. 一応は取引に支障のないかたちで休戦状態が確保されているので，今更かつての戦争問題を蒸し返すことまでして和平条約を締結する必要はないと，双方の陣営ともに判断したのであろうと思われる。その後和平条約は 1461 年にも締結されなかったので，休戦条約が更新されたが，さらに 10 年後の 1471 年にはヴェンド・ハンザとオランダが再度関係を悪化させていたので，休戦条約の更新は実現しなかった。Klaus Spading, a. a. O., S. 34-35.

した。しかし，その一方で同国国王クリストファは，ヴェンド・ハンザとの同盟があったにもかかわらず，オランダ人に5,000ライン・グルデンの支払いを条件として自らの支配領域での特権を認めてしまった[81]。さらにオランダは，1438年の塩輸送船団の拿捕以降関係を悪化させていたプロイセン，リーフラントとの関係も，賠償金（9,000グロート・ポンド Pfd. grote）の支払いを決定することにより改善させることができた。これによりオランダは，バルト海東部方面での取引自由をも実現することができた[82]。

　クリストファはリューベックの支援のもと王位に辿り着くことができた。しかし，その彼はまた，デンマークそして彼の配下にあるノルウェーにおいて商業面でオランダをはっきりと優遇した最初の北欧の君主であった[83]。デンマークでは，これ以降ハンザとの関係の見直しが進み，リューベックに代わってオランダとの経済関係が重要視されていった[84]。また，オランダが取引の自由を確保したプロイセン，リーフラント方面の取引は，オランダ側が賠償金支払いの約束に忠実ではなかったことにより，なお不安定な要因を抱えてはいた[85]。とはいえ，やがてこの方面との取引が，ダンツィヒに集荷される穀物を中心にオランダのバルト海貿易の根幹部分へと成長していき，旧来のハンザの貿易体制に楔を打ち込むがごとき意味を持つようになることは，周知のことであろう。これらの点に鑑みれば，1441年のコペンハーゲン条約は，その後のハンザ・オランダ・デンマーク三勢力の間の関係を調整し，おおよその方向付けを行なったという意味で，またオランダのバルト海，北欧に向けた

---

　81) HR, II, 2, Nr. 493. Konrad Fritze, Dänemark und die hansisch - holländische Konkurrenz, S. 86-87.
　82) HR, II, 2, Nr. 494. Dieter Seifert, Kompagnons und Konkurrenten, S. 317.
　83) Ernst Daenell, Der Ostseeverkehr und die Hansestädte, S. 36.
　84) 16, 17世紀にもなれば，対ハンザ関係の見直しが進むなかで，デンマーク諸君主の政策からは自国経済の強化を目的とする重商主義的な意図を見て取ることができる。しかし，17世紀後半においても，ドイツ側ハンザ都市との取引関係は農産物の流出などを通じて密接な状態が続いていた。第9章参照。
　85) こうしたオランダ側の態度はプロイセンにおける同国商人の立場を危ういものとしたが，それでも彼らのこの方面への進出は続いた。交渉が長引くなか，プロイセン及びリーフラントとオランダとの間を行き来する船舶及びその積荷からポンド税を徴収し，それを賠償金の支払いに当てるということで，両者の全権代表（騎士修道会総長とブルゴーニュ公）は，1448年12月にブレーメンにおいて合意した。Klaus Spading, a. a. O., S. 37-40.

本格的な進出の一つの足掛かりとなったという意味で，重要な意義を持ったと考えられる[86]。

小　括——ハンザ都市間の利害対立

　本章では，ハンザ・オランダ・デンマークの関係に注目しながら14世紀末から15世紀前半のバルト海情勢について検討してきた。最後に，組織としてのハンザの一体性という問題に簡単に触れることにより，以上の考察を補っておくことにしたい。
　一般に，ハンザ（ハンザ同盟）は単一の組織として認識されることが多い。だが，それは実に様々な利害を持つ多くの都市から形成された連合体であり，つながりの緩やかな組織であったということができる。既に指摘したように，盛期ハンザの繁栄へと向かう最中，第一次デンマーク戦争の過程でケルン同盟が結成されるときにさえ，ハンザの一体性に問題があることを垣間見ることができた。しかし，諸都市間の利害の食い違いを，ヨーロッパの商業事情が変化していく中でハンザ内部のいわば一つの「構造」として定着させ顕在化させた出来事としては，やはりここで取り上げた，15世紀前半のデンマークとオランダを相手とする二つの戦争が大きな意味を持ったといえる。すなわち，双方の戦争ともに実際に参戦したハンザ都市はリューベックを中心とするヴェンド都市（ヴェンド・ハンザ）のみであった。プロイセンやリーフラントといったバルト海東部の都市群は，ヴェンド・ハンザ対オランダの戦争の際に拿捕の標的になり，オランダとの関係を悪化させたにもかかわらず，参戦

　86）　フォルベーアやドランジェ，フリッツェといったこれまでのハンザ研究者は，バルト海貿易を巡るハンザ・オランダ関係の展開のなかでこの条約が占める位置に注目し，その重要性を指摘している。Friedel Vollbehr, a. a. O., S. 46. Philippe Dollinger, Die Hanse, S. 387. Konrad Fritze, Dänemark und die hansisch - holländische Konkurrenz, S. 87. 一方ザイフェルトは，ハンザ・オランダ戦争を過去の衝突に由来する賠償金の支払いを巡る争いと位置づけたうえで，この戦争に「確執：Fehde」という言葉を当てはめている。彼は，この「確執」の対立面を強調するこれまでの見方に対して批判的であり，さらに条約締結の1441年以降の状況を「確執」以前の状況への回帰と見なしている。詳しくは Dieter Seifert, Kompagnons und Konkurrenten, S. 318-320 を参照。また，「はじめに」の注（8）も参照。

には至らなかったのであった。既に戦争開始以前から，バルト海東部ハンザ独自の利害を窺わせる出来事は存在していた。例えば，1417年頃からハンザによるオランダのバルト海商業に対する締め付けが強化されていたなか，アムステルダムは騎士修道会総長から無料で護衛を得ることができたほか，プロイセン・リーフラント商人が非ハンザ人（恐らくホラント・ゼーラント人など）と会社を結成することもあった。そうした行為に対しては，1421年のハンザ総会が警告を発している[87]。

本章第2節では，ヴェンド・ハンザとは異なるこれらバルト海東部ハンザ都市独自の利害の成立を，オランダのバルト海進出と関連づけながら説明を加えた。二つの戦争の際に見られた双方の都市群の対応の違いは，東西ヨーロッパ間商業をめぐる商業的利害の違いが反映したものであったと見ることができるであろう。すなわち，対西欧貿易へのマイナスの影響を懸念するプロイセンとリーフラントの諸都市は，エーアソン海峡の封鎖に繋がる対デンマーク戦争と，バルト海に進出して徐々に関係を強化しつつあったオランダを敵として攻撃の対象とする戦争のどちらも避ける必要があった。この点で，同じハンザ都市とはいえ，これらバルト海東部ハンザ都市の商業的利害は，ほかならぬオランダのバルト海進出こそが新たな通商動脈の形成を通じて自らの衰退を招くとしてそれを恐れていたリューベックの利害とは，明らかに異なっていたのである[88]。

無論，15世紀半ばまでのバルト海商業の変化は，それ以降の時代と比べればまだそれほど著しいものではない。また，ハンザのオランダ及びデンマークとの関係悪化はこの後も繰り返されていくほか，ハンザ都市の取引規模は今後も拡大を見せていくのであり，ややもすればハンザ史の流れの中で，本章で扱った時期にあえて注目する意義は見失われてしまうかもしれない。バルト海・北海間の動脈から外れるリューベック

---

87) HR, I, 7, Nr. 355, §11. Dieter Seifert, Kompagnons und Konkurrenten, S. 218.
88) レーリヒは次のように述べる。「ズント（エーアソン）海峡を通るオランダ人のバルト海航行がハンザ都市の中心部——リューベックとハンブルクを取り巻くいわゆるヴェンド諸都市とバルト海東岸のハンザ諸都市——に及ぼした全く様々な影響ほどハンザ都市の一体性を弱めるものはなかった」と。フリッツ・レーリヒ（魚住昌良・小倉欣一訳）『中世ヨーロッパ都市と市民文化』創文社，1978年，87ページ。

においても取引規模は拡大していったことが示される。それゆえ，表面的にはハンザの繁栄はこの後も続き，15世紀以降のリューベックのヨーロッパ国際商業における危うい立場も見過ごされてしまうかもしれない。

しかし，以上で見たように，ここで扱った時代は，やがてハンザ商業の展開に致命的ともいえる打撃を与えるオランダのバルト海進出の萌芽の時期に当たる。これまでのハンザ商業とは異質な新たな通商動脈の形成を通じてリューベック（ヴェンド・ハンザ）対オランダという対立の構図が見いだされるようになったのが，15世紀前半であった。さらにまたこの頃は，オランダのバルト海進出をめぐってハンザ内部での諸都市間の利害対立が促され，組織としてのハンザの一体性にこれまで以上の亀裂が生じていく時期でもあった。いうなれば，16世紀にはさらにはっきりとするバルト海貿易の構造変化や組織としてのハンザが抱える問題が，この頃から徐々に看取されるようになったということになろう。すなわち，15世紀前半は，ハンザが成長期から衰退期へと移り変わるハンザの転換期に当たるとともに，後の時代の北方ヨーロッパにおける国際商業の展開にとっても少なからぬ意味を持つ時期であった[89]。本章では，バルト海・北海間商業の動向を見据えながら，ハンザとオランダ，デンマークの三者関係を検討することにより，このような見通しを得ることができた。

では，この時期以降，ハンザ・北欧商業圏を舞台とする商業は具体的にどのような展開を見せていくのであろうか。まず次章では，近世初頭，すなわち15世紀後半から16世紀にかけてオランダのバルト海進出が続くなか，それがバルト海・北海間商業の基本構造にどのような変化を与えたかを，ダンツィヒとリューベックに視点を置きながら検討していくことにしたい。

---

89) プーレは15世紀について，それはハンザの影響が政治的にも経済的にも北方ヨーロッパに強く及んだ時代であったが，その一方，長期的に見てハンザの存立基盤を揺るがすような情勢がハンザの内外に生まれつつあった時代だと述べる。Mattias Puhle, Innere Spannungen, Sonderbünde - Druck und Bedrohung von außen, in: Die Hanse. Lebenswirklichkeit und Mythos, S. 110.

第 5 章

バルト海・北海間商業における
リューベックとダンツィヒ

はじめに

　本章では，リューベックとダンツィヒに視点を置き，15 世紀後半から 16 世紀にかけてのバルト海商業を取り上げる。

　中世後期から近世にかけてのヨーロッパは，二つの大きな危機を経験している。すなわち，ペスト（黒死病）の蔓延により大幅な人口の減少を招いてしまった 14 世紀後半から 15 世紀にかけての危機と，三十年戦争やイギリス革命などの大きな出来事が続く，いわゆる「十七世紀の危機」である。一方，この二つの危機の時代に挟まれた 16 世紀のヨーロッパは経済の拡大期に当たる。すなわち 15 世紀末から 17 世紀初頭までを含めて「長い 16 世紀」と呼ばれるこの繁栄期は，ヨーロッパ北西部を中心とする資本主義世界経済の成立期に相当する。この経済の拡大期に，ヨーロッパの西部や南部では，人口の増大に食糧の生産が追いつかず，しばしば飢饉が発生するようになっていた。そのため増えつつある人口を賄うために穀物をいかに確保するかということが大きな課題となった。とりわけ低地地方は都市が密集しており，都市部の人口を養うには食糧を近郊から調達するだけでは不十分であり，遠方から穀物を調達する必要が生じていた。

　このような穀物不足を解消していく上で，経済史上極めて大きな意味を持つことになったのが，プロイセンやポーランドなど，以前から余剰

穀物を輸出していたバルト海南岸に広がる穀倉地帯である。これら穀倉地帯を後背地に持つダンツィヒやケーニヒスベルク（現カリーニングラード）といった港湾都市は，穀物の積出港として位置づけられ，貿易を通じて西欧側との商業関係を強めていった。

　一方，穀物輸送の中心を担ったのが，15世紀以降バルト海へと盛んに進出し，やがて「最初の近代経済」を打ち立てていくオランダである。オランダの繁栄に最も寄与したといわれる商業・海運業のなかでも，とりわけ重要な部門が，このバルト海貿易であったことはよく知られる。それゆえバルト海貿易はオランダの「母なる貿易」といわれ，多くの研究者の注目を集めてきた[1]。しかし，いうまでもなくバルト海商業は，元来ドイツ・ハンザの掌握下にあった。オランダ商業資本のバルト海進出は，まずは前章で検討したようなハンザ商人との摩擦を伴いつつ，やがては従来のバルト海商業の構造を大きく変えていく。

　それゆえ，ハンザ史においてハンザ後期とされるこの時代は，グローバルな視野の中で見れば，「ヨーロッパ世界経済」として誕生・進化していく資本主義世界経済の形成期にも相当する。ハンザの商業も，オランダ商業を介してこのグローバルな経済の動向とは無縁ではないのである。「ヨーロッパ世界経済」の形成は，ハンザの商業に具体的にどのような影響を与え，またハンザ，リューベックの衰退とどのように関わっているのであろうか。以下では，主に港湾税台帳の分析結果に依拠しな

---

1) 近年の邦語文献のみを挙げておく。石坂昭雄「オランダ共和国の経済的興隆とバルト海貿易（1585-1660）――ズント海峡通行税記録の一分析」，日蘭学会編『オランダとインドネシア』山川出版社，1986年，63-89ページ。山本大丙「商人と「母なる貿易」――17世紀初期のアムステルダム商人」，『史観』第152冊，2005年，52-73ページ。同「貿易ルートの統合――17世紀初期のオランダ・バルト海貿易」，小倉欣一編『ヨーロッパの分化と統合――国家・民族・社会の史的考察』太陽出版，2004年，177-201ページ。玉木俊明「『ズント海峡関税台帳』前編――1560-1657年」，『文化学年報』第41号，1992年，134-154ページ。同「バルト海貿易（1560-1660年）――ポーランド・ケーニヒスベルク・スウェーデン」，『社会経済史学』第57巻第5号，1992年，12-32ページ。同『北方ヨーロッパの商業と経済　1550-1815年』知泉書館，2008年。ミルヤ・ファン・ティールホフ（玉木俊明・山本大丙訳）『近世貿易の誕生――オランダの「母なる貿易」』知泉書館，2005年。バルト海貿易の意義を重視する学説に対しては，例えば，イズラエルのように高価な商品の貿易（Rich Trade）のほうがオランダにとって重要であったとの批判がなされている。山本大丙「商人と「母なる貿易」」52-56ページでイズラエル学説の紹介とそれに対する批判が簡潔にまとめられている。

がら，ハンザ・北欧商業圏が，「ヨーロッパ世界経済」の商業圏に包摂されつつあった時代のバルト海貿易を検討していくことにする。ハンザの盟主と謳われたリューベックとバルト海最大の穀物輸出港へと急成長を遂げるダンツィヒを考察の対象とすることにより[2]，世界経済の構造的な再編成が，ハンザ商業圏内の貿易関係にいかなる影響を与えたか，両市の取引相手地域やバルト海・北海間の通商動脈の移動という問題と関連させながら，その一端を探っていくことにしたい。

1 ダンツィヒの海上商業

前章で検討したようなオランダのバルト海進出は，統計的史料にどのように反映されているであろうか。この節では，ダンツィヒで徴収されたプファール税の記録に依拠しながら，オランダのバルト海進出がこの海域の海上商業にもたらした影響を，まず取引相手地域の面から探ってみることにしたい[3]。プファール税（Pfahlgeld）は，ダンツィヒとエルビング（現エルブロンク）において，港湾施設整備のために輸出入商品に課せられた税であり，後にポンド税と一体化（1454年）してからは，商品と船舶双方が課税の対象となった[4]。

表5-1は，プファール税台帳に基づいて，ダンツィヒに寄港した船舶

---

[2] リューベックとダンツィヒは，バルト海沿岸ドイツの並び立つ「支柱（Eckpfeiler）」といわれる。Hans Karl von Borries, Handels- und Schiffahrtsbeziehungen zwischen Lübeck und Finnland, Jena, 1923, S. 15. ダンツィヒが初めて都市の代表をハンザ総会に派遣したのは，1361年のグライフスヴァルトの総会であった。（ポンド税導入がはじめて決定された会議である。序論第2節参照）ハンザ主要都市の中では遅いほうに属するといえよう。Frank Fischer, Danzig, Die zerbrochene Stadt, Berlin, 2006, S. 55.

[3] 近世ダンツィヒの海上商業を扱った邦語文献として以下がある。酒井昌美「ダンチヒの海上貿易――16世紀の北欧・中欧における商品流通の移動」，『帝京史学』第5号，1990年，205-213ページ。ここでシルトハウアーのダンツィヒ海上商業に関する研究が簡潔に紹介されている。

[4] プファール税の台帳の記載項目は，記載された時代や場所により違いがあるものの，ポンド税台帳と同様，船長，出港地・目的地，品目，その量，品目ごとの税額，船舶価格，船長への課税額などに及び，バルト海・北海貿易の実態解明のために不可欠なデータを記録している。Johannes Schildhauer, Hafenzollregister des Ostseebereiches als Quellen zur hansischen Geschichte, in: HGbll, 86, 1968, S. 63ff.

第 5 章 バルト海・北海間商業におけるリューベックとダンツィヒ　　141

表5-1　ダンツィヒに寄港した船舶

(単位：隻)

船籍地	1460年		1476 (75) 年		1530年		1583年	
合計	船籍地数	船舶数	船籍地数	船舶数	船籍地数	船舶数	船籍地数	船舶数
低地地方	5	11	31	160	36	235	57	1,015
(ホラント)	2	3	13	87	19	165	32	680
(ゼーラント)	1	2	8	27	5	8	7	18
(その他)	2	6	10	46	12	62	18	317
デンマーク	1	2	3	5	4	34	10	122
ノルウェー	−	−	1	8	−	−	4	11
スウェーデン	9	97	13	96	12	35	17	82
フィンランド	1	9	5	34	1	20	2	24
リーフラント	4	30	6	25	3	9	4	41
プロイセン	−	−	1	2	3	169	7	182
ヴェンド諸都市	12	109	13	274	15	103	16	288
(リューベック)		59		168		24		66
シュレスヴィヒ/ホルシュタイン	2	7	2	6	1	2	12	151
北海沿岸ドイツ	1	2	1	2	2	14	4	264
イングランド	2	5	5	15	3	16	1	1
スコットランド	1	3	1	7	3	12	5	22
フランス	1	7	2	31	−	−	8	12
ポルトガル	−	−	1	1	−	−	−	−
不明	−	−	−	−	3	3	5	5
合計	39	282	85	666	86	652	152	2,230

備考）(1) シルトハウアーは，1476年の記録がない場合は1475年の記録を用いたと断っているが（出典文献190ページ），どの船籍地で用いたかは述べていない。
(2) ダンツィヒ船籍の船は，1530年に167隻，1583年に153隻が記録され，プロイセンの項目に含まれる。

出典　J. Schildhauer, Zur Verlagerung des See- und Handelsverkehrs, S. 204-205 より作成。

を船籍地ごとに分類したものである。寄港船舶の総数を見ると，1460年が282隻であるのに対し1583年が2,230隻となっており，15世紀後半以降，ダンツィヒにおける取引規模が拡大していったことが窺える。また，ダンツィヒに出入りした船舶の船籍地の数は，同じ時期に39地点から152地点へと増加しており，取引規模の拡大が取引相手地域の拡大をも伴っていたことがわかる[5]。

---

5) Johannes Schildhauer, Zur Verlagerung des See- und Handelsverkehrs im nordeuropäischen Raum während des 15. und 16. Jahrhunderts. Eine Untersuchung auf der Grundlage der Danziger Pfahlkammerbücher, in: Jahrbuch für Wirtschaftsgeschichte, 1968, Teil IV, S. 206. 以下本文にでてくる比率はシルトハウアーによる計算 (S. 206の表) を四捨

船籍地の内訳を見ると，低地地方からの入港の著しい増加が明らかである。1460年における低地地方全域からの入港記録は11隻であるが，これは後述する十三年戦争の影響を受け，平年を下回っているものと考えられる[6]。しかし，1476（1475）年，1530年，1583年にかけてそれぞれ160隻，235隻，1,015隻と増加を続け，ダンツィヒ寄港船舶全体に占める割合も，24％，36％，46％と上昇傾向を示している。低地地方各地域の内訳を見ると，ホラント地方からの寄港数が一番多く，次いでフリースラント，フロニンヘンとなり，オランダ（北ネーデルラント）諸邦の船舶が大多数を占めていたことがわかる。ちなみにホラント地方に関して都市ごとの内訳を示しておくと，1583年の上位五都市は，エンクハイゼン117隻，ヴリーラント116隻，メデムブリヒ85隻，アムステルダム62隻，ホールン55隻となる[7]。

かくして，15世紀後半以降のダンツィヒの貿易規模の拡大，並びに海上貿易におけるオランダ船舶の比重の増大が明らかになった。

次にヴェンド・ハンザ地域の船舶を見ていこう。この項目には，リュ

五入して表示。ところで，シルトハウアーは，各年度の数値が入港と出港のいずれに関するものか明示していないが，この点は，ノルトの研究から確認することができる。それによると，1460年は入港数，1476（1475）も入港数，1530年は出港数とされ，1583年に関してノルトは入港数2,220と出港数2,099の両方を挙げている。数値の近似性から見てシルトハウアーの挙げている2,230は入港数と考えられる。Michael North, Geldumlauf und Wirtschaftskonjunktur im südlichen Ostseeraum an der Wende zur Neuzeit (1440-1570), Kieler Historische Studien, Bd. 35, Sigmaringen, 1990. なお，シルトハウアーとノルトそれぞれが挙げている数値には若干の違いがあるが，ここではシルトハウアーの挙げる数値に依拠することとし，入港数と出港数の区別がなされていないことから，寄港数として統一することにした。

6) Johannes Schildhauer, Zur Verlagerung des See- und Handelsverkehrs, S. 207, Anm. 28. 例えば，戦争前の1443年には低地地方から120隻が入港したとの記録がある。Heinz Lingenberg, Die Hanse im Ostseeraum. Pommerellen, Preußen und Lievland, in: Von Pommern bis zum Baltikum. Die Hanse im Ostseeraum, 12. bis17. Jahrhundert, Bonn, 1983, S. 52.

7) Johannes Schildhauer, Zur Verlagerung des See- und Handelsverkehrs, S. 192. オランダ海運隆盛の理由の一つに高い技術力と運賃の安さがあった。Maria Bogcka, Danzig an der Wende zur Neuzeit: Von der aktiven Handelsstadt zum Stapel und Produktionzentrum, in: HGbll, 102, 1984, S. 92. リーフラント商人，それにリーフラントで取引を行なうリューベック商人さえも，バルト海・北海間の輸送では運賃の安いオランダの海運力を利用した。Norbert Angermann, Die Bedeutung Livlands für die Hanse, in: Die Hanse und der Deutsche Osten, hg. v. N. Angermann, Lüneburg, 1990, S. 110.

第5章　バルト海・北海間商業におけるリューベックとダンツィヒ

ーベックを中心としたロストック，シュトラールズント，ヴィスマルなどのバルト海南西海域一帯の都市が含まれる。この地域の船舶は，1460年に109隻，1583年に288隻が記録されており，この期間に二倍強の増加を確認することができる。その中からリューベック船舶のみを取り出すと，1460年は59隻，1476（1475）年は168隻，1530年は24隻，1583年は66隻となる。ところが，ダンツィヒ寄港船舶全体に占めるヴェンド・ハンザの比重を見ると，それは著しい低下傾向を示す。1460年の109隻は，総数282隻の約39％を占め，ダンツィヒの取引相手地域の中で最大のシェアを誇っていた。ところが，1583年の288隻は，総数2,230隻の約13％を占めるに過ぎない。さらにリューベック船舶のみを取り出して見れば，もっと著しい比率の減少が見られる。すなわち，1460年の59隻は，ダンツィヒ寄港船舶全体の約21％を占めるのに対して，1583年の66隻は，全体の僅か3％を占めるに過ぎないのである[8]。

　ダンツィヒにおけるオランダ船舶の大量入港は，リューベック船舶の比重を著しく低下させていった。これは，ダンツィヒ以西の東西間商業が，リューベックを経由するルートからエーアソン海峡を経由する海路へと，流れを移していったことを意味する。

　ハンザ最盛期におけるバルト海・北海間商業の基幹線は，東からノヴゴロド・ダンツィヒ・リューベック・ハンブルク・ブリュージュ・ロンドンを結ぶルートであった。このうちリューベックとハンブルクとの間は，オルデスローを経由する場合であれば，まずリューベックからオルデスローまでが水路（トラーフェ川）で，さらにオルデスローからハンブルクまでが陸路で連絡されていたため，商品を川船や荷車に積換える必要があった[9]。この東西間の動脈は，リューベックにおいて，ベルゲンやニュルンベルクに至る南北のルートと交差しており，リューベック

---

8) ダンツィヒの取引全体に占めるリューベックの比率の低下は，以下でも指摘されている。Heinz Lingenberg, Danzig, in: Die Hanse. Lebenswirklichkeit und Mythos; Textband zur Hamburger Hanse-Ausstellung von 1989, hg. v. J. Bracker, V. Henn und R. Postel, Lübeck, 1999, S. 370-387.

9) 1388年のシュテクニッツ運河の完成により，リューベックはハンブルクと水路で連絡されることになった。しかしこの運河は，もともとはリューネブルク産の塩の輸送を目的として建設されたものであった。第1章第1節を参照。

は，商品の積換えを通じて，北欧・ハンザ商業圏における一大商品集散地として繁栄してきたのである。しかしながら，早くも13世紀中頃には迂回航路を経由したオランダ船のバルト海進出が記録され[10]，15世紀にその頻度が増してくると，前章でも指摘したように，オランダ商人の受け入れを巡ってハンザ都市の間には考え方の違いが生じていたのだった。

　リューベックは，自らの意向をハンザの商業政策に反映させて，リューベックやブリュージュといったハンザの通商拠点における一連のシュターペル改革（規制強化，詳しくは第6章注（8）を参照）を通じてバルト海・北海間を流通する高価な商品のこれら都市への集荷と通過とを義務付けていった。しかし，こうした保守的ともいうべきリューベック主導の政策は，ダンツィヒやリーガ，レーヴァルといった，オランダとの経済関係構築に積極的だったバルト海東部のハンザ都市の反発を招くばかりであった[11]。15世紀も後半になれば，低地地方の北部（オランダ）が海路バルト海商業を営む際の通商拠点として，さらに低地地方南部では，ブリュージュに代わってアントウェルペンがいよいよ世界商業の中心として発展していく兆しが窺えるはずであった。にもかかわらず，リューベックを中心とするハンザ主導部は，ブリュージュ重視の方向を変えず，しかもシュターペルの維持・強化という伝統的な独占政策に依拠してい

　10）　Walther Vogel, Geschichte der deutschen Seeschiffahrt, Bd. 1, Berlin, 1915, S. 189. 1251年にデンマーク王アーベル（Abel）は，迂回航海を行なう航海者に対して認可状を発行した。Rolf Hammel-Kiesow, Lübeck and the Baltic Trade in Bulk Goods for the North Sea Region 1150-1400, in: Cogs, Cargoes, and Commerce: Maritime Bulk Trade in Northern Europe, 1150-1400, ed. by L. Berggren, N. Hybel, A. Landen, Papers in Medieval Studies 15, Tronto, 2002, p. 78.

　11）　リューベックにおける東西間商業管理政策——ヘプケの言う「トラーフェシュターペル（Travestapel）」——については，Rudolf Häpke, Der Untergang der hansischen Vormachtstellung in der Ostsee (1531-1544), in: HGbll, 18, 1912, S. 87を参照。市外から持ち込んだ商品をリューベック市民に販売することを義務付け，そのまま通過（Durchfuhr）させることを禁止する政策は，やがては隣人とも言えるハンブルクとの対立をも招くようになる。Ernst Baasch, Die »Durchfuhr« in Lübeck. Ein Beitrag zur Geschichte der lübischen Handelspolitik im 17. und 18. Jahrhundert, in: HGbll, 13 (Jg. 34), 1907, S. 109-152. 概して16世紀のリューベック市および同市主要商人の掲げる政策は，ハンザ発展期と比べて保守的になった。Klaus Friedland, Kaufmannstum und Ratspolitik im späthansischen Lübeck, in: ZVLGA, 43, 1963, S. 17. なお，いわゆるシュターペルについては，これまで「規制」という側面から捉えられてきたが，その見直しが主張されている。第6章の注（8）を参照。

くのだった。エーアソン海峡を経由する東西間の通商の大動脈がダンツィヒとオランダの間に形成されつつあった頃，ハンザ内部にはオランダの受け入れのみならず，こうした政策を巡っても亀裂が生じていたのである[12]。

ところで，上で確認されたようなダンツィヒにおけるオランダ船舶の増大が穀物輸出の増大と関連していたことは繰り返すまでもないことだが，ダンツィヒの穀物集散地としての発展を決定づけた政治的な契機としては，十三年戦争（1454—1466年）の和平条約，第二トルンの和議を挙げることができるだろう[13]。ドイツ騎士修道会の支配下にあったダンツィヒをはじめとする諸都市が，ポーランドと共に騎士修道会に立ち向かうことになった背景の一つには，穀物取引拡大という方向での両者の経済的利害の一致があった[14]。第二トルンの和議により騎士修道会は，ポーランド王を宗主（Oberherr）として仰ぐことになり，西プロイセン，エルムラントなどがポーランド領となった。ここにダンツィヒとポ

---

12) ハンノ・ブラント（玉木俊明訳）「ホラント・ブルゴーニュとブリュージュにおけるハンザのステープル政策——1440-1500年頃」，『市場史研究』第27号，2007年，4-19ページを参照。ブリュージュのステープル（シュターペル）政策については，我が国では高村象平による先駆的な研究がある。高村象平『ハンザの経済史的研究——西欧中世都市の研究2』筑摩書房，1980年，第5章「ブリュージュ指定市場の争奪」，155-179ページ（初出は1938年）。商業史を含むブリュージュ史に関する総合的な成果として，以下の邦語文献がある。川原温『ブリュージュ——フランドルの輝ける宝石』中公新書，2006年。商業については，20-65ページを参照。アントウェルペンの発展について，代表的な研究として以下を挙げておく。H. Van der Wee, The Growth of the Antwerp Market and the European Economy (14th-17thCentury), The Hague, 1963. なお，アントウェルペンの発展については，以下第6章においてケルン商業の展開との関わりで触れる。

13) 十三年戦争については，阿部謹也『ドイツ中世後期の世界』未来社，1974年，323-355ページを，また，戦争に際してのリューベックとダンツィヒとの関係については，Walter Stark, Lübeck und Danzig in der zweiten Hälfte des 15. Jahrhunderts. Untersuchungen zum Verhältnis der wendischen und preußischen Hansestädte in der Zeit des Niedergangs der Hanse, AHS, Bd. 11, Weimar, 1973, S. 163-183 を参照。

14) 騎士修道会はポーランド人にヴィスワ（ヴァイクセル）川の自由通行を認めていなかった。しかし，ポーランドからの木材，穀物の輸出は，15世紀初頭以来プロイセン諸都市やポーランドの経済を大きく左右するまでになっていた。阿部謹也，前掲書，326, 331ページ。Marian Biskup, Das Reich, die wendische Hanse und die preußische Frage um die Mitte des 15. Jahrhunderts, in: Neue Hansische Studien, Berlin, 1970, S. 341. 15世紀前半のダンツィヒを中心とするプロイセン都市とポーランドとの商業関係については，以下を参照。Marian Biskup, Die polnisch-preußischen Handelsbeziehungen in der ersten Hälfte des 15. Jahrhunderts, in: Hansische Studien, Berlin, 1961, S. 1-6.

ーランドとの間の活発な取引を妨げていた政治的障壁は取り除かれ，ダンツィヒは，ヴィスワ川流域に広大なヒンターラントを持つことになった。

その後のダンツィヒの穀物輸出の増大は，表5-2から明らかであろう。1470年に2,200ラストであった穀物の輸出は，1492年に10,000ラストを超え，なおも増加を続けていった。エーアソン海峡の通航税台帳によると，16世紀後半から17世紀後半にかけて，ダンツィヒのライ麦輸出は，バルト海地域全体の輸出量の70%を占めるまでに至った[15]。また同じ台帳によれば，バルト海地域から北海方面に向かった商品総額の約50%を，ライ麦を中心とした穀物が占めていたわけで[16]，恐らく，安くてかさばる穀物が船腹全体に占める割合は，それをかなり上回っていたと考えてよかろう。バルト海東西貿易の代表的商品となった穀物は，その圧倒的部分がダンツィヒから積出された。オランダ船舶を中心に営まれたダンツィヒの東西間商業が，「長い16世紀」のバルト海・北海間貿

表5-2　ダンツィヒの穀物輸出

年度	輸出量（ラスト）	1492年=100
1470	2,200	21
1490	9,500	93
1492	10,200	100
1530	14,000	137
1557	21,000	205
1565	44,600	437
1575	25,300	248
1595	31,200	305
1615	32,600	319
1635	48,100	471
1646	43,400	425

出典）H. Samsonowicz, Changes in the Baltic Zone in the XIII-XVI Centuries, In: JEEH, 4-3, 1975, p. 669, Table IV.

---

15)　石坂昭雄「オランダ共和国の経済的興隆とバルト海貿易」，78-79ページ。ダンツィヒでは，1536年に300以上の倉庫が燃えたとの記録がある。この数は十三年戦争以前の倉庫の数（120から130）と比べるとはるかに多い。こうした倉庫の数の増加からも，穀物など嵩の張る商品の取引量の増大が窺える。Erich Keyser, Die Baugeschichte der Stadt Danzig, Köln/Wien, 1972, S. 317.

16)　石坂昭雄，前掲論文，75ページ，第4表。

易の核を成していたのである。

次に，商品構成の面からダンツィヒの海上貿易を検討していこう。

表5-3 は，(1)で 1510 年の輸入と(2)で 1530 年の輸出を表示している[17]。まず(2)の輸出の方を見ると，輸出全体に占める穀物の割合が 40％近く（195,000 プロイセン・マルク）にまで達しており，その圧倒的部分がライ麦（140,000 プロイセン・マルク）であったことがわかる。次が木材となるが，穀物輸出急増以前はこの木材が最大の輸出品であった。木材は，ポーランドやリトアニアのヒンターラントから筏に組んでダンツィヒに運び込まれたが，過度の伐採が続いた結果，輸出は減少傾向にあったという[18]。しかし 1530 年の段階で，木材はなお 25％近い比率を占めていた。林産品のなかではタールが，金属のなかでは銅が大きな比重を持った。銅は，フッガー家の支配するノイゾールを中心としたスロヴァキア（現ハンガリー）産のもので，ブレスラウ（現ブロツワフ）を経由してダンツィヒに運び込まれ，そこから主にアントウェルペンに向かった[19]。

---

17) サムソノヴィチは，この出典文献（Henryk Samsonowicz, Le commerce maritime de Gdańsk dans la première moitié du 16 siècle, in: Studia Historiae Oeconomicae, 9, 1974）とは別の文献で，15 世紀後半（1460, 1470, 1475, 1492 年）におけるダンツィヒの海上貿易を収支が比較できる形にまとめているが（Henryk Samsonowicz. Untersuchungen über das Danziger Bürgerkapital in der zweiten Hälfte des 15. Jahrhunderts, AHS, Bd. 8, Weimar, 1969, S. 33, 34, Tab. 1），後者の集計に対してはシュタルクとシルトハウアーが批判を加えている。すなわち，サムソノヴィチは船舶価格から商品価格を導き出してしまったという。Johannes Schildhauer, Der Seehandel Danzigs im 16. Jahrhundert und die Verlagerung des Warenverkehrs im nord- und mitteleuropäischen Raum, in: Jahrbuch für Wirtschaftsgeschichte, 1970, Teil III, S. 156-157. Walter Stark, a. a. O., S. 26-27. こうした批判があることに鑑み，ここでは 15 世紀に関するサムソノヴィチの統計は利用していない。但し 15 世紀のものでも商品の金額ではなく量に関しては問題ないという。

18) Henryk Samsonowicz, Untersuchungen über das Danziger Bürgerkapital, S. 36. ポーランド国内で建築資材の需要が増加していたという。Michael North, The Export Trade of Royal Prussia and Ducal Prussia 1550-1650, in: From the North Sea to the Baltic. Essays in Commercial, Monetary and Agrarian History 1500-1800, Variorum, Hampshire, 1996, p. 389.

19) ダンツィヒは，フッガー家の扱う銅の主要な経路に位置していた。フッガー家とハンザ，バルト海との関係については以下を参照。Götz Freiherr von Pölnitz, Fugger und Hanse. Ein hundertjähriges Ringen um Ostsee und Nordsee, Tübingen, 1953. 邦語文献では，松田緝『ヤーコプ・フガー』丘書房，1982 年，10「北方におけるハンザとの激突」141-161 ページ，諸田實『フッガー家の時代』有斐閣，1999 年，43, 46-47 ページを参照。例えば 16 世紀前半にダンツィヒを経由してアントウェルペンに送られたノイゾール産銅は，そこで採掘・精錬された銅の約 40-60％を占めた。Ekkehard Westermann, Silberrausch und Kanonendonner. Deutsches Silber und Kupfer an der Wiege der europäischen

表 5-3　ダンツィヒの海上貿易
(1)　1510年の輸入

品　目	価　格 (プロイセン・マルク)	価格比 (%)
食肉・油脂	6,200	2.3
脂身	3,200	1.2
バター	1,500	0.5
食肉	1,500	0.5
魚・魚製品	76,000	29.2
鰊	60,000	23.0
鮭・その他	7,000	2.7
魚油	9,000	3.4
塩	33,000	12.6
金属	12,000	4.6
鉄	11,000	4.2
銅・鉛	1,000	0.3
毛織物	82,000	31.5
ワイン	2,000	0.7
植民地・南欧産品	42,700	16.4
胡椒	200	0.07
イチジク	15,000	5.7
干し葡萄	1,500*	0.5
米	3,000	1.1
砂糖・カラメル	15,000	5.7
その他	8,000	3.0
その他	6,100	2.7
合　計	260,000	100.0

＊) 原表では15,000。
出典)　H. Samsonowicz, Le commerce Maritime de Gdańsk, p. 51 より作成。

(1)の輸入に目を転ずると，価格比から見て大きさの順に毛織物，鰊，植民地物産，塩と続くが，植民地物産が三番目に位置している点が注目される。砂糖や地中海産の果実などの品目は，オランダを介してのポルトガル・アントウェルペン経由での通商関係の形成を推測させる。毛織物，鰊，塩の比重が大きいのは，15世紀と変わらない。しかし，鰊に関しては，デンマーク（スコーネ Scanie）産にかわってオランダの北海

Weltherrschaft, Lübeck, 2001, S. 33.

第5章　バルト海・北海間商業におけるリューベックとダンツィヒ　　149

表 5-3

(2) 1530 年の輸出

品　目	価　格 (プロイセン・マルク)	価格比 (%)
穀物・小麦粉	195,000	39.0
ライ麦	140,000	28.0
小麦	42,000	8.4
小麦粉	13,000	2.6
ホップ・ビール	11,600	2.3
ホップ	5,000	1.0
ビール	6,600	1.3
木材＊	122,000	24.4
林産品＊＊	45,000	9.0
皮・毛皮	20,000	4.0
金属	38,800	7.7
鉄	8,800	1.7
銅	30,000	6.0
塩	20,000	4.0
その他	47,600	9.5
合　計	500,000	100.0

＊)　木材の細目：wańczos, wagenschoss, douve, riemen, bogenholz, madriers
＊＊)　林産品の細目：タール，木タール，灰。
出典）H. Samsonowicz, Le commerce Maritime de Gdańsk, p. 54 より作成。

産のものが，塩に関しては，リューネブルク産にかわって西フランス産のものが，それぞれシェアを増大させた[20]。

　貿易収支についても一言述べておこう。表 5-3 の(1) 1510 年の輸入と(2) 1530 年の輸出の 20 年のずれは，厳密な貿易差額の算出を困難にするが，穀物輸出の増加傾向にかんがみ，ここではダンツィヒの出超傾向を指摘するのが妥当だろう[21]。これは，エーアソン海峡通過商品における

---

　20)　1510 年のスコーネ産鰊の割合は，23%でしかなかった。また，同年の塩の輸入元を見ると，フランスのブロアージュ（Brouage）が 67.2%を占めたのに対して，リューベック（リューネブルク塩の搬出港）の割合は，7.3%でしかなかった。Henryk Samsonowicz, Le commerce maritime de Gdańsk, p. 52, Tab. 2, p. 53, Tab. 4.
　21)　Ibid. p. 56. 1583 年に入港した 2,220 隻のうち 856 隻（38.6%）はバラスト積みの

東方バルト海側の出超傾向とも合致するものである[22]。すなわち，これは北海側オランダのバルト海貿易の入超・赤字を意味する。赤字であったにも関わらず，穀物を中心とするバルト海商業は，オランダにとって「母なる貿易」と称えられるほど大きな意味を持つ貿易部門であった[23]。

　以上を要約すれば，以下のようになろう。すなわち，「ヨーロッパ世界経済」において，バルト海地域が西欧向け食糧・原料供給地域としての役割を鮮明化させつつあった時代，プロイセン，ポーランド方面に広がる後背地からダンツィヒに集中した穀物や諸原料は，オランダ船舶により海路を経由して同国をはじめ西欧各地に輸出されることになった[24]。このような東西間での商業関係の形成に際し，リューベックがバルト海・北海間商業において関与することができる余地は限られることになってしまった。では，こうした状況のなか，リューベックのバルト海商業の内容はどのようなものであったか，取引相手地域の面から次に見ていくことにしよう。

船であった。多くの船舶が穀物や木材を積込むことを目的としてダンツィヒに入港したのである。Jonannes Schildhauer, Der Seehandel Danzigs im 16. Jahrhundert, S. 158. 但し，その百年ほど前の1409年と1411年のダンツィヒのポンド税台帳を集計したジェンクスによれば，この両年のダンツィヒの収支は赤字であったという。Stuart Jenks, Das Danziger Pfundzollbuch von 1409&1411, Einleitung, in: HGbll, 2006, S. 158.

　22）石坂昭雄，前掲論文，82ページ，表7。

　23）拙稿「近世ヨーロッパ経済とオランダ——オランダ東インド進出の経済的背景」，『長崎県立大学論集』第36巻第4号，2003年，341-345ページ。なお，オランダのバルト海貿易に関して，詳しくは，前掲の玉木「バルト海貿易」，同『北方ヨーロッパの商業と経済1550-1815年』，M・v・ティールホフ『近世貿易の誕生』を参照。

　24）大量のオランダ船がダンツィヒに入港するようになったとしても，ダンツィヒ商人の市外での取引が衰退してしまったわけではない。例えば，1565年にダンツィヒを出港したオランダ船1431隻のうち，全体の19％（268隻）はダンツィヒ商人の商品を積込んでいた。彼らはアムステルダムでも重要な位置を占めていたという。Milja van Tielhof, Der Getreidehandel der Danziger Kaufleute in Amsterdam um die Mitte des 16. Jahrhunderts, in: HGbll, 113, 1995, S. 94-96, 109.

2 リューベックの海上商業

ダンツィヒに向けたオランダ船の入港が増えつつあった頃のリューベックの海上貿易を俯瞰することのできる史料としては、1579年8月から1581年8月までに同港を出港した船舶の記録がある。これは、この期間にリューベックを出港した船舶の船長を記録した名簿であるが、記載は個々の商品にまでは及んでおらず、商品構成、ないし取引金額といった面からの分析に利用できないという限界がある[25]。しかし、リューベックの海上貿易全体の俯瞰を可能にする数少ない史料の一つとして、ポンド税の記録と共にここで用いていくことにする。

さて、表5-4はこの名簿をもとに、出港船舶を行き先ごとに分類したものである。各年度の出港総数を見ると、1579年(8月26日以降)に710隻、1580年に1,982隻、1581年(8月15日まで)に1,359隻が記録されているが、この二年間の出港総数が4,051隻であることからして、当時のリューベックにおける年平均出港数は約2,000隻前後だったと推測してよかろう。これは、既にハンザの衰退期とされる15世紀後半のみならず、最盛期とされる1370年頃と比べてさえ、著しく多い。レヒナーによるポンド税台帳の集計によれば、1368年にリューベックを出港した船舶は911隻であった[26]。また15世紀末の同台帳の集計を試みたブルンスによれば、当時リューベックを出港した船舶の数は次の通り

---

25) この史料を検討したジャナンによれば、この史料は、対ナルヴァ貿易を阻止しようとするスウェーデン側の警備が厳しくなった結果作成されるに至ったという。北方七年戦争の余燼が燻るなか、スウェーデンは1579年8月にナルヴァ入港船舶の拿捕を通告してきたため、船長達はナルヴァが目的地でない旨を明記した証書を携えて航海の安全を確保する必要があった。名簿の冒頭には、以下に名を連ねる船長はナルヴァへ航海しないとの旨が記されている。Pierre Jeannin, Contribution à l'étude du commerce de Lubeck aux environs de 1580, in: Hansische Studien, Heinrich Sproemberg zum 70. Geburtstag, Berlin, 1961, pp. 166-167. また、本文中で指摘した欠点意外にも、必ずしもすべての船舶が記録されているわけではない点、重複して記録された航海も存在する点が、この史料の欠点として指摘されている。ジャナンによる綿密な史料批判は、Ibid., pp. 168-177. を参照。

26) Georg Lechner, Die hansischen Pfundzollisten des Jahres 1368. QDHG, NF, Bd. 10, Lübeck, 1935, S. 66.

表 5-4 リューベックを出港した船舶の数

行 き 先	1579 年（8 月 26 日以降）	1580 年	1581 年（8 月 15 日まで）	合計
西欧諸港	1	39	39	79
アイスランド	–	3	–	3
ノルウェー，北海沿岸スウェーデン	34	101	45	180
メクレンブルク・ポメルン	145	372	252	769
ヴィスマル	28	71	26	125
ロストック	29	96	45	170
シュトラールズント	27	65	46	138
シュテッティン	34	67	62	163
プロイセン	25	100	51	176
ダンツィヒ	11	60	33	104
ケーニヒスベルク	13	60	17	67
リーフラント	25	71	75	171
リーガ	6	25	19	50
レーヴァル	10	16	10	46
フィンランド	10	37	20	67
ヴィボルク	1	12	12	25
スウェーデン，ゴトランド	26	100	64	190
ストックホルム	10	26	14	50
ゴトランド	1	24	21	46
デンマーク*	441	1,149	785	2,375
不明	3	10	28	41
合　計	710	1,982	1,359	4,051

*) ズント地方（恐らくショーネン（スコーネ）のことだろう），シュレスヴィヒ・ホルシュタイン，ボルンホルム島が含まれる。

出典）P. Jeannin, Contribution à Étude du Commerce de Lubeck, p. 168, Tab.no. 1.

であった[27]。

1492 年	1493 年	1494 年	1495 年
約 600 隻	423 隻	367 隻	287 隻

すなわち，リューベック海上貿易の規模は，出港船舶数から見て，15世紀後半から 16 世紀にかけて，三倍以上の伸びを示したのである[28]。

---

27) Friedlich Bruns, Die lübeckischen Pfundzollbücher von 1402-1496, in: HGbll, 11, 1904-5, S. 118. なお，ブルンスは，これら船舶数の集計値が，あくまでも試算値である旨を断っている。

28) Pierre Jeannin, op. cit., p. 177. なお，ジャナンはポンド税台帳の史料的制約を考慮した上で，1492—1495 年の平均出港数を 500 隻（ブルンスの試算値の平均は 419 隻）と推定した上で，1580 年との比較を行なっている。Ibid., p. 177, note 42.

15世紀以降，ハンザは様々な困難に直面していく。それゆえこの時期は，長期的に見てハンザが成長から衰退へと局面を転換していく時期に当ると考えられるのであり，その諸状況の一端を前章で検討したのであった。同じような局面の転換は，ハンザの中心に位置したリューベックの都市経済においても見出すことができる。例えばリューベックでは，15世紀から16世紀前半にかけて税収（Schoßeinnahmen）が減少する傾向にあった。ハメル・キーゾウは，15世紀末のリューベック経済は下降局面に位置したと述べる。それゆえ，ポンド税台帳に記録が残る1492—96年は，リューベックの経済サイクルが底に達する前のまさに下降期に該当すると考えられる[29]。またリューベックは，14世紀後半から15世紀初頭にかけて他のハンザ都市と同様，市民闘争による混乱に見舞われた。14世紀後半から16世紀にかけて，ハンザ都市では市民同士の経済格差が拡大していたことを，斯波照雄が指摘している[30]。リューベックを含めたハンザ各都市で，当時社会的な困難が増していたのである。

ハメル・キーゾウによれば，15世紀への世紀転換期に最盛期を迎えたリューベックは，15世紀から16世紀の20年代にかけて商業の「暗黒時代」（Das schwarze Zeitalter）を経験したとされる[31]。とりわけ16世紀前半，リューベックは宗教改革と強引とも言えるハンザ建て直し政策を掲げた市長ヴレンヴェーバーの登場によりはなはだしい混乱に陥った。ヴレンヴェーバーは，特権の確保という旧ハンザ的な商業体制の維持と，バルト海・北海間商業の主導権回復を旗印に，オランダ，デンマ

---

29) Rolf Hammel-Kiesow, Schoßeinnahmen in Lübeck (1424-1811) und Hamburg (1461-1650), Überlegung zur Interpretation vorindustrieller Zeitreihen, in: Das Gedächtnis der Hansestadt Lübeck. Festschrift für Antjekathrin Graßmann zum 65. Geburtstag, hg. v. R. H. -Kiesow und M. Hundt, Lübeck, 2005, S. 308. Ders., Hansischer Seehandel und wirtschaftliche Wechsellagen. Der Umsatz im Lübecker Hafen in der zweiten Hälfte des 14. Jahrhunderts, 1492-96, und 1680-82, in: Der hansische Sonderweg? Beiträge zur Sozial- und Wirtschaftsgeschichte der Hanse, Hg. v. S. Jenks u. M. North, Köln/Weimar/Wien, 1993, S. 90.

30) 斯波照雄「15世紀におけるハンザの動向について——ハンザ商業と都市経済事情」，『商学論纂』（中央大学），第40号第1・2号，1998年，50-51ページ。

31) Rolf Hammel-Kiesow, Von Tuch und Herring zu Wein und Holz. Der Handel Lübecker Kaufleute von der Mitte des 12. bis zum Ende des 19. Jahrhunderts, in: Der Lübecker Kaufmann. Aspekte seiner Lebens- und Arbeitswelt vom Mittelalter bis zum 19. Jahrhunderts, hg. v. G. Gerkens, u. A. Graßmann, Lübeck, 1993, S. 13.

ークに対して果敢に戦いを挑んでいった。しかし，そのような反動的な強攻策は成功すべくもなく，ヴレンヴェーバーは失脚，そして処刑（1537年）という政治的激変を経て，リューベックのバルト海地域における威信失墜は加速化されてしまった。しかし，それにもかかわらず，船舶数から見れば，同市の海上貿易は拡大傾向が見られたのである。

では，ここでは船舶数の増加として窺うことのできるリューベックの取引規模の拡大は，はたしてそのままリューベック商業の「発展」と見なしてよいのであろうか[32]。「ヨーロッパ世界経済」の誕生を背景としてオランダがバルト海に進出してくるなかで，ハンザの商業構造は，これまで見てきたような変容を強いられてきた。ハンザ商業に致命的な打撃を与えるはずのこうした商業構造の変化は，リューベックの商業にも大きな変化を強いたはずである。単なる寄港船舶数の増加のみからは窺うことのできない，構造面での変化が看守されるとすれば，それはどこに見出すことができるであろうか。以下ではその変化を，取引相手地域の面からリューベック商業のなかに探ってみることにしたい。

再び表5-4に戻り，今度は地域ごとの内訳を見ていこう。直ちに明らかとなるのは，地理的に近い地域との取引がいかに活発であるかということである。デンマーク，シュレスヴィヒ・ホルシュタイン方面に向かった船舶は，2年間で合計2,375隻であり，出港総数の過半数（59％）に達する。次いでメクレンブルク・ポメルン地域が多く，その769隻は出港総数の19％を占める。ヴィスマルやロストック，シュトラールズントなど，ヴェンド・ハンザ内部での，リューベックを中心とした活発な取引関係を窺うことができる。こうした近隣諸地域との交易では，主に小型船のシューテ（Schute）型，中型船のクライヤー（Kreyer）型船舶が用いられていたと考えられる[33]。バルト海の他の地域との取引を

---

[32] ハメル・キーゾウは，「暗黒時代」の後の16世紀30年代から18世紀までをリューベック商業の「緩やかな再度の発展期」として位置づけている。Ebenda, S. 13. このような，やや曖昧な位置づけのされ方にも，序論でも指摘したような，オレヒノヴィッツがパラドックスとして注目するハンザの一筋縄ではいかない盛衰の傾向，すなわち，16世紀ハンザの政治的衰退と経済的発展の並行的出現が反映されているといえるのではないだろうか。ハメル・キーゾウが指摘する「緩やかな再度の発展期」のうち，17世紀末までの「発展」が具体的にどのような内容のもので，ハンザの衰退と関連させてどのように解釈されるかは，以下本章と第9章で示される。

見ると，スウェーデン，ゴトランドに向かった船舶が合わせて 190 隻，プロイセンに向かったものが 176 隻，リーフラントに向かったものが 171 隻であり，年平均で見れば，それぞれ 80～100 隻程の船舶の往来があったことを推測させる。一方，エーアソン海峡を越えて北海沿岸のノルウェー，スウェーデン諸港に向かった船舶は，合計 180 隻，1580 年のみでは 101 隻，さらに西欧諸港に向かったものは合計 79 隻，1580 年のみでは 39 隻記録されている。以上が北海，大西洋方面に向かった船舶のすべてであるが，これら船舶がリューベックの出港船舶全体に占める割合を計算してみると，1580 年の場合，それは 7.2％という結果が得られる。

　オランダ独立戦争（1568―1648 年）の勃発に伴う低地地方の対イベリア貿易の不振は，リューベックも含めてハンザの対スペイン・ポルトガル貿易（Spanienfahrt）をいわば棚ぼた式に活況に導いた。このような状況は 17 世紀中ごろまで続き，例えば，1611 年から 1642 年にかけてイベリア半島に向かったリューベック船舶は，年平均で 23―24 隻を記録した[34]。中でも 1634 年の場合，出向数は 55 隻，積載量は合計 7,343 ラストに達した。しかし 17 世紀後半以降は低迷を続け，リューベック以外の船舶を加えてさえ，同港からイベリア半島に向かった船舶が 10 隻を超える年は稀となった[35]。

　さて，こうした概要を持つリューベックの海上貿易は，ダンツィヒと

---

33) 積載量から見た船舶の規模については，第 9 章で具体的な分析を行なう。

34) Walther Vogel, Beiträge zur Statistik der deutschen Seeschiffahrt im 17. und 18. Jahrhundert, in: HGbll, 56, 1931, S. 141-142, Tabelle 1 より筆者が計算。また，比嘉清松「近世初頭におけるヴィスマールの海上貿易——スペイン・ポルトガル貿易を中心に」，『国民経済雑誌』第 152 巻第 5 号，1985 年，54-59 ページにおいてもスペイン・ポルトガル貿易が検討されている。ヨーロッパ規模で穀物が不足した 16 世紀末には，オランダ船やハンブルク船に加えてリューベック船さえもがイタリア諸港に向けて穀物を輸出した。ギュンター・フランツ（高橋清四郎訳）『ドイツ穀物取引史』中央大学出版部，1982 年，84 ページ。また，フェルナン・ブローデル（浜名優美訳）『地中海』，第 2 部「集団の運命と全体の動き」，第 3 章「経済——商業と運輸」藤原書店，藤原セレクション版第 5 冊，1999 年，315-476 ページも参照。

35) Walther Vogel, Beiträge zur Statistik der deutschen Seeschiffahrt im 17. und 18. Jahrhundert, S. 142-146, Tabelle 1, Tabelle 2. バルト海から大西洋沿岸に向かう船は，スコットランド，アイルランド北岸を迂回してから南下するルートを取る場合があった。Pierre Jeannin, Die Rolle Lübecks in der hansischen Spanien- und Portugalfahrt des 16. Jahrhunderts, in: ZVLGA, 55, 1975, S. 5-40.

比較した場合，どのような特徴が浮き彫りとされるであろうか。これまでの考察から，寄港船舶数はリューベック，ダンツィヒ両港ともに増加傾向にあり，16 世紀後半においてその数は，どちらも 2,000 隻前後であった。だが，その内容には大きな違いがあることがわかる。まず，バルト海以外の地域との船舶往来が占める割合を比較してみると，ダンツィヒの場合，それは 59％（1583 年）に達する[36]。ところがリューベックのその割合は，上で見たように，僅か 7.2％（1580 年）に過ぎなかった[37]。すなわち，船舶の往来数から見て取引の中心に位置したのは，ダンツィヒの場合，対オランダ，西欧貿易であったのに対し，リューベックの場合は，先に見たように，デンマーク領や隣接したドイツ地域などのバルト海内部の諸地域であった。金額面では重要視される対リーフラント（ロシアを含む）商業も，船舶数に基づく交易の頻度という面から見れば，対デンマーク商業の圧倒的頻度の前に影が薄い[38]。

---

36) 表5-1 より，低地地方，ノルウェー，北海沿岸ドイツ，イングランド，スコットランド，フランスの各船舶の合計から筆者が計算。

37) ただし，これは厳密な比較ではない。一番の問題は，船籍地（ダンツィヒの場合）と行き先（リューベックの場合）が比較されている点である。ところで，ダンツィヒを出港した船舶については，エーアソン海峡通航税台帳の記録から海峡を越えて北海・大西洋方面に向かった船舶の数を知ることができる。台帳の記録によると，エーアソン海峡を通過したダンツィヒ出港船は，1587 年が 1,690 隻（オランダ船舶 793 隻），1597 年が 1,762 隻（オランダ船 1,082 隻）であった。石坂昭雄「オランダ共和国の経済的興隆とバルト海貿易」，72 ページ，表-3。すなわち，年間 1,700 隻前後の船舶がエーアソン海峡を越えて西欧側に航海していたことがわかる。そうだとすれば，この頃ダンツィヒを出港した船舶は 2,000 隻前後であったのだから，2,000 隻のうちの 1,700 隻前後，すなわちダンツィヒの場合，出港船舶全体の 85％程が海峡を越えて北海・大西洋に向かっていたことになり，リューベックとダンツィヒの違いはより際立つことになる。ところで，より緻密な考察のためには船腹の比較が必要となるが，それについては 17 世紀後半のデータをもとに第 9 章で行なう。なおジャナンは，1580 年頃のリューベック寄港船舶の合計船腹を約 45,000 ラストと推測しているが，その根拠については，Pierre Jeannin, op. cit., pp. 187-189. を参照。

38) 本研究の第 3 章では，ハンザ後期の 15 世紀末のリューベックでロシア産品を中心としたロシア・リーフラント商業が金額面で高い比率を占めていたことが示された。ところが船舶数，すなわち取引の頻度から見ると，そのわずか 100 年後の 1580 年頃，リューベックでは近隣地域との商業が極めて高い比率を示すようになっていたのである。船舶数の面からの検討では，船腹を多く必要としない軽量高価な商品を中心に成り立つロシア・リーフラント商業は，金額が表に反映されないので，表 5-4 からはその重要性を見て取ることはできないが，リューベックの取引総額に占めるその重要性（特に輸入）は，17 世紀後半においても維持される（表 9-1(1)(2)の「沿バルト地域」の項目）。一方，デンマーク領を中心とした近隣地域との船舶の往来が，リューベックにおいていつ頃から活発になったのかは明確にすることはできないが，そこにオランダのバルト海進出に伴うハンザ商業の変質，北方ヨー

さて，リューベックとダンツィヒの間の取引はどうであっただろうか。既に第2節において，ダンツィヒの海上貿易に占めるリューベック船舶の比率の低下，換言すれば，ダンツィヒ東西貿易におけるリューベック経路からオランダ船舶を利用するエーアソン海峡経路への比重の移動が明らかにされた。こうした変化はリューベックにおいても確認され得る。15世紀末にリューベックからダンツィヒに向かった船舶がリューベックの出港総数に占める割合は，ポンド税台帳の記録から，以下の通りであった[39]。

1492年	1493年	1494年	1495年
53隻	45隻	34隻	27隻
8.8%	10.6%	9.3%	9.4%

これに対して，表5-4によれば，1580年にダンツィヒを目的地とした船舶は60隻であり，出港総数1982隻にそれが占める割合を見れば，僅か3%に過ぎない。ダンツィヒに入港したリューベック船舶の比率が21%（1460年）から3%（1583年）までに下落したことを合わせ考えると，リューベックとダンツィヒがともに取引規模を拡大していたなか，両都市間の取引の比重は双方で低下していたことが看取し得るのである。

確かにリューベックは，ハンザ衰退期の15世紀から16世紀にかけて記録された船舶数から見る限りでは，海上貿易の規模は拡大した。だが，その内容は地理的に近い地域との交易を中心に繰り広げられるものであり，ハンザ盛期に見られたような，東西ヨーロッパ間の広域的な取引を束ねるバルト海・北海間の動脈を母体として成り立つものではなかった。その大動脈が，穀物貿易の隆盛に伴い，ダンツィヒからエーアソン海峡を抜けてオランダに至るルートへと移動していくなか，リューベックは，かつての東西貿易の結節点としての機能を失いつつあった。リューベック・ダンツィヒ間の取引関係が薄れていった背景には，ヨーロッパ規模

ロッパ情勢の変化が何らかの形で関係していることは，ほぼ間違いがないであろう。なぜなら，こうしたデンマーク領を中心とする近隣地域との活発な船舶の往来は，1580年頃の一時的な特徴というわけではなく，100年の後17世紀後半においても明瞭なかたちで看取されるからである。

39) Friedrich Bruns, a. a. O., S. 118. ここには出港総数にズント以西に向かった船舶は含まれていない。もしそれを含めた平均出港数をジャナンに従い500隻とするなら（上注(28)参照），1492—1495年にダンツィヒに向かった船舶の割合は，平均8%となる。

での経済の大変動に伴うオランダのバルト海進出がハンザ・北欧商業圏にもたらした，このような変化が反映されていると考えられるのである[40]。それでは，船舶数から見て以上のような貿易状況を見せた双方の都市は，互いに具体的にどのような商品をやり取りしていたのであろうか。本章の最後にリューベックとダンツィヒの商業関係を主な商品について見ておくことにしよう。

3　リューベックとダンツィヒの商品取引

　リューベック・ダンツィヒ間商業に関しては，シュタルクが1492―1493年にリューベックで徴収されたポンド税の台帳をもとに，詳細な分析を施している。以下では，主に彼の分析の成果に依拠しながら考察を進めていくことにしたい[41]。
　シュタルクによれば，1492―93年にリューベックがダンツィヒに輸出した主な商品には，毛織物（輸出額全体の70.5%），塩（12.6%），ビール・ワイン，皮・毛皮，南方産果実などがあった。全体的に毛織物の比重が圧倒的に大きいが，1492年は特に大きく，対ダンツィヒ輸出総額の75.5%（約120,000リューベック・マルク）を占めた。これは量にして309.5テルリンク（Terling）であり，15世紀後半の年平均約129テルリンク（2,580 Laken）と比べて極端に多かった[42]。

　40）両都市関係の希薄化には，経済面以外にも精神面でのつながりの弱体化が指摘される。かつて，都市リューベックの建設に従事した建設企業者の家系は，さらに東方の娘都市の建設・植民に従事し，現地の指導層となって母都市リューベックとの関係を保っていった。しかし，時間の経過とともに同族意識は薄れていき，各家族は都市横断的な血縁的な紐帯よりも自都市の利益とその内部での社会的紐帯のほうを優先するようになったのである。Fritz Rörig, Außenpolitische und innerpolitische Wandlungen in der Hanse nach den Stralsunder Frieden (1370), in: Wirtschaftskräfte im Mittelalter, zweite Aufl. hg. v. P. Kaegbein, Wien/Köln/Graz, 1971, S. 141-142.
　41）Walter Stark, a. a. O. 以下も参照。Ders., Der Lübecker Preußenhandel - seine Stellung und Struktur im System des Lübecker Ostseehandels am Ende des 15. Jahrhunderts, in: Neue Hansische Studien, Forschung zur mittelalterlichen Geschichte, Bd. 17, Berlin, 1970, S. 244-262.
　42）Walter Stark, Lübeck und Danzig, S. 33, Tab. 2, S. 36, Tab. 3, S. 37. 毛織物でよく用いられる単位であるテルリンクは，1 Terling＝20 Laken（反）と換算されるという。

ダンツィヒの毛織物輸入に占めるリューベックの輸入元としての役割は概して高く,例えば,1469,1470年は93.8%,93.3%とリューベックがほぼ独占的な供給を行なっていた[43]。以下で見る塩や鰊に比べ,リューベックは比較的後まで,ダンツィヒの毛織物輸入の中継地として機能したといえよう。16世紀に関しては,シルトハウアーが1583年のダンツィヒのプファール税台帳を集計したデータがあるが,それによると同年にダンツィヒがリューベック船舶により輸入した毛織物は254 Laken 5 Elleであった。これはリューベック船舶が輸送した量であり,これをそのままリューベックからの輸入量とは見なすことはできないものの[44],15世紀後半(年平均2,580 Laken)と比較した場合の,ダンツィヒの毛織物輸入全体に占めるリューベックの比重低下を裏付けるものとはなろう。シュタルクは,その比率が15世紀末で約50%,16世紀にはそれ以下となろうと推測しているが[45],その割合はともかく,リューベックを経由しない,すなわち北海方面から直接輸入される毛織物の割合が上昇していたことは,確かであろう。

リューベックから輸出された塩がダンツィヒの塩輸入に占める割合は,毛織物と比べて著しく低く,1468—1476年(1473年欠)の平均でわずか17.2%であった[46]。量的な推移を示せば,上記の期間の対ダンツィヒ輸出は,年平均約573ラスト,1492—1496年の平均が約518ラスト,そして,1583年にダンツィヒがリューベック船舶により輸入した塩は約58ラストであった[47]。また,サムソノヴィチの集計によれば,1510年のダンツィヒの塩輸入全体でリューベックから輸入されたものの割合

Ebenda, S. 36. 以下も参照。Johannes Schildhauer, Zum Warenhandel Danzigs mit den wendischen Hansestädten im ausgehenden 15. und 16. Jahrhundert, in: Wissenschaftliche Zeitschrift der Ernst Moritz Arndt Universität Greifswald, Gesellschafts- und Sprachwissenschaftliche Reihe, Nr. 3/4, Bd. 18, 1969, S. 143.

43) Walter Stark, Lübeck und Danzig, S. 38, Tab. 4. 低い年は1472年の36.8%。

44) Johannes Schildhauer, Zum Warenhandel Danzigs, S. 143. それゆえ,15世紀末のリューベックの輸出量との厳密な比較は困難なのであるが,他に比較の対象となるデータが存在しないでの,以下ではリューベック船舶による輸送量も両都市間の取引の趨勢を推し量る一助として用いることにした。

45) Walter Stark, Lübeck und Danzig, S. 40.

46) Ebenda, S. 58, Tab. 11.

47) Ebenda, S. 56. Johannes Schildhauer, Zum Warenhandel Danzigs, S. 143.

は，わずか7.3％であった[48]。かつてリューベック商人は，リューネブルク塩の流通を支配することにより，バルト海一円の塩取引においてゆるぎない地位を確保していた。しかし，穀物の帰り荷としてオランダ商人がフランスやポルトガルの大西洋沿岸地域から輸入する天日塩が，リューネブルク産の塩に代わってダンツィヒ及びそのヒンターラントに普及していき，塩の流通に占めるリューベックの位置が失われていったのである[49]。

鰊の不安定な漁獲高は，取引量の乱高下となって現れるが（表5-5），あえてその平均を示すと，1468—1476年（1473年欠）に約129ラスト，1492—1496年に約82ラストの鰊が毎年リューベックからダンツィヒへ

---

48) Henryk Samsonowicz, Le commerce maritime de Gdańsk, p. 53, Tab. 4.
49) 大西洋沿岸で生産される天日塩は，ハンザでしばしばベイ塩（Baiensolt）と呼ばれる。ブールヌフ「湾」（Baie de Bourneuf）から輸入されたため「ベイ」塩といわれたが，後にブロアージュ（Brouage）等フランス産の塩はすべて，さらにはポルトガル産のものさえベイ塩と呼ばれたという。Philippe Dollinger, Die Hanse, 4. erweiterte Auflage, Stuttgart, 1989, S. 332. 一方リューベックから輸出されるリューネブルクやオルデスローの塩は，トラーフェ塩（Travesolt）と呼ばれたが，これはトラーフェ川を経由してバルト海地方にもたらされたために用いられた名称であろう。15世紀初頭，トラーフェ塩は，その質の高さによってプロイセンにおいてわずかとはいえ，なお優位を保つことができた。しかし，低地地方や地元プロイセンでベイ塩が精製され，安く大量に供給されるようになると，トラーフェ塩の優位はとうとう失われてしまった。Walter Stark, Der Salzhandel von Lübeck nach Preußen am Ende des 15. Jahrhunderts, in: Wissenschaftliche Zeitschrift der Ernst Moritz Arndt Universität Greifswald, Gesellschafts- und Sprachwissenschaftliche Reihe, Nr. 3/4, Bd. 18, 1969, S. 186. トラーフェ塩とベイ塩それぞれに関して，邦人の研究がある。高村象平『中世都市の諸相—西欧中世都市の研究1』筑摩書房，1980年，第8章「塩の取引」，205-215ページ（初出は1954年）。柏倉知秀「中世北ヨーロッパ商業圏におけるベー塩取引と海運——運送契約書の分析」，『北欧史研究』第19号，2002年，31-40ページ。ところで，ベイ塩の輸送には，リューベックをはじめとするハンザの船舶も携わっていた。エーアソン海峡通行税台帳によれば，16世紀後半から17世紀前半にかけて数多くのハンザ船舶がこの海峡を通航している。例えば，1581年から90年にかけて見ると，リューベックとロストックの船舶の通航がことのほか多く，前者の船舶は合計1,600隻，年平均で160隻，後者の船舶の合計は3,274隻，年平均で327隻に及んだ（但し，大西洋沿岸にまで達した船舶は，それらの一部であったと考えられる）。しかし，全体で見れば圧倒的に多かったのは，やはりオランダの船舶であり，同じ期間の船舶通過数は26,575隻，年平均で約2,660隻に達していた。また，同じ時期にエーアソン海峡を経由してバルト海にもたらされた塩——すなわち大西洋からのベイ塩——の輸送の担い手を見ると，全通過量22,074.9ラストの過半数の12,188.2ラストがオランダ船で輸送されていた。玉木俊明『北方ヨーロッパの商業と経済』，112，120-121，131ページの各表を参照。この時期，ハンザによるベイ塩輸送の規模が拡大したとはいえ，バルト海・北海間貿易の中心的な担い手は，既にオランダへと移っていたのである。本章第2節参照。

第5章 バルト海・北海間商業におけるリューベックとダンツィヒ

表5-5 ダンツィヒの鰊輸入

(単位:ラスト)

年度	リューベックから	オランダから
1468	93	44
1469	181.5	2,692
1470	311.5	59
1471	206*	65.5
1472	50.5	1
1474	161.5	115.5
1475	26.5	111
1476	3*	91
1492	47*	
1493	272*	
1494	7	
1495	57*	
1496	29.5*	

*) およその値
出典) リューベックからの輸入は、W. Stark, Lübeck und Danzig, S. 65, Tab. 13 から、オランダからの輸入は、K. Spading, Holland und Hanse im 15. Jahr-Hundert, Weimar, 1973, S. 162, Tab. 6 から作成。

輸出されていたことになる[50]。表から明らかなように、取引量は短期間に激しく変化しており、とりわけ1469年から1472年にかけてのオランダからの輸入の減少は極端である。16世紀の記録を見ると、1583年にダンツィヒはリューベック船舶で約460ラストの鰊を輸入しており、リューベックからの輸入増加を窺わせはする[51]。しかし、量的変動の激しさゆえこれだけのデータから取引動向を読み取ることは難しい。

続いて、ダンツィヒから輸出された商品の考察に移ろう。1492—93年にダンツィヒがリューベックに輸出した主な商品には、蜜蠟(輸出額全体の22.9%)、魚(13.8%)、木材(13.9%)、銅(12%)、鉛(11.3%)、

50) Walter Stark, Lübeck und Danzig, S. 67.
51) Johannes Schildhauer, Zum Warenhandel Danzigs, S. 143. 逆にリューベックからの輸入が占める比率の小ささを窺わせる記録もある。ダンツィヒで記録されたデンマーク(スコーネ)産の鰊がすべてリューベックを経由してダンツィヒへ輸出されたものであったとしても、1510年にそれがダンツィヒの鰊輸入全体に占める割合は23%に過ぎなかった。Henryk Samsonowicz, Le commerce maritime de Gdańsk, p. 52, Tab. 2.

亜麻，ピッチ，灰，タール，鉄などがあった[52]。東から西へ向かう商品には，逆方向に流れた商品と比べると，毛織物のように他を圧倒する商品は存在していなかった。

これらの輸出品目には穀物が欠けているが[53]，リューベックは，既に14世紀にはダンツィヒから穀物を輸入していた。十分な後背地に恵まれないリューベックは，しばしば穀物不足に陥り，ダンツィヒに輸出を要請していたのである[54]。16世紀に関しては，1530年に42ラスト，1583年に975ラストのライ麦がリューベック船舶でダンツィヒから輸入された[55]。増加しているとはいえ，数万ラストに及ぶダンツィヒ・エーアソン海峡・オランダ間ルートの穀物輸送の規模と比較すれば，その差は明らかである。

15世紀末ダンツィヒのリューベック向け輸出品目のなかで，金額面で最大の比重を占めたのは蜜蠟である。蜜蠟は16世紀においてもダンツィヒでは重要な商品であった。しかし，蜜蠟についてはロシア・リーフラント産のものについて，すでに第3章で考察したのでここでは立ち入らない[56]。魚は，1530年に10ラストがリューベック船舶でダンツィヒから輸出されたが，1583年になると記録がない[57]。

木材については，羽目板で取引の減少が確認される。15世紀後半から16世紀にかけてダンツィヒからリューベックに向かった羽目板（Wagenshoß），内張板（Klappholz）は，以下のようにまとめられる[58]。

　　52）Walter Stark, Lübeck und Danzig, S. 87, Tab. 25.
　　53）1492—96年のポンド税台帳は，バルト海から北海に向かった船舶や空荷船に加えて必需品であった穀物を非課税扱いとしていたために，穀物の記録が皆無である。Friedlich Bruns, Die lübeckischen Pfundzollbücher von 1402-1496, in: HGbll, 11, 1904-5, S. 109-110. 例外的な記録は，Walter Stark, Lübeck und Danzig, S. 95を参照。
　　54）例えば，1481年と1482年に関する史料として，HUB, 10, Nr. 930, 957がある。Walter Stark, Lübeck und Danzig, S. 91-93.
　　55）Johannes Schildhauer, Zum Warenhandel Danzigs, S. 145, 149.
　　56）また，ダンツィヒでは様々な単位が用いられ，量的な把握が困難であることも，蜜蠟についてここで立ち入らない理由の一つである。シュタルクもシルトハウアーも換算の困難を理由に各単位ごとの集計を併記するに留めている。Walter Stark, Lübeck und Danzig, S. 120, Tab. 35. Johannes Schildhauer, Zum Warenhandel Danzigs, S. 149.
　　57）Johannes Schildhauer, Zum Warenhandel Danzigs, S. 150. この魚とは，恐らく鱈，鰊，チョウザメなどであろう。
　　58）Ebenda, S. 149. シルトハウアーは，シュタルクに従い，内張板で用いられていた単位Hundetrt を Großhundert としている。Großhundert=24（Klein）hundert=2,888

	羽目板	内張板
1475年	1,366 Hundert（以下同じ）	59(Groß)hundert（以下同じ）
1492	143.5	1
1493	491.25	29
1494	245.5	59.5
1530	65.5	5.5
1583	89.5	24

　このうち1530年と1583年は，他の商品と同様，リューベック船舶でダンツィヒから輸出された量が示されている。ダンツィヒの輸出全体に占めるリューベック向け輸出の割合は，1475年と1492年について計算することができる。それらの値は，羽目板が52.3%（1475年），36.6%（1492年），内張板が27.9%，0.4%（同じ順）であった[59]。

　金属では銅と鉛とも様々な単位が用いられており，量的な把握は困難である。それらの数値をここで列挙することはしない[60]。ただ，銅と鉛ともにダンツィヒからリューベックへ輸出されたものの一部が，両都市の中間に位置するメクレンブルク・ポメルン地域に，さらには逆方向のリーガ，レーヴァルにまで輸出されたことがあることを指摘するにとどめる[61]。

　以上が，リューベック・ダンツィヒ間で流通していた商品の概要である。ここで確認することができた品目は，ハンザ盛期と比較して大きな違いはない。しかし，バルト海商業が全体的に見て拡大傾向にあったな

Stückと換算される。Walter Stark, Lübeck und Danzig, S. 97-98. なお，Wagenschoßとは，それほど厚くない節のないオーク材であるという。Detlev Ellmers, Hansischer Handel mit Schiffbauholz. Ein Beitrag zur Wörter- und Sachen Forschung, in: Wirtschaft-Gesellschaft-Mentalitäten im Mittelalter, Festschrift zum 75. Geburtstag von Rolf Sprandel, hg. v. H.-P. Baum, R. Leng u. J. Schneider, Beiträge zur Wirtschafts- und Sozialgeschichte, Nr. 107, Stuttgart, 2006, S. 71.

　59）ダンツィヒの羽目板の輸出量は，1475年が2,610 Hundert, 1492年が455 Hundert, 内張板の輸出量は1475年が211（Groß）hundert, 1492年が241.5（Groß）hundertであった。Walter Stark, Lübeck und Danzig, S. 105, Tab. 28.

　60）詳細な取引量については，Johannes Schildhauer, Zum Warenhandel Danzigs, S. 150参照。ちなみに，シュタルクは1492—1496年に関してシップポンド（Schiffspfund）（＝1/12ラスト）への換算を行なっている。銅についてはWalter Stark, Lübeck und Danzig, S. 130. 鉛についてはEbenda, S. 134-135を参照。

　61）銅についてはEbenda, S. 133, Tab. 41 を，鉛についてはEbenda, S. 136, Tab. 44を参照。

か，両都市間を往来する船舶数にはたいした伸びは見られず，相対的に見ればむしろ両者の結びつきは弱まっていたということが，先に指摘された（本章第1，第2節）。リューベック・ダンツィヒ間で流通していた主要商品の取引規模も一般に拡大したとは言えず，例えば塩のように早くも15世紀後半の段階で，ダンツィヒの輸入全体におけるリューベックの比重低下をはっきりと示す商品も存在したのである。かつてリューベック・ダンツィヒ間は東西ヨーロッパ間商業の大動脈の一部を成していたことは，すでに指摘した。しかし16世紀には，この区間はヴェンド地域とプロイセン地域とを結ぶローカルな交易路としての色合いを濃くしていったと推測されよう。

小　括——ハンザの衰退について

リューベックとダンツィヒの海上貿易から見たバルト海商業は，15世紀後半から16世紀にかけて以上のような様相を呈した。オランダとダンツィヒの密接な取引関係は，いわば「ダンツィヒ・オランダ枢軸」[62]とも言うべき太い通商のパイプをハンザ・北欧商業圏に打ち立てた。それに伴い東西間の流通の中心は，リューベックからエーアソン海峡へと移り，バルト海・北海間の東西貿易におけるリューベックの商品集散地としての意義は，ハンザ盛期の頃と比べて著しく低下したのである[63]。

62）石坂昭雄，前掲論文，87ページ。
63）例えば，Hermann Kellenbenz u. Rolf Walter, Das Deutsche Reich 1350-1650, in: Europäische Wirtschafts - und Sozialgeschichte vom ausgehenden Mittelalter bis zur Mitte des 17. Jahrhunderts unter Mitarb. v. N. Angermann, hg. v. H. Kellenbenz, Handbuch der Europäischen Wirtschafts - und Sozialgeschichte, Bd. 3, S. 868 を参照。本章では，リューベックを経由しないバルト海・北海間の商品流通規模の拡大を明確に読み取ることができる史料として，ダンツィヒのプファール税の記録を用いたが，リューベック側でこのことをはっきりと示す史料は不十分にしか存在しない。あえて利用可能な史料を挙げるとすれば，例えば，シュテクニッツ関税とホルステンブリュック関税の記録が挙げられるだろう。前者はシュテクニッツ運河の，後者はリューベック・ハンブルク間の水路の利用に際して徴収された関税の記録であり，1492年から1530年までのそれらの記録が，ハメル・キーゾウによりグラフ化されている。Rolf Hammel, Häusermarkt und wirtschaftliche Wechsellagen in Lübeck von 1284 bis 1700, in: HGbll. 106, 1988, S. 80-81.（なおこのグラフは，斯波照雄「ハンザ都市

さて,以下で広域的な商業構造の変化により,リューベックとダンツィヒとの間が疎遠になっていったことを示すエピソードを見ておきたい。

十三年戦争は,15世紀中頃にハンザ都市が関わった大きな戦争の一つであり,その終結が,ダンツィヒからオランダに向けた穀物の大量輸出の開始に繋がった戦争であった(本章第1節)。騎士修道会に服属していた都市や等族がポーランドとともに領主に反旗を翻したこの戦争の開戦(1454年)に当たり,反騎士修道会陣営にあったダンツィヒは,リューベックに参事会員を派遣して戦争遂行のための兵士の派遣と資金の援助を要請した。するとリューベックは,自都市名義での兵員の募集には同意したものの,既存の兵士の派遣や資金の貸与,硝石などの戦争物資の販売には難色を示した。さらにその際,ダンツィヒからの使者は,先の第二次ハンザ・デンマーク戦争の際にリューベックに対してダンツィヒが保持した「中立」策を改めて指摘されてしまった[64]。このたびのリューベックの態度決定は,その時のいわば意趣返しということになるのであろう。さらに,リューベック・ダンツィヒ間では,リーフラント都市との関係を巡っても対立が深まっていった。十三年戦争の期間中,リーフラントは騎士修道会への忠誠を誓い,ダンツィヒとは敵対関係にあった。それゆえ,ダンツィヒはリューベックに対してリーフラント都市

ハンブルクの発展と醸造業」,木立真直・辰馬信男編著『流通の理論・歴史・現状分析』中央大学企業研究所研究叢書26,2006年,85ページにも掲載されている。)いずれの関税ともに,徴収額の変動は,リューベックを経由してバルト海・北海間で流通する商品の量の変動を示すと解釈することができる。さて,ハメル・キーゾウの作成したグラフからは,激しい上下変動を伴いつつも,確かに15世紀末から16世紀初頭にかけての徴収額の減少を双方の関税ともに見て取ることはできる。しかし,1520年代に一時的に極端な徴収額の急上昇が見出されるなど,短期的な変動が大きく,バルト海・北海間貿易におけるリューベックの役割縮小を長期的に裏付けるための史料として利用することは難しい。一方,時系列データが長期的にそろっているエーアソン海峡通行税台帳は,リューベックを経由せずにダンツィヒやリーガなどで行なわれたバルト海・北海間貿易の規模拡大を長い時間軸のなかで検証することを可能とする史料である。それゆえ,この台帳は,リューベックを経由する取引そのものを記録の対象としているものではないとはいえ,間接的にではあれ,リューベックの長期的な商業動向を検討していくうえで貴重な史料であるということができよう。本研究では,エーアソン海峡通行税台帳から得られたデータを,わずかではあるが既存の研究に依拠して本章第1節で利用したが,オランダを中心とする同海峡を経由した貿易の具体的な内容については,本章注(1)で挙げた諸論考を参照のこと。

64) Walter Stark, Lübeck und Danzig, S. 167. また M. Hoffmann, Lübeck und Danzig nach dem Frieden zu Wordingborg, in: HGbll, Jg. 29, 1901/1902, S. 39 も参照。

のリーガとの貿易を禁じたのであり，あえてそれに従事しようとするリューベックの船舶は，ダンツィヒからの攻撃の対象となったのである。さらに1458年にダンツィヒの私掠船はリューベック周辺海域に進出して略奪行為に及んだほか，1460年には，やはりダンツィヒの私掠船がリーフラントから戻る途中のリューベック船舶を拘留したところ，今度はリューベック側がその私掠船の乗組員を処刑してしまうという出来事があった[65]。この頃のリューベックとダンツィヒの関係は，そこまで悪化していたのである。

　騎士修道会陣営の敗北で終わったこの戦争の終了後，ダンツィヒはポーランド国王から都市の自治や貨幣の鋳造，土地取得などの権利を得たほか，外交面でも騎士修道会の配下にあった頃よりも多くの裁量権を手に入れることができた[66]。しかし，バルト海貿易の長期的な発展という点から注目すべきは，騎士修道会のポーランド服属にともなうダンツィヒ・ポーランド間の政治的障壁の消滅ということになろう。すなわち，これによりダンツィヒはヴィスワ川流域に広大なヒンターラントを有することになり，ポーランド平野部で生産された穀物は次々にダンツィヒに搬入されるようになった。これらの穀物が，やがては「ダンツィヒ・オランダ枢軸」ともいわれる太い通商のパイプをエーアソン海峡に打ち立てていく母体となり，ハンザの伝統的な東西間商業の積換え港であったリューベックは，かつて保持していた商業的重要性を失っていったのである。

　こうして，16世紀以降，穀物貿易を中心としてオランダのバルト海商業は大きく発展していき，まずはこのオランダを中心（中核）として「ヨーロッパ世界経済」が形成されつつあった。それゆえ，新たな世界経済の中心に位置したのがオランダであったことに鑑みれば，本章の考察から明らかにされた変化とは，「ヨーロッパ世界経済」がバルト海地域を食糧・原料供給地として包摂していく過程において，従来のハンザの貿易システムに代わる新たな貿易システムがバルト海地域に出現する過程で生じた変化であると考えることもできよう。であるとすれば，こ

---

　65) HR, II, 4, Nr. 613, 687. HR, II, 5, Nr. 24, 29, 34. M. Hoffmann, a. a. O., S. 40-42. Walter Stark, Lübeck und Danzig, S. 169-171.
　66) 詳しくは，Walter Stark, Lübeck und Danzig, S. 181 を参照。

の新たな貿易システムの動脈のバルト海側の結節点となったのがダンツィヒ，一方，ハンザの盟主として古いシステムの中心に位置した都市がリューベックであると解釈することができはしまいか[67]。新たな貿易システム——「近代世界システム」の一部をなす——に伴う商業構造の変化を受け，リューベックはバルト海内部，とりわけ近隣諸港との取引強化に活路を見出していったと推察されるのである。ここにハンザの衰退について考える際の重要な鍵の一つがあると考えられる。

本研究の「序論」で述べたように，最近のハンザ史研究では，後期・晩期ハンザの安易な衰退史観を是正する見方が提示されている。本章においても，リューベックとダンツィヒ両港での取引規模の拡大は船舶数の面から確認することができた。だが，それと並行して，以上の考察からは，ヨーロッパ経済の再編成に際してリューベックを中心とした従来のハンザの貿易システムが侵食されていった過程も看取されたはずである[68]。リューベックやダンツィヒにおいて取引の量的な拡大が見られた

---

67) 十三年戦争後，ヴィスワ（ヴァイクセル）川河口のハンザ都市（ダンツィヒ）は，ハンザとは異質の貿易関係へと包摂されていったとヴェチェルカは述べる。Hugo Weczerka, Die Südostbeziehungen der Hanse, in: Die Hanse und der Deutsche Osten, hg. v. N. Angermann, Lüneburg, 1990, S. 128.

68) それゆえ，16世紀以降のリューベック商業に繁栄の兆候が見られるとしても，それはオランダの繁栄の陰に隠れた条件付きの繁栄であると考えられる。近世のリューベック商業に関して，例えば，ハメル・キーゾウは16－18世紀を「緩やかな再発展」の時期であるとし，ケレンベンツは，16世紀は旧体制が残され負の影響も受けたものの好影響も受けた時期であり，リューベックはバルト海の主要な港であり続けたと述べる。また，ヴェーバーは，リューベックの船隊の規模やイベリア半島貿易，スウェーデン産銅の活況から同港が三十年戦争までなおもバルト海の主導的港湾都市であったことを指摘し，ピッツは，1580年頃の2,000隻という大量の船舶出港数に，ヴェンヴェーバーの時代に直面した危機の克服の証を見いだしている。Rolf Hammel-Kiesow, Von Tuch und Herring zu Wein und Holz, S. 13. Hermann Kellenbenz, Norddeutsche Wirtschaft im europäischen Zusammenhang, in: Dynamik in einer quasi-statischen Welt. Kleine Schriften II, VSWG Beihefte 93, Stuttgart, 1991, S. 597. Karl-Klaus Weber, Die Hansestadt Lübeck und die Generalstaaten. Die Beziehung zwischen der Stadt als Haupt der Hanse und der Republik von ihrer Gründung 1579 bis zu Beginn des Dreißigjährigen Krieges im Spiegel niederländischen Quellen, in: ZVLGA, 81, 2001, S. 201-248. Ernst Pitz, Steigende und fallende Tendenzen in Politik und Wirtschaftsleben der Hanse im 16. Jahrhundert, in: HGbll, 102, 1984, S. 53. ペルーも16世紀後半リューベックの商人ヴァルター・フォン・ホルステン（Walter von Holsten）の活動内容から当時のリューベックの経済的な繁栄を読み取ろうとする。Marie-Louise Pelus, Walter von Holsten, ein Lübecker Kaufmann in der 2. Hälfte des 16. Jahrhunderts, in: HGbll, 95, 1977, S. 66-79. しかし，この時代リューベックは，人口の面で発展の著しいダンツィヒ，それにハ

としても，実はハンザは，新たな経済システムの中心に浮上しつつあったオランダのハンザ商業圏への進出に際して，構造面での変容を迫られていたのであった。これが従来のハンザ商業に対する深刻な打撃となったことを見逃すべきではない。なぜならそれは，ハンザの一体性を失わせ，ハンザ都市のなかに，バルト海東部を舞台としてオランダと経済的な利害を共にする都市を出現させていったからである。その典型として，穀物貿易を通じてオランダ商業と強く結びつき，「ヨーロッパ世界経済」における東西ヨーロッパ間の分業体制の強化に加担することになったダンツィヒを挙げることができよう[69]。いうなれば，ハンザ都市ダンツィヒは，これによりハンザとは異質の，オランダを中心とする新たな経済のシステム（ヨーロッパ世界経済）に包摂されていったと解釈しうるのではないか。そうであるとすれば，たとえダンツィヒの商業が16世紀に著しい発展を示したとしても，それは旧来の「中世の世界経済」に属するハンザの商業以上に，むしろそれとは異質な，新たに出現しつつある「ヨーロッパ世界経済」の拡大・深化とより強く関連する発展であったと理解することができるであろう[70]。そこでこれまでの第4章と第5

ンブルクに凌駕されてしまう。15世紀初頭に18,000-19,000人ほどだったダンツィヒの人口は，1577年には約40,000人を数え，当時約25,000人だったリューベックを上回るまでになった。さらに1620年には，ダンツィヒの人口は50,000-53,000人にまで増加していった。ハンブルクの人口も1500年ころの約16,000人から1643年の約56,000人へと大幅上昇が見られた。Rolf Hammel-Kiesow, Bevölkerungsentwicklung und städtische Topogaphie, in: Die Hanse. Lebenswirklichkeit und Mythos, S. 244. Heinz Lingenberg, Danzig, in: Die Hanse. Lebenswirklichkeit und Mythos, S. 383. この時代にリューベック繁栄の兆候があったとしても，それはハンザ盛期の東西間商業における主導権を失いつつあるなかで見せた，いわば余光とでもいうべきものであったと考えられる。かつてのように北方ヨーロッパ最大の商業都市の一つとして同市が見せた，燦然と輝くヨーロッパ規模での繁栄とは異なるということに，留意することが必要であろう。

69) 実際，ダンツィヒの物価とオランダの物価との間にはかなり密接な相関関係が見られたという。フェルナン・ブローデル（村上光彦訳）『物質文明・経済・資本主義 15-18世紀，世界時間』1，みすず書房，1996年，330ページ。Walter Achilles, Getreidepreise und Getreidehandelsbeziehungen europäischer Räume im 16. und 17. Jahrhundert, in: Zeitschrift für Agrargeschichte und Agrarsoziologie, 1959, S. 46. 16世紀以降，ハンザ都市は個別化（sich vereinzeln）していき，ハンザが経済的な一体性を備えていたとは，もはや見なすことはできない。これはブラントの見解である。Ahasver von Brandt, Die Hanse als mittelalterliche Wirtschaftsorganisation, in: Von Pommern bis zum Baltikum. Die Hanse im Ostseeraum, 12. bis 17. Jahrhundert, Bonn, 1983, S. 21.

70) 例えば以下では，金融，貿易システムの面から「中世の世界経済」と「近代世界

章における考察を合わせて考慮すれば,次のように言えるのではあるまいか。すなわち,オランダのバルト海進出が目立ち,ハンザ内部の対立が顕在化してきた15世紀前半にはハンザは転換期を迎え,さらにまた,オランダによりダンツィヒから穀物が西欧側に大量に輸出される体制が整い,オランダを中心とするシステムにダンツィヒが包摂された同世紀後半(十三年戦争後)には,ハンザは衰退期に入ったと考えられる,と。これまでのドイツ本国のハンザ史研究のように,ハンザの商業世界をあたかも一つの閉鎖系として扱うのではなく,ハンザを取り囲む世界経済のなかにハンザを位置づけることにより,このような変化が見えてくるのである。

　このような見通しを得た上で,以下,補論でスウェーデンの銅貿易を取り上げて近世バルト海商業に関する以上の考察を補う。その後,第6章,第7章ではリューベックを離れて世界経済形成前後の時期のハンザの国際商業の展開を追ってみることにしたい。ダンツィヒにおいては,オランダが媒介するバルト海・北海間商業が同市の商業のいわば基本軸として経済的な繁栄の基盤をなしていることが本章で確認された。以下ではケルンとハンブルクを取り上げ,これらハンザ主要都市の商業的な繁栄基盤を探りながら,ハンザ都市を拠点とする国際商業の展開を追うとともに,15世紀以降のハンザの一体性やその変質について考えるための素材を探っていくことにしたい。

システム」との間の断絶が言及されている。千脇修「14世紀ブリュージュにおける金融と貿易——高利貸・両替商・取引仲介人」,『西洋史論叢』第18号,1996年,15-27ページ。

補　論

スウェーデン産銅の流通とリューベック

―――――――

はじめに

　バルト海沿岸で見られたいわゆる「ドイツ植民都市」建設の波は，13世紀にはドイツの対岸のスウェーデンにまで達した。ストックホルムやカルマルなど，リューベックに倣った中世都市がドイツ人により建設されていき，ドイツからの移住者はこれらの都市を拠点に貿易を行ない，その影響力を鉱業や都市行政に及ぼしていった[1]。

　このような役割を担ったドイツ人にとってスウェーデンはまた，銅や鉄といった金属資源の供給地としてハンザの通商網のなかで不可欠な位置を占めていた。銅や鉄は，ハンザの船舶によりストックホルムから主にリューベックに輸出され，ここからユトランド半島基部の内陸路による東西間貿易の動脈を経由して，ハンブルクをはじめ北海沿岸地域に搬

---

　1) Ahasver von Brandt, Lübeck und Norden. Umrisse einer internationalen Beziehung, in: Geist und Politok in der lübeckischen Geschichte, Lübeck, 1954, S. 107. 特に14世紀にはドイツ系移民の影響力は大きく，同世紀の一時期，スウェーデンの都市参事会は，会員の半数がドイツ人で占められていたという。Eli F. Heckscher, An Economic History of Sweden, Cambrigde, 1954, p. 52. Kjell Kumlien, Hansischer Handel und Hansekaufleute in Skandinavien - Einige Probleme, in: Die Deutsche Hanse als Mittler zwischen Ost und West, hg. v. A. v. Brandt, Köln/Opladen, 1963, S. 97. 元来ドイツ商人のバルト海進出は，西ヨーロッパに輸出される商品の確保を目的としていたが，無論そこには中世ヨーロッパ貿易における主導権の確保といった商業的野心があったと考えられる。高村象平『中世都市の諸相――西欧中世都市の研究1』筑摩書房，1980年，第3章「バルト海諸都市の研究」，69ページ。

補　論　スウェーデン産銅の流通とリューベック

送された。大陸ヨーロッパとの交易を海路に頼るしかないスウェーデンにとって，リューベックやダンツィヒとの取引は，大陸側との交流を維持し，いわゆる「中世の世界経済」に包摂されてその一角を成していくうえでも不可欠なものであったといえる[2]。一方，ハンザ時代のリューベックにとっても鉱産物の輸出港であるストックホルムは，バルト海側北欧の一大貿易拠点を成し，ストックホルム・リューベック軸は，第5章で取り上げたダンツィヒ・リューベック軸と同様，バルト海各地からリューベックへと束ねられる大小様々な通商のパイプの中でも主要な動脈をかたちづくっていた[3]。バルト海・北海を結ぶリューベック・ハン

---

2) Folke Lindberg, La Baltique dans l'historiographie scandinave, problèmes et perspectives, in: Annales Ecomomies-Sociétés-Civilisations, XVI, no 3, 1961, p. 429.

3) 管見によれば，ハンザ史学においてドイツとスウェーデンとの関係を扱った研究は比較的多いが，貿易関係を詳細に検討したものは少ない。以下に中世及び近世の両者の貿易関係を扱った研究から主なものを挙げておく。Maria Bogucka, Handelsbeziehung im Ostseeraum: Der Handel zwischen Danzig/Gdańsk und Stockholm in der 1. Hälfte des 17. Jahrhunderts, in: Seehandel und Wirtschaftswege Nordeuropas im 17. und 18. Jahrhundert, hg. v. K. Friedland u. F. Irsigler, Ostfildern, 1981, S. 39-47. Ahasver von Brandt, Seehandel zwischen Schweden und Lübeck gegen Ende des 17. Jahrhunderts. Ein Beitrag zur Geschichte der Ostseeschiffahrt, in: Scandia, 18, 1947, S. 33-72. Wilhelm Koppe, Lübeck-Stockholmer Handelsgeschichte im 14. Jahrhundert, AHS Bd. 2, Neumünster, 1933. Kjell Kumlien, Stockholm, Lübeck und Westeuropa zur Hansezeit, in: HGbll, 71, 1952, S. 9-29. Henryk Samsonowicz, Wirtschaftsbeziehung zwischen Schweden und dem Weichselgebiet im Spätmittelalter, in: Visby Colloquium des Hansischen Geschichtsvereins, hg. v. K. Friedland, QDHG, NF, Bd. 32, Köln, 1987, S. 3-13. Göran Dahlbäck, Eisen und Kupfer, Butter und Lachs. Schwedische Produkte im hansischen Handel, in: Vergleichende Ansätze in der hansischen Geschichtsforschung, hg. v. R. Hammel-Kiesow, Hansische Studien Bd. 13, Trier, 2002, S. 163-173. Hans-Jürgen Vogtherr, Beobachtungen zum Lübecker Stockholm-Verkehr am Ende des 15. Jahrhunderts, in: HGbll, 111, 1993, S. 1-24. Ders. Der Lübecker Hermann Messmann und die lübisch- schwedischen Beziehungen an der Wende des 15. und 16. Jahrhunderts, in: ZVLGA, 75, 1995, S. 53-135. ハンザ・スウェーデン関係史に関する研究史は，以下を参照。Hans-Jürgen Vogtherr, Spuren der schwedischen Geschichte im Lübecker Archiv, in: ZVLGA, 78, 1998, S. 221-270. なお，ハンザとスウェーデンの関係を扱った邦文文献として，寺村銀一朗「スウェーデンとハンザ――主権国家の誕生と異邦人の同化」，川口博編『伝統と近代――西洋近代史の再検討』彩流社，1988年，41-72ページがある。また，近世スウェーデンの外国貿易を扱った邦語文献としては，以下を挙げておく。玉木俊明「バルト海貿易（1560-1660年）――ポーランド・ケーニヒスベルク・スウェーデン」，『社会経済史学』第57巻第5号，1992年，12-32ページ。同「近世スウェーデン経済史概観」，『京都マネジメントレビュー』第12号，2007年，69-81ページ。同「「強国の時代」のスウェーデン貿易（1611-1720年）」，『立命史学』第15号，1994年，46-68ページ。同『北方ヨーロッパの商業と経済　1550-1815年』知泉書館，2008年。玉木俊明・根本聡『スウェーデンを

ブルク間の内陸路で，各種ロシア・リーフラント産品に混じって多くのスウェーデン産銅が西欧方面に向けて流通していたことは，既に第2章で指摘した。この補論では，ストックホルムからリューベックに向かった銅の流通を中心に，スウェーデン産銅の取引について短い考察をほどこす。スウェーデン産銅は，17世紀初頭に至るまで主にリューベック・ハンブルク間の内陸路を経由して北海側に送られており，その流通はこの内陸路の利用を通じて，一見するとリューベックを中心とするハンザ発展期以来の商品流通体制の維持に繋がったと見ることができる。だが，この商業部門も近世の世界市場形成の影響を免れることはできなかった[4]。

　以下では，スウェーデン産銅の流通面に主に注目しながら，「ヨーロッパ世界経済」がバルト海地域とりわけリューベックの商業に与えた影響を見ていくことにより，第5章で行なった考察を補っておきたい。

中心としたバルト海商業史，15～18世紀』京都産業大学経済経営学会ディスカッションペーパーシリーズ，No.31，2000年。根本聡「16, 17世紀スウェーデンの帝国形成と商業——バルト海支配権をめぐって」，『関西大学西洋史論叢』第3号，2000年，1-19ページ。レオス・ミュラー（玉木俊明・根本聡・入江幸二訳）『近世スウェーデンの貿易と商人』嵯峨野書院，2006年。

　4）　ブローデルは，ストックホルムとアムステルダムとの関係をダンツィヒとアムステルダムとの関係になぞらえる。スウェーデンもオランダを媒介として世界経済へと包摂されていったのである。フェルナン・ブローデル（村上光彦訳）『物質文明・経済・資本主義 15-18世紀，世界時間』1，みすず書房，1996年，331ページ。また，以下も参照。Åke Sandström, Ploughing burgher and trading peasants. The meeting between the European urban economy and Sweden in the sixteenth and seventeenth centuries, in: Regional Integration in Early Modern Scandinavia, ed. by F.-E. Eliassen, J. Mikkelsen, B. Poulsen, Odense, 2001, pp. 95-105. Cöran Dahlbäck, Schweden und Finland, in: Europäische Wirtschafts- und Sozialgeschichte vom ausgehenden Mittelalter bis zur Mitte des 17. Jahrhunderts, unter Mitarb. v. N. Angermann, hg. v. H. Kellenbenz, Handbuch der Europäischen Wirtschafts- und Sozialgeschichte, Bd. 3, Stuttgart, 1986, S. 42. スウェーデン最大の貿易都市ストックホルムの成立と発展については根本聡の以下の邦語文献を挙げておく。「近世スウェーデン王国のステープル都市体系とストックホルムの首都化過程」，『市場史研究』第27号，2007年，33-55ページ。「ストックホルムの成立と水上交通」，『歴史学研究』，第756号，2001年，56-67, 76ページ。「海峡都市ストックホルムの成立と展開——メーラレン湖とバルト海のあいだで」，歴史学研究会編（村井章介責任編集）『港町の世界史①　港町と海域世界』青木書店，2005年，365-397ページ。

1 ヨーロッパ経済のなかのスウェーデン産銅

　中世，近世のヨーロッパにおいて，銅はもっとも重要な金属資源の一つであった。当時，鉄の用途が製鉄技術の未成熟ゆえに限られていたため，銅は貨幣素材としてのみならず，日用品，兵器としても広く用いられていた[5]。また，16世紀の世界商業の中心に位置したアントウェルペンにおいて，銅が毛織物，香辛料と並んで取引の主体を成していたことは，広く知られる事実である[6]。

　バルト海を経由した銅には，スウェーデン産の銅の他にハンガリー（スロヴァキア）のノイゾール（バンスカ・ビストリカ）産の銅があった。フッガー家の支配するハンガリー産の銅は，主にブレスラウ（ブロツワフ）やクラカウ（クラクフ）を経由してダンツィヒに向かい，ここから海路を利用してアントウェルペンに輸出された。ダンツィヒから輸出されたハンガリー産の銅の一部は，リューベックにも向けられたが，その量は，リューベックがストックホルムから輸入した銅の量には及ばなかった[7]。15, 16世紀のヨーロッパの主な銅の生産地としては，ハンガリーの他に中部ドイツのマンスフェルト，チロルなどが知られていたが，17世紀に入るとこれらの地域に代わってスウェーデンが，ヨーロッパ

---

　5) Hermann Kellenbenz, Europäisches Kupfer, Ende 15. bis Mitte 17. Jahrhundert. Ergebnisse eines Kolloquiums, in: H. kellenbenz (Hg.), Schwerpunkte der Kupferproduktion und des Kupferhandels in Europa 1500-1650. Kölner Kolloquien zur internationalen Sozial- und Wirtschaftsgeschichte, Bd. 3, Köln/Wien, 1977, S. 290. 16, 17世紀に取引されていた銅の形状には以下のようなものがあった。銅版（plathe kopp），棹銅（kill kopp: Kielkupfer），塊銅（molden kopp），snacken koppe（不明），銅（ブリキ）板（blecke: Kupferblech），平なべ（kpperen panne），Michaela Blunk, Die Handel des Lübecker Kaufmann Johann Glandorp an der Wende vom 16. zum 17. Jahrhundert, Veröffentlichungen zur Geschichte der Hansestadt Lübeck, Reihe B, Bd 12, Lübeck, 1985, S. 68.

　6) 近世アントウェルペンの銅貿易を扱った邦語論文として次がある。中沢勝三「16世紀アントウェルペンの銅貿易とヨーロッパ経済」，『地中海論集』第10号，1986年，137-147ページ。同「アントウェルペンの興隆と銅＝香辛料貿易」，『文経論叢』（弘前大学）第14巻第5号，1979年，1-24ページ。

　7) Walter Stark, Lübeck und Danzig in der zweiten Hälfte des 15. Jahrhunderts. Untersuchungen zum Verhältnis der wendischen und preußischen Hansestädte in der Zeit des Niedergangs der Hanse, AHS, Bd. 11, Weimar, 1973, S. 129-132.

最大の銅の生産地として浮上してきた。では，スウェーデンが銅を増産した背景にはどのような事情があったのか，以下で見てみよう。

　スウェーデンの輸出の中心を占めた商品が，銅と鉄であったことは既に述べたが，17世紀のいわゆる「バルト海帝国」の時代を通じてスウェーデンの国勢の動向とより密接な関わりをもった商品は，鉄よりもむしろ銅であった[8]。スウェーデンの銅鉱山は，国王の強い規制の下にあり，国王自身も鉱山の共有者の一人としてその経営に参加していた。ヨーロッパの国民国家形成の歴史は戦争の歴史であるといわれるが，無論スウェーデンもその例外ではない[9]。そのためにもスウェーデンは，銅の増産，輸出に力を入れ，戦費を調達する必要があったのである。とりわけオランダに対する債務の支払いにおいて，銅が果たした役割は重要であった。

　1613年，グスタヴ2世アードルフは，クネーレの講和をもって，1611年から続いていたデンマーク王クリスチャン4世との戦争（カルマル戦争）を終結させた。その際スウェーデンは，エルフスボリの要塞の返還のために，デンマークへ百万リクスダーレルの支払い（エルフスボリ賠償金）を余儀なくされることになった。だが，戦争で国力を消耗していたスウェーデンには十分な支払能力はなく，オランダに立替えを要請することになった。こうしてスウェーデンは，オランダから借款を受け，その代償としてオランダは，スウェーデン産の銅を受け取ることになったのである[10]。この時両国の間を仲介したのが，当時のヨーロッパを代表する国際商人の一人，ルイ・ド・イェールである。

　スウェーデンで活躍するオランダ商人は，既にグスタヴ・ヴァーサの時代から少しずつ増加の兆しを見せていたが[11]，17世紀に入ると彼らの

　8）　Eli F. Heckscher, op. cit., pp. 85-86.
　9）　上野喬「ルイ・ド・イェールの企業活動について――オランダ・スウェーデン交渉史の一局面」，『オランダ初期資本主義研究』御茶の水書房，1973年，188ページ。
　10）　Hermann Kellenbenz, Spanien, die nördlichen Niederlande und der skandinavisch-baltische Raum in der Weltwirtschaft und Politik um 1600, in: VSWG, 41-4, 1954, S. 326-327. Eli F. Heckscher, The Place of Sweden in Modern Economic History, in: Economic History Review, 4-1, 1932, pp. 8-9. 邦語では，入江幸二『スウェーデン絶対王政研究――財政・軍事・バルト海帝国』知泉書館，2005年，19ページ。上野喬，前掲論文，200，216ページを参照。
　11）　グスタヴ・ヴァーサはリューベックの財政的な支援の下で王位を得たにもかかわ

進出は，貿易のみならず鉱工業においても著しくなった。スウェーデンは，ルイ・ド・イェールやエリアス・トリップといったアムステルダムを拠点とする大商人の重要な取引先となり，それと並行してスウェーデン産銅の取引の中心もハンザからオランダ商人へと移りつつあった。なかでもエルフスボリ賠償金のための借款の代償としてオランダに輸出された銅は，アムステルダムがヨーロッパ最大の銅市場として浮上していく上で大きな意味を持ったと考えられる。1627年にルイ・ド・イェールはスウェーデンに移住した。彼は，スウェーデン居住のアムステルダム通商代理人としてオランダ・スウェーデン間の経済関係の強化に貢献しただけでなく，製鉄，兵器工場の経営を通じてスウェーデンの工業化にも大きな役割を果たした[12]。こうしてオランダ商人との関係を深めたスウェーデンは，ハンザ都市をも包摂しつつあるオランダ商人の取引網を利用して銅，さらには鉄の販売を拡大していくとともに，自らも輸送力の強化に力を入れ，「バルト海帝国」を支える経済基盤を整えていったのである[13]。

では，オランダとの関係が深まった17世紀のスウェーデン銅の生産規模はどれほどであっただろうか。表5-6から同国ストラ鉱山の生産量を知ることができるが，ここから銅の生産規模の増大は明らかであろう。

───────────

らず，ハンザ商人の排斥を意図するようになった。例えば，Brigitta Odén, A Netherlands Merchant in Stockholm in the Reign of Erik XIV, in: Scandinavian Economic History Review, vol. X-1, 1962, p. 5を参照。スロヴァキア産銅を支配していたフッガー家は，スウェーデン産銅の取引の主導権掌握も考えていた。しかし，フッガー家の使節とグスタヴ・ヴァーサとの会談は，物別れに終わったという。Kjell Kumlien, Staat, Kupfererzeugung und Kupferausfuhr in Schweden 1500-1650, in: Schwerpunkte der Kupferproduktion und des Kupferhandels in Europa, S. 250-251.

12) 上野喬，前掲論文，202-203ページ。

13) スウェーデンの海運力の増大については，Eli F. Heckscher, An Economic History of Sweden, pp. 113-114. 玉木俊明「バルト海貿易」，56-57ページを参照。ところで，スウェーデンの銅の輸出計画も決して順調に進んでばかりいたのではない。1619年にグスタヴ2世アードルフは，スウェーデン商事会社を設立し，この会社に銅の独占販売権を与えた。しかし，銅価格の下落傾向に直面した同社は，1626年に解散を余儀なくされてしまった。当時アムステルダムには，オランダ東インド会社が輸入した日本産の銅が到着しつつあったが，グラマンは，アムステルダムにおける日本産の銅の登場が，スウェーデンの貿易政策に影響を与えたのではないかと述べている。Klistof Glamann, The Changing Patterns of Trade, in: Cambridge Economic History of Europe, V, E. E. Rich and C. H. Wilson (ed.), The Economic Organization of Early Modern Europe, Cambridge, 1977, p. 247.

1620年以降生産量は,ほぼ毎年10,000シップポンド(以下Spと略)前後で推移していたが,1650年には20,323Spを記録し,年間生産量が20,000Spを超える唯一の年になった[14]。

また,表5-6からストックホルムの銅の輸出について見ると,リューベック向けの輸出が圧倒的に多かったことがわかる[15]。西欧向けの銅輸

表5-6 スウェーデン(ストラ鉱山)における銅の生産と輸出

(単位:シップポンド)

| 年度 | 生産量 | ストックホルムからの輸出量 ||||
		リューベック向け	ダンツィヒ向け	西欧向け	合計
1610	6,496	1,410*	17	226	1,691
1612	5,567	1,474	644	226	
1614	7,079	−			
1615	6,769	6,896**	557	1,728	
1616	〔7,886〕	2,850	29	950	4,019
1617	5,684	5,559***	207****	1,944	7,967
1618	10,810	−	179	2,658	3,274
1619	〔6,214〕	10,053	260	1,337	11,729
1620	8,637	7,434	12	1,166	8,614
1630	12,986				
1640	11,341				
1650	20,323				

＊ハンブルクへの輸出16シップポンドを含む。＊＊ハンブルクへの輸出115シップポンドを含む。＊＊＊ハンブルクへの輸出76シップポンドを含む。＊＊＊＊ケーニヒスベルクへの輸出2シップポンドを含む。

備考)・原表で「〔 〕」や「−」が用いられているが,何を意味するかは不明。
・生産量のシップポンドは鉱山重量(Berggewicht),輸出量のシップポンドは集散地重量(Stapelstadtgewicht)。(本補論の注(14)を参照。)
・合計には上記の項目のほか,メクレンブルク・ポメルン諸都市,バルト海東部,デンマーク向け輸出が含まれている。
・在庫調整の影響を受けて輸出量が生産量を上回っている年がある。

出典) K. Kumlien, Staat, Kupfererzeugung und Kupferausfuhr in Schweden, S. 415-416より作成。

---

14) 厳密にいうと,鉱山地域とストックホルムとでは,1シップポンド当たりの銅の量には違いがあった。鉱山地域では1シップポンド=約150kgと換算された(鉱山重量Berggewicht)のに対して,ストックホルムでは,1シップポンド=約136kgと換算された(集散地重量 Stapelstadtgewicht)。Kjell Kumlien, Staat, Kupfererzeugung und Kupferausfuhr in Schweden 1500-1650の巻末における表(H. Kellenbenz (Hg.). Schwerpunkte der Kupferproduktion und des Kupferhandels in Europa 1500-1650, S. 414)の解説を参照。

15) この点は,ジャナンも指摘している。Pierre Jeannin, Le cuivre, les Fugger et la Hanse, in: Annales Economies-Sociétés-Civilisations, X, no 2, 1955, p. 233.

出も急増していたとはいえ,その量はリューベック向けの輸出量には及ばなかった。スウェーデンから輸出された銅の多くは,リューベックに向かったのである。

　これらの銅は,ハンザ発展期以来のバルト海・北海間の動脈であるリューベック・ハンブルク間の内陸路を経由して西欧方面に向かったと考えてよかろう。そのことは,例えば第2章で検討したように,時期は少しずれるが,15世紀末から16世紀初頭にかけてリューベックから陸路ハンブルクに向けて多くの銅,それもメーゼ単位のスウェーデン産銅が流通していたことからも裏付けられる。17世紀のヨーロッパでは,アントウェルペンの繁栄を引き継いだアムステルダムがヨーロッパ最大の銅市場となったが,それと並んでハンブルクも,その地理的な好条件[16]ゆえに重要な銅市場となった。これらの市場での売買を経て,スウェーデン産銅の一部は,リエージュやアーヘンをはじめ,低地地方やドイツの金属,兵器産業の中心地へ送られた。だが,こうした金属工業都市への供給以上に大きな意義をもった銅の流れが存在した。スペインへの供給がそれである。

　周知のように,16世紀のスペインは,ヨーロッパが海外進出の時代を迎えるなかで,新大陸貿易の拠点として発展するとともに,新大陸産銀の国外流出や財政の破綻などを通じて急速な没落をも経験した。国王フェリペ三世はこうした事態に直面して,銀貨の不足を補うために1599年以降断続的に銅貨を鋳造していったが,その素材としてスウェーデン産の銅が主に用いられていった。銅はスペインにとって最も重要な輸入品の一つであった。既にスペインは,造船や兵器の製造のためにハンガリーなど中欧から銅を輸入していたとはいえ[17],三十年戦争により中欧地域での銅の生産が滞るようになると,中欧産に代わってスウェ

---

　16) ハンブルクへは,リューベックからスウェーデン産の銅が,さらに16世紀末からはエルベ川を経由してハンガリー産の銅が搬入された。Hermann Kellenbenz, Europäisches Kupfer, S. 341-342. ハンザ・北欧商業圏における銅の取引については,Franz Irsigler, Hansischer Kupferhandel im 15. und in der ersten Hälfte des 16. Jahrhunderts, in: HGbll, 97, 1979, S. 15-35 を参照。

　17) Hermann Kellenbenz, Deutschland und Spanien. Wege, Träger und Güter des Handelsaustausches, in: Kleineschriften I, Europa, Raum wirtschaftlicher Bewegung, VSWG beihefte 92, Stuttgart, 1991, S. 289. Ders., Spanien, die nördlichen Niederlande, S. 325-326.

ーデン産の銅がスペインの銅輸入において重要な位置を占めることになったのである。その銅の供給国であるスウェーデンは，その輸出を通じて戦費を賄い，バルト海の強国として17世紀の北方ヨーロッパ世界に君臨することができた。一方，その銅を輸入したスペインは，銀の流出などを通じて財政を破綻させ，かの巨大な帝国の没落を加速させてしまった。そして当時，銅の国際的な流通を支配して世界経済の中心へと浮上したのが，17世紀の世界システムにおいてヘゲモニーを掌握したオランダであった。これらの点を勘案すれば，スウェーデン産銅は，近世の国際政治・経済の動向と深く関わる重要商品であったことが明らかとなろう[18]。ダイナミックに変貌を遂げる17世紀ヨーロッパ世界の立役者を結び付けていた商品の一つにスウェーデン産銅があったのである。

2 スウェーデン産銅とリューベック

では，このような国際商品であるスウェーデン産の銅とリューベックは，商業的にどのように関わっていたのであろうか。

ハンザ時代のリューベックがストックホルムから輸入した商品には，銅，鉄（osemund），皮，毛皮，バター，チーズ，ベーコン，鮭（laß），魚油などがあったが[19]，これら商品の中で取引の中心に位置していたのは，いうまでもなく鉄と銅であった。リューベックがストックホルムから輸入した銅の量は，シップポンド（Sp）に換算して，1492年が約2,250Sp，1493年が約2,850Spであった[20]。また1492年には，リューベックがスウェーデンから輸入した商品全体に占める銅の比率は，価格比で60％以上に達した[21]。こうした鉱産資源を主体とした商品構成は，

---

18) Hermann Kellenbenz, Spanien, die nördlichen Niederlande, S. 332.
19) Friedrich Bruns, Die lübeckischen Pfundzollbücher der Jahre 1402-1496, in: HGbll, 14, 1908, S. 378-380. このうちオスムンド（オスムント）鉄とは，精錬された後，小さな塊にされた加工可能な鉄であり，品質上棒鉄と変わりないという。玉木俊明・根本聡『スウェーデンを中心としたバルト海商業史』，17ページ。
20) Friedrich Bruns, a. a. O., S. 379. シップポンドへの換算は，ブルンスに従って1Mese = 3 Schiffspfund = 1/4 Last とした。Ebenda, S. 396.
21) Kjell Kumlien, Stockholm, Lübeck und Westeuropa zur Hansezeit, S. 13.

中世後期から近世を通じてそれ程大きくは変わらない。銅と鉄の輸入額の合計で見ると，これら鉱産物がリューベックのスウェーデンからの輸入全体に占める割合は，17世紀後半の6年の平均で価格比にしてなお60％を占めた[22]。

リューベックがストックホルムから輸入した銅の輸入量の大まかな変化を見ると，15世紀末の輸入量（1492年が約2,250Sp，1493年が約2,850Sp）は，その前後の時期の輸入量と比べてそれらを上回る水準にあった。例えば，1368年の輸入は460Spであり[23]，これは15世紀にスウェーデンで銅の生産規模が拡大したことを推測させる。地質学的な調査によれば，スウェーデンでは，11世紀には銅鉱石の採掘が開始されていたという[24]。しかし，16世紀に入ると一時の拡大期を経て銅の生産規模は縮小し，年間約300-900Spの水準で推移することになった。その原因の一つに落盤事故が挙げられる[25]。銅の生産量が再び増加に転じたのは16世紀後半である。それを受けてリューベックに輸出される銅の量もこの頃から増加を見せ，1582年には再び年産2,000Spの水準を回復し，1619年には10,000Spを超えるまでとなった。再び表5-6を見てみよう。先に指摘したように，17世紀初頭におけるストックホルム最大の銅の輸出相手はリューベックであった。ストックホルムの銅輸出全体に占めるリューベック向けの割合を見ると，圧倒的に高い比率（70-90％）を占めていた。西欧に直接輸出された銅も，1610年から1620年にかけて増大したとはいえ，その量は，リューベックに輸出された銅の量を遥かに下回っていた。一方ダンツィヒは，ストックホルムの銅の輸出相手としては，ほとんど意味を持たなかった[26]。ストックホルムの銅の輸出相手のなかでは，リューベックが圧倒的な位置を占め，

---

22) 1672, 1676, 1677, 1681, 1690, 1691年の平均。Ahasver von Brandt, Seehandel zwischen Schweden und Lübeck, S. 67 より計算。

23) 拙稿「近世リューベックのスウェーデン貿易」，『北欧史研究』第10号，1993年，22ページ，表4参照。

24) Kjell Kumlien, Hansischer Handel und Hansekaufleute in Skandinavien, S. 98.

25) Kjell Kumlien, Stockholm, Lübeck und Westeuropa zur Hansezeit, S. 20. Pierre Jeannin, Le cuivre, les Fugger et la Hanse, pp. 233-234.

26) 16世紀にダンツィヒはスウェーデンの取引相手としての重要性を失っていく。Franz Irsigler, Hansischer Kupferhandel, S. 19. Henryk Samsonowicz, Wirtschaftsbeziehung zwischen Schweden und dem Weichselgebiet, S. 8.

リューベック・ハンブルク間の内陸路を経て西洋側に送り出していたのである。

さて，このような銅の流れから，一見するとスウェーデン産銅は，この内陸路の利用を通じてリューベックを中心とするハンザ発展期以来の商品流通体制の維持に貢献したと見ることができる。では，そこでのリューベックの実際の役割はどのようなものであったのだろうか。

上でも指摘したように，銅はスウェーデンが国際関係の中で主要国と結びつくための戦略的な商品であり，その国際商業界での流通の主導権はオランダ商人が握るようになった。スウェーデン自体が国際商業界への媒介者をリューベックなどのハンザからオランダへとシフトさせていたなかで，スウェーデンの貿易においてハンザ商人が関与することのできる余地は，実は徐々に狭められていた。確かに流通の経路としてはリューベックを経由するルートが重視され，その利用は商品の積換えや税の支払いなどを通じてリューベックの経済に少なからず貢献したかもしれない。しかし，スウェーデンとの銅の売買に関する契約の当事者は，オランダ商人である場合が多くなり，それに伴いリューベックに輸入された銅の実質的な所有権も彼らに属するケースが増えていった。リューベックに向けたスウェーデン産銅の輸出が増大した1600年前後の時期のリューベック商人は，単なる中継ぎ商人としてその流通に関与していたに過ぎず[27]，銅の多くはリューベックを通過しただけであった。実質的な銅の取引は，アムステルダムやハンブルクでなされたのである。

さて，ストックホルムから海路エーアソン海峡を経由して直接西欧に輸出される銅は，1630年直前から急速な増加を示し，3,000—5,000Spの通過を記録する年が多くなった。なかでも1642年は7,138Spに達し，スウェーデンから輸出された銅全体の約60％を占めるまでになった[28]。また，1676年と1677年についてブラントが行なった分析によると，この時リューベックに輸出された銅がストックホルムの銅の輸出全体に占める比率は，それぞれ12.6％，10.6％に過ぎず[29]，17世紀初頭の水準

---

27) Ahasver von Brandt, Seehandel zwischen Schweden und Lübeck, S. 61.
28) Kjell Kumlien, Staat, Kupfererzeugung und Kupferausfuhr, S. 416. また，玉木俊明「バルト海貿易」，42ページ，表5も参照。
29) Ahasver von Brandt, Seehandel zwischen Schweden und Lübeck, S. 63.

と比較して大幅に落ち込んでいた。ストックホルムから輸出されたスウェーデン産銅は1600年を過ぎてもなおその大部分はリューベックに輸出されてはいた。だが，17世紀中頃までにその流れの中心は，リューベックからエーアソン海峡へと移り，スウェーデン産銅は海路で直接北海側に輸出されるようになったのである。

　近世初頭のヨーロッパ経済の再編は，エーアソン海峡を経由する東西ヨーロッパ間商業の増大と，それをつかさどるオランダ商人のバルト海海域での勢力拡大を通じてリューベックの商業基盤を切り崩していった。世界市場の形成に伴いヨーロッパ経済が変容を遂げるなかで，第5章で検討したダンツィヒのみならず，ハンブルクやケルンといったハンザの主要都市は，世界経済の中心地域となる西欧との商業関係を通じて独自の取引基盤に依拠した商業を繰り広げ，リューベックを中心とするハンザとの関係を弱めていく。その実態を以下で探っていくことにしよう。

第 6 章
ケルンの通商動脈とバルト海商業

はじめに

　中世ドイツ最大といわれる人口規模を誇ったケルンは[1]，ドイツ西部ニーダーライン・ヴェストファーレン諸都市の中心都市に位置づけられる。ケルンは，織物，金属をはじめとする各種輸出向け手工業を発展させ，商業と工業相互の有機的な発展関係を実現するとともに，その取引網はライン川水系を中心にヨーロッパ各地に及んでいた。ケルンはまた，ハンザ都市でもあった。しかし，組織としてのハンザに対するケルンの関与の度合いは，それほど高くはなかった。例えば，ハンザ・イングランド関係の展開からは，ハンザ内部におけるケルンの微妙な立場を窺うことができる。ことに 15 世紀中頃の両者の関係悪化・戦争に際してケルンがハンザを一時的に離れ除名されたということは，ハンザ内部における利害の対立を対外関係を通じて顕在化させてしまい，組織としてのハンザの弱体化を内外に露呈させてしまったという点で重要である（以下の補論参照）。ケルンは 1474 年のユトレヒト条約締結からしばらくしてハンザに復帰したのであるが，このような経緯からは，同じくハンザ都市であるとはいえ，ケルンがリューベックを中心とするハンザ都市

　1）　15，16 世紀のケルンの人口は，3 万人以上に達していた。Horst Buszello, Köln und England (1468-1509), in: Mitteilungen aus dem Stadtarchiv von Köln, 60, 1971, S. 431.

第6章　ケルンの通商動脈とバルト海商業　　　　　　　183

（ヴェンド都市）とは異なった地域経済圏に属し，異なった経済的利害の下にあったということが推測される[2]。本章では，各地に延びるケルンの取引網のなかからリューベック・バルト海方面との取引に焦点を当てるとともに，リューベックとは異なる内陸のハンザ都市ケルンの商業基盤の存在を浮き彫りとしてみたい。

　ドイツ中世都市の中でもケルンは最も研究の充実した都市の一つであり，商業史に限っても，その研究の蓄積は相当な量に達する。この分野での主な研究者としては，『中世ケルン商業・交通史史料』[3]の編纂その他多くの業績を残したクスケをはじめ，ランケ，ケレンベンツ，グラムラ，イルジーグラー，ヒルシュフェルダーなどが挙げられよう[4]。また，ケルンないしライン地域と北ドイツ・ハンザ地域との商業を扱った研究としては，デッセラー，グラムラ，ケレンベンツの業績がある[5]。

　2）　Fritz Rörig, Rheinland-Westfalen und die deutsche Hanse, in: Wirtschaftskräfte im Mittelalter, 2. Aufl., hg. v. P. Kaegbein, Wien/Köln/Graz, 1971, S. 416. ドイツを成り立たせる経済圏として，例えば，ケレンベンツは，1，ライン・西部ドイツ，2，高地ドイツ，3，ハンザ・低地ドイツ，4，中央・東部地域の四つの経済地域を挙げている。Hermann Kellenbenz, Deutsche Wirtschaftsgeschichte, Bd. 1, Von Anfängen bis zum Ende des 18. Jahrhunderts, München, 1977, S. III. ケルンは有力都市であったにもかかわらず，ハンザの商業的な枠組みのなかでは辺境に位置したという見解もある。Hugo Weczerka, Lübeck und der Ostseeraum im 13/14. Jahrhundert, in: Neue Forschungen zur Geschichte der Hansestadt Lübeck, hg. v. A. Graßmann, Lübeck, 1985, S. 40.

　3）　Bruno Kuske, Quellen zur Geschichte des Kölner Handels und Verkehrs im Mittelalter, 4 Bde., Publikationen der Gesellschaft für Rheinische Geschichtskunde, 33, Bonn, 1917-1934.

　4）　各研究者につき一つずつ著作を挙げておく。Bruno Kuske, Die Kölner Handelsbeziehungen im 15. Jahrhundert, in: VSWG, 7, 1909, S. 296-308. Ermentrude von Ranke, Kölns binnendeutscher Verkehr im 16. und 17. Jahrhundert, in: HGbll, 29, 1924, S. 64-77. Hermann Kellenbenz, Der Aufstieg Kölns zur mittelalterlichen Handelsmetropole, in: Jahrbuch des Kölnischen Geschichtsvereins, 41, 1967, S, 1-30. Gertrud Susanna Gramulla, Handelsbeziehungen Kölner Kaufleute zwischen 1500 und 1650. Forschungen zur Internationalen Sozial- und Wirtschaftsgeschichte, Bd. 4, Köln/Wien, 1972. Franz Irsigler, Die wirtschaftliche Stellung der Stadt Köln im 14. und 15. Jahrhundert. Strukturanalyse einer spätmittelalterlichen Exportgewerbe- und Fernhandelsstadt, VSWG Beihefte Nr. 65, Wiesbaden, 1979. Gunther Hirschfelder, Die Kölner Handelsbeziehungen im Spätmittelalter, Köln, 1994. また，商業貿易史を含むケルン経済全体を詳細に論じた基本文献として以下が挙げられる。Zwei Jahrtausende Kölner Wirtschaft, 2 Bde., hg. v. H. Kellenbenz, Köln, 1975.

　5）　Emil Dösseler, Der Niederrhein und der deutsche Ostseeraum zur Hansezeit. Neue Quellenbeiträge zur Geschichte der niederrheinischen Auswanderung in die Ostseestädte und des niederrheinischen Ostseehandels, in: Quellen und Forschung zur Geschichte des

このように，ドイツの歴史学界には商業・貿易史の面からケルンとドイツ，ヨーロッパ各地との経済関係を解明していこうとする研究が豊富に存在する。しかし，我が国では他地域，とりわけ遠方との商業関係という側面からケルンを取り上げることはあまりなされていないようである。ケルンは手工業や手工業者組合，法制史の面からは，ほかの都市にもまして注目されてきたにもかかわらず，その商業・貿易の実態については，我が国ではどちらかというと既知の事柄として扱われ，ドイツ本国における研究の紹介さえ十分には行なわれていないように思われる[6]。こうした状況にあって中世後期から近世初頭にかけてのケルンの北ドイツ・バルト海方面の商業を検討することは，当時のヨーロッパにおける地域間商品流通構造に一条の光を当てるとともに，我が国のケルン経済史研究の欠落点をわずかでも補うことになると考えられる。以下ではまず，第1節でヨーロッパにおけるケルンの広範な取引網を概観する。続いて第2節でヒルシュフェルダーなどのドイツにおける研究成果に依拠しながら，ケルン商人の北ドイツ・バルト海沿岸地域における商業活動を見ていくとともに，交易路に注目しながらリューベックなどの沿岸地域のハンザ都市とは異なるケルンの経済基盤の検出を試みることにしたい。

Niederrheins Bd. 1, Düsseldorf, 1940. Gertrud Susanna Gramulla, Kölner Kaufleute im Handel mit dem Ostseeraum am Ende des 15. und 16. Jahrhundert, in: Mitteilungen aus dem Stadtarchiv von Köln, 60, 1971, S. 553-598. Hermann Kellenbenz, Rheinische Verkehrswege der Hanse zwischen Ostsee und Mittelmeer, in: Die deutsche Hanse als Mittler zwischen Ost und West, hg. v. A. v. Brandt, Wissenschaftliche Abhandlungen der Arbeitsgemeinschaft für Forschung des Landes NRW, Bd. 27, Köln/Opladen, 1963, S. 103-118.

6) 中世のケルンを扱った邦語文献は非常に多いが，ここでは商業史に関係の深い文献のみを挙げておく。田北廣道『中世後期ライン地方のツンフト「地域類型」の可能性――経済システム・社会集団・制度』九州大学出版会，1997年。同「中世後期ケルン空間における経済・社会・制度――社会統合論としての「市場史」研究にむけて」，『社会経済史学』第63巻第2号，1997年，56-80ページ。拙稿「近世初頭の国際商業とケルン――アントウェルペン・ケルン・フランクフルト」，鈴木健夫編『「ヨーロッパ」の歴史的再検討』早稲田大学出版部，2000年，169-194ページ。

1 ケルンの取引網

　ケルンをドイツのみならずヨーロッパの一大経済都市へと導いた要因の一つは，繰り返すまでもなく，商業と手工業双方の並行した発展を実現した点に見出されよう。ケルンでは，有力商人の主導の下で周辺中小都市，農村との間に原料や中間製品の供給とその仕上げ，再輸出を軸とする有機的な分業圏，すなわちケルン「経済統一体」が形成されていたと考えられている[7]。ケルンは，周辺農村を含む近隣諸地域にとっての経済的中心であった。のみならず，原材料の供給や手工業の発展を通じてヨーロッパ規模の国際的な通商拠点へと成長を遂げた。輸出向け手工業と遠隔地商業とが相互に刺激しあうというケルンの発展の形は，ハンザの大都市の中ではあまり例がなく，この点でもっぱら遠隔地商業を発展の基盤としたリューベックなどのバルト海沿岸ハンザ諸都市の発展形態とは異なる。これらのハンザ諸都市で発展した工業としてはせいぜいビール醸造と造船が挙げられるだけなのに対して，ケルンは毛織物，絹，亜麻糸，金属，兵器，皮・毛皮などの手工業部門を発展させ，それがまた原材料の輸入並びに製品の輸出を通じて商業を一層活発にしたのである。

　こうした商業と工業双方の有機的な発展を交通面で支えたのが，ケルンから各地へ伸びる交易路の存在である。ケルンが地理的に恵まれた立地条件の下にあることは，これまでも頻繁に指摘されてきたが[8]，なか

　7）　この「経済統一体」モデルをめぐる諸問題については，田北廣道『中世後期ライン地方のツンフト「地域類型」の可能性』，第２章「中世後期の「経済構造の転換」：中心地システムの確立」，65-112ページで論じられている。また，以下も参照。田北廣道「中世後期ケルン空間の中心地システムの確立――小都市ジークブルクの市場機能からみた」，『経済学研究』（九州大学）第59巻第3・4号，1993年，257-294ページ。

　8）　例えば，Bruno Kuske, Die Kölner Handelsbeziehungen im 15. Jahrhundert, S. 296-298. Franz Irsigler, Kölner Wirtschaft im Spätmittelalter, in: Zwei Jahrtausende Kölner Wirtschaft, Bd. 1, S. 271-272を参照。ライン川はケルン付近で流れの性質を変えるので，別の種類の船に貨物を積換える必要があった。ヨーゼフ・クーリッシェル（増田四郎監訳，伊藤栄・諸田實訳）『ヨーロッパ中世経済史』東洋経済新報社，1974年，250ページ。また，シェーンフェルダーは，ケルンの中継商業（Transithandel）を支えた二つの柱として，交

でも重要だったのは，低地地方の主要な商業都市であるアントウェルペンやブリュージュ，デフェンター，カンペンなどからケルンを経てフランクフルト（・アム・マイン：以下マイン川のフランクフルトを指す）を結ぶ動脈ともいえる交易軸の存在である。この交易軸において，南東からまずフランクフルトとケルンの間はライン川によって連絡され，ケルンからアントウェルペン，ブリュージュまでは主に陸路が用いられたほか[9]，ケルンからデフェンター，カンペンまではライン川，エイセル川を経由して連絡された。以下では，この南東から北西方面に伸びる交易軸に視点を据えながら，ケルンがこの動脈に接続する各地とどのような商品を取引していたかを見ていくことにしたい。

まずケルン以南のライン川水域との関係では，ライン川上流・中流，モーゼル川流域の葡萄栽培地帯が，ケルンの商業にとって大きな意味を持った。シュトラースブルク（ストラスブール）からはアルザス産のワインがケルンに船積みされたほか，バーデン，プファルツ，ラインガウ，モーゼル川流域から大量のワインがケルンに発送された。ケルンに送られたワインは，ここで消費される以外にも多くが遠方に輸出され，特に低地地方とバルト海地域が重要な輸出先であった。それゆえ，ケルンはハンザの「ワイン蔵（Weinhaus）」と呼ばれる[10]。

通面での恵まれた立地条件に加えてシュターペル（商品集散権）の存在を挙げている。Wilhelm Schoenfelder, Die wirtschaftliche Entwicklung Kölns von 1370-1513, Neue Wirtschaftsgeschichte, Bd. 1, Köln/Wien, 1970, S. 8-9. ヨーロッパ国際商業におけるケルンの中継機能の強化は，シュターペル拡充にも繋がった。ケルンが「高次の分配機能」を担ったからこそ，その周辺の諸侯，都市は，ケルン・シュターペルを容認せざるを得なかったということが，田北廣道によって指摘されている。田北はまた，これまで「通過・販売・積替え」強制体系と見なされてきたシュターペル概念を批判し，ほかの経済的な諸制度との関連を考慮しながらシュターペルを動的に解釈することの必要性を説いている。田北廣道「中世後期ケルン空間の流通と制度──シュターペル研究序説(1)(2)」，『経済学研究』（九州大学），第 65 号第 4 巻，1998 年，1-25 ページ，第 65 巻第 5 号，1999 年，49-66 ページ。同「中世後期下ライン地方の流通と制度──15 世紀前半ゲルデルン戦争期のケルン空間」，『福岡大学商学論叢』第 43 巻第 3 号，1999 年，383-413 ページ。

9) Franz Irsigler, Kölner Wirtschaft im Spätmittelalter, S. 279.

10) Franz Irsigler, Die wirtschaftliche Stellung der Stadt Köln im 14. und 15. Jahrhundert, S. 268. Klaus Militzer, Handel und Vertrieb rheinischer und elsässischer Weine über Köln im Spätmittelalter, in: A. Gerlich (Hg.), Weinbau, Weinhandel und Weinkultur. Sechstes Alzeyer Kolloquium, Geschichtliche Landeskunde, Bd. 40, Stuttgart, 1993, S. 174. 中世後期にドイツで流通したワインに関しては，以下を参照。Rolf Sprandel, Von Malvasia bis

第6章　ケルンの通商動脈とバルト海商業　　　　　　　　　187

　ライン川水域からケルンへは，ワインのほかに様々な食料，原材料が供給された。クスケはラインガウ，マイン川流域を「ニーダーライン地域の穀倉地帯」と呼び，ミリッツァーもまた，ラインガウをケルンの「穀倉」と呼んでいるが，これらの地域及びモーゼル川流域からは穀物，野菜，果実が，シュパイアーやヴォルムスからはアカネ，紅花といった染料用植物，辛子，玉葱が，ケルンに送られた[11]。木材は，主に樅の木がライン川本流のほかネッカー川やマイン川，モーゼル川流域から切り出された。マインツの木材集散地では，上流から流されてきた木材が筏に組まれ，下流のケルン方面に送り出された。シュヴァルツヴァルトの森林地帯からは，木材のほか樹脂や蜜蠟が発送された。モーゼル川流域では，鉄がロレーヌから，ライ麦がルクセンブルクから，大麻と油（おそらくオリーブ油）がフランス方面からケルンへ送られた[12]。またライン川上流域は，高地ドイツやスイス，イタリア方面と取引を行なうケルン商人の中継地としても重要であった[13]。

Kötzschenbroda. Die Weinsorten auf den spätmittelalterlichen Märkten Deutschlands, VSWG Beihefte 149, Stuttgart, 1998. 拙稿「中世後期ドイツにおけるワインの流通」，『長崎県立大学論集』第34巻第4号，163-166ページ。長期的に見れば，ハンザの変革期である15世紀はワインの生産，消費が減少した時期に当たる。その理由としては，いわゆる「危機の時代」であったこの時期の生活水準の低下とビールの普及が挙げられるという。その前の14世紀後半から15世紀前半にかけての時代が，ケルン・ワイン商業の「黄金時代」（イルジーグラー）であった。Raymond van Uytven, Die Bedeutung des Kölner Weinmarktes im 15. Jahrhundert. Ein Beitrag zu dem Problem der Erzeugung und des Konsums von Rhein- und Moselwein in Nordwesteuropa, in: Reinische Vierteljahrsblätter, 30, 1964, S. 251. Otto Volk, Weinbau und Weinabsatz im späten Mittelalter, Forschungsstand und Forschungsprobleme, in: A. Gerlich (Hg.), Weinbau, Weinhandel und Weinkultur, S. 162-163. Franz Irsigler, Industrial Production, Industorial Trade and Public Finance in Cologne (14th and 15th Century), in: JEEH, vol. 6-2, 1977, p. 295.

　11）Bruno Kuske, Die Kölner Handelsbeziehungen im 15. Jahrhundert, S. 305. Klaus Militzer, Wirtschaftsleben am Niederrhein im Spätmittelalter, in: Rheinische Vierteljahrsblätter, 49, 1985, S. 64. ケルンに集荷された玉葱はイングランドへも送られた。Franz Irsigler, Kölner Wirtschaft im Spätmittelalter, S. 287.

　12）Franz Irsigler, Kölner Wirtschaft im Spätmittelalter, S. 285, 287-288. Bruno Kuske, Die Kölner Handelsbeziehungen im 15. Jahrhundert, S. 305.

　13）ライン川上流地域からさらに南方へ向かう経路としては，シュヴァルツヴァルトの峠を経てフライブルク・ヴィリンゲン・ボーデン湖方面に至るルートのほか，エスリンゲン・ウルムないしネルトリンゲン・アウクスブルクからブレンナー峠を越えてイタリアへ向かうルートが存在した。Bruno Kuske, Die Kölner Handelsbeziehungen im 15. Jahrhundert, S. 305.

マイン川流域では，フランクフルトが中部ドイツにおける商業の拠点として，ケルン商人にとって欠くことのできない位置を占めていた。ケルン商人は，14世紀後半以降早春と秋にこの地で開催される大市を定期的に訪れるようになり，毛織物（ケルン産，低地地方産，15世紀以降はイングランド産），絹・亜麻織物，金属製品，皮革製品など，主に加工品をもたらした。反対にケルン商人がフランクフルトで仕入れた商品は，原材料が多く，アルプス経由でイタリアからもたらされた香辛料，薬種，生糸，火薬，南方産果実などの商品をはじめ，皮・毛皮，亜麻，大青，紅花，アカネなどに及んだ[14]。ここで挙げられた原材料の仕入れのために，ケルンからは手工業者も頻繁にこの大市都市を訪れた。フランクフルトからケルンに送られた手工業製品のなかでは，高地ドイツ産のバルヘント織（麻と綿の交織）が重要であった。こうしてフランクフルトはケルンにとって，高地ドイツやイタリア，さらには東欧南部との取引の拠点として位置づけられ，両都市の間を行き交う川舟は，大市の開催期に合わせてその数を増した。低地地方からも，多くの商人が大動脈（die große Straße）に位置するケルンを経由して，ライン川をさかのぼってフランクフルトまでやってきた[15]。

　その一方で，ケルンのフランクフルトとの関係が強まるにつれ，ケルンにとってニュルンベルクは重要性を失っていき，ここを経由したプラハやハンガリーとの取引も，1420/30年以降はそれほど重要ではなくな

　14）　Ebenda, S. 304. Franz Irsigler, Kölner Wirtschaft im Spätmittelalter, S. 277. フランクフルト大市の取引に関しては，小倉欣一「中世フランクフルトの大市」，『東洋大学経済研究所研究報告』第4号，1978年，36-53ページ。同『ドイツ中世都市の自由と平和——フランクフルトの歴史から』勁草書房，2007年，第6章「大市と商品・貨幣流通」，139-166ページを参照。

　15）　Hermann Kellenbenz, Wirtschaftsgeschichte Kölns im 16. und beginnenden 17. Jahrhundert, in: Zwei Jahrtausende Kölner Wirtschaft, Bd. 1, S. 370. ケルンとフランクフルト大市との関係については，Franz Irsigler, Köln, Frankfurter Messe und die Handelsbeziehungen mit Oberdeutschland im 15. Jahrhundert, in: Köln, das Reich und Europa. Mitteilungen aus dem Stadtarchiv von Köln, 60, 1971, S. 341-429. Hektor Ammann, Die deutschen und schweizerischen Messen des Mittelalters, in: Recueil de la Société Jean Bodin, Bd, 5: La Foire, Brüssel, 1953, S. 161. ハンザの商業政策により，ブリュージュが封鎖されて取引が不振となると，代わりにフランクフルトがその中継地機能を担い，取引が活発になった。Wilhelm Koppe, Die Hansen und Frankfurt am Main im 14. Jahrhundert, in: HGbll, 71, 1952, S. 46-47.

った。しかし，レーゲンスブルクやドナウ川を経由したウィーン方面とケルンとの取引関係はその後も続き，主に織物がヴァラキアやウクライナまで送られたという[16]。

16世紀になるとライプツィヒの大市を訪れるケルン商人が増えた。ケルンからライプツィヒへは，大抵フランクフルトを経由して結ばれたが，内陸部ドイツにおける大市の繁栄がフランクフルトからライプツィヒへと移るにつれ，ケルン商人は直接ここに赴くようになり，主に銅や銀を調達した。ライプツィヒは，ケルンにとって中部ドイツやボヘミア，シュレージェン方面との取引の拠点であった[17]。

次に，ケルンと低地地方との関係に目を転じてみよう。まずオランダ北東部（ゾイデルゼー都市）では，ライン川から分岐してゾイデル海に注ぐエイセル川流域のカンペン，デフェンターなどの都市が，13世紀以降ケルン商人のバルト海方面との取引拠点となった。とりわけカンペンは重要で，ケルン商人はここで船舶をチャーターしてイングランド産の商品をバルト海方面に輸送することもあった[18]。こうしたバルト海への中継地としての役割以外に，ケルンにとってネーデルラント北東部は，14世紀以降は毛織物と家畜の供給地として，15世紀以降は漁業の発展に支えられて魚の供給地としての役割も担った[19]。

ネーデルラント南部では，ベルゲン・オプ・ツォームとブリュージュ，アントウェルペンがケルンの商業の拠点となったが，特にアントウェルペンとケルンとの関係が強かった。他のハンザ都市がブリュージュの衰

---

16) Franz Irsigler, Kölner Wirtschaft im Spätmittelalter, S. 288.

17) Gerhard Fischer, Aus zwei Jahrhunderten Leipziger Handelsgeschichte 1470-1650. Die kaufmännische Einwanderung und ihre Auswirkungen, Leipzig, 1929, S. 14. フランドル地方やアントウェルペンは，ケルン，ライプツィヒを経てブレスラウ，クラカウ方面と連絡されるようになり，この経路は，ライプツィヒ大市の発展とともに陸路による東西ヨーロッパ間商業の動脈となった。Hans van Werveke, Die Beziehungen Flanderns zu Osteuropa in der Hansezeit, in: Die Deutsche Hanse als Mittler zwischen Ost und West, Köln/Opladen, 1963, S. 69-70. 拙稿「ライプツィヒの通商網――ドイツ・中欧における内陸商業の展開」，深沢克己編『近代ヨーロッパの探求9 国際商業』ミネルヴァ書房，2002年，29-35ページ。

18) Franz Petri, Die Stellung der Südersee- und Ijselstädte im flandrisch - hansischen Raum, in: HGbll, 79, 1961, S. 43. Bruno Kuske, Handel und Handelspolitik am Niederrhein vom 13. bis 16. Jahrhundert, in: HGbll, 15, 1909, S. 317-318.

19) Bruno Kuske, Die Kölner Handelsbeziehungen im 15. Jahrhundert, S. 301, 302-303.

退が明白となった後もここを低地地方，西欧貿易の拠点としていたのに対して，ケルンは早くからアントウェルペンをブリュージュに代わるヨーロッパ市場として重視し，こちらのほうを拠点として対イングランド，南欧商業を展開したのである[20]。

ケルンとアントウェルペンとの取引関係は，「ロンドン・アントウェルペン枢軸」という表現から容易に推測されるように，対イングランド関係を抜きに考えることができない。15, 16世紀にロンドンからアントウェルペンに送られた大量の毛織物の多くは，ケルン商人によって中部・高地ドイツ，中欧各地に輸送された[21]。ケルン商人は，イングランド産毛織物をフランクフルトを経由してさらにその先の高地ドイツやドナウ川へと送り出し，レンベルクやクラカウにまで達することもあった。ケルンのイングランド渡航商人にとって，フランクフルトはロンドンに次ぐ第二の拠点であった[22]。ほかの商品としては，羊毛，羊皮，錫，鉛，銅などがイングランドから輸入され，逆にケルンからイングランドへは，金属製品，絹織物，バルヘント織などが輸出された。ケルン商人にとってロンドンはまた，バルト海，南欧方面に進出する際の拠点ともなった[23]。

---

20) Ernst Pitz, Kapitalausstattung und Unternehmensformen in Antwerpen, VSWG, 53, 1966, S. 54-55. Klaus Friedland, Die Verlegung Brüggeschen Kontors nach Antwerpen, in: HGbll, 81, 1963, S. 6.

21) アントウェルペン商業の発展に際してケルン商人が果たした重要な役割は，例えば以下で指摘されている。中澤勝三「国際商都アントウェルペンの興隆——繁栄の契機をめぐって」，『一橋論叢』第75巻第2号，1976年，197, 201ページ。

22) Eileen Power and Michael M. Postan, Studies in English Trade in the Fifteenth Century, London, 1933, p. 143.

23) ケルンの北方ヨーロッパ向け主要輸出品であったライン・ワインは，フランス産ワインとの競争が激しかったためにイングランド向けの輸出では，副次的な意味しか持たなかったという。Franz Irsigler, Kölner Wirtschaft im Spätmittelalter, S. 283. 既に12世紀にケルン商人は，イングランド貿易に従事するドイツ商人のなかで優位を確保し，後のハンザによるイングランド商業発展の土台を築いていく立場にあった。しかし，ケルン商人とその後にイングランドに進出してきたリューベック商人との融合，利害の一致は簡単には達成されなかったようであり，既に初期の段階からケルンとリューベックとの間にはしっくりといかないものがあったようである。ハンザ形成期のイングランドにおけるケルン商人については，以下を参照。千脇修「イングランドに於けるドイツ・ハンザの形成」，『西洋史論叢』第12号，1990年，65-77ページ。高橋理「合同ハンザ成立以前におけるドイツ商人のイングランド貿易——『商人ハンザ』の一研究として」，『文化紀要』（弘前大学教養部）第8号，1974年，33-66ページ。

ケルンとイタリアは，フランクフルトないしライン川上流地域を経由する陸路のほか，ブリュージュやアントウェルペンを経て大西洋を南下する海路でも連絡されていた。ケルン商人は，フォンダコ・デ・テデスキのあったヴェネツィア以外にも，ジェノヴァやフィレンツェなどに商取引の拠点を置いたほか，ローマを中心に金融業にもかかわりを持った。彼らがイタリアに送った商品には，イングランド産毛織物，皮革製品，毛皮，金属などがあり，イタリアで調達した商品には，香辛料，薬種，生糸，木綿，絹織物，南方産ワイン，珊瑚，宝石などがあった[24]。大航海時代以降，フランクフルトでは，東インド産の香辛料に加えてこれらイタリアからの商品が，これまでのアルプス北上ルートに加えてアントウェルペンを積換え港とするケルン南下ルートで供給されることも増えていった。

海路によるイタリア貿易は，フランス西海岸やスペインとの貿易を伴っていた。ケルン商人がスペインで求めたのは，サフラン，油，果実，コルク，砂糖などであった。エブロ川流域で収穫されたサフランは，陸路を経由してケルンへ輸入されることもあった[25]。ポルトガル，フランス西海岸からは，主に塩が輸入された[26]。

以上の概観からは，ケルンから各地に延びる交易路の多くが，低地地方からケルンを経てフランクフルトへと貫く交易軸に束ねられていたことが見て取れよう。アントウェルペンやブリュージュ，カンペンなど低地地方の中心的な商業都市は，ケルンの海上商業の中継地として機能した。そして，これら諸都市とケルンを結ぶ交易路はフランクフルトを経

---

24) Bruno Kuske, Die Kölner Handelsbeziehungen im 15. Jahrhundert, S. 306. ヴェネツィアのドイツ人に関しては，齊藤寛海「ヴェネツィアの外来者」，歴史学研究会編（深沢克己責任編集）『港町の世界史② 港町のトポグラフィー』青木書店，2006年，277，287ページを参照。また，近年のケルン・ヴェネツィア間の経済関係に関する成果として以下がある。Carolin Wirtz, Köln und Venedig. Wirtschaftliche und kulturelle Beziehungen im 15. und 16. Jahrhundert, Beihefte zum Archiv für Kulturgeschichte, Heft 57, Köln/Weimar/Wien, 2006.

25) Franz Irsigler, Kölner Wirtschaft im Spätmittelalter, S. 284-285.

26) フランスでは，ケルン商人はシャンパーニュ大市の定期的な訪問者であった。またパリでは，1292年以降，ケルン出身の商人や手工業者の名が租税台帳に挙がるようになった。Volker Henn, Die Fahrt nach Frankreich und zur Iberischen Halbinsel, in: Die Hanse. Lebebswirklichkeit und Mythos; Textband zur Hamburger Hanse-Ausstellung von 1989, hg. v. J. Bracker, V. Henn und R. Postel, Lübeck, 1999, S. 105.

て，さらにその先はニュルンベルク，レーゲンスブルク，ウィーン方面にまで達し，ライン川水系とドナウ川水系とを接合するヨーロッパで最も重要な内陸交易路の一つに接続していた。こうして低地地方主要都市・ケルン・フランクフルトを結ぶ交易軸の経済史的な意義が明らかとなるのだが，とりわけアントウェルペン・ケルン・フランクフルトの区間は，イルジーグラーが指摘するように，ケルンにとってはまさしく「生命線」としての意義を担っていたと述べても過言ではないだろう[27]。

　以上のような点を踏まえて，次に，ケルンの北ドイツ・バルト海方面での商業活動がどのように展開していったのか，探ってみることにしよう。

2　ケルン商人の北ドイツ・バルト海商業

　ケルン商人のバルト海方面への進出が目立ってくるのは 12 世紀以降である。彼らとデンマークとの取引関係が 1130 年代に確認されているが，これはリューベックの建設（1159 年）よりも早い時期に当たる。ケルン商人はデンマークで商人団体を結成し，さらに 12 世紀末にはノルウェー，13 世紀中頃にはゴトランド島に進出したと考えられている[28]。リューベックを拠点としてバルト海沿岸に都市の建設が進み，ハンザ商人によるバルト海貿易が活況を呈していくにつれ，これらの都市に移住したケルン出身の商人の活動も目立つようになった。15 世紀までにバルト海地域においてケルンと関係のあった都市は，確認できるものだけでも 37 に及ぶ[29]。以下では，そのうち主要な位置を占めていたリュー

　　27）　Franz Irsigler, Kölner Wirtschaft im Spätmittelalter, S. 282. この交易路については，以下本章第 3 節で改めて取り上げる。

　　28）　Hermann Kellenbenz, Der Aufstieg Kölns zur mittelalterlichen Handelsmetropole, S. 10. Emil Dösseler, a. a. O., S. 13. ケルンの商業発展は，リューベックの建設に先駆けて達成されていた。Volker Henn, ...de alle tyd wedderwartigen Suederseeschen stedere. Zur Integration des niederrheinisch - ostniederländischen Raumes in die Hanse, in: HGbll, 112, 1994, S. 43-44. 建設当時のリューベック中心部の造りは，ケルンのライン川寄りの地区とよく似ていたという。Fritz Rörig, Rheinland - Westfalen und die deutsche Hanse, S. 398.

　　29）　Gunther Hirschfelder, a. a. O., S. 266, Karte 13.

ベックとダンツィヒについて，主にヒルシュフェルダーの研究に依拠しながら個別的な記録を中心に検討を進め，続いて取引経路の面からケルンと北ドイツ・バルト海との商品流通関係を見ていくことにしたい。

(1) リューベック

リューベック・ケルン間の取引がいつ始まったかは定かではないが，建設直後のリューベックへ移住した者の中には，多くのケルン出身者が含まれていたことが指摘されている[30]。13世紀中頃にバルト海商業の拠点がヴィスビューからリューベックに移るとともに取引の文書化が進み，商業形態も商人が直接商品に従って各地を遍歴する形態から，代理商・現地商人に文書で取引を指示・委託する形態に移行し始めた。こうしてリューベックには，ここを拠点としてバルト海商業を組織しようとするケルン商人が多く集まっていった。

リューベックに移住してきたケルン商人として最も早い時期に記録されているのは，1259年にリューベックの市民権を得たエンゲルベルトゥス・ド・コロニア（Engelbertus de Colonia）である。彼はバルト海にライン・ワイン，毛織物をもたらし，ケルン・西欧方面に毛皮，魚，琥珀，林産品を輸出した[31]。このような商人の記録は，14世紀になるとある程度具体的になる。例えば，ケルン在住のヒンリク・ベーレンステルト（Hinrik Berensterd）は，1330年代からリューベックとの取引を開始し，1341年にここへ移住し，1348年にその市民権を獲得した。彼の場合特筆すべき点は，リューネブルク産の塩の売却にかかわっていたことで，これらの塩を彼は，鰊の保存のために大量の塩を必要としていたスコーネに輸出した。彼は1371年に，リューネブルク側と48ラストの塩の引渡しに関する契約を結んでいる。そのほかにも彼は，ケルンにいる同業者からワインや毛織物の供給を受けていたほか，金銭の貸し借

---

30) ブラントによれば，1259年までにリューベックに移住した人々のうち31％がラインラント，ヴェストファーレンの出身者で，そこには多くのケルン出身者が含まれていたという。Ahasver von Brandt, Die Gesellschaftliche Struktur des spätmittelalterlichen Lübeck, in: Lübeck, Hanse, Nordeuropa. Gedächtnisschrift für Ahasver von Brandt, hg. v. K. Friedland u. R. Sprandel, Köln/Wien, 1979, S. 210.

31) 以下の史料にコロニアの名前を見いだすことができる。UBSL, 1, S. 254, 2, S. 27, 3, S. 17. Gunther Hirschfelder, a. a. O., S. 175-176.

りを行なっていたことが記録されている[32]。

　リューベックに移住した商人と並び，ケルンに拠点を残したままリューベックを通じて積極的にバルト海商業に乗り出した商人・同族会社も存在した。そのような会社を組織したブルヴェーア（Bruwer）家は遅くとも1379年にリューベックとの取引を開始していた。この年，ティデリク・ブルヴェーア（Tiderik Bruwer）は，ハンブルク経由で5樽のワインをリューベックに送り，1399年にはヨハン・ブルヴェーア（Johann Bruwer）が22樽のワインをブリュージュからリューベックに送っている。彼は1420年にも，兄弟のアルフ（Alf）とともに大量のワインを海路ブリュージュから（恐らくバルト海地域へ）輸出している[33]。

　ところで，14世紀後半から1420年頃の記録を見ると，リューベックの対スウェーデン商業において，このブルヴェーア家をはじめ，ヴルファルデス（Wulfardes）家，グレフェロイデ（Greferoide）家などのケルンの同族会社がその発展に大きく貢献していたことがわかる。ここではヴルファルデス家を取り上げて，リューベックを拠点とした同家のストックホルムとの取引を見ておこう[34]。

　ヴルファルデス家のストックホルム進出は，上で挙げた3家族のなかでは最も早く，14世紀前半と推測されている。ヴルファルデス家のなかでは，フレデリク（Frederik）がケルンに在住してバルト海方面との取引にあたっており，しばしば自らリューベックを訪れていた。ヨハン（Johann）とヒンリク（Hinrik）は，リューベックを拠点としてスウェーデン商業に従事しており，このうちヨハンは，1370・80年代にケルン・フランドルとストックホルムとの間で活発に取引を行なっていた[35]。一方ストックホルムでは，メルテン・ヴルファルデス（Merten

---

　　32）　Gunther Hirschfelder, a. a. O., S. 179-180. ベーレンステルトの取引は，1368年リューベックのポンド税台帳においても，例えば，西欧・オルデスロー方面からの毛織物の輸入が記録されている。Georg Lechner (Hg.), Die Hansischen Pfundzollisten des Jahres 1368 (18. März 1368 bis 10. März 1369), QDHG, NF, Bd. X, Lübeck, 1935, S. 234.

　　33）　輸送に際して，彼らはクレーフェ公やベルクのユンカーに安全の確保を請うている。Bruno Kuske, Quellen, 1, Nr. 643. Gunther Hirschfelder, a. a. O., S. 181, 326.

　　34）　ヴルファルデス家については，Wilhelm Koppe, Lübeck-Stockholmer Handelsgeschichte im 14. Jahrhundert, AHS, NF, Bd. II, Neumünster, 1933, S. 271-274, 276-277. Gunther Hirschfelder, a. a. O., S. 182-183, 207-209を参照。

　　35）　Wilhelm Koppe, Lübeck-Stockholmer Handelsgeschichte, S. 274, 277.

Wulfardes）が，1368 年に価格にして 21 マルクのオスムント鉄をリューベックに輸出したことが確認できる[36]。彼は 1385 年にラート成員となり，貴族への貸付が行なえるほどの経済的な成功を収めている。ストックホルムでは，メルテンのほかにもギゾー（Gyso）がラート成員となり，ケルンのフレデリクと取引を行なっていたほか，リューベックとストックホルムとの間で傭船業をも営んでいた。14 世紀末になると，マルクァルト・ヴルファデス（Marqard Wulfardes）がフランドル製品をストックホルムに送り，スウェーデン産の鉄をドイツに送ったことが記録されているが，彼がどこの市民であったかは明らかでない[37]。

同族会社の成員が，ほかの一族の者と会社を設立するということもあった。その一例としては，上記のヒンリク・ヴルファデスがヒンリク・コルデスハーゲン（Hinrik Cordeshagen）及びヨハン・ファン・ロイデ（Johann van Roide）と設立した会社が挙げられる。この会社に対する出資金は，1372 年に締結された契約によると 4,200 マルクであり，その取引先は，それまでの各出資者の取引先から考えて，ストックホルム，ゴトランド，スコーネ方面との貿易であったと考えられる[38]。

ところで，リューベックには 1400 年頃，ヒルデブラント（Hildebrand）とジーフェルト（Sivert）の有名なフェッキンクーゼン（Veckinchusen）兄弟が，ブリュージュと並ぶ彼らの取引の拠点を置くようになった。さらにジーフェルトが 1408 年にケルンに移住すると，バルト海からブリュージュ・ケルン・フランクフルトを経由して地中海に至る彼らの取引経路が浮上し，リューベックはバルト海産品の集散地として彼らの取引網において重要な位置を占めるようになった。ジーフェルト自身，しばしばリューベックを訪れ，バルト海産品の在庫状況や決済についての報告をブリュージュ在住のヒルデブラントに行なっている。一方ヒルデブラントも，ブリュージュとリューベックとの間を定期的に行き来し，1418・19 年の 15 カ月間には，金額にして 2,500 マルクの毛皮，2,385 マルクの蜜蠟，450 マルクの魚，370 マルクの琥珀を仕入れており，その大部分はケルンでジーフェルトによって販売された[39]。

---

36) Georg Lechner, a. a. O., S. 193.
37) Gunther Hirschfelder, a. a. O., S. 208-209, Anm. 285.
38) Wilhelm Koppe, Lübeck-Stockholmer Handelsgeschichte, S. 269-270.

リューベックにおけるケルン商人の取引活動は，15世紀初頭のリューベック市民闘争により一時不振に陥ったが，同世紀後半には再び活発となり，コンラート・ルメル（Konrad Rummel），ベルント・イシュ（Bernt Yss），ヘルマン・ファン・アア（Hermann van Aa）など，広範な取引網を持つ商人たちがリューベックを中継地としてプロイセン・リーフラントとの取引を展開していた[40]。このうちアアは，ロンドンを拠点としてイングランド産の毛織物をハンブルク，ダンツィヒ方面に輸出したほか，ライン・ワインをデフェンター，アムステルダム経由でバルト海地域へ発送した[41]。イシュについては，1505年に大量のワインを中心とした商品をデフェンターから海路でプロイセン・リーフラントへ発送したことが記録されている[42]。

　ところで，リューベックを拠点としたケルンのバルト海商業は，16世紀以降も続けられていったが，リューベックを経由するバルト海・北海間商業自体は，本研究で検討してきたように，既に15世紀に一つの転機を迎えていた。この転機はエーアソン海峡を通航する船舶が増大し，リューベックを経由しない貿易が増加したことによってもたらされた。このことは，ケルン・リューベック間の取引に関する次のような動きからも見て取ることができる。すなわちリューベックは，シュターペル強化の一環として，ケルンのバルト海向け輸出商品のなかでもとりわけ重要であったワイン（ライン・ワイン）を外来商人が扱う際，一定期間市

---

39) Gunther Hirschfelder, a. a. O., S. 184-185. フェッキンクーゼンの通商網は，東はノブゴロド，プスコフ，南はプラハ，ヴェネツィア，西はロンドン，ルーアン，ラ・ロシェルにまで及んでいた。Rolf Hammel-Kiesow, Hildebrand Veckinchusen (um 1365-1426), in: Der Lübecker Kaufmann. Aspekte seiner Lebens- und Arbeitswelt vom Mittelalter bis zum 19. Jahrhunderts, hg. v. G. Gerkens, u. A. Graßmann, Lübeck, 1993, S. 129.

40) ルメルについては，Gunther Hirschfelder, a. a. O., S. 192-193 を，イシュについては Gertrud Susanna Gramulla, Kölner Kaufleute im Handel mit dem Ostseeraum, S. 565-566 を，アアについては，Ebenda, S. 563-565 をそれぞれ参照。

41) Gertrud Susanna Gramulla, Handelsbeziehungen Kölner Kaufleute, S. 12-13.

42) 発送されたワインの量は，51 Stück 13 Zulast 25 Folger であった。Ebenda, S. 11-12. これはケルンの年間ワイン取扱量の1％に相当するという。Gertrud Susanna Gramulla, Kölner Kaufleute im Handel mit dem Ostseeraum, S. 590. これら各単位は，グラムラによれば，1 Stück＝約 1Fuder，1 Zulast＝約 2/3 Fuder，1 Folger＝約 90 リットル，1 Fuder＝約 1000 リットルに換算されるという。Gertrud Susanna Gramulla, Handelsbeziehungen Kölner Kaufleute, S. 515, 517-518.

内での貯蔵を義務付け，荷主の交代を通じてリューベック商人が東方向け再輸出に関与できる機会の増加を図った[43]。またリューベックは，ケルン商人がイングランド産毛織物をバルト海方面に大量に輸出することが，ハンザと対立していたイングランドに好影響を与え，しかも，リューベック商人のバルト海商業におけるシェア低下につながると判断した結果，1452年にケルン商人に対してイングランド産毛織物の輸入を禁止する決定を下した[44]。こうしたリューベック側の規制策に直面することにより，ケルン商人は，リューベックではなくエーアソン海峡を経由するバルト海商業を増加させていったのである。

ケルン商人によるエーアソン海峡の利用は，恐らく14世紀後半に遡るものと考えられるが，15世紀中頃になると，イングランドとバルト海との間を直接往来する船舶にケルン商人が商品を積込む場合が増えた。これに対してリューベックは，拿捕という強硬な手段に訴えてケルン商人によるイングランド・プロイセン間の直接貿易を阻止しようとしたこともあった[45]。とはいえリューベックは，16世紀以降もなお，ルメルやイシュなどの商人の活動の舞台となり，イングランドからロシアに及ぶケルンのバルト海・北海間貿易の集散地として欠くことのできない位置を占め続けたことも事実である[46]。

(2) ダンツィヒ

ヴィスワ川流域に広範な後背地を持つダンツィヒは，プロイセン・ハンザの中心都市として，ケルン商人にとっても重要拠点であった。リュ

---

43) Gunther Hirschfelder, a. a. O., S. 188.
44) Ebenda, S. 189.
45) Ebenda, S. 190.
46) リューベック周辺の都市とケルンとの関係について簡単に触れておこう。ハンブルクは，リューベックを経てバルト海に進出する際の入り口であったにもかかわらず，ケルン商人のここでの取引活動は少なかった。概してハンブルクは，ケルン商人にとっては通過地であり，彼らの取引の目的地はリューベック以東に置かれた。Ebenda, S. 436-440. ヴィスマル，ロストック，シュトラールズントとケルンとの直接的な関係も少なかった。これらの都市では，ケルン商人が求める毛皮や蜜蠟を多く入手することができなかったからであり，ケルン商人がもたらすワインはリューベックから調達された。Ebenda, S. 213-218. 総じてリューベックは，バルト海に進出したケルン商人の重要拠点であったが（Gertrud Susanna Gramulla, Handelsbeziehungen Kölner Kaufleute, S. 192-93.），なかでもバルト海南西海域とケルン方面との取引は，その多くがリューベックに集中したと考えられる。

一ベックと同様ダンツィヒにおいても、ケルンとの取引関係の発端は明らかではないとはいえ、14世紀後半の市民台帳（Bürgerbücher）にケルン出身とおぼしき姓を持つ市民がしばしば記録されていることから[47]、遅くともこの頃には、移住などを通じてダンツィヒとケルンとの間の交流はかなり進んでいたものと推測される。1404年のケルンのワイン輸出税に関する規約で列挙されていた目的地の中で、プロイセンは筆頭に位置した[48]。1416年には、ケルン系ダンツィヒ市民ヘルマン・ファン・ベーケ（Hermann van Beke）とケルン市民ティルマン・スヴァルテ（Tilman Swarte）とが、ブリュージュで取引契約を結んだとの記録がある[49]。

　ヒルシュフェルダーによれば、ケルンとプロイセンとの取引関係は、1420年代以降になると比較的正確にたどることができるという。なかでもダンツィヒのクヴェステンベルク（Questenberg）家の取引についてはかなり具体的な記録が残っている[50]。ティルマン・クヴェステンベルク（Tilman Questenberg）は、最初ダンツィヒを本拠地としてケルンとの取引を推し進め、ケルンに支店を設けた後、1427年にケルンの市民権を得た。彼の甥ベルトルト（Berthold）も、プロイセンとラインラントの間の取引に従事した後、1441年にケルンで市民権を獲得した。1432年2月にダンツィヒを出航した船舶がイングランド沖で沈没した際、ティルマンは3束の、ベルトルトは2束の蜜蠟をそれぞれ失っているが[51]、こうした記録は、彼らが当時すでにイングランドとの取引に従事していたことを推測させる。1448年には、ケルンでクヴェステンベルク家の会社に加わったロベルト・ブリッテルスヴィッヒ（Robert

----

　　47）　例えば、Colonia, Colne, Kolner などの姓。G. Hirschfelder, a. a. O., S. 227. ダンツィヒよりも東のレーヴァルでも、ケルンの綴り（Coln）を姓名に持つ商人が、しばしば記録に登場していく。14世紀後半には例えば、Johannes van Colne なる人物が、レーヴァルに商品を輸入する際、頻繁に税を支払っていた。Wilhelm Stieda, Revaler Zollbücher und - quittungen des 14. Jahrhunderts, Hansische Geschichtsquellen, 5, Halle, 1887, Nr. 203, S. 27, Nr. 644, S. 35, Nr. 1317, S. 50, Nr. 1326, S. 50, Nr. 1572, S. 57, Nr. 2281, S. 72.
　　48）　Gunther Hirschfelder, a. a. O., S. 228.
　　49）　Theodor Hirsch, Handels - und Gewerbegeschichte Danzigs unter der Herrschaft des Deutschen Ordens, Leipzig, 1858, S. 191.
　　50）　Gunther Hirschfelder, a. a. O., S. 228-230.
　　51）　Bruno Kuske, Quellen, 1, Nr. 826.

Blittterswich）がダンツィヒを出港する2隻のイングランド船で蜜蠟を——後にそれはロンドン市当局により没収されてしまったが——発送している。ケルン・ダンツィヒ・ロンドンを結ぶ彼らの取引において，バルト海・北海の連絡は，主にリューベック・ハンブルク間の内陸路を経由したようである。1450年にベルトルトとロベルトは，彼らのリューベック店の店主（Wirt）ヘルマン・ガイスマン（Herman Geysman）に2テルリンクの毛織物を送ったほか，1452年には，ロベルトとゲオルク（Georg）のブリッテルスヴィッヒ兄弟とベルトルト・クヴェステンベルクが，ダンツィヒ向けのイングランド産毛織物7テルリンクをリューベックに送った。しかし後者の毛織物は，リューベック市当局によって没収されてしまった[52]。

イングランドからダンツィヒへ毛織物を輸出していたケルン商人としては，ほかにヨハン・ダッセ（Johann Dsse）とヨハン・リンク（Johann Rinck）がいた。両者は，しばしば共同で会社を設立してイングランド・ダンツィヒ間の取引にあたっていた。このことは，1447年のエーアソン海峡における拿捕・略奪の記録が示しているが，この記録はまた，西欧方面に向けたダンツィヒの輸出品目を知る上でも興味深い。それによると，この年，リンクとダッセ，それにアルフ・ブルヴェーアの各代理商が取り決め通りにダンツィヒで仕入れた商品を積み込んだ3隻のイングランド船が同港を出港している。その商品の内訳は，銅17樽，亜麻布4パック，テンの毛皮1樽（360枚），ハンガリー産の黒毛皮500枚，灰7ラスト，その他ハム，乾燥させた川鱒などであった[53]。ダッセの取引に関してはワインの記録もある。それによるとダッセは，1444年にレムプケイム・ファン・パッセ（Lempkijm van Passe）所有の船舶で34フーダーのワインを，二人の奉公人とともにアントウェルペンからダンツィヒに向けて発送した。しかし，ワインはブレーメンの警備艇に拿捕されてしまった[54]。

以上の商人のほかにもダンツィヒ向けのワインを扱っていた商人は多

---

52) Ebenda, 2, Nr. 69.
53) この船団は，エーアソン海峡通過の際に拿捕されてしまった。Ebenda, 1, Nr. 1169. Gunther Hirschfelder, a. a. O., S. 232.
54) Bruno Kuske, Quellen, 1, Nr. 1033. Gunther Hirschfelder, a. a. O., S. 233.

い。例えばヘルマン・ファン・アアも，1508年にアムステルダムで船長ロベルト・ファン・フルッセ（Robert van Hulsse）にワインを託し，二人の奉公人を伴わせてダンツィヒに発送した。ダンツィヒでは，ヘルマンの兄弟のミヒェル（Michiel）のほか，ハンス・スラムパンプ（Hans Slampamp）がヘルマンの代理商を務めた[55]。

　ハンザの発展期・盛期において，ダンツィヒとケルン・低地地方は，リューベックを経由して連絡されていたが，15世紀以降はエーアソン海峡を経由する場合が増えた。例えばカンペンは，ハンザの内紛に際して1459年に市民，廻船業者に対してケルン商人及び彼らの商品をデンマーク海域を経てバルト海方面に輸送することを禁じたが[56]，そうした決定などからは，この地の船長が，当時既にケルン商人の委託を受けてエーアソン海峡を頻繁に航海していたことが推測される。こうして，リューベックでの積換えを必要としないバルト海・北海間の直通航海が，ケルン商人によるバルト海商業においても見られるようになっていく。なお，ダンツィヒが西欧向け穀物輸出の増大によりリューベックを凌ぐバルト海最大の貿易港へと発展していったことは，既に第5章で指摘したが，ケルン商人がダンツィヒから穀物（ライ麦）を輸出することは少なかった[57]。

3　交易路──ケルンの通商網のなかのリューベック・バルト海

　最後に，ケルンとバルト海海域との関係を交易路の面から検討してみよう。交易路に関して本研究では，既にバルト海・北海間の通商動脈とその移動について，ハンザの盛衰とリューベックの商業基盤の喪失とを関連させながら論じてきたが，ここで注目したいのは，ケルンとバルト海海域がどのような経路で結ばれていたかという問題である。

　ケルンからドイツ・バルト海方面に至る際には，大きく分けて陸路と

---

　55)　Emil Dösseler, a. a. O., S. 99, Nr. 206. Gunther Hirschfelder, a. a. O., S. 235-236. Gertrud Susanna Gramulla, Kölner Kaufleute im Handel mit dem Ostseeraum, S. 564.
　56)　Gunther Hirschfelder, a. a. O., S. 386.
　57)　Ebenda, S. 234.

海路の二系統の利用を考えることができる。まず，陸路で直接バルト海方面に向かう場合，中世後期においては既に陸上交通網もかなり発達しており，様々なルートの選択の可能性があったと考えられるが，主な経路としては次の二つを挙げることができる。その一つは，ケルンからドルトムントないしデュースブルク・ミュンスター・オスナブリュック・ブレーメン・ハンブルクを経てリューベックに達するもの，もう一つは，中世の主要な東西間の動脈であったいわゆるヘルヴェーク（Hellweg）を一部経由するもので，ケルンからドルトムント・ゾースト・ハーメルン・ハノーファー・リューネブルクを経てリューベックに至るものである[58]。

他方，海路とは，ケルンからブリュージュやアントウェルペン，アムステルダム，カンペン，デフェンターなどの低地地方の主要港に至り，そこから海路ハンブルクに達してその先のリューベックまで向かうルート，もしくはエーアソン海峡を経て直接バルト海に達するルートを指す。この海路を利用する場合，低地地方の主要港にまで至る経路としては，途中通過する都市の組み合わせにより様々なルートを考えることができるが[59]，ライン川を利用することも可能であり，ことにカンペンやデフェンターといった北ネーデルラントの北東部のゾイデルゼー都市に向かう際には，ライン川・エイセル川の水路が主に用いられた[60]。

さて，以上指摘したドイツ内陸部を直接北上する陸路と低地地方の港湾都市から延びる海路それぞれの利用状況はどうであっただろうか。ケルンがバルト海海域に進出し始めた 13 世紀においては，バルト海までヴェストファーレン諸都市（ドルトムント，オスナブリュックなど）——これらの都市もケルンと同様バルト海海域への移民が多かった——を経て連絡されていたと考えられる。この陸路は，ケルンからの移民がバルト海（リューベック）まで北上する際に利用したほか，ノルウェー産の

---

58) Emil Dösseler, a. a. O., S. 32. Hugo Weczerka, Verkehrsnetz und Handelsgüter der Hanse, in: Von Pommern bis zum Baltikum. Die Hanse im Ostseeraum 12. bis 17. Jahrhundert, Lübeck, 1983, S. 26.
59) 主要経路に関しては，拙稿「中世後期・近世初頭におけるケルンの北ドイツ・バルト海商業」，『早稲田経済学研究』第 41 号，1995 年，26-27 ページを参照。
60) Emil Dösseler, a. a. O., S. 31.

棒鱈などがライン地域に向かう際の輸送路でもあった[61]。だが，陸路が重視されていたのは短期間に限られていたようであり，ケルンとバルト海は，まもなく低地地方を経由する海路で連絡されるのが一般的となった[62]。

　この区間で海路の利用が優先されるようになった要因としては，地理的な条件を生かすかたちでライン川・エイセル川の水路が利用されるようになったということに加え，13世紀以降の航海技術の向上やゾイデルゼー諸都市の発展などを挙げることができる[63]。さらに，14世紀にブリュージュが，シャンパーニュ大市の会場であった一連の都市の役割を受け継ぎ中世後期のヨーロッパ市場として台頭していくにつれ，ハンブルクとケルン双方からブリュージュに向かう経路が重要性を増し[64]，ケルン商人は，ブリュージュとゾイデルゼー都市から海路バルト海に向かうことが多くなった。ゾイデルゼー都市のなかではカンペンを中継地とすることが多く，ケルンの北ドイツ・バルト海商業にとっての同市の重要性は，これまでもつとに指摘されてきた[65]。

　さらに，ヨーロッパ国際商業の拠点が15世紀後半以降，今度はブリュージュからアントウェルペンへと移っていくなかで，低地地方とケルンとの商業関係は，アントウェルペン・ケルン軸を中心に以前にもまして密接なものとなった。アントウェルペンからケルン，そしてフランクフルトに至るライン川を含む交易路は，ケルンにとってのみならず，その延長軸上に位置する枢軸とさえ言われたロンドン・アントウェルペンの区間や高地ドイツ，さらにはイタリア諸都市までの区間を含めて広くヨーロッパ史の文脈で重要性を帯びるに至ったのである[66]。ケルン商人

---

　61) Gunther Hirschfelder, a. a. O. S. 538. Hermann Kellenbenz, Rheinische Verkehrswege der Hanse, S. 106.
　62) 例えば，Gertrud Susanna Gramulla, Handelsbeziehungen Kölner Kaufleute, S. 23-24. Emil Dösseler, a. a. O., S. 31-32 を参照。陸路では，おもに毛皮や蜜蠟など高価な商品が輸送されたほか，ハンザの使節などの旅行者も陸路を用いることがあった。
　63) Gertrud Susanna Gramulla, Handelsbeziehungen Kölner Kaufleute, S. 9.
　64) Hugo Weczerka, Verkehrsnetz und Handelsgüter der Hanse, S. 30.
　65) Alberts W. Jappe, Overijssel und die benachbarten Territorien in ihren wirtschaftlichen Verflechtungen im 14. und 15. Jahrhundert, in: Rheinische Vierteljahrsblätter, 24, 1959, S. 43. Gunther Hirschfelder, a. a. O., S. 386. Emil Dösseler, a. a. O., S. 31. Gertrud Susanna Gramulla, Handelsbeziehungen Kölner Kaufleute, S. 12-13.

第6章　ケルンの通商動脈とバルト海商業　　203

は，フッガー家など高地ドイツ商人がアントウェルペンに進出する以前から同市の商業的発展に大きく貢献していた。アントウェルペンに輸出されたイングランド産の毛織物がケルン商人をここに引き寄せ，それを彼らはフランクフルト方面へと送り出したのである[67]。このような大動脈であるアントウェルペン・ケルン・フランクフルト交易路においてケルン商人が果たした役割を裏付ける指標を，以下で幾つか挙げておこう。アントウェルペンの参審員文書・証書を編纂したドゥエールトは，1488年から1514年までの間にアントウェルペンを訪れた外国商人として2,186名を数え上げている。彼によれば，このうちケルン商人は532名であり[68]，それは比率にしてここを訪れた外国商人全体の24％，ドイツ

---

66) ジェンクスは，ロンドン・アントウェルペン・ベルゲン・オプ・ツォーム・ケルン・フランクフルト・ニュルンベルク・イタリア・地中海を結ぶ軸を，中世後期ヨーロッパ商業の最も重要な動脈の一つと見なしている。Stuart Jenks, England und die kontinentalen Messen im 15. Jahrhundert und die Entstehung der Merchant Adventurers, in: Europäische Messe und Märktesysteme in Mittelalter und Neuzeit, hg. v. P. Johanek u. H. Stoob, Städteforschungen, Reihe A, Bd. 39, Köln/Weimar/Wien, 1996, S. 57. ブローデルによれば，「イタリア，ライン川，ネーデルラントは，長らくヨーロッパ資本主義の予約地帯であり，《脊梁》(dorsale) であった」。村上光彦訳『物質文明・経済・資本主義　15-18世紀　世界時間』1，みすず書房，1996年，450ページ。さらに以下のような指摘がある。まず，アールツは，アントウェルペン年市はフランクフルト年市など中部ドイツの年市のサイクルに組み込まれていき，それゆえにアントウェルペン，ラインラント，フランクフルト地方を結ぶ交易は，飛躍的に拡大することになったと述べる。エーリック・アールツ（藤井美男監訳）『中世末南ネーデルラント経済の軌跡——ワイン・ビールの歴史からアントウェルペン国際市場へ』九州大学出版会，2005年，38ページ。近藤和彦編『西洋世界の歴史』山川出版社，1999年，182ページでは，中世後期から19世紀までヨーロッパ経済の主軸は北イタリアからスイス，南西ドイツ，ラインラントを経由してネーデルラントに至る帯状地帯にあると考えてほぼさしつかえないと述べられている。また，以下では地理学的な側面からライン川を軸とする経済空間がヨーロッパの南北軸として把握されており，その一体性や経済的意義なとが検討されている。エチエンヌ・ジュイヤール（大嶽幸彦訳）『ヨーロッパの南北軸——大空間の地理学』地人書房，1977年。

67) 中澤勝三『アントウェルペン国際商業の世界』同文舘，1993年，31ページ。アントウェルペン・ケルン間では，この二都市間で取引される商品に加えて，ケルン以南のドイツ都市とアントウェルペンとの間を行き来する商品が流通した。例えば，1488年と1499—1495年にニュルンベルク商人がアントウェルペンで仕入れた商品の33％（金額比）はケルンから発送されたものであった。Donard J. Harreld, High Germans in the Low Countries. German Merchants and Commerce in Golden Age Antwerp, The Northern World. North Europe and the Baltic c. 400-1700AD. People, Economies and Cultures, Vol. 14, Leiden/Boston, 2004, pp. 29-32.

68) Renée Doehaerd, Études Anversoises. Documents sur le commerce international à Anvers 1488-1514, Ecole Pratique des Hautes Études, VIe Section. Centre de Recherche

商人全体（1,227 名）の 43％に達していた。

また，同じ期間にケルンからアントウェルペンに向けられたワインの発送回数を見ると，記録された限りでケルン商人が141，アントウェルペン商人が57（確定できないものを含めれば83），その他商人が2であり，ここでもケルン商人の優位を確認することができる。15 世紀初頭のアントウェルペンでは，およそ 20 の居酒屋がケルン商人により経営されていたという[69]。アントウェルペンでワインを取引していたケルン商人としては，例えば15世紀ケルンを代表するワイン商の一人であったファン・メール家のヨハン・ファン・メール（Johann van Merl）が挙げられる。同家はまた，ブリュージュにもワインの貯蔵倉を持ち，バルト海へとワインを発送していた。ヨハン・ファン・メールは定期的にプロイセン，リーフラントと取引関係を持ち，ノルウェー，デンマーク，スウェーデンともしばしば貿易を行なったケルン商人の一人とみなされている[70]。ファン・メール家がプロイセン，リーフラントにワインを輸出する際には，リューベックのヒンリヒ・カストルプ（Hinrich Castorp）が現地商人として情報提供などの便宜を与えていた[71]。

そして，ロンドン・アントウェルペン間の通商のパイプを支えていた毛織物の流通に，ケルン商人は深くかかわっていた。ジェンクスの計算によれば，15 世紀のイングランドの全毛織物輸出に占めるケルン商人取り扱い分の割合は 9―18％で，量にして毎年 3,000 反（Tuch）を下回ることはほとんどなく，そのうち約 90％がアントウェルペンをはじめとする大陸部の大市に向かったという[72]。アントウェルペンから先，

Historique, Ports-Routes-Trafics XIV, 3Bde., Paris, 1962/63, pp. 31, 37. アントウェルペンを訪れた外国商人に関するこれらドゥエールト自身の集計・分析の成果の一部は，我が国では既に山瀬善一によって紹介されている。山瀬善一「ブリュージュとアンヴェルスの「市場」の性格について――最近の研究業績によせて」，『国民経済雑誌』第 131 巻第 5 号，1975 年，1-18 ページ。

69) 拙稿「近世初頭の国際商業とケルン」179 ページ，表 2。Gunther Hirschfelder, a, a. O., S. 303. Jan Albert van Houtte, Die Handelsbeziehungen zwischen Köln und den südlichen Niederlanden bis zum Ausgang des 15. Jahrhunderts, in: Jahrbuch für Kölnischen Geschichtsverein, 23, 1941, S. 157.

70) Bruno Kuske, Quellen, 2, Nr. 368.

71) Franz Irsigler, Die wirtschaftliche Stellung der Stadt Köln im 14. und 15. Jahrhundert, S. 269.

72) Stuart Jenks, England, die Hanse und Preußen. Handel und Diplomatie 1377-1474.

イングランド産毛織物の主要販路がケルンを経由してフランクフルト・中部ドイツ・中欧へと開けていたのである[73]。

小　括

　このように見てくると，ケルンのリューベック・バルト海方面の取引も，第1節で検討した同市のほかの地域との商業と同様，低地地方（とりわけ16世紀にはアントウェルペン）・ケルン・フランクフルトを結ぶ交易路を軸に展開されていたことが見えてこよう。中世以降，低地地方はまずはフランドルを中心に，アルプス以北のヨーロッパにおける経済的先進地域の座を占めてきた。さらに近世になると，ブリュージュの機能を受け継いでアントウェルペン，次いでアムステルダムと世界商業の中心に君臨する商業都市を低地地方は輩出していった。ヨーロッパ北西部を世界経済の中心（中核）へと浮上させていく「近代世界システム」は，まずは低地地方を「ヨーロッパ世界経済」に包摂される諸地域の高みに置いていくのである。

　中世後期から近世初頭にかけてのケルンは，このような低地地方との関係を軸にさらに大陸内部のフランクフルト方面に延びる交易路を自らの通商基盤として商業的な繁栄を遂げてきた。ケルンのバルト海商業も，経済的に見て極めて中心性の強い低地地方の商業都市が持つ，あたかも

---

3 Bde., QDHG, NF, 36, Köln/Weimar/Wien, 1992, S. 224f., 355f., 739. Gunther Hirschfelder, a. a. O., S. 410. 1459年にイングランド（コルチェスター）を出港したヴァルター・ヘマンゾン（Walter Hemannson）を船長とする船舶は，ハンザ商人が扱う毛織物414反（Tuch）を積んでおり，そのうち280反がケルン商人扱いの毛織物であった。この船の行き先は，アントウェルペンを含むブラバント地方であったと考えられる。John D. Fudge, Cargoes, Embargoes and Emissaries. The Commercial and Political Interaction of England and the German Hansa 1450-1510, Toronto/Buffalo/London, 1995, p. 45.

　73）アントウェルペンからイタリアへ向かう毛織物も多かった。イタリア商人がこれら毛織物を扱った際に利用した経路は，ケルンもしくはルクセンブルクを経てスイスを経由するものであったという。Wilfrid Brulez, L'Exportation des Pay-Bas vers l'Italie par voie de terre au milleu de XVIe siècle, Annales, Economies-Société-Civilisations, Juillet-Septembre, 1959, pp. 461-491. Ermentrude von Ranke, Die wirtschaftlichen Beziehungen Kölns zu Frankfurt am Main, Süddeutschland und Italien im 16. und 17. Jahrhundert, in: VSWG, 17, 1923/24, S. 77.

磁場のような力に引き寄せられるかのようにして繰り広げられていった。ケルンとバルト海の間では，バルト海まで北東に伸びる距離の短い陸路ではなく，いったん北西に向けて低地地方の港湾都市に至り，そこから改めて東に向かう海路が一般に選択された。いうなれば，ハンザの中心であるリューベックとの商業関係も，ケルンにとっての「生命線」の北西側半分を成す，低地地方・ケルン間の通商のパイプをさらに太くすることに貢献していたのである。ケルンはバルト海で商業を行なっていたとはいえ，そのバルト商業に依存して発展してきたリューベックとその周辺のハンザ中心部に位置する諸都市とは異なり，大陸内商業を基盤として経済的な繁栄を実現させていった。同じハンザに属する都市でありながら，リューベックとケルンの経済的な利害には，食い違う余地が十分に存在したのである。

補　論

ケルンの対イングランド商業
――ハンザ除名の経済史的背景――

はじめに

　ケルンに関する邦語文献の数は極めて多い。しかし，これまで我が国では，ケルン都市史研究の文脈においてケルンがハンザ都市の観点から注目されることも，また，ハンザ形成期を除けばハンザ史研究の領域でケルンが取り上げられることも少なかった[1]。

　そこでこの補論では，ハンザ都市としてのケルンの属性を念頭に置きながら，中世後期ケルンの外交と商業に改めて光を当ててみることにしたい。考察の中心となるのは15世紀におけるイングランドとの関係である。以下で見るように，イングランドで独自の外交，商業活動を繰り広げたケルンは，ハンザによる批判の対象となり，一時除名処分に服することになる。こうしたケルンの単独行動からは，ほかのハンザの主要都市とは異なるケルン独自の商業的利害と，それを形づくっていた商業基盤があったのではないかとの推測を成り立たせる。その商業基盤こそは，前章の考察により浮き彫りとされた，ケルンにとって「生命線」と

---

[1] ハンザ形成期については，以下の研究がケルンに関してある程度踏み込んだ考察を行なっている。千脇修「イングランドに於けるドイツ・ハンザの形成」，『西洋史論叢』第12号，1990年，65-77ページ。高橋理「合同ハンザ成立以前におけるドイツ商人のイングランド貿易――『商人ハンザ』の一研究として」，『文化紀要』（弘前大学教養部）第8号，1974年，33-66ページ。

もいえる大きな意味を持った低地地方（アントウェルペン）からフランクフルト方面に延びる通商動脈であっただろうと考えられる[2]。そうであるとすれば，イングランド商業を巡るケルン・ハンザ関係を追うことは，都市ケルンにおいてイングランド商業が果たした意義，さらにはイングランド商業もが合流するこの生命線ともいえる通商動脈の重要性を検証することに繋がるかと思われる。以下では，この通商動脈のケルンにとっての意義およびそこでの流通の実態を念頭に置きながら，イングランドを舞台とするケルンとハンザとの関わりを探り，ケルンがどのようないきさつでハンザから除名されてしまうのか，その経過を辿ってみたい[3]。

1　ケルンとイングランド

1468年の聖霊降誕節の折，デンマーク王クリスチャン1世は，エーアソン海峡付近を航海していたイングランドの船団の拿捕を命じた。デンマーク側がこのような行為に及んだ背景には，その前年，ブリストルとリンの商人がアイスランドに赴き，乱暴狼藉を働いたうえに，現地のデンマークの役人を殺害してしまうという事件があった。しかし，被害を受けたイングランド側は，このデンマークによる攻撃にハンザ商人が

---

2) 拙稿「近世初頭の国際商業とケルン——アントウェルペン・ケルン・フランクフルト」，鈴木健夫編『「ヨーロッパ」の歴史的再検討』早稲田大学出版部，2000年，169-194ページも参照。

3) ハンザ・イングランド関係を扱った研究は豊富であるが，ケルン・イングランド関係に焦点を当てた研究は，ドイツでもそれほど多くはない。以下で本補論作成に際して依拠した主な欧文文献を挙げておく。Stuart Jenks, England, die Hanse und Preußen. Handel und Diplomatie 1377-1474, 3 Bde, QDHG, NF, Bd. 36, Köln/Weimar/Wien, 1992. Ders., Der Frieden von Utrecht 1474, in: Der hansische Sonderweg? Beiträge zur Sozial- und Wirtschaftsgeschichte der Hanse, hg. von S. Jenks, M. North, QDHG, NF, Bd. 39, Köln/Weimar/Wien, 1993, S. 59-76. Ders., Köln/Lübeck/Danzig, Unvereinbarkeit der Interesse im Englandhandel, in: Die Hanse. Lebenswirklichkeit und Mythos. Textband zur Hamburger Hanse-Ausstellung von 1989, hg. von. J.Bracker u. a. Lübeck, 1999, S. 141-151. Horst Buszello, Köln und England (1468-1509), in: Mitteilungen aus dem Stadtarchiv von Köln, 60, 1971, S. 431-467. F. R. Salter, The Hanse, Cologne and the Crisis of 1468, in: Economic History Review, 3-1, 1931, pp. 93-101.

関与していたとして，イングランド在住ハンザ商人の身柄とかれらの商品とを直ちに拘留してしまった[4]。

　ハンザ・イングランド関係は，まずケルンを含めたドイツ商人のイングランド進出というかたちをとった。当初，両者の関係はさしたる問題もなく進展していったが，14世紀後半になると，徐々にハンザ・イングランド間に亀裂が見え隠れするようになった。この頃は，イングランドが羊毛輸出国から毛織物輸出国へと転進しつつあった時期に当たる。それまでイングランドは，いわば原料輸出国として中世ヨーロッパの分業体制のなかに組み込まれていた。イングランド産の羊毛が，毛織物生産地として名高いフランドルに輸出され，そこで加工されていたのである。しかし，14世紀後半から15世紀にかけて，イングランドは羊毛の輸出を減らしていく。その一方で，イングランド内部での農村工業の台頭を背景として，自国の羊毛を素材とする毛織物の輸出を拡大していた[5]。かくしてイングランドは，毛織物を手段として手工業国としてヨーロッパ経済に参入することとなり，これまで同国から羊毛を輸入して毛織物を製造していたフランドルやブラバントにとっては強力な競争相手となった[6]。そうしたイングランドの経済構造の変化を背景として，同国商人も，バルト海，特にプロイセンに進出しつつあった[7]。だが，

---

　4) Stuart Jenks, Köln/Lübeck/Danzig, S. 149. また，以下も参照。E. M. Carus-Wilson, The Iceland Venture, in: Medieval Merchant Venturers, Collected Studies, London, 1954, pp. 138-139.

　5) アイリーン・パウアー（山村延昭訳）『イギリス中世史における羊毛貿易』未来社，1966年，146ページ，羊毛・毛織物輸出統計を参照。

　6) イングランドの毛織物輸出国としての発展がフランドルの毛織物製造業に与えた影響については，以下を参照。アンリ・ピレンヌ（大塚久雄・中木康夫訳）「16世紀の産業危機」，『資本主義発展の諸段階』未来社，1955年所収，59-110ページ。第6章で述べた「ロンドン・アントウェルペン枢軸」の中心的商品がこれらイングランド産の毛織物であったことは改めて指摘するまでもないだろう。その先ケルン・フランクフルトへと伸びる通商動脈も，イングランド産毛織物の流通によって支えられていくのである。

　7) イングランド商人のプロイセン進出に関しては，以下を参照。板垣晴朗「イングランド商人のプロイセン進出とハンザ都市リューベック」，『ヨーロッパ研究』第2号，1998年，273-298ページ。14世紀のプロイセン商人のイングランド進出に際しては，当初ケルン商人が，プロイセン商人のハンザ（Genossenshaft）加入に難色を示し，リューベックとの立場の違いを明確にした。高橋理「ハンザ貿易と絶対王政期イギリスの通商政策」，『文経論叢』（弘前大学人文学部）第5巻第5号，1970年，54ページ。Friedrich Schulz, Die Hanse und England von Eduards III. bis auf Heinrichs VIII. Zeit, Abhandlungen zur Verkehrs und

イングランド商人のプロイセンにおける取引は，プロイセン側の彼らに対する客人法（Gästerecht）の適用により制約が多く，それがイングランド側のハンザに対する不満を高じさせていた。イングランドはハンザに対し，ハンザ商人がイングランドで得ているのと同等の権利がハンザ都市に進出したイングランド商人に与えられるよう求めていくようになった。いわゆる相互主義の要求を巡って両者の関係は，徐々に険悪化の度合いを高めていたのである[8]。

さて，1468年にハンザ商人が拘留されてしばらくすると，ケルン商人のみが解放され，しかもイングランド国内で特別扱いを受けるようになっていく。それが，やがてはケルンとその他のハンザ都市との反目を強める要因となり，後のケルンの「特殊な道（Sonderweg）」の選択，ハンザからの除名と独自のハンザ（Sonderhanse）の形成へと繋がっていくのであるが[9]，ここで，ケルン商人のみがどのようないきさつで解放されたか，ブシェロに従ってまとめてみよう[10]。

ハンザ商人が拘留されたのちの7月29日，イングランド人を交えたある会合で，ケルン商人ゲルハルト・フォン・ヴェーゼル（Gerhard von Wesel）は，イングランドの要人からケルンとデンマーク王との関係を尋ねられた[11]。すると，ヴェーゼルは，両者が良い関係にはないかのような返答をしたという。もともとデンマークとの関係が薄いケルンではあったが，おそらくこれは，同国によるイングランド船団襲撃にケルンが関与しているはずがないということを印象付けるための答えだったのであろう。後日この要人は，ヴェーゼルに，ケルン商人は国王のと

Seegeschichte, 5, Berlin, 1911, S. 5.
 8) とりわけ，ダンツィヒを中心とするプロイセンは，イングランド商人をあくまでも特権から除外しようとし，1449年までにはイングランドと敵対するまでになった。Horst Buszello, Die auswärtige Handelspolitik der englischen Krone im 15. Jahrhundert, in: Frühformen English - Deutscher Handelspartnerschaft, hg. v. Hansischen Geschichtsverein, bearb. v. K. Friedland, QDHG, NF, 23, Köln/Wien, 1976, S. 77.
 9) Stuart Jenks, Der Frieden von Utrecht, S. 62-63.
 10) Horst Buszello, Köln und England, S. 437-438.
 11) ヴェーゼルは，ケルンが独自のハンザを結成した際の有力商人の一人であった。彼については以下を参照。Joachim Deeters, Gerhard von Wesel - ein Kölner Kaufmann im Londoner Hansekontor, in: V. Henn u. A. Nedkvitne (Hg.), Norwegen und die Hanse. Wirtschaftliche und kulturelle Aspekte im europäischen Vergleich, Kieler Werkstücke Reihe A, Bd. 11, Frankfurt a. M. u. a., 1994, S. 161-176.

りなしにより解放されるだろうと伝えた。ただし，商品の返却は遅れるとともに，ケルン商人はイングランドにとどまり，取引は行なわないことという条件が付された。ほどなくしてケルン商人は身柄を解放されるとともに，シュタールホーフ（ハンザ商館）の彼らの部屋の鍵が返されたという[12]。

以上の経過は，8月6日にケルン市に伝えられた。ケルン市当局は，イングランド国王に感謝の意を表明するとともに，拘束からの完全な解放を改めて求めていくことになった。その一方で，ハンザ都市会議への欠席表明など，ハンザと距離を置こうとするケルン側の姿勢も，この後目立っていく。10月に，ケルン市当局は自都市のロンドン・ファーラー（ロンドン渡航商人組合）に対して，他のハンザ都市商人に対する融資など，資金面でハンザと関係を取り結ぶことを禁じている。他のハンザ都市とロンドンとの間で，ドイツ皇帝からのとりなしの書簡をもとに，イングランド在住のハンザ商人に対する処遇が盛んに議論されていたのも，この頃のことであった。

11月21日，ハンザによる拿捕事件に関して，イングランド側の裁判が結審を迎えた。判決は，ハンザ商人の有罪を認めるもので，没収されたハンザ商人の商品は拿捕の被害者に分配して，損害の賠償に当てるとの内容であった。但し，すでに解放されていたケルン商人のみは適用除外とされ，11月26日に国王の指示により，彼らは商品を取り戻すことができた[13]。だが，残りのハンザ商人の解放は翌年まで持ち越された。4月初旬にエドワード4世は，ハンザ商人の賠償額を三分の二に減額して4,000ノーベルン（Nobeln）としたうえで[14]，その支払いを条件としてハンザ商人を解放することを決定した。とはいえ，それが実現したのは，同年の8月31日のことであったらしい。同時にこの8月31日は，これまでエドワードが小出しに期限を設けて与えてきたハンザ特権が効

---

12) Horst Buszello, Köln und England, S. 437.
13) Ebenda, S. 438-439. 11月21日の判決は，ロンドンで反ハンザの機運の高まりを招き，シュタールホーフの一部が被害を受けたほか，皇帝の書簡を託された使節が路上で襲撃され，流血の惨事となったという。Friedrich Schulz, a. a. O., S. 111.
14) Nobelは，おそらく1344年にイングランドで鋳造された金貨に由来する単位と考えられる。Gert Hatz, das Münzwesen in vor- und frühhansischer Zeit, in: Die Hanse, Lebenswirklichkeit und Mythos, S. 752.

力を持つ最終日に当たっていた。結局，この日をもってハンザ全体を対象とする特権は失効してしまうこととなり，これ以降は，ケルン商人のみに対して，やはり期限付きで繰り返し優遇策が与えられるようになった[15]。ハンザ・イングランド間の溝と同じく，ケルン・ハンザ間のそれもが拡大していくための種がまかれていった。

　ところで，1468年のハンザに対する報復措置に際して，イングランド側はなぜケルンを特別扱いしたのであろうか。無論，ケルンがほかのハンザ都市に先駆けてイングランドに進出し，それまで「スポークスマン」としてハンザとイングランドとの間を取り結ぶ役割を担ってきたということも関係しているだろう。しかし，例えばザルターは，そこにイングランド側のある種の策略を嗅ぎ出そうとする。

　ザルターによれば，イングランドによるケルンの特別視は，やはり同国の政策に沿うものであったと解釈される[16]。当時イングランドは，ハンザを競争相手として意識しつつ，自国の商業力強化に力を入れていたが，その実力はまだ不十分なままでしかなかった。こうしたなか，競争力がまだ備わっていないのであれば，競争相手とはいえハンザの一部と良好な関係を取り付けておくことも悪くはないという考えが，次第にイングランド内部に生まれてきた。敵側の一部と，一時的ではあれ友好関係を取り結んでおくことは，相手組織の求心力低下に通じ，それがやがてはイングランドに有利に働くだろうとの目算が，そこにはあった。それゆえ，1468年にハンザの商人と商品が拘留されたのち，11月26日に国王がロンドン市長にケルン商人の商品の解放を命じた文書を発行したのも，ハンザ内部に不和の種を植え付けるための一手段としてだったのではないか。このようにザルターは述べる。実際，以下で述べるように，親英的なケルンは，その後ハンザから除名されてしまう。もしそれがイングランドの描いたシナリオに沿った出来事であったとするなら，1468

---

　15) Stuart Jenks, Köln/Lübeck/Danzig, S. 149. イングランドがハンザに与えた特権（1461—74年）が以下でまとめられている。ここからは，いかに特権が小出しに与えられていたかが窺える。Stuart Jenks, Die Hansen in England: Die wirtschaftliche und politische Bedeutung ihres Handels (1380-1474) und ihre Versuche zur Bewältigung der Krise von 1468, in: Norwegen und die Hanse, S. 109-159, Anhang, S. 153-159.

　16) F. R. Salter, op. cit., p. 95.

年以降に見られたケルンのあからさまな単独行動と,それに端を発したハンザの分裂は,ケルンのみに責任を帰すわけにはいかなくなるであろう。ハンザ・イングランド間の対立を背景として,ケルンは軽率とはいえその筋書きに乗ってしまい,不本意ながらもエドワード王の犠牲となってしまったとの解釈も成り立つからである[17]。

一方,ケルン市当局は,ハンザ側に責任ありとしてイングランド・ハンザ間で討議されていた1468年の拿捕行為に自都市は加担していなかったということを,これからも主張していく必要があった。ジェンクスによれば,1422年から1474年までの間,ハンザのロンドン渡航商人の取引額全体に占めるケルン商人の比率は,42%から82%までの間を推移していたという。このようなケルン商人の比率の高さを考慮すれば,ハンザのロンドン商業は,ケルン商人によって支配されていたと述べても過言ではないであろう。ロンドンは,ケルン商人にとってまさにかれらの牙城(Hochburg)だったのであり,他のハンザ都市以上に,彼らの対イングランド商業に対する依存の度合いは高かったのである[18]。それゆえ,リューベックなどのハンザ東部の都市が招いた災難にケルン市民が巻き込まれることは,なんとしても避けることが求められた。そのためにも,咎ありとされたほかのハンザ都市とは一線を画したうえで,イングランドとの商業関係を独自に継続していく必要があったのである。無論,それが後に裏切りと解釈されて,ハンザから除名されてしまうことまでがケルン市要人の想定の範囲内にあったかどうかは不明である。

---

17) 例えば,Ibid., p. 96 を参照。ジェンクスは,ケルン・イングランド関係において主導権を握っていたのは,イングランドのほうであったとの解釈を示す。Stuart Jenks, England, die Hanse und Preußen, S. 714.

18) Ebenda, S. 359. また,以下も参照。Gunther Hirschfelder, Die Kölner Handelsbeziehungen im Spätmittelalter, Köln, 1994, S. 402. ハンザによるイングランド商業の主な担い手は,西部地域ではケルン,東部地域ではダンツィヒであり,それらと比べれば,リューベックやその周辺のヴェンド諸都市が果たした役割は,それほど大きなものではなかった。Friedlich Schulz, a. a. O., S. 1.

2　ハンザ内におけるケルンの孤立——ハンザからの除名

　ケルンとその他ハンザ都市との関係が疎遠になっていく過程を見ておこう。1469 年 4 月にリューベックで開催されたハンザ都市会議では，イングランドからのハンザ商人の召還が決議され，6 月 24 日以降の対イングランド商業の禁止が決定された[19]。もちろん，この決定は，対イングランド商業が自らの生命線の主要部分をなすケルンにとっては，到底受け入れられるはずのないものであった。一方ケルンのほうも，他のハンザ都市とかろうじて関係を保ちながらも，既に独自の動きを見せつつあった。ハンザから除名される以前から，ケルンはハンザ組織からの分離を一歩一歩進めていたと見られてもおかしくはないような行動に出ていたのである。例えば，1469 年 2 月にケルン市参事会は，ロンドンのハンザ商館の金庫の管理から手を引くように命じ，6 月には，ロンドンに向かう商人に対して，ブリュージュ商館及び他のハンザ都市から（ロンドン在住の）長老ないしハンザ商人に宛てた書簡を開封しないよう指示した[20]。また，同年の 12 月にケルンの市長と参事会は，イングランドからケルン商人のみを対象とする特権（Sonderprivileg）が与えられたことを踏まえて，独自の長老と役員，陪審員や金庫を備えた組合（Genossenschaft）を結成するようロンドン在住の自都市市民に向けて通達を発した[21]。ケルン独自のハンザ（Sonderhanse）が少しずつ形づくられていくのである。

　こうしてケルンは，イングランドに対する敵意を強めたハンザから距離を置くようになり，そのような自らの姿勢を，ほかならぬイングランドに向けてアピールしていった。脱ハンザに向けたこのような動きも，イングランド商業において有利な立場を確保しようとするケルンの戦略の一部であったと考えられる。だが，事態は必ずしもケルンの思い通りに進展したとはいえない。確かにケルンは，イングランドと他のハンザ

---

19)　HR, II, 6, Nr. 184, §48-9. Stuart Jenks, England, die Hanse und Preußen, S. 719.
20)　Stuart Jenks, England, die Hanse und Preußen, S. 717.
21)　Horst Buszello, Köln und England, S. 443.

との商業が原則停止状態にあるなか,ハンザの私掠船による威嚇をかわして毛織物を中心にイングランド商業を継続することはできた[22]。それゆえ,同市商人の取引拠点であったアントウェルペンがあるブラバント(ブルゴーニュ領)を窓口として,イングランドはケルンの通商動脈に連なってはいた。だが,特権の確保という面では,ケルンも結局は永続的な権利を確保するには至らず,短期の特権を繰り返し与えられるにとどまった。イングランド商業は,先行きの見通しがつかない不安定なままだったのである。

イングランド側は,ケルンの意向がどうであれ,同市のみをまったくの特別扱いとすることはなかった。もし最終的にはハンザとの関係修復を願うのであれば,全ハンザとの合意形成の可能性を損なうわけにはいかず,ケルンとのパイプを維持する必要はあっても,同市だけに永続的な特権を認めて特別扱いするわけにはいかなかったのである。一方のケルンも,ハンザとは一線を画した動きを見せながらも,ハンザとまったくの対立関係に陥ることは避けようとしていた。ケルンにしても,対ハンザ関係が穏便な状態で推移するに越したことはなく,そのためにもハンザ・イングランド間の関係修復を取り持つ用意もあるとの度量の大きなところを示そうともした[23]。

だが,ケルンの目論見ははずれてしまった。1470年8月のリューベック・ハンザ総会でイングランド産毛織物の輸入禁止が討議の対象となると,各都市参事会の使節団は,ケルンに対して同市のどのような点が問題なのかを指摘するとともに,翌年2月22日までにイングランドから退去して同国と経済関係を絶つことを要求,さもなければハンザからの除名もありうるとの強硬意見が提示されたのである。これに対して,ケルン市参事会は,ハンザ当局から当該の文書を受け取っていないことを理由として時間を稼ごうとした。しかし,1471年4月1日,とうとうケルンはハンザから除名されてしまった[24]。

---

22) Ebenda, S. 443-444.
23) Stuart Jenks, England, die Hanse und Preußen, S. 724-725.
24) HR, II, 6, Nr. 437, §12-3. Stuart Jenks, England, die Hanse und Preußen, S. 725. Anm. 138, 139. Philippe Dollinger, Die Hanse, 4. erweiterte Auflage, Stuttgart, 1989, S. 397. Friedrich-Wilhelm Hemann, Lübecks Englandpolitik von der Mitte des 15. Jahrhunderts bis

他方，この間ハンザとイングランドとの間では私掠船による互いの応酬が盛んとなり，前年の1470年9月にハンザは，イングランドとは交戦状態にあるとの認識を示すに至っていた。ハンザの私掠船は，ハンザから離反してまでイングランドとの通商関係を維持しようとしたケルン船籍の船をも攻撃の対象とした[25]。

　とはいえ，その一方で和平に向けた模索も試みられていた。既に1469年からブルゴーニュ公を介してハンザ・イングランド間の互いの反目を解消するための折衝がなされていたが，抗争の直接的な契機となった1468年の拿捕事件をさかのぼる数十年も前からハンザ・イングランド間の衝突は繰り返されてきただけに，そう簡単に積年の恨みが払拭されるはずもなかった。1471年の末にようやく和平に向けた機運が高まり，同年12月にブルゴーニュ公の仲介のもと，イングランドの意向を受けてハンザ側ヴェンド都市は交渉の席につくことに同意した。当時内乱（いわゆるばら戦争）を抱えていたイングランドは，ハンザとの抗争にのみ全エネルギーを割くわけにもいかず，その終結に向けて敵側にかなり有利な条件を提示して譲歩の意向を示したのであった。それがハンザ側に受け入れられると，翌年5月にはユトレヒトで交渉に取り掛かることをイングランド側が提案し，リューベック側もそれに同意したのである[26]。

　イングランドの内乱とハンザとのかかわりについても少し見ておこう。親フランスのランカスター家と親ブルゴーニュのヨーク家とが対立関係にあるなか，ハンザがまず接近したのは前者ランカスター家であったと考えられている。なぜなら，後者ヨーク家のエドワード4世は，ケルン優遇策を通じてハンザを分裂させて勢力をそぐことにより自国イングラ

---

zum Utrechter Frieden, in: F. B. Fahlbusch u. a. (Hg.), Beiträge zur westfälische Hansegeschichte, Warendorf, 1988, S. 90. また以下も参照。Horst Buszello, Köln und England, S. 444.

　25）　Philippe Dollinger, a. a. O., S. 397. Friedrich-Wilhelm Hemann, a. a. O., S. 87. 高橋理『ハンザ同盟──中世の都市と商人たち』教育社歴史新書，1980年，226ページ。ハンザの私掠船については，以下を参照。Andreas Kammler, Up Eventur, Untersuchungen zur Kaperschiffahrt 1471-1512, vornehmlich nach Hamburger und Lübecker Quellen, Sachüberlieferung und Geschichte, 37, St. Katharinen, 2005.

　26）　HR, II, 6, Nr. 593. Stuart Jenks, England, die Hanse und Preußen, S. 731.

ンドの商人による商業の振興を図ろうとしていたので，重商主義的な意図を抱いていた同国王は，ハンザの意に沿う存在ではなかったからである。それゆえ，1470年5月にヘンリー6世の王妃マーガレットから反エドワード4世陣営への参加を要請された際に，ハンザは一時それを考慮の対象とし，新王のもとでのハンザ特権の拡大を思い描いたのであった。だが，結局ハンザ側はその要請を断り，ヨーク家に連なるブルゴーニュ公の提示する仲介案を受け入れることになった。ハンザ側にも，イングランドとの抗争を沈静化させる意向があったのである。

　1470年9月，ランカスター陣営を背後に控えたウォリック（Warwick）伯がフランスからイングランドに上陸し，ヘンリー6世の復位を求めて進軍を開始すると，エドワードはオランダに亡命，一時デン・ハーグに身を潜めた後，ブルゴーニュ公シャルルの宮廷に逃れた。そこで彼は，復位のために軍資金と船舶を確保しようとしたのだが，最終的に船舶の提供を要請せざるを得なくなった相手とは，皮肉なことにハンザであった。エドワードは，寛大な内容を含む特権をハンザ側に提示し，結局は，それと引き換えに14隻の船舶の提供をハンザから受け，イングランドに帰還することができた。翌1471年5月21日，エドワード4世はヘンリー6世に代わって再び国王の地位に上り詰めた。無論，これによりハンザとエドワードとの仲が急速に氷解したというのではない。この後もエドワードは，ケルン商人に特権の延長を認める（1471年7月）などして，ハンザとの関係に水を注すこともあった。とはいえ，先にも述べたように，ブルゴーニュ公が介在することにより，両者の歩みよりは段階を追って進んでいった[27]。

　ハンザ・イングランド間で条約が締結されるまでには，なおも幾つかの紆余曲折があった。例えば，ハンザが交渉の開催地をユトレヒトではなくハンブルクとする代案をイングランドに通知したものの，その書簡の到着がイングランド使節の出発後になってしまったことがあった。改めてユトレヒトを開催地として1473年7月1日から交渉を開始したい旨がイングランド側から提案され，リューベックがこれを受け入れてよ

---

27) Friedrich Schulz, a. a. O., S. 118-119. Stuart Jenks, England, die Hanse und Preußen, S. 727-729.

うやく交渉のスケジュールは決まった[28]。とはいえ，同年7月から交渉が開始されても，ハンザ側は，過去にこうむった損害の賠償に固執したほか，ハンザ特権，それも相互主義に基づかないハンザ商人優位の特権の回復などを求めていった。さらにケルンに関して，同市をハンザ特権から除外することも要求した。こうしたハンザ側の断固たる姿勢もあって，交渉は一時（1473年7月29日―9月1日）中断，イングランド側がハンザの要求項目を国王エドワード4世に照会して協議する機会が設けられもした。

　しかし，最終的には，イングランド側が譲歩を見せ，後世から判断してハンザ優位とされる内容が盛り込まれたかたちで両者の合意が達成されることになった。イングランド側が譲歩した理由としては，当時のイングランドが，先にも指摘したばら戦争といった内乱を抱え，どのような条件であれハンザとの和平が確立されることを必要としていたこと，国内の毛織物業者を中心にハンザ商人の活動を必要としている人々がなおも多かったことが挙げられる[29]。またエドワード自身がかつてハンザから支援を受けたことも無視できない要因であったと思われる。エドワードは，やがてこれまでのようにケルンのみに特権を与えて取引を認める政策を改め，リューベックを中心とするハンザ組織との協調を図っていくことになる。ケルンからすれば，この政策変更は，これまでの支援者を失うことを意味する。交渉再開後の1473年9月19日，ハンザとイングランドの間で暫定的な合意が達成されたが，その際の合意事項においても，ケルンをハンザ特権から除外しようとするハンザの要求は残されたままであった。エドワードは，これまで親英的だったケルン商人にとって不利な条項が，やがて締結される条約に盛り込まれることに同意したのである[30]。

　ケルン側も事態を静観していたわけではなく，ユトレヒトへは使節を派遣した。しかし，ハンザとイングランド双方の代表に要望を伝達する

---

28) Stuart Jenks, England, die Hanse und Preußen, S. 732.
29) 例えば，高橋理「ハンザ貿易と絶対王政期イギリスの通商政策」，59-60ページを参照．
30) Horst Buszello, Köln und England, S. 446. Stuart Jenks, England, die Hanse und Preußen, S. 734, Anm. 186. また，Philippe Dollinger, a. a. O., S. 400 も参照．

ことはハンザ都市によって拒否され,ハンザにたいしてのみ弁明を行なう際にも,ハンザとははっきりと区別された席が与えられた。またケルンは,たまたま自都市に滞在していた(1473年11月末〜1474年1月)皇帝フリードリヒ3世にとりなしを要請したほか,イングランドのエドワード4世ほかの要人に宛てて自らの見解を書簡にしたため,二百年以上にもわたるケルン・イングランド関係を思い起こさせたりもした[31]。

　こうしたケルンの動きが功を奏したか否かは不明である。とはいえ,恐らくこれまでエドワードが特別扱いしてきたケルンがハンザからむごい仕打ちを受けることは,王権の名誉にも関わる問題としてイングランド側が憂慮したからであろう,ユトレヒトで1474年2月28日に締結された和平条約のなかで[32],名指しでケルンが批判されるという事態は,結局は回避されはした。しかし,ケルンの名は盛り込まれなくとも,同市に不利な条項はしっかりと加えられた。すなわち,ハンザから排斥されるか,もしくは自らの意思で離脱した都市は,ハンザ特権の恩恵にあずかることができないということが明記されたのである。そもそも,これまで築き上げられてきたイングランド商業におけるケルンの主導的な役割を考慮すれば,同市に関する特例がないこと自体,ケルンの敗北を意味していると考えることもできるだろう[33]。条約の批准とともに,その内容が効力を持つのは8月1日以降とされた。実際にはそれより約三カ月遅れてケルン商人は,シュタールホーフを去ったのであった。

　ケルンのハンザ復帰への動きが本格化したのは,その2年後の1476年のことであった。まず同年5月から6月にかけてリューベックで最初の交渉が行なわれた。そして8月から9月にかけてのブレーメンにおけるハンザ総会でケルンの再加盟が議題として取り上げられ,11月26日になり,ケルンと和解に達したことがリューベックからイングランド国王に向けて通知された。とはいえ,シュタールホーフへの復帰は金銭の

---

31) Horst Buszello, Köln und England, S. 446.
32) ユトレヒト条約については以下を参照。Stuart Jenks, Der Frieden von Utrecht 1474. また,邦語文献では以下を参照。松浦道一「アングロ・ハンザ抱合関係の一考察――とくにユトレヒト条約について」,『史学研究』(広島史学研究会)第97号,1966年,33-34ページ。
33) 高橋理『ハンザ同盟』,228-229ページ。

支払いが条件とされたうえに2年先とされた。ようやく1478年11月11日にケルンは追加的な支払いに応じてハンザに迎え入れられ、シュタールホーフに復帰した。こうしてケルン独自のハンザ（Sonderhanse）の時代は終了した[34]。

小　括

　以上，ケルンがハンザから除名されるまでのいきさつとその後の展開を検討してきた。ケルンのハンザ除名に関しては，管見の限り，これまでその経過が我が国では詳しく論じられたことはなく，ここにこの補論の存在意義があると思われる。
　ハンザ・イングランド関係が悪化するなか，ケルンのみは，ほかのハンザ都市の意向に頓着せず，イングランドと親密ともいえる関係を結んでいった。やがて同市にはハンザ除名といった処分が下される。にもかかわらず，ケルンはイングランド商業を継続していき，それが，後にハンザ・イングランド間で和解が成立したときに，屈辱的ともいえる立場に立たされることに繋がった。こうしたケルンの親英的，イングランド商業重視の姿勢からは，リューベックなどの他のハンザ都市以上に同商業がケルン市経済において重要な位置を占めていたということが窺える。しかもケルンは，ほかのハンザ都市に先駆けて商人をイングランドに送り出していたのだった。すなわち，ケルンの反ハンザ的な行動からは，沿岸部に位置していたハンザ都市とは異なる内陸都市ケルン独自の商業的利害の存在が垣間見えるのであり，それを形づくっていた商業基盤こそ，第6章で検討したケルンの生命線ともいえる低地地方・ケルン・フランクフルトを結ぶ通商動脈であったと推測される。イングランド（ロンドン）は低地地方（アントウェルペン）を経て，ケルン・フランクフルトへと延びるこの動脈にリンクされ，同国との商業は，この動脈の主要な構成要素をなしていた。リューベックが依拠するバルト海・北海間商業とは異なるケルン独自のこの通商基盤の存在が，ケルンを以上で検討

---

34) Horst Buszello, Köln und England, S. 448-449. Philippe Dollinger, a. a. O., S. 399-400.

したような単独行動に向かわせたと考えられるのである。

ところで，1474年に締結されたユトレヒト条約は，ハンザ後期のハンザ・イングランド商業関係の土台となった条約として重要である。最後にこの条約がケルンにとってどのような意味をもったかということを補足しておきたい。

ハンザにとってのユトレヒト条約の成果を一言で述べれば，この条約によりハンザ・イングランド商業におけるこれまでのハンザの優位が改めて認められ，それとともにイングランドのバルト海進出を，ひとまずは食い止めることができたということになろう。それゆえ，リューベックなど海域のハンザ都市にとって，この条約の締結は大きな成果であったといえる[35]。実際，この条約が締結された後，ハンザが扱うイングランド産の毛織物（広幅織）の量は増えた。例えば，ムンローが挙げるデータに依拠すれば，その量は対英戦争期の約3,400反（cloth）から1500年頃の約17,000反，1530年代後半の約30,000反と大きな伸びを見せたのであり，この時期のハンザ商業の繁栄を窺わせる。しかし，イングランドの毛織物輸出全体に占めるハンザ商人の比率を見ると，戦争の前と後とではそれほど大きな違いがない。15世紀中頃の20％台という値は，対英戦争期にこそ9％にまで落ち込み，戦後しばらくして1480年代に再び20％台にまで回復する。しかし，その後は上昇傾向が看取されるとはいえ，記録の残る1540年代まで20％台を超えることはない。すなわち，ハンザの扱い分が増えたとはいえ，イングランドからの毛織物（広幅織）輸出自体が増加していたので，ハンザ商人が扱うシェアがそれだけ増えたというわけではなかった。イングランド産毛織物の輸出の担い手の中心は，いうまでもなく自国商人であり，15世紀末から16

---

35) それゆえ，ユトレヒト条約はシュトラールズント条約とともに，程度の差はあれ，ハンザ史の画期をなす重要な条約の一つとして様々な意義づけがなされてきた。例えば，デーネルは同条約を「重要な条約」，シュルツは「完全な勝利」と見なす一方，シュタルクは，ユトレヒト条約の意義を認めながらも，その後ハンザが直面することになる困難を指摘する。あえて単純化すれば，デーネルとシュルツはハンザの繁栄に向けての，またシュタルクはハンザの衰退に向けての画期としてこの条約を位置づけているということになろう。以上は，Nirs Jörn, »with money and bloode«. Der Londoner Stalhof im Spannungsfeld der englisch-hansischen Beziehungen im 15. und 16. Jahrhundert, QDHG, NF, Bd. 50, Köin/Weimar/Wien, 2000, S. 11-12 に依拠している。

世紀前半にかけて輸出全体に占めるその比率は50％以上を保ち，60％台に達することもあった。ハンザが扱う同国産の毛織物の量が増えたとはいえ，その過半数は自国イングランドの商人の扱うところであった[36]。やがてイングランドは，自国商人保護の方針を鮮明にしていき，1598年，ハンザのロンドン商館は閉鎖されることになる。

さて，長期的に見れば以上のようなことが指摘されるのではあるが，ユトレヒト条約の締結により，まずいったんはイングランドのバルト海進出が阻止され，この地域とイングランドとの貿易は，かつてと同様リューベックを中心とするハンザ商人が取り仕切ることとなった。

一方，自国商人によるバルト海に向けた毛織物輸出が難しくなったことから，イングランドは毛織物の別の販路を見いだす必要に迫られる。そこで，大きな意味を持つようになったのが低地地方・ドイツ内陸部・中欧に向けた販路であり，これらを貫く動脈において中継地として大陸側の窓口となる都市が，アントウェルペンであった。とすればその先，ドイツ内陸部・中欧に達する主要経路として利用されていったのが，ケルン・フランクフルトを経由するケルンにとっての「生命線」であったことは，改めて指摘するまでもないだろう。やがて16世紀前半，アントウェルペン市場はイングランド貿易の「死命を制した」といわれるほどの意味を持つようになり[37]，その後背地に位置するケルンも経路上の中継地としてのみならず，自都市商人の活動を通じて大陸内国際商業の重要拠点として繁栄していく。ユトレヒト条約により，イングランド商人のバルト海に向けた毛織物輸出が行き詰まりとなったことが，ケルンの商業的繁栄を導いたともいえるのである[38]。

ユトレヒト条約は，一時的とはいえケルンを排除するかたちでハン

---

36) John H. Munro, Hanseatic Commerce in Textiles from the Low Countries and England during the Later Middle Ages: Changing Trends in Textiles, Makets, Prices and Values, 1290-1570, in: M.-L. Heckmann/J. Röhrkasten (Hg.), Von Nowgorod bis London. Studies zu Handel, Wirtschaft und Gesellschaft im mittelalterlichen Europa. Festschrift für Stuart Jenks zum 60. Geburtstag, Göttingen, 2008, S. 135-137, Table 1.

37) 越智武臣『近代英国の起源』(新装版) ミネルヴァ書房，1995年，190-191ページ。ロンドン・アントウェルペン間の商業については，中澤勝三「アントウェルペン国際商業の一段面──1567・8年ロンドン・ポートブック分析」，『社会経済史学』第44巻第1号，50-72ページ。中澤勝三『アントウェルペン国際商業の世界』同文舘，1993年を参照。

38) 例えば，Stuart Jenks, Köln/Lübeck/Danzig, S. 150 を参照。

ザ・イングランド間の和解を導いた条約であるがゆえ，ケルンにとっては不利な内容を含むものとして解釈されてきた[39]。だが，長期的な視野のもとで国際商業の文脈のなかで見れば，以上のような解釈も成り立つ。そして，同条約締結の後にケルンが迎えた商業的繁栄は，世界経済形成の最初期の世界市場であるアントウェルペンの発展と結びついたものであった。もともとケルンの商業基盤は，リューベックを中心とするハンザ本来の海上商業ではなく大陸内部を貫く通商動脈にあった。ハンザ内部におけるケルンのこうした商業的独自性は，16世紀以降アントウェルペンを中心市場とする「ヨーロッパ世界経済」に同市が包摂されてから，さらに強くなったと推測されるのである。

---

39) 例えば，高橋理『ハンザ同盟』，228-229ページを参照。

第 7 章
ハンブルクの商業発展と大陸内商業

───────

はじめに

　ユトランド半島の付け根の西側に位置するハンブルクは，その東側に位置するリューベックとともに，バルト海と北海を結びつける役割を担っていた。リューベックとハンブルクの間には，両海域を連絡する通商動脈が延びており，この動脈における東西それぞれの結節点を成していたという点で，双方の都市は，共通する利害のもとにあったといえる。
　とはいえ，ハンザ時代のハンブルクは，盟主リューベックに対しては従属的な立場にあり，その商業的な役割は，あたかもリューベックにとっての北海側の外港とでもいえるものであった[1]。両者の立場が逆転するのは，ハンザの衰退が明白となり，大西洋経済が誕生した 16 世紀以降のことである。オランダのバルト海進出に伴う新たな通商動脈の形成がリューベックの商業的重要性を低下させた一方（第 5 章参照），大西洋貿易の開始はヨーロッパ内部でも北海に近い地域の経済的比重を増加させ，その一翼を担ったハンブルクは，ヨーロッパの主要港としてこれまでにも増して貿易規模を拡大させていった。今日でもハンブルクは「自由ハンザ都市（Freie und Hansestadt）」を名乗るとはいえ，同市が本

---

　1) Rolf Sprandel, Der Hafen von Hamburg, in: See und Flußhäfen vom Hochmittelalter bis zur Industrialisierung, hg. v. H. Stoob, Städteforschung, A/24, Köln, 1986, S. 193.

格的な繁栄を迎えたのは，実はハンザ衰退期以降であった。本章では，ハンブルクが中世後期から近世初頭にかけて，ハンザの港湾都市という枠を超えてヨーロッパの主要港へと発展を開始した時期を取り上げ，リューベックとは異なるハンブルクの商業基盤に着目することにしたい。

　研究動向に触れておけば，最近の我が国の西洋経済史学界では，国際商業やハンザ史に関する研究が盛んとなったものの，ハンブルクの商業に光が当てられることは，これまでさほど多くはなかった。近世以降のハンブルクが貿易港として発展していくことは，多くの概説書において指摘されているとはいえ，その商業に焦点が当てられた研究は，ハンザの時代並びに環大西洋経済拡大の時代ともに十分な量に達していない。近年でこそ，ハンザ期のハンブルク都市経済に関する斯波照雄[2]や，ハンブルクと世界経済との関係を考察した菊池雄太[3]，それに18世紀の大西洋貿易との関連から同市商業を論じた玉木俊明[4]の一連の成果があるが，未だにハンブルクの商業に関しては多くの点が明らかにされないまま残されている。その一つにヨーロッパ大陸内部の諸地域との商業関係が挙げられよう。この課題については，高橋清四郎と馬場哲の研究成果があるとはいえ，前者はエルベ川における水運の担い手や水路に，また後者はシュレージェンの繊維工業にそれぞれ考察の中心があり，ハンブルクの内陸商業の展開自体に焦点が当てられているわけではない[5]。このような我が国の研究状況に鑑み，その欠落点を補うべく，本章では既存のドイツの研究成果を整理しながら，これまで具体的に解明されるこ

---

2) 斯波照雄「中世末期ハンブルクの「領域政策」と商業」，『商学論纂』（中央大学）第41巻第6号，2000年，153-176ページ。同「中世末から近世初頭のハンブルクの都市経済事情」，『商学論纂』（中央大学）第44巻第4号，2003年，257-274ページ。

3) 菊池雄太「ヨーロッパ世界商業におけるハンブルクの役割（17-18世紀）」，『比較都市史研究』第27巻第1号，2008年，13-29ページ。

4) 玉木俊明「18世紀ハンブルクの中継貿易——フランス大西洋貿易の拡大との関係を中心に」，『関学西洋史論集』第21号，1998年，55-66ページ。同「ボルドー・アムステルダム・ハンブルクの貿易関係——大西洋貿易の拡大とヨーロッパ大陸北部の商業」，『関西大学西洋史論叢』第4号，2001年，1-14ページ。同「18世紀ヨーロッパ商業におけるハンブルクの位置——大西洋貿易の拡大との関係を中心に」，『関西大学西洋史論叢』第5号，2002年，20-34ページ。同『北方ヨーロッパの商業と経済　1550-1815年』知泉書館，2008年。同『近代ヨーロッパの誕生——オランダからイギリスへ』講談社選書メチエ，2009年。

5) 高橋清四郎『ドイツ商業史研究』お茶の水書房，1977年。馬場哲『ドイツ農村工業史——プロト工業化・地域・世界市場』東京大学出版会，1993年。

とのなかったハンブルクの大陸内部との商業関係に触れてみたい。以下では，およそ12世紀から17世紀までと考察対象期間をやや長めに設定し，ハンザの港湾都市からヨーロッパの主要港へと高い次元に向けた転進を実現しつつあった時期のハンブルクの商業に関して，内陸商業に考察の比重を置きつつ素描を試みることにする。

1　ハンブルクの商業発展――ハンザ時代からの概観

　ハンブルクの商業発展を支えた要因の一つに，その極めて恵まれた立地条件があったことは論を俟たないであろう。同市の主要な交易軸は，エルベ川河口奥地に開けた河口内港を基点として[6]，リューベックを経てバルト海方面に伸びていただけでなく，エルベ川を辿ってヨーロッパ大陸内部に達していたほか，海路北海・大西洋諸港へと向かう軸も存在していた。この点，同じくバルト海・北海間の内陸路・海路の積換え港として発展したリューベックと比べてハンブルクのヒンターラントは遥かに広大であり，多様な地域がそこには含まれていた[7]。

　こうした立地条件を背景として，ハンブルクはハンザの主要な商業拠点として発展していく。同市は，かねてより存在していた旧市街とホルシュタイン伯であるシャウエンブルク家のアドルフ3世により建設された新市街とが融合して成り立っていくが，遅くともその新市街が生まれ

　6）ハンブルクの港はエルベ川の河口から約110km遡った所に位置し，典型的な河口内港を形づくる。河口内港については，深沢克己『海港と文明――近世フランスの港町』山川出版社，2002年，80ページなどを参照。

　7）Karl Koppmann, Hamburgs Stellung in der Hanse, in: HGbll, 2 (Jg. 5), 1875, S. 5. Hermann Kellenbenz, Unternehmerkräfte im Hamburger Portugal- und Spanienhandel 1590-1625, Hamburg, 1954, S. 91. エルベ川，オーデル川を通じてポーランドやハンガリーの一部，オーストリアもハンブルクのヒンターラントに含まれていた。Michael North, Hamburg: the continent's most English city, in: From the North Sea to the Baltic. Essays in Commercial, Monetary and Agrarian History 1500-1800, Variorum, Hampshire, 1996, p. 2. Klaus Weber, Deutsche Kaufleute im Atlantikhandel 1680-1830. Unternehmen und Familien in Hamburg, Cádiz und Bordeaux. Schriftenreihe zur Zeitschrift für Unternehmengeschichte, Bd. 12, München, 2004, S. 224. リューベックと比べた際のハンブルクの恵まれた立地条件は以下でも指摘されている。Rainer Postel, Hamburg und Lübeck im Zeitalter der Reformation, in: ZVLGA, 59, 1979, S. 80.

第7章　ハンブルクの商業発展と大陸内商業　　　227

つつあった1186/87年以降，ハンブルクには複数の港が存在するようになった[8]。こうした港湾施設の存在は，海上商業のみならずエルベ川を利用する交易の展開に繋がったものと考えられる。それは，この頃諸君主より付与された各種特権の存在からも確認することができる。トイアーカオホに従ってそれらを引用すれば，まず1189年に皇帝フリードリヒ・バルバロッサが付与したとされる特権では，ハンブルク・ノイシュッタットの商人にハンブルク・北海間のエルベ川における通行自由・非課税権が与えられた[9]。1190—1191年には，ザクセン公ハインリヒ獅子公が，同じくノイシュタットに対してハンブルクより上流の彼の支配領域内のエルベ川における非課税権を付与した。さらに1216年には，ハンブルク全市（Gesamtstadt）がホルシュタイン伯アルブレヒトから，同市より上流域での租税・関税特権を与えられた[10]。エルベ川を利用したドイツ内陸部との交易関係が恒常的に繰り広げられていたことが，これらの記録からは窺うことができる。やがて，バルト海ハンザ都市の建設とともにハンザ商業がユトランド半島の根本を連絡路として東西間で繰り広げられるようになると，バルト海方面への窓口としてのハンブルクの商業的な役割がいよいよ鮮明化していく。

　ハンブルクとバルト海側のリューベックとは陸路もしくは水路（トラーフェ川）で結ばれ，ハンザ発展期・盛期のバルト海・北海間商業はこ

　8）　Gerhard Teuerkauf, Der Hamburger Hafen vom 12. bis 16. Jahrhundert, in: Beiträge zur hansischen Kultur-, Verfassungs- und Schiffahrtsgeschichte, AHS, Bd. 31, Hansische Studien 10, Weimar, 1998, S. 129.
　9）　この特権をしたためた文書には，帝国都市としての権利（Reichsfreiheit）がはっきりとは明示されていないという。ハンブルクは12世紀前半からシャウエンブルク家の高権のもとにあり，この後も同市は歴代のランデスヘル（シャウエンブルク家）から特権を追認されていくことになるが，はたしてハンブルクが帝国都市なのか，それとも領邦君主の配下にある都市なのか，その法的な位置づけは不明確なままであるという。Martin Krieger, Der südliche Ostseeraum und der Deutsche Reichstag (16.-18. Jahrhundert), in: N. Jörn u. M. North (Hg.), Die Integration des südlichen Ostseeraums in das alte Reich. Quellen und Forschungen zur Höchsten Gerichtsbarkeit im alten Reich, Bd. 35, Köln/Weimar/Wien, 2000, S. 281-282.
　10）　Gerhard Teuerkauf, a. a. O., S. 132. カール・ヨルダン（瀬原義生訳）『ザクセン大公ハインリヒ獅子公――中世北ドイツの覇者』ミネルヴァ書房，2004年，263ページ。エルベ川におけるハンブルクの各種高権・権利の獲得については，以下が法的側面から詳しく論じている。Horst Tschentscher, Die Entstehung der hamburgischen Elbhoheit (1189-1482). Ein Beitrag zur Rechtsgeschichte der Territorialgewässer, in: ZVHG, 43, 1956, S. 1-48.

こに集中した。それゆえ，この経路の安全確保は早くから問題とされ，例えば1241年にリューベック・ハンブルク間で締結された条約では，両都市が共同でこの区間の安全確保を図ることが取り決められたほか，同年，ザクセン公アルブレヒトは，この区間を往来する商人から代金の徴収と引き換えにこの区間で護衛を提供する旨を申し出た。さらに1304年には，ハンブルクとリューベックが，この区間の安全確保のために護衛団を組織することを決定しており，その構成員としてリューベックが32名，ハンブルクが8名の人員を提供することとされた[11]。このような点から，西欧とバルト海・ハンザ諸都市，さらにその先のノヴゴロドとを結ぶハンブルク・リューベック間内陸路の重要性が窺えるが，この護衛団形成のための提供人員の比にも示されるように，当時実際にここを多く利用していたのはリューベックの商人であったと推測される。ブラントによれば，遅くとも14世紀中頃までハンブルク商人が直接バルト海に向かうことは少なかったという[12]。一方，リューベックの対西欧商業を輸送面で支えていたのはハンブルク船舶であった。この頃のハンブルクの取引の重心は，低地地方・フランドル方面にあったと考えられる[13]。とはいえ，ハンブルク以西の貿易もリューベック・ハンブルク間経路の延長軸上にあり，これはハンザのバルト海・北海間商業の西半分に該当する。

　14, 15世紀のハンブルクの商業をある程度包括的かつ詳細に記録した史料としては，ポンド税台帳など関税台帳の存在が知られる。ここでは，1368年，1369年のポンド税台帳，1418年の関税台帳の記録に基づき，ハンザ盛期におけるハンブルクの商業のおおよその規模と性格を見ておくことにしたい。

　まず1368年のリューベック・ポンド税台帳の記録から。これはリューベックの商業の記録であるが，上記内陸路に位置するオルデスロー（ハンブルク・リューベック間の都市）との取引記録を含むので，バルト海・北海間の動脈をなすハンブルク・リューベック間の取引の記録とし

---

11) 第1章第1節参照。

12) Ahasver von Brandt, Hamburger Kaufleute im Ostseehandel des 14. Jahrhunderts (bis 1363) nach dem Lübecker Niederstadtbuch, in: ZVLGA, 49/50, 1964, S. 1-28.

13) Karl Koppmann, a. a. O., S. 13-14.

て用いることも可能である。

　第1章で取り上げた記録を再度確認しておこう。この年，ハンブルク方面オルデスローからリューベックに向かった商品は，金額にして136,280リューベック・マルク（以下マルクと略）に達し，その内訳は毛織物が105,870マルクと全体の78％もの高比率を見せ，以下主要商品を取り上げれば小間物，樽，イングランド産毛織物，油，米穀，ワインなどの商品が，北海方面からリューベックに送られた。逆方向に流れた商品は，全体で37,318マルクに達し，その内訳はバター4,816マルクを筆頭に，以下蜜蠟，鰊，銅，小間物，亜麻，毛皮，オスムント鉄などを主な商品として挙げることができる。これら主要商品の一覧からは，ハンブルク・オルデスロー・リューベックのルートを用いてハンザの代表的な商品が北海・バルト海で流通していたことがわかる。なかでも毛織物はハンブルクのリューベック・バルト海向け商品の中で圧倒的ともいえる比重を見せ，この年はリューベックに輸入された毛織物の約三分の一がダンツィヒやリーガなどのバルト海諸都市に向けて再輸出された[14]。

　1369年のハンブルクのポンド税台帳からは，輸出向け商品を確認することができる。この年ハンブルクから輸出された商品は，主なものを取り上げれば，ビール，麻・亜麻織物，毛織物，蜜蠟，毛皮製品（Werk），鰊，鉄，ライ麦，銅，豚・豚肉，木材，オスムント鉄，深鉢（Becken），蜂蜜，バター，燕麦，小麦，亜麻（Frachs），ホップ，コルドバ革などとなる[15]。このうちビールはハンブルクを代表する手工業製品であり，輸出品であったが，ここから輸出される商品の多くは，一般にハンブルクの外部，すなわちバルト海沿岸各地ないしドイツ内陸部から同市にもたらされ，海路北海沿岸各地に送られる商品であったと考えられる。これら商品の輸入元と目的地は，台帳の各取引記録から見て取ることはできない。中世後期ハンブルクの取引規模を推し量る数値とし

---

　14) Georg Lechner (Hg.), Die Hansischen Pfundzollisten des Jahres 1368 (18. März 1368 bis 10. März 1369), QDHG, NF, Bd. 10, Lübeck, 1935, S. 53.
　15) Das Hamburgische Pfundzollbuch von 1369, bearb. v. H. Nirrnheim, Veröffentlichungen aus dem Staatsarchiv der Freien und Hansestadt Hamburg, Bd. 1, Hamburg, 1910, S. LVI-LVIII.

て，シュプランデルが同台帳をもとに取り上げた出港船舶数を見ると，1369 年（正確には 15 カ月間）にハンブルクを出港した船舶は合計 598 隻であった。但しこれら船舶のうち，いわゆるコッゲ船と見なし得るのは 46 隻のみで，ハンブルク港を出入りする船舶の十分の九は規模の小さな船であり，船舶所有者の名前から判断して，ホラント・フリースラントの沿岸航海者が運航していた船舶であると考えられる[16]。

一方，1418 年の関税の記録によると，シュプランデルは同年（15 カ月間）ハンブルクを出港した船舶数として 536 隻という数値を挙げている。但し，そこにはフランドル・ゾイデルゼー向けの航海の記録が含まれていないほか，名前の綴りから判断して 1369 年と同様にホラント・フリースラントの航海者が多かったことを，彼は指摘している。しかもそこには 1 度しか記録されていない名前が多いことから，シュプランデルは，これら航海者が小舟を所有する農民であり，年に一度もしくはそれ以上の頻度でハンブルクに生産物を搬入し，その帰り荷としてビールをはじめ同市で売買される商品を持ち帰る人々であるとの推測を行なっている。この指摘は極めて興味深い。ハンザ商人による遠隔地間の取引関係を追うだけでは見えてくることのない，ハンザ盛期のハンブルクを中心とする北海海域に広がる在地的な商品の流通の一端を，ここから垣間見ることができるからである[17]。

同じ記録から，1418 年のハンブルクの主な輸出品としてビール，麻・亜麻織物，毛皮製品，蜜蠟のほか魚（鰊），銅・真鍮，バターを挙げておこう。これら諸商品のうちビール，麻・亜麻織物は以前と比べて輸出が減ったと見なし得るほか，毛皮製品と蜜蠟，銅・真鍮製品は 1369 年

---

16) Rolf Sprandel, a. a. O., S. 199-200.
17) Ebenda, S. 201. Rolf Sprandel, Das Hamburger Pfundzollbuch von 1418, QDHG, NF, Bd. 18, Köln/Weimar, 1972, S. 64. リューベックを中心とするバルト海側の農民航海については，第 9 章で触れる。なお，1418 年の関税台帳は，シュプランデルによりポンド税台帳として刊行されたが，これは 1418 年のポンド税ではなく，1417 年のヴェルク税（ハンブルクで徴収された関税の一種）の台帳であるとする説も存在する。Gerald Stefke, Die Hamburger Zollbücher von 1399/1400 und "1418". Der Werkzoll im 14. und frühen 15. Jahrhundert und die Ausfuhr von Hamburger Bier über See im Jahre 1417, in: ZVHG, 69, 1983, S. 1-33. このシュテフケの見解に対して，シュプランデルは，まだ結論を出せるまで研究は進んでいないとして明言を避けている。Rolf Sprandel, Das Hamburger Zollbuch 1418 - ein Pfund- oder Werkzollbuch? in: ZVHG, 70, 1984, S. 223-226.

と比べて取引量が増加したという[18]。また，輸入商品には，毛織物，南方産果実，油などがあり，乾物用の樽に南方諸産品が詰め込まれていたという。これら商品がはたしてどこから輸入されどこへ輸出されたのかは，史料から窺うことはできないが，毛織物が毛皮，蜜蠟，銅を対価としてリューベック・バルト海方面へ送られていたほか，真鍮製品がドイツ内陸部から供給されていたことは，確かであろうと考えられる[19]。

概して，15世紀のハンブルクでは，これまで輸出の中心に位置してきたビールが重要性を失っていくようになったほか，フランドル産，バルト海産品を扱う遠隔地間の取引と並んでドイツ内陸部の手工業製品に関する取引が目立つようになった[20]。ドイツ内陸部との取引関係は，1418年の関税台帳からも確認することができる。同台帳からハンブルク周辺の都市と取引関係のあった同市の取次業者の数を，シュプランデルに従って列挙すると，史料から確認される29名の取次業者のうち，リューベックと取引関係のある者は22名に及び，以下リューネブルクとは6名，ザルツヴェーデル，ブラウンシュヴァイクとは各4名，シュトラールズント，ブレーメン，シュターデとは各3名，マクデブルクとは2名の取次業者がそれぞれ取引関係を持っていた[21]。無論，これはハ

---

18) とはいえ，輸出の増減自体を正確に確認することは難しい。例えば，1418年の記録には対フランドル貿易の記載を欠くなど，史料自体の不備が大きいからである。Rolf Sprandel, Das Hamburger Pfundzollbuch von 1418, S. 58-59 を参照。なお，シュテフケの計算によれば，1418年のビールの輸出量は1369年のそれを上回ることになり，14世紀から15世紀にかけてのハンブルクのビール醸造・輸出量の低下を指摘するシュプランデル説は批判されることになる。Gerald Stefke, a. a. O. 一方，15世紀から16世紀にかけての同市ビール醸造量の減少が，斯波照雄「ハンザ都市ハンブルクの発展と醸造業」，木立真直，辰馬信男編著『流通の理論・歴史・現状分析』中央大学企業研究所叢書26，2006年，94ページで指摘されているほか，以下でも15世紀内でのビール輸出の減少が指摘されている。Richard W. Unger, Beer in the Middle Ages and the Renaissance, Philadelphia, 2004, p. 60, Table 1. それゆえ，長期的に見れば，ビールの意義は低下していったと考えられる。概して，リューベックと比べれば，ハンブルクは手工業が盛んであったと思われる。ラインケはリューベックを「遠隔地商業都市（Fernhandelsstadt）」と位置づけるのに対して，ハンブルクを「遠隔地商業都市」と「貿易生産都市（Exportgewerbestadt）」との中間形態と見なしている。Heinrich Reincke, Bevölkerungsprobleme der Hansestadt, in: HGbll, 70, 1951, S. 51. 斯波照雄「中世末期から近世初頭におけるリューベックの商業と都市経済事情」，『商学論纂』（中央大学）第45巻第3, 4号，2004年，41ページ。

19) Rolf Sprandel, Das Hamburger Pfundzollbuch von 1418, S. 54-62.

20) Hans Peter Baum u. Rolf Sprandel, Zur Wirtschaftsentwicklung im spätmittelalterlichen Hamburg, in: VSWG, 59-4, 1972, S. 480.

ンブルクのおおよその取引相手地域を推し量る一つの指標でしかないが，まずここからは，対リューベック取引の持つ重要性は明らかであり，同市と取引関係にあった取次業者22名のうち，リューベックとのみ関係があった者は15名に及んだ。その一方で，対リューベック商業ほどの重要性はないとはいえ，ここからはまた，大陸内商業の展開をも確認することができる。ハンブルクに近いリューネブルクをはじめとしてブラウンシュヴァイク，マクデブルクなどを結節点としながら，ハンブルクの通商網が大陸内部に及んでいることが，ここから窺えるのである。

　以上では，ハンザの発展期・盛期の諸記録を基にして同期ハンブルクの商業の基本的な流れとおおよその構造について考察を加えてきた。この頃のハンブルクは，どこよりもまずリューベックとの関係に重点を置きつつ，北海側西欧とバルト海海域とを結ぶハンザの東西間商業を軸に商業を展開していた。それに加えて，大陸内諸地域との商業関係も確認することができた。本章冒頭でも指摘したような，リューベック・バルト海，北海・大西洋，大陸内部の三方面へと延びる交易軸が，ハンブルクには存在したのである。

2　大航海時代の到来とハンブルクの商業

　本章の「はじめに」でも述べたように，大航海時代の到来以降，これまでハンザ商業の基本軸を支えてきたリューベックとハンブルクの両都市は，商業・流通面での互いの立場を逆転させていく。一方のリューベックが，なおも商業的拠点性を持ち続けるとはいえ，ハンザの衰退とともにその影響領域はバルト海地域内部に限られていくのに対し[22]，ハン

---

　21)　Rolf Sprandel, Das Hamburger Pfundzollbuch von 1418, S. 65.
　22)　第5章参照。また，以下も参照。Ahasver von Brandt, Lübeck und Hamburg, in: Geist und Politik in der Lübeckischen Geschichte, Lübeck, 1954, S. 131, 132. シリングの挙げるデータからは，人口面でハンブルクがリューベックを凌駕するようになったのは，16世紀前半であったことが示される。すなわち1500年の人口は，リューベックが24,000人，ハンブルクが14,000人であったのに対して，1550年ではリューベックが25,000人，ハンブルクは29,000人に達していた。Heinz Schilling, Die Stadt in der frühen Neuzeit, Enzyklopädie Deutscher Geschichte, Bd. 24, 2. Aufl. München, 2004, S. 11. 人口に関しては，

ブルクは，その立地条件を十二分に生かしながらヨーロッパを代表する国際貿易港の一つへと発展を開始していくのである。ハンブルクにとって宗教改革の時代は，いわば「世界経済への誕生の時」として位置づけられるという[23]。地形的条件以外にも，16世紀の同市商業成長の理由をまとめて挙げるとすれば，例えば，イベリア半島からのマラーノをはじめとする宗教難民の流入，マーチャント・アドヴェンチャラーズの大陸側商業拠点となったこと，フェロー諸島やアイスランドに向けた航海の展開，そしてブランデンブルクなどエルベ川流域で生産された穀物の流通を背景とする同水系後背地にとっての商業的拠点性の強化などが挙げられるだろう。

　しかしながら，近世における飛躍の時代をハンブルクは迎えようとしていたとはいえ，同市都市経済の歩みは必ずしも順調ではなかったということは，留意しておく必要があろう。1472年，ハンブルクは既に火蓋が切られていたハンザ・イングランド戦争に参戦したほか，1483年には市参事会に対抗しようとする市民闘争の高揚が見られた。また，15世紀中頃から16世紀初頭にかけて関税収入の伸びが停滞傾向にあったほか，ハンブルクの主要産業の一つであるビールの醸造量も，ほぼ同じ時期に減少傾向を見せたという。近世初頭のハンブルクは，一見すると商業的には繁栄期にあるように見えるが，社会経済的に見れば，市民同士の財産格差が広がりを見せるなど，不安定な時期にあったということが指摘されているのである[24]。

第5章「小括」の注（68）も参照。論者によって提示される人口数は若干異なるが，ここではそのまま挙げている。

23) 諸田實「16, 17世紀ドイツにおけるイギリス毛織物の輸入・仕上げ・販売——「ロンドン＝アントウェルペン枢軸」の延長」，『商経論叢』（神奈川大学）第35巻第2号，1999年，30ページ，注17。ハンブルク商業の重心は西へと移っていき，リューベックの影響下から脱しつつあった。Wolf-Dieter Hausschild, Frühe Neuzeit und Reformation: das Ende der Großmachtstellung und die Neuorientierung der Stadtgemeinschaft, in: A. Graßmann (Hg.), Lübeckische Geschichte, 2. überarbeitete Aufl., Lübeck, 1989, S. 343. 1560年頃になると，リューベックのバルト海商業に対するハンブルクのまぎれもない（unverkennbar）影響力も確認されるという。Ahasver von Brandt, Waren und Geld um 1560. Aus dem Geschäftsbuch des Lübecker Maklers Steffen Molhusen, in: ZVLGA, 34, 1954, S. 52, 57.

24) 斯波照雄「中世末から近世初頭のハンブルクの都市経済事情」，264, 266, 270, 274ページ。同「近世初頭のハンザとハンザ都市」，『商学論纂』（中央大学）第49巻第5-6号，2008年，34, 42ページ。

以上の点を確認したうえで，ハンブルクの商業について探っていこう。まず，16，17世紀ハンブルクのおおよその取引規模を示すデータを挙げる。シュプランデルによれば，ハンブルク港を母港とする船舶の数は，1418年が53隻であったのに対して1665年は219隻，1674年は309隻，1765年は134隻であった。外地におけるハンブルク船の記録を見ると，例えば，1580年のアントウェルペン港では80隻のドイツ船舶が記録され，そのうちの67隻がハンブルクのボイエ（Boier）型船舶であり，それらの平均の積載量は45ラストであったという[25]。そのアントウェルペンからは，同市陥落（1585年）以降，多くの商人がハンブルクに進出してきた。

　17世紀のハンブルクにおける主だった外来商人としては，オランダ，フランドル，ポルトガル，イングランドの各商人が挙げられるが，アントウェルペンの陥落から17世紀前半にかけて，ハンブルクに向けては多くの低地地方（ネーデルラント）商人の移住が見られた。17世紀前半にハンブルクで外来商人契約に登録した低地地方人の一族は425家族に及び，彼らには金銭の支払いを対価として市民権が与えられた。1652年には，400名以上の低地地方商人がハンブルクで確認されたとの記述も存在する[26]。さらにハンブルクは，イベリア半島から亡命してきたユダヤ系の商人を受け入れたほか，ナントの勅令の廃止（1685年）以降は，フランスからプロテスタント系の市民（ユグノー）がここに流入してきた。この点で，ハンブルクはアントウェルペンやアムステルダムと並ぶ宗教難民にとってのアジールを成し，宗教や外国商人に対しては寛容であったといえる[27]。かくして，ハンブルクは外部から移民を受け入れることにより都市人口を拡大させていくとともに，彼らがハンブルクにもたらした取引先との関係やノウハウをもとに，大西洋沿岸のヨーロッパ各地との貿易規模を拡大していったのである。ここでは一例としてイン

　25）　Rolf Sprandel, Der Hafen von Hamburg, S. 201, Tabelle 1, S. 205.
　26）　Karin Newman, Hamburg in the European Economy. 1660-1750, in: JEEH, 14-1, 1985, pp. 81-82. 低地地方からハンブルクに向けた移住を扱った研究として以下がある。Robert van Roosbroeck, Die Niederlassung von Flamen und Wallonen in Hamburg (1567-1605). Ein Überblick, in: ZVHG, 49/50, 1964, S. 53-76.
　27）　Karin Newman, op. cit., pp. 83-84.

グラントとの関係を素描しておくことにしよう。

　ハンブルクはマーチャント・アドヴェンチャラーズの輸出相手先として指定されたことにより，イングランドのヨーロッパ商業における大陸側の拠点となった。指定港となったのは，1569年から1579年までの間と1611年から1808年にかけてである。これによりハンブルクは未仕上げのイングランド産毛織物の仕上げと販売を担うことになり，ハンブルクから大陸内部へと向かう通商の動脈は，ロンドンからの流れが加わっていっそう太さを増していった。例えば，指定港となった1569年には，5月に23隻のマーチャント・アドヴェンチャラーズの船舶と3隻のハンザ船舶，2隻のイタリア船舶からなる毛織物輸送船団が，また9月にはハンザ船舶を含む少なくとも25隻からなる船団が，それぞれハンブルクに入港し，両船団に積み込まれていた毛織物の量は6～7万クロス，金額にして310万リューベック・マルクに達していたであろうと推測されている[28]。さらに翌1570年，ハンブルクの都市参事会は市内グレニンガー通りの一群の建物を買い上げてそれらを無償でマーチャント・アドヴェンチャラーズに提供した。「イングランド人の館（English House）」と呼ばれたそれらの建物の居住者の数は，1620年の記録によれば111名であり，家族や使用人を含めれば228名であった[29]。

　イングランド・ハンブルク間で取引された商品を確認しておこう。これについては，エーレンベルクがマーチャント・アドヴェンチャラーズが扱った商品を1611年1月から1612年2月にかけてのハンブルクの関税台帳から抽出している。バウマンに従ってそれらを列挙すれば，ハンブルクからイングランドに向けては，繊維品（麻，綿，絹織物，ボンバジン，ベルベット），大麻，羊毛，毛皮・皮革，金属・金物（銅，真鍮，水

　28）諸田實，前掲論文，9，14ページ。ハンブルクはイングランド商人を受け入れることにより，三十年戦争を乗り切ることができたとの指摘もある。Gustav Aubin, Bartolomäus Viatis. Ein Nürnberger Großkaufmann vor dem dreißigjährigen Kriege, in: VSWG, 33, 1940, S. 10-11. また，ケレンベンツは，アントウェルペンが危機を迎えてからアムステルダムが急成長するまでの時代のハンブルクは，これまで考えられてきた以上に重要なのではないかとの見通しを提示する。Hermann Kellenbenz, Der Pfeffermarkt und die Hansestädte, in: HGbll, 74, 1956, S. 36.

　29）Wolf-Rudiger Baumann, The Merchants Adventurers and the Continental Cloth-Trade (1560s-1620s), Berlin/New York, 1990, pp. 148-149. 諸田實，前掲論文，33，34ページ。

銀, 薄板, 各種ワイヤー), 染料・色止め（明礬, あかね, インディゴ, ブラジルスオウ), 木材・木工品, ニュルンベルク産金物, ナイフ, ガラス, ホルシュタイン産小麦, チーズ, 胡椒があった。逆方向では, 毛織物, 毛皮・皮革, 鉛, 石炭, ビール, 酢, 各種海外産品 (ゴム, 胡椒, ナツメグ, 生姜など) が取引された[30]。各商品の具体的な発送地や目的地は確定できないとはいえ, これら一群の商品のうち, 恐らく毛織物の多くはハンブルクを橋頭堡として大陸内部に送られていき, また, ハンブルクからの輸出品には, 大陸内部からもたらされた各種繊維品や金属などの品が数多く含まれていたであろうと推測される。

　ハンブルクにとっての対英取引は, マーチャント・アドヴェンチャラーズによるロンドンとの直接的な貿易関係にとどまらなかった。ハンブルク商人は, ハンザ商人として16世紀においてもなおロンドンの毛織物輸出貿易の主要な担い手であり続けたのであり, ロンドン・アントウェルペン間でこの区間のいわゆる「枢軸」の形成に貢献したハンブルク商人が存在したほか, バルト海に進出し, ロンドン・アントウェルペン・ダンツィヒ間で穀物の輸送に従事したハンブルクの船長（Schiffer）も存在した[31]。16世紀前半にハンブルクは北海, 大西洋とバルト海とを結ぶ船舶の数を拡大していき, シュプランデルによれば, 1530年代には毎年150隻以上のハンブルク船がエーアソン海峡を通過するようになった[32]。大西洋産塩のバルト海向け輸送に従事するハンブルク船も存在していた。

　ところで, ニューマンによれば, イングランドはドイツと二つの経路で結びついていたとされる[33]。すなわち, 一つがエルベ, ヴェーゼル両河川の河口港（ハンブルク, ブレーメン）を経由するものであり, もう一

　　30）　Richard Ehrenberg, Hamburg und England im Zeitalter der Königin Elizabeth, Jena, 1896, S. 355ff. Wolf-Rudiger Baumann, op. cit., pp. 157-158. 1574年から1577年にかけてロンドン・ハンブルク間の委託販売（Kommissionsgeschäft）で売買された商品を見ると, ロンドンからハンブルクに送られた商品のなかで最大の比率を占めたのは毛織物で, 金額比で全体の49.6％を占め, 以下砂糖（26.7％）, 干し葡萄（10.3％）と続いた。Jürgen Bohmbach, Ein London-Hamburger Kommissionsgeschäft der Jahre 1574-1577, in: ZVHG, 63, 1977, S. 74-75.
　　31）　Klaus Frietland, Hamburger Englandfahrer 1512-1557, in: ZVHG, 46, S. 22-23.
　　32）　Rolf Sprandel, Der Hafen von Hamburg, S. 205.
　　33）　Karin Newman, op. cit., pp. 76-77.

つがライン・マース川水系の諸港を経由するものである。このうち後者は，アントウェルペンやロッテルダム，アムステルダムなどを中心とする人口稠密地帯であり，これらの諸都市を擁する低地地方自体が重要な手工業地域であり，市場であった。イングランドにとって低地地方は，高地ドイツに向けた経路の窓口として位置づけられるだけでなく，地元産品も含めた商品の売買の活発な市場地帯としても位置づけられた。

これに対して，前者のハンブルクとブレーメンが位置している地域の周辺は，農産物や工業製品の生産地としても，また市場としてもそれほど重要ではない。しかも内陸の主要都市からは離れて位置しており，ハンブルクの場合，ベルリンからは285km，ライプツィヒからは370kmもの距離があった。それゆえ，これらドイツの港湾都市，ことにハンブルクが担った役割において注目されるべきは，大陸内部の大都市との連絡機能であったといえるだろう。すなわち，イングランドにとってハンブルクが重要視されたのは，それ自体の消費地，供給地としての役割ではない。むしろ，ドイツ，ハンガリー，ポーランドといった遠方の後背地に至る経路（チャンネル）に接続する流通拠点（ゲートウェイ）としてふさわしい地理的，政治的要件を備えていたからであると考えられるのである[34]。こうしたハンブルクの役割は，イングランド以外の大西洋の諸勢力との関係においても見られたことであろう。エルベ川を一つの動脈とする水運網やその他の陸路のネットワークを媒介として，大陸内

---

34) 中世後期のドイツでは，広く都市・農村関係が展開していた。しかし，都市の繁栄基盤が交易にあり，商人や輸送業者が経済活動の主体であるなら，近くの後背地にその繁栄の成果は行き渡りにくい。そのような都市の典型としてハンザの沿岸都市が挙げられる。地理的に近い地域内での商品のやり取りよりも遠隔地とのそれのほうが経済的に大きな意味をもっていたこれら北ドイツの諸都市は，周辺の農村にわずかな商業的な影響力しか及ぼさず，むしろ遠方との交易拠点として発展していった。Tom Scott, Town, County, and Regions in Reformation Germany, Studies in Medieval and Reformation Traditions. History, Culture, Religion, Ideas, vol. CVI, Leiden/Boston, 2005, pp. 221, 226. 但し，16，17世紀のリューベックでは，近くのデンマーク支配下の農村地域との海（バルト海南西海域）を介した交易関係が盛んになる。第9章を参照。なお，ハンブルクの近隣地域との取引については，例えば以下を参照。Evamaria Engel, Bürgerlicher Lehnsbesitz, bäuerliche Produktenrente und altmärkisch- hamburgische Handelsbeziehungen im 14. Jahrhundert, in: HGbll, 82, 1964, S. 21-41. また，ゲートウェイとしてのハンブルクの役割については以下を参照。玉木俊明『近代ヨーロッパの誕生——オランダからイギリスへ』第4章「ハンブルクの役割」，125-156ページ。

部はハンブルクを主要な結節点として，まずは北海沿岸の主要港と，そして 18 世紀にもなれば環大西洋経済と連絡されていくのである。そこで次に，河川交易を視野に入れつつハンブルクと大陸内部諸地域との商業関係の展開について，再度時間を遡って見ていくことにしよう。

3　ハンブルクと大陸内諸地域との商業関係

(1)　中世後期のエルベ川商業

　エルベ川を舞台とする河川交易は，海上商業と並び都市発展の大きな可能性をハンブルクに与えたといえる。ハンブルク・ノイシュタットの建設直後，1200 年前後に同市に与えられたエルベ川通航に関する諸特権については既に上で指摘した。1200 年代になれば，いくつかの関税一覧の記録から，ハンブルクがエルベ川を経由して行なった取引の一端がある程度明らかとなる。

　1236 年にホルシュタイン伯アドルフは，マルク・ブランデンブルクの商人が支払う関税額を減額したが，その際作成された関税一覧は，現存する最古のハンブルクの関税率表であるという。そこで挙げられている商品を列挙すれば，ライ麦，小麦，鰊，鰊油，豚の獣脂，銅，鉛，錫，亜麻・麻織物，ピッチ，灰，大青となる。ここではエルベ川上流から送り出された商品が大勢を占め，このうちライ麦，小麦，ピッチ，灰，そしておそらくは亜麻・麻織物はマルク・ブランデンブルクから輸出されたほか，銅，錫は南東欧から同マルクを経て送られてきた[35]。

　また，1262/63 年の関税一覧からは，エルベ川を上流に向かう商品と下流に向かう商品とを分けて挙げることができる。これは，マルク・ブランデンブルク，マクデブルク大司教領，マイセン辺境伯領の各商人に向けて交付されたものであり，上流に向かった商品として，ビール，ワイン，大麦，カラス麦，馬，牛，豚，鉛（大抵はリューネブルクまで），フランドル産毛織物，大青が，下流に向かった商品として，ライ麦，小

---

　　35)　Die Zolltarife der Stadt Hamburg. hg. v. E. Pitz, Wiesbaden, 1961, Nr. 4. Gerhard Theuerkauf, a. a. O., S. 134-135.

麦，銅，鉛，鉄，亜麻・麻織物，ピッチ，灰，蜜蠟が，それぞれ挙げられている[36]。

これらの商品群から，中世のハンブルクがエルベ川を経由してどのような商品を大陸内部と取引していたかが確認される。なかでもライ麦をはじめとする穀物は，来たる大西洋経済の時代にドイツの内陸部と西欧を結びつけるハンブルクの商業的な役割を一層確かなものとしていくうえでも重要な商品であった[37]。また，ハンブルクに搬入された穀物は，一方では市内での食糧供給確保のために，まずは市内で販売に付されることが求められた。こうした事情を背景として，エルベ川流域での穀物取引における優位を確保すべく，ハンブルクでは15世紀中頃からシュターペル（商品集散権）が設定されていった[38]。

中世期にハンブルクと取引関係にあった内陸都市については既に第1節で簡単に触れたが，ここでは別の記録からハンブルクと取引を行なっていた内陸都市を確認しておこう。コップマンは，ハンブルクの債務台帳（Schuldbuch：1288年に作成開始）をもとに同市を訪れた商人を多く擁していた都市を挙げている。そこには，内陸部の都市としてベルリン，ハーヴェルベルク，レンツェン，ザルツヴェーデル，リューネブルクが含まれ，商品としては，恐らくマルク・ブランデンブルク方面から木材（Wagenschott）と穀物が送られてきたとされる。また，同じくコップマンは，1350年以降の通信員の分布状況からハンブルクと取引関係のある都市を探っている。そこで挙げられている都市は，エルベ川上流部の都市としてボイツェンブルク，リューネブルク，マクデブルク，ブラ

---

36) Die Zolltarife der Stadt Hamburg, Nr. 13. Gerhard Theuerkauf, a. a. O., S. 135.
37) 1598年にイングランドが拿捕してロンドンに曳航した8隻のイベリア半島向けハンブルク船団には，販売用小麦が5,392クォーター，糧秣用小麦が5,200クォーター積込まれていたので，合計1,000ラスト以上の小麦を輸送していたことになる。（1ラスト＝10クォーターとして換算）Klaus Richter, Ein Schlag Englands gegen Hamburgs Iberienschiffahrt 1598, in: ZVHG, 60, 1974, S. 103.
38) Mchael North, Die Beziehungen Hamburgs zu den sächsischen Hansestädten beziehungsweise zum Elbe-Weser-Raum, in: Hanse-Städte-Bünde, Die sächsischen Städte zwischen Elbe und Weser um 1500, hg. v. M. Puhle, Magdeburg, 1996, Bd. 1, S. 356. さらに1482年に，ハンブルクのシュターペルは皇帝特権により確認されたとはいえ，それはブラウンシュヴァイク・リューネブルク公など周辺の政治主体との抗争を招く原因となってしまった。

ウンシュヴァイク,ハノーヴァー,ベルリン,ザルツヴェーデルであり,ザルツヴェーデルがハンブルクにとって重要であった一方,ブラウンシュヴァイク,ハノーヴァー,ベルリンはハンブルクとそれほど関係が深くなかったとされる。ちなみに,ハンブルクと最も結びつきが強かった都市は,いうまでもなくリューベックであり,両者の間では3週間に一度もしくはそれ以上の頻度で通信文がやり取りされた[39]。また,1369年ハンブルクのポンド税台帳には,内陸諸都市の商人に関する記録がブラウンシュヴァイクについて33,リューネブルクについて24,ザルツヴェーデルについて21それぞれ残されていることを,レーエが指摘している[40]。

　ところで,レーエは,ヨッホマンがこの1369年のポンド税台帳に依拠して発表した未刊行の研究の成果を紹介している。それによると,ヨッホマンによる同台帳の検討の結果からは,ハンブルクにとってバルト海方面との結びつきは,内陸方面とのそれよりも小さい意義しか持たなかったことが示されるという。その成果をもとに,ヨッホマンは,ハンブルクに対してしばしば冠せられる「リューベックにとっての北海港」といった異名は,はたしてほんとうに妥当するのかとの疑問を投げかける。レーエは,ヨッホマンのこの疑問に対して肯定的な回答を与えようとする。まずレーエは,既に14世紀初頭にはハンブルクと大陸内部との連絡に,陸路とエルベ側の水路との双方が利用されていたことを指摘するとともに,ハンブルク商人自らがクラカウなど内陸方面に進出していたことに触れる。次に,1304年のブラウンシュヴァイク・リューネブルク公による護衛の記録を挙げ,この公国の領土を経由してプラハ・ボヘミア方面からハンブルクに向かう商人の護衛が約束されていたことに言及する。さらにレーエは,内陸方面から運ばれてきた商品の多くがハンブルクで販売に付されてしまうため,ポンド税台帳などの関税史料に記録される以上の取引が,実際には内陸方面とハンブルクとの間にあったことを指摘する。かくして,ヨッホマンの問題提起を受けたレーエ

---

39) Karl Koppmann, a. a. O., S. 12.
40) Erich von Lehe, Hamburgische Quellen für den Elbhandel der Hansezeit und ihre Anwendung, in: HGbll, 76, 1958, S. 134. これらの値が人数であるのか,それとも記録数であるのかは不明。

は，ハンザ期のハンブルクはリューベックにとっての輸出入港であった以上に，エルベ川商業にとっての集散地であったと後者の意義を強調するのである。これは，中・近世ハンブルクの商業に関心を持つ者にとって極めて注目に値する指摘である。しかし，それをはっきりと裏付ける集計的なデータはない。レーエ自らが述べるように，商品流通に関する最も重要な史料である関税台帳自体が，エルベ商業については，海上商業に関するものと比べてはるかに少ない。それゆえ，この問題については，これ以上掘り下げることはしない[41]。

さて，ここではハンザ期にハンブルクと取引関係があった都市について簡単な検討を加えてきたが，以上までの考察では，中世後期から近世にかけてドイツ国際商業の拠点となったフランクフルトやニュルンベルク，アウクスブルク，ライプツィヒなどの内陸都市とハンブルクとの関係が述べられていない。ハンザの発展・盛期にこれら国際商業都市とハンブルクとの間にどれだけの商業的な結びつきがあったかは不明であるが，遅くとも大西洋経済形成の萌芽期には，ハンブルクは，これら大陸内諸都市に張り巡らされる通商ネットワークの大西洋側の結節点となりつつあった。例えば17世紀初頭のあるイギリスの通信員が述べているところによると，ハンブルクに関しては，まずフランクフルトやニュルンベルクとの結びつきが見いだされ，これらの都市の市況がハンブルクのそれを決定するとの印象を抱いたという[42]。特に内陸部の国際商業の拠点としては，フランクフルトとともに大市の開催拠点として名高いライプツィヒが，近世の東西ヨーロッパ間の商品集散地として重要であった。

内陸の通商網を通じてハンブルクと連絡された地域はドイツに限られ

---

41) Ebenda, S. 135-136, 140. 1288年のハンブルクの債務台帳（Schuldbuch）からも，ハンブルクでは東西間商業よりもエルベ川中流・上流との商業のほうが重要であることが示されるという。Paul Johansen, Der hansische Rußlandhandel, insbesondere nach Novgorod, in kritischer Betrachrung, in: Ahasver von Brandt u. a., Die Deutsche Hanse als Mittler zwischen Ost und West, Köln/Opladen, 1963, S. 46. 一方，このようなヨッホマンやレーエの内陸商業の意義を重視する仮説に対しては，ヴェイブルが批判的である。Curt Weibull, Lübecks Schiffafrt und Handel nach den nordischen Reichen 1368 und 1398-1400, in: ZVLGA, 47, 1967, S. 8, Anm. 7.

42) Karin Newman, op. cit., p. 63.

ない。ハンブルクを含む国際的な商業都市を結節点として張り巡らされていた都市間のネットワークは，南はアルプスを越えてイタリアに，また東はポーランドやハンガリー，さらにその先のトルコにまで達していた。例えば，ライプツィヒには，ロシア産の毛皮や蜜蠟，フランス産の贅沢な小間物が集荷されたほか，レヴァント方面からはコーヒーや染料，木綿，茶が，イベリア半島からは染料やサフラン，羊毛などが，地中海方面からは果実や油，ワインがもたらされ，ライプツィヒで販売に付された。一方，さらにその東方のブレスラウの大市には，ポーランドやザクセン，ロシア，ハンブルク，オランダ，トルコ，ペルシア，アルメニアの諸商人が訪れたほか，1740年代にもなれば，ハンガリー人がここの大市で，ハンブルクないしは陸路を経由して輸入されたフランス産品を購入していたなどの指摘もある。こうした内陸の国際商業都市の通商ネットワークを通じて，ハンブルクはヨーロッパの内陸部，沿岸部各地と結びついていたのである[43]。

　ここで，ドイツの主要商業都市の中からライプツィヒを選び，ハンブルクとの商業関係をやや具体的に探ってみることにしたい。

(2) ハンブルク・ライプツィヒ間商業

　ドイツ内陸部の通商拠点とハンブルクとの結びつきには，17世紀を通じて若干の変化があったようである。すなわち，ニューマンによれば，17世紀初頭の段階では，ハンブルクとニュルンベルク，フランクフルト，アウクスブルクとの結びつきが強かったのに対して，同世紀80年頃までにはライプツィヒやブレスラウとの関係が優勢になったという。このように，比較的北に位置する商都との関係が強まった背景としては，高地ドイツでファスチアン（バルヘント）織手工業[44]やイタリア商業に衰退の徴候が見られるようになった一方で，17世紀中頃にシュレージェンなど中東部のドイツ領一帯で麻織物工業が発展し，ライプツィヒと

---

　43) Ibid., pp. 63-64.
　44) 厳密に言えば，ファスチアン（フステイン，フテーヌ）は羊毛に亜麻と綿を混ぜる混織，バルヘントは亜麻と綿だけの混織として区別することができた。佐藤幸弘『西欧低地諸邦毛織物工業史——技術革新と品質管理の経済史』日本経済評論社，2007年，45ページ。

ブレスラウがこれら商品の集散地として浮上していったことが挙げられる[45]。1669年には，運河（フリードリヒ・ヴィルヘルム運河）を通じてブレスラウ・シュレージェンからハンブルクまでの水路による連絡が可能となった。また，ライプツィヒは，大市を母体として既に16世紀から東西ヨーロッパ間の商品集散地として傑出した位置を占めており，この運河の完成によるベルリンの発展を通じて，若干の悪影響を受けたものの，17世紀の困難な時期を乗り越えて1700年以降に再び繁栄期を迎える[46]。三十年戦争前後の数十年間，ハンブルクはライプツィヒにとっての海港として位置づけることができたという。ライプツィヒからハンブルクに向けて活発に流通した商品の一つにシュレージェンの亜麻・麻織物があった[47]。

ところで，近世ハンブルクの大陸内商業にとってライプツィヒとの関係が重要であることは，これまでもしばしば指摘されてきたものの[48]，史料的な制約などもあり，両者の商業関係に関する立ち入った分析は，これまでのところ十分にはなされていない。とはいえ，関税史料に代表されるような集計的な連続データこそ欠くとはいえ[49]，取引の記録が皆

---

45) Karin Newman, op. cit., p. 65.
46) 例えば，ラインホルトはライプツィヒ大市における東西間商業の頂点を18世紀第3三半期に置く。Josef Reinhold, Polen/Litauen auf den Leipziger Messen des 18. Jahrhunderts, AHS, Bd. 10, Weimar, 1971, S. IX. フリードリヒ・ヴィルヘルム運河に関しては以下を参照。Hans Joachim Uhlemann, Die Verbindung zwischen Spree und Oder, in: M. Eckoldt (Hg.), Flüsse und Kanäle. Die Geschichte der deutschen Wasserstraßen, Hamburg, 1998, S. 446-447.
47) Werner Jochmann, Hamburgisch-schlesische Handelsbeziehungen. Ein Beitrag zur abendländischen Wirtschaftsgeschichte, in: Geschichtliche Landeskunde und Universalgeschichte. Festgabe für H. Aubin, Hamburg, o. J., S. 219-221, また，馬場哲，前掲書，78-79ページも参照。亜麻を原料とした織物が，しばしば麻織物と呼ばれる。例えば同書，60ページ。
48) 例えば玉木俊明「ボルドー・アムステルダム・ハンブルクの貿易関係」，7ページ。Herbert Eiden, Die Hanse, die Leipziger Messen und die ostmitteleuropäische Wirtschaft, in: HGbll, 120, 2002, S. 73. Rainev Gömmel, Die Entwicklung der Wirtschaft im Zeitalter des Mercantilismus 1620-1800. Enzyklopädie Deutscher Geschichte, Bd. 46, München, 1998, S. 28. Rolf Hammel-Kiesow, Die Hanse, München, 2000, S. 105.
49) 本稿と考察対象期を異とするが，18世紀後半に関してはライプツィヒ大市の訪問者数に関する地域ごとの集計値が存在する。例えば，1791年の復活祭大市における訪問者数を地域別に見ると，ポーランド/リトアニア（ダンツィヒを含む）が447名で最も多く，その他ギリシャが76名，フランスが83名，イングランドが37名，イタリアが32名，ハン

無なわけではなく，断片的とはいえ既存の研究成果のなかに個別的な取引の記録を見いだすことはできる。以下では，近世のライプツィヒに移住した商人に関するフィッシャーの研究を素材として，商人の個別的な取引並びに姻戚関係からライプツィヒ・ハンブルク間の商業関係に光を当ててみることにしよう。

　フィッシャーによれば，1551年から1650年までの間にハンブルクからライプツィヒに移住した商人の数は6名であり，その数は多くはない。この中の一人セバスティアン・マイアー（Sebastian Meyer）は，1619年にライプツィヒ市民となった後，1633年には都市参事会会員，1646年には建設長官になった人物であるが[50]，ハンブルクとの関係は明らかではない。むしろ，ハンブルク以外の都市や地域の出身者の取引や姻戚関係から，ハンブルクとライプツィヒとの関係は明らかになる。

　例えば，フォルクマー（Volkmar）家の場合を見てみよう。同家は，16世紀に数代に渡ってライプツィヒでの取引活動が記録されている家系である。1577年にその一族のシュテファン（Stephan）は一族の会社から手を引き，彼自らはハンブルクに移住して市民権を得て，染色工場の経営を担当することとなった。この作業場は，兄のヤーコプ（Jakob）がハンブルク市民フランツ・フリーゼ（Franz Friese）から譲り受けたもので，フリーゼはヤーコプに数千グルデンの負債を抱えていた。さらにシュテファンは大青の，ヤーコプは主に魚の取引を行ない，後者の取引はハンブルクやブラウンシュヴァイクなどでも進められた。1583年にヤーコプが45歳で命を落とすと，彼の未亡人レギーナ（Regina）がライプツィヒのフォルクマー家の事業を受け継ぎ，巧みな事業運営を繰り広げるなか，ハンブルクやブラウンシュヴァイク，ナウムブルクなどに向けて自ら商用の旅を頻繁に行なったという[51]。

　次は17世紀の事例である。ライプツィヒ商人エドゥアルト・ベッカ

ガリーが28名などであった。これに対してハンブルクからの訪問者は一都市のみで132名であり，やはりこの時期のハンブルクとライプツィヒとの密接な商業関係を窺うことができる。Josef Reinhold, a. a. O., S. 22-23, 173-176.
　50) Gerhard Fischer, Aus Zwei Jahrhunderten Leipziger Handelsgeschichte 1470-1650. Die kaufmännische Einwanderung und ihre Auswirkungen, Leipzig, 1929, S. 129, S. 170.
　51) Ebenda, S. 368.

ー（Eduard Becker）は，これも商人である父エギディウス（Egidius）の遺産をもとに事業を繰り広げ，1624年に参事会会員となった。毛織物や絹を扱っていたエドゥアルトは，ハンブルクやアムステルダムに大規模な倉庫を有していたという。彼の娘の一人はハンブルク市民（ハインリヒ・ハインツ（Heinrich Heinz））と結婚したほか，もう一人の娘のヨハンネ（Johanne）はライプツィヒの商人クリスティアン・ローレンツ（Christian Lorenz）と結婚した。ローレンツはハンブルクで取引の見習い期間を過ごしたのち，1640年にライプツィヒ市の参事会会員となったが，その2年後にスウェーデン軍の侵攻から逃れるためにハンブルクに亡命，ここから取引のためにホラントやブラバント，フランドルやイングランドに赴いた。理由は不明だが，1648年に彼は皇帝フェルディナント3世により貴族に列せられ，1659年にはザクセン選帝候ヨハン・ゲオルグ2世の勧めにより市長となってライプツィヒに戻った[52]。

　近世ライプツィヒを代表する商人の一人であるハインリヒ・クラマー・フォン・クラウスブルッフ（Heinrich Cramer von Crausbruch）に関してもハンブルクとの関係を指摘することができる。彼は毛織物や蜜蝋など，ライプツィヒ大市を媒介として広域的に流通する諸商品の仕入れと販売，銅鉱山への出資と精銅の販売など，手広く事業を展開していたが[53]，彼の扱う諸商品の売却先には，ヨーロッパを代表する他の商業都市と並んでハンブルクがあった。クラウスブルッフは，ハンブルクに使用人としてヤーコプ・クニッツ（Jakob Kunitz）なる人物を置いていた。1574年，ブラウンシュヴァイク公の筆頭代理人であるハンス・ラウテンクランツ（Hans Rautenkranz）は，しばしばクラウスブルッフから委託されてクニッツの毛皮と装身具の販売に際して力を貸していた。その際，ラウテンクランツは，クニッツの指示なしには商品を動かしてはならないとの指令を受けていたようである。ところが，ラウテンクランツは，内密に約9,000ターラー相当のエメラルドを入質してしまい，翌1575年1月になって彼は，クラウスブルッフがこうむった損失を賠償することになったとの記録が残されている。さらにクラウスブルッフ

---

52) Ebenda, S. 300-301.
53) 拙稿「ライプツィヒの通商網——ドイツ・中欧における内陸商業の展開」，深沢克己編『近代ヨーロッパの探求9　国際商業』ミネルヴァ書房，2002年，40-41ページ。

については，彼の会社の社員であるトーマス・シュミット（Thomas Schmidt）が，イルゼンブルクやゴスラール，そしてハンブルクなどで足跡を残したほか，1574年のライプツィヒ・復活祭大市でハンブルクのペーター・ルッケン（Peter Lucken）とダニエル・ヴォストッフ（Daniel Wosthoff）に鉱滓の一種（Schlackenkugel）を販売したとの記録がある[54]。

その他細かい事例について挙げれば，例えば，エアケレンツ（Erkelenz）出身で1562年にライプツィヒ市民となったマティアス・グナスペ（Matthias Gnaspe）は，各種イングランド・低地地方産毛織物を扱っていたなかで，1568年から1571年の間にハンブルク市民ハインリヒ・ミュラー（Heinrich Müller）を含む二人の商人から1,000グルデン相当の毛織物を仕入れた[55]。デューレン出身で同じく1562年にライプツィヒ市民となったハインリヒ・ロートハウプト（Heinrich Rothaupt）は，ハンブルク商人ハンス・ザウケ（Hans Saucke）から，ニュルンベルク商人ハンス・ザック（Hans Sack）とゲオルク・シュトムペル（Georg Stompel）に送る魚油5樽の供給を受けた[56]。ニュルンベルク出身者を見れば，ここからライプツィヒに向けて多くの商人が移住したが，その中の一人にツァハリアス・ハルニッシュ（Zacharias Harnish）がいた。彼は1630年にライプツィヒ市民となり，各種織物を扱うなかでハンブルクにトルガウなど地元産の毛織物を送り出していた。やがてハルニッシュは，三十年戦争により大きな痛手を受けて支払不能に陥ってしまったが，その際，彼に対する主要債権者の中にハンブルク市民としてゲオルク・ミュラー（Georg Müller），ヨーハン・シュレーゲル（Johann Schlegel），クラウス・フォン・メールン（Klaus von Mehrn），ヨーハン・フォン・メーレン（Johann von Mehren）がいた[57]。

以上取り上げた事例は，あくまでも個別的な取引ないし姻戚関係でしかないが，これらの記録を見るだけでも，ハンブルクとライプツィヒの

---

54) Gerhard Fischer, a. a. O., S. 413-414.
55) Ebenda, S. 295.
56) Ebenda, S. 261.
57) Ebenda, S. 303-304.

間の密接な商業関係の片鱗を窺うことは可能であろう。ハンブルクはまた，ライプツィヒを経由してブレスラウとも結ばれていた。先に指摘したように，これら3都市間の関係強化の背景にシュレージェンをはじめとする内陸部ドイツ領一帯での亜麻・麻織物工業の発展があった。シュレージェンからハンブルクに向けた亜麻・麻織物の輸送において最も重要だったのは，ライプツィヒ経由の陸路による輸送であったとの指摘もある[58]。一方，ライプツィヒに向けてはイングランドの毛織物商人の進出も見られ，彼らの取引ネットワークによってハンブルクとライプツィヒが結びつくこともあった[59]。大陸内部と大西洋沿岸地域が経済関係を強化していくなかで，ハンブルク・ライプツィヒ間の流通路は，両者を結ぶ動脈の一つを成していたといってよいであろう。16, 17世紀に大西洋沿岸の商業が発達していくなかで，その経済的な利益を最も享受したドイツ都市がハンブルクであるなら，その次にはライプツィヒが位置していたともいわれているのである[60]。

(3) 17世紀におけるエルベ川商業の展開

最後に再びエルベ川の河川交易に焦点を当ててみよう。16, 17世紀の商業躍進期におけるハンブルクを舞台としたエルベ川河川交易の実態については，本章第1節でも指摘したように，史料的な制約もあり，ドイツ本国においても十分な研究が行なわれているとはいえない状況にある。そうしたなかでブラシュケは，限られた史料を素材として17世紀後半のエルベ川における河川交易について，水運の面から比較的まとまった成果を刊行している[61]。以下では，このブラシュケの成果に依拠しながらエルベ川を経由したハンブルクと大陸内部地域との商業関係を取

---

58) 馬場哲，前掲書，76ページ。

59) 例えば，イングランド商人 W. Craddock は，1590年頃シュターデを拠点として，ここからハンブルク，ライプツィヒ，リューネブルク，プラハなどを訪れて毛織物を販売していた。1601年からはハンブルクに居住してシュターデとの取引を続けたほか，ライプツィヒでもイングランド産毛織物を販売してシュレージェン産麻（亜麻）織物を購入した。諸田實，前掲論文，42ページ。

60) Gerhard Fischer, a. a. O., S. 485.

61) Karlheinz Blaschke, Elbschiffahrt und Elbzölle im 17. Jahrhundert, in: HGbll, 82, 1964, S. 42-54.

り上げ，その実態の一側面を見ていくことにしたい。

ここで考察されるのは，17世紀のピルナの船主（Schiffsherr）ゴットフリート・クレーディッツ（Gottfried Kleeditz）が残したピルナ・ハンブルク間の四回の航行（1671年，1672年，1673年，1674年）に関する計算書類である。エルベの水運に関するこの史料は，彼がたまたまザクセン選帝侯配下の控訴審裁判所で係争に関わったがゆえに後世に残されることになった。四つの計算書は，それぞれ18葉からなる冊子にまとめられて，ドレスデンにある州立中央文書館（Landeshauptarchiv）に保管されているという。

ブラシュケの分析に依拠しながら，早速そこに記録された交易の実態について見ていこう。表7-1(1)(2)では，四つの計算書に記録された運賃収入が，商品ごとに集計されている。運賃収入額は，必ずしも商品の価

表7-1 商品別に見た運賃収入
(1) 下り（ピルナからハンブルク方面へ）　（単位はターラー）

品　目	1671年	1672年	1673年	1674年
石臼	445	599	412	440
墓石	−	8	−	−
板（Bretter）	582	644	1,132	748
薄板（Latten）	−	−	16	−
木製品，家具	41	5	12	−
マスト材，垂木	−	−	59	−
木製の皿	21	17	37	6
箱	25	3	12	−
麻（亜麻）織物（Leinwand）	60	52	389	117
紙	71	169	51	139
錫	8	62	−	3
鉄鋼，鉛	30	−	20	−
染料用アカネ	−	2	−	−
蜜蠟	9	−	−	−
鹿の角	52	−	−	−
羽毛（Federn）	−	−	2	−
エンドウ（Erbsen）	−	−	41	25
キビ	14	−	−	34
アレチムギのひき割り	−	4	−	16
小麦	−	−	−	187
小口貨物（Stückgut）	−	−	39	−
地元産ワイン（Landwein）	−	−	60	20

出典）K. Blaschke, Elbschiffahrt und Elbzölle, S. 44.

第7章　ハンブルクの商業発展と大陸内商業　　　　　　　　249

表 7-1
(2) 上り（ハンブルクからピルナ方面へ）

品　　目	1671年	1672年	1673年	1674年
魚, 魚油	1,267	786	418	434
油	21	49	87	104
ワイン, 発泡ワイン (Sekt)	50	31	79	101
砂糖, シロップ	84	64	38	80
干し葡萄, イチジク, レモン	1	14	45	8
アーモンド	-	-	-	3
舶来の香辛料	-	6	1	25
蜂蜜	4	-	-	102
チーズ	13	5	-	4
塩	-	2	-	40
タバコ	26	28	35	18
タバコのパイプ	-	1	-	2
皮革・ロシア革	24	32	48	7
松脂, 硫酸塩 (Vitriol), 明礬	10	5	25	7
鉛黄 (Grätte)	-	3	5	3
鉛	-	-	6	-
白墨, セメント, 英国産土	-	-	114	11
スオウ (Braunholz)	9	-	12	11
羊毛	-	-	-	20
小口貨物 (Stückgut)	66	45	4	16

出典）K. Blaschke, Elbschiffahrt und Elbzölle, S. 44-45.

格や量に比例するわけではないが，船主にとっては何にもまして，まずは記録すべき重要な情報であった。ここでは，運賃収入を一つの指標として，おおよその商品構成を把握してみよう。表に基づき，各年度の上り・下りの輸送で獲得された運賃額を各商品，商品群ごとに合計してみると，ピルナからハンブルク方面向けの下り航行(1)で最も収入の多かった商品・商品群は，木材・木材製品であり，その額は3,360ターラーであった。以下，粉引き用石臼・墓石の1,904，亜麻（Leinwand）が618，紙が430，穀物・豆類が321各ターラーなどとなる。ハンブルクから上流向けの上り航行(2)では，最も収入の多かった商品・商品群は魚・魚油が2,905ターラーであり，以下砂糖・シロップが266，油が261，ワイン・ゼクトが261各ターラーであった。概して運賃収入の多かった商品には，エルベ川上流部から下流に向かうものには原材料を加工した商品が多く，一方，逆方向に向かうものには食料・嗜好品が多かったといえ

る。ハンブルク向けの穀物輸送の重要性は、ここから窺うことはできない。

次に主な商品の輸入元と最終的な目的地について[62]。まず、ピルナからエルベ川を下る商品について見ると、そこには広く各方面からピルナに集荷された商品が含まれていた。石臼はピルナからわずか数キロのリーベ渓谷（Liebethal）からもたらされたが、板類はピルナより奥地の森林豊富なザクセン・スイス（Sachsische Schweiz）のほかフライベルクやベーメンのテッチェン（Tetschen）などからも送られてきた。家具は、多くがドレスデンやラーデベルク（Radeberg）から、紙はケーニヒシュタイン（Königstein）、アウシィ（Aussi）などといった地点にある製紙場から送られた。亜麻は、恐らく最も広範な領域から集荷された商品であろう。その搬入元には、当地ピルナ、ドレスデン、フライベルク、ライプツィヒなどのザクセン諸都市のほか、オーバーラウジッツのプルスニッツ（Pulsnitz）、バウツェン（Bautzen）、ベーメン北部のルムベルク（Rumberg）、ローベンダウ（Lobendau）といった各地が挙げられる。これら一連の商品の原産地に言及しながら、ブラシュケは、ザクセン、ベーメン北部、オーバオラウジッツ一帯の経済地域における活発な市場向け手工業の展開に注意を促す[63]。

これら下流域に向かう商品は、一部が途中の寄港地で積降ろされたほかは、大部分がハンブルクまで運ばれた。ハンブルクでは数週間の滞在期間中に商品同士の交換によって支払いがなされ、例えば、紙はイチジクと干し葡萄と、黍類は鰊と、亜麻はタバコと交換されたほか、現金による売買もある程度の比重を占めた。ハンブルクへの商品の搬入にはリスクが伴うことがあり、例えば、亜麻やエンドウの買い手がここで見つからないということもあったようである。ハンブルクからは、かなりの量の亜麻がスペインに再輸出されたほか、ピルナ商人とイングランド商人との直接的な取引関係が生じたこともあった。

上流部に向かった商品のなかでは、表7-1(2)に示されるように、魚・魚油の運賃収入が最も多いが、ここには鰊をはじめとする様々な魚及び

---

[62] Ebenda, S. 45-47.
[63] Ebenda, S. 46.

第7章　ハンブルクの商業発展と大陸内商業　　　　　　　　　251

その油が含まれている。それらは，デッサウ，ライプツィヒ，マイセンなどに向けられたほか，ピルナからさらにプラハ方面にまで，あるいはドレスデンから陸路リンツにまで送られた積荷も存在した。ワインはスペイン産，塩はフランス産（ベイ塩）が記録されたほか，マクデブルク近郊の塩も扱われた。ロシア革はおそらくバルト海・リューベック経由でロシアからハンブルクにもたらされたものであろう。蜂蜜はマクデブルク，ツェルプスト一帯から，その他の商品にも海外を含む各地からハンブルクに搬入されたものが多かった。

　このように，ハンブルク・ピルナ間で輸送されていた商品は，この区間もしくはその一部の区間に限って流通していただけではなく，エルベ川水系に接続する内陸奥地から大西洋沿岸地域まで広域的に移動していた。河川を利用して内陸各地とハンブルクとの間でやり取りされていた商品群の一端が，以上において示されたと考えられる。

　ところで，クレーディッツが残した計算書からは，ピルナ・ハンブルク間の航行に要した期間並びに主要な税関設置箇所とそこで徴収された関税額を見て取ることができる（表7-2）。ここから航行に要したおおよ

表7-2　主な税関と支払い税額（支払額はターラー）

(1) 下り

税関	1671年 日付	支払額	1672年 日付	支払額	1673年 日付	支払額	1674年 日付	支払額
ピルナ	8.24	41	8.28	16	4.6	24	7.27	67
ドレスデン	8.26	22	8.3	28	4.8	30	7.28	26
マイセン	8.27	18	9.1	28	4.8	33	7.29	26
トルガウ	8.3	19	9.4	27	4.12	38	7.31	28
ヴィッテンベルク	8.31	27	9.7	28	－	45	8.4	36
デッサウ	9.1	21	9.8	21	－	40	8.8	25
マクデブルク*	9.4～6	113	9.11	136	－	199	8.18	136
ザンダウ	9.1	17	9.15	14	4.23	29	－	18
クムローゼン	9.11	10	9.16	6	4.26	9	－	5
デーミッツ	－	69	9.19	68	－	93	8.25	95
ボイツェンブルク	－	58	9.21	59	－	82	－	79
ラウエンブルク	－	120	9.23	48	－	96	－	60
ハンブルク	－	－	－	－	－	－	－	24

備考）マクデブルクは三つの役所（渡船事務局 Fähramt，内国消費税事務局 Akzisamt，水車代官所 Mühlenvogtei）での支払額の合計。
出典）K. Blaschke, Elbschiffahrt und Elbzölle, S. 49 より作成。

第Ⅱ部　世界経済形成期のハンザ商業

表 7-2

(2) 上り

税関	1671年 日付	1671年 支払額	1672年 日付	1672年 支払額	1673年 日付	1673年 支払額	1674年 日付	1674年 支払額
ハンブルク	10.12	3	10.19	4	5.3	5	10.3	7
ラウエンブルク	10.13	26	10.21	18	−	17	10.5	19
ボイツェンブルク	10.14	24	10.22	18	5.31	18	10.6	12
デーミッツ	10.16	25	10.25	18	−	21	−	16
クムローゼン	10.18	6	10.27	4	−	3	−	2
ザンダウ	10.22	14	10.29	6	6.4	9	−	9
マクデブルク*	10.3	229	11.2〜3	160	−	168	10.21	160
デッサウ	11.4	26	11.1	10	−	20	10.25	14
ヴィッテンベルク	11.8	31	11.14	14	6.16	17	10.27	18
トルガウ	−	25	11.18	18	−	18	10.31	21
マイセン	−	30	11.21	19	−	22	−	20
ドレスデン	11.23	−	11.23	−	−	−	−	−
ピルナ	11.27	−	11.25	−	6.23	−	11.5	−

備考）　マクデブルクは三つの役所（渡船事務局 Fähramt，内国消費税事務局 Akzisamt，水車代官所 Mühlenvogtei）での支払額の合計。

出典）　K. Blaschke, Elbschiffahrt und Elbzölle, S. 50 より作成。

　その期間を確認しておくと，各税関の通過の日付（恐らくは関税の支払日）はもれなく記録されているわけではないが，例えば，1672年の記録からは表 7-2(1)より，ピルナからハンブルク手前のラウエンブルクまでの下りで27日，同表(2)より，ハンブルクからピルナまでの上りで38日を要していたことがわかる。上りの航行に下り以上の時間を要していたのはいうまでもない。記録の欠如により，ピルナ・ハンブルク間の片道航行に要した期間を求めることは1672年の上りの場合を除いて不可能であるが，この区間の往復に要した期間は，ハンブルクにおける商品の積下ろしと積込み，売買の期間を含めておよそ3カ月ほどであったと見ることができよう。関税の徴収額は，各税関でばらつきがあり，下りでは最高額が1673年のマクデブルク渡船事務局での123ターラー，最低額が1674年のクムローゼンでの5ターラー，上りでは最高額が1671年のマクデブルク内国消費税事務局での106ターラー，最低額が1674年のクムローゼンの2ターラーであった。
　輸送に際しての運賃は，エルベ川を遡るピルナ向けの上り航行のほうが高かった。上りに際しては，トルガウからドレスデンまでさらに2名

の乗組員が増強されたほか，マイセン下流のショイスリッツ (Seusslitz) からドレスデンまでは，船舶を牽引する人夫を必要とした。それゆえ，下りでは運賃が安いので重量安価な石臼のような商品が，上りでは運賃がかさむので軽量高価なタバコのような商品が輸送された。また，船主は，収入が増えるように運賃の安い下りで手持ちの商品を運び，上りで他から委託された商品を輸送するように心掛けていた[64]。

このようにして運賃から収入を得ていた船主が頭痛の種としていたのは，関税の支払いであった。船主の運賃収入から差し引かれるコストの実に五分の三から五分の四は関税に要する費用であった。例えば1671年の航行の収益を見ると，運賃収入は2,915ターラーに達したものの，純益はわずか321ターラーであった。なぜなら収入から人件費や修理代として運転費用 (Betriebskosten) 588ターラーが差し引かれたほか，関税支払いに2,006ターラーをも要したからであった。

多数の税関の存在が，河川を利用する者にとって大きな負担となっていたことは，ドイツ商業史のなかで繰り返し取り上げられる問題であるが，ここで紹介した記録はその実態を示すものの一つといえるであろう。このような高関税，数多くの税関の存在に苦慮しながらも船主クレーディッツは，往復4回の航行を通じて，販売額にして合計12,041ターラーに相当する商品をハンブルクにもたらし，そこでこれらの商品との交換並びに4,317ターラーの現金の支払いにより16,358ターラー相当の商品を仕入れてピルナ方面に戻ったのであった[65]。近世におけるエルベ川を用いた河川交易の実態の一端が以上の検討から窺えるであろう。

---

64) Ebenda, S. 52. 運賃額を決定するのは商品の価格ではなく重量となる。例えば，亜麻織物の場合，運賃は仕入れ価格の十分の一前後であったのに対して，石臼の場合，運賃は仕入れ価格の3倍ほどであった。Ebenda, S. 47. この点で，船主の運賃収入を掲げた表7-1は，必ずしも各商品の重要性の度合いを正確に反映しているとはいえないので，この表から商品面での取引構造を推し量ろうとする際には注意が必要である。

65) Ebenda, S. 52.

小　括——第7章のまとめと第Ⅲ部への展望

　以上，本章では，ハンザの港湾都市から近世ヨーロッパの主要港へと高い次元に向けた転進を遂げつつあった時期のハンブルクの内陸商業を中心に考察を加えてきた。近代の大貿易港へと発展していくハンブルクの，中世後期から近世初頭にかけての商品流通を媒介としたヨーロッパ各地との取引関係の一端が，ある程度解明されたものと考えられる。ことに，この時期のハンブルクを基点とする内陸商業に関しては，我が国での研究が手薄であった領域であり，この点で本章は，これまでの我が国の研究の欠落点を補うことができたのではないかと思われる。

　ハンブルクの内陸商業をハンザとの関連でまとめておこう。本章を通じて大西洋沿岸各地と大陸内部とを結ぶハンブルクの経済面での機能が指摘されたが，16世紀以降強化されていくハンブルクのこのような商業的な役割が，バルト海側に位置するリューベックをはじめとする，いわゆるヴェンド諸都市が主導権を握ったハンザの伝統的なバルト海商業ともはやそれほど強く関係するものではなかったことは，容易に推測できる。リューベックとハンブルク双方の商業基盤は，互いに共通する部分よりも，異質な部分のほうが大きな比率を占めるようになったといってよいであろう。ハンブルクは，最後まで組織としてのハンザを支えた都市の一つであるが，ヨーロッパの主要港へと発展しつつあった同市の商業的な機能や利害関係は，もはやハンザ都市の枠に収まるものではなかった。リューベックとハンブルク両都市間における国際商業界での主導権は，ハンザの衰退と並行して前者から後者へと移っていったのである。

　ハンブルクの後背地には，マルク・ブランデンブルクのような穀物生産・輸出地域と亜麻・麻織物生産地域として名高いシュレージェンのような手工業発展地域とが並存していた。ドイツはハンブルクを一つの窓口として，一次産品と手工業製品双方の輸出を通じて近世の「ヨーロッパ世界経済」に接続していく[66]。やがて18世紀に環大西洋経済の流通拠点へと本格的に成長していくハンブルクは，「近世の世界商業に向け

第7章　ハンブルクの商業発展と大陸内商業　　　255

たドイツの門」として位置づけられていく[67]。このような経済的役割を担いつつあったハンブルクと，商業基盤がバルト海にあったリューベックとでは，市民・商人のハンザに対する帰属意識も少なからず異なっていたと想定されるのである。

＊　　　＊

　第Ⅱ部では，近世初頭のヨーロッパ経済の再編成を念頭に置きながら，ハンザの変質を検討した。まず，オランダのバルト海進出に注目し，第4章ではハンザを取り巻くバルト海情勢の変化とその商業への影響を検討し，第5章では，その具体的な影響として，バルト海・北海間の通商動脈の移動とダンツィヒ・オランダ関係の強化，それにリューベックとダンツィヒ双方で貿易構造に変化が見られたことを明らかにした。さらに，リューベックにおける商業発展の頭打ちとダンツィヒの一層の商業発展といった両都市発展の方向性の違いを両都市が依拠する商業基盤と結びつけ，リューベックとダンツィヒの間で利害対立が生じた背景を明らかにした。そして第6章と第7章では，それぞれハンザの主要都市であるケルンとハンブルクの商品流通が検討され，取引相手地域の面からやはり双方の都市ともに，リューベックなどバルト海ハンザ都市が依拠する商業基盤（バルト海・北海間商業）とは異なる商業基盤を持っていたことを示した。
　かくして，ダンツィヒ，ケルン，ハンブルクといったハンザを代表する商業都市の商業発展は，独自の経済的，政治的な利害の強調に繋がり，それが，各都市のハンザに対する帰属意識の希薄化を促し，やがてはハンザの屋台骨を揺るがすことになったと考えられる。しかもこれら各都市の商業発展は，「ヨーロッパ世界経済」の形成と強く結びつきながら，

---

66) このように経済的に性格の異なる地域を併せ持つ近世のドイツ，そして，そのドイツを西欧にリンクしていたハンブルクが，「世界システム論」から見た世界経済のなかでどのように位置づけられるのかという問題があるが，ここでは問わない。さしあたり以下を参照。玉木俊明『北方ヨーロッパの商業と経済』，同『近代ヨーロッパの誕生』。

67) Heinz Schilling, Die Stadt in der frühen Neuzeit, 2. Auflage, Enzyklopädie Deutscher Geschichte, Bd. 24, München, 2004, S. 26.

商業面での「脱ハンザ」を実現しつつあった。リューベックを中心とするハンザ商業と「ヨーロッパ世界経済」の商業は，最初は異質な商業として並存するとはいえ，やがては前者は後者に包摂され，ハンザ・北欧商業圏全体がグローバルな経済に覆われていくことであろう。以上の考察は，その初期の段階に光を当てたものと位置づけることができるのではなかろうか。

　そこで次に問われるのは，衰退の過程に入ったハンザの中心都市リューベックの商業である。本研究では，第Ⅰ部でバルト海・北海間商業におけるリューベックの商業的位置に注目し，ハンザ盛期から衰退期の16世紀までを視野に入れて対ロシア商業を中心とするその基本構造に大きな変化がなかった旨を指摘した。また，第Ⅱ部第5章の考察からは，ハンザの衰退とともにリューベックの国際商業上の地位低下が看取されるなか，その一方で16世紀のリューベックは寄港船舶数を増加させており，それが近隣地域との取引拡大に基づくものであったことが示された。ハンザの盛期から衰退期にかけて，取引相手地域を中心に，リューベックの商業構造が大きく変化したことが見て取れるのである。そこで以下第Ⅲ部では，リューベックのバルト海商業に改めて光を当ててみることにしたい。考察の中心となるのは，当時スコーネ地方やシュレスヴィヒ・ホルシュタインといった地域を領土としていたデンマークとの商業である。これら近隣地域との商業関係を検討しながら，ハンザ衰退期のリューベックの商業基盤を浮き彫りにしていく。

第Ⅲ部

ハンザ後期リューベックのバルト海内商業

第8章
スコーネ(ショーネン)を中心とした
デンマークとの商業
—— 15世紀末のポンド税台帳の記録から ——

はじめに

　以下第Ⅲ部では，バルト海を舞台とするリューベックのデンマークを中心とする近隣地域との商業に光を当てていく。

　バルト海・北海沿岸に広がるハンザ・北欧商業圏において，デンマークは，地政学上これら二つの海域を扼す重要な位置を占めていた。従ってハンザの対外政策において，デンマークの動向に対しては常に厳しい注意が払われ，ハンザ・デンマーク関係が緊張を孕み，それが戦争にまで発展したこともしばしばあった（第4章参照）。また，経済的，商業的に見ても，デンマークは，鯡の供給地としてハンザの通商網において無視することのできない一角を占めていた[1]。同国の領土であったスカンディナヴィア半島南端のスコーネ（ショーネン）地方（現スウェーデン

---

　1) スコーネ地方を除いたデンマーク本土との取引に限ってみれば，同国はハンザ商業にとってそれほど重要ではなかったと考えられている。例えば，Fritz Rörig, Die Hanse und die nordischen Länder, in: Hansische Beiträge zur deutschen Wirtschaftsgeschichte, Breslau, 1928, S. 167. Philippe Dollinger, Die Hanse, 4. erweiterte Aufl., Stuttgart, 1989, S. 313. を参照。スウェーデンでは，ハンザ商人の進出は彼らの移住や商業の組織化を伴った。だが，デンマークではそうした傾向は見られず，例えば14世紀末におけるコペンハーゲンの家屋所有者にドイツ人が占める割合は，わずか5〜6%でしかなかったという。Aksel Christensen, Scandinavia and the Advance of the Hanseatics, in: Scandinavian Economic History Review, 1-2, 1957, p. 116.

領)沿岸一帯は,鰊の一大漁場としてつとに有名であり,スカンィェールやファールステルボーの市場は,古くはバルト海・北海間の商品集散地としても枢要な位置を占めていた。スコーネ沿岸に陸揚げされ,直ちにそこで加工・塩漬された鰊は,ハンザの盟主であるリューベックはもとよりハンザの通商圏を越えて貴重な蛋白資源として広く流通していたのである。

本章では,15世紀末にリューベックで徴収されたポンド税の記録を素材として[2],1492—1493年のスコーネ領との取引を中心に,リューベック・デンマーク間の商業関係を探っていく[3]。本研究では,以下第9章においてもリューベック・デンマーク間商業を取り上げるが,ここでは,第9章で扱う時期よりも前の時期のデンマークとの商業を,以下でも指摘するような史料の制約上,同国本土とスコーネ領とを特に分けることなく考察する。以下,第1節から第3節まで商品,商人,船長・船舶の順に検討を加えながら,ハンザが衰退期にさしかかった時期にリューベックがバルト海を介して地理的に近い地域とどのような取引を行なっていたか,対デンマーク商業を一つの事例として史料に即して具体的に見ていくことにしたい。

---

2) Hans-Jürgen Vogtherr (Bearb.), Die Lübecker Pfundzollbücher 1492-1496, Teil 1-4, QDHG, NF, Bd. 41, 1-4, Köln/Weimar/Wien, 1996.

3) 14世紀後半に関しては,リューベックのポンド税台帳を利用したヴェイブルの研究がある。Curt Weibull, Lübecks Schiffahrt und Handel nach den nordischen Reichen 1368 und 1398-1400. Studien nach den lübischen Pfundzollbüchern, in: ZVLGA, 47, 1967, S. 5-98. また,我が国の先行研究としては,スカンィェール(スカネール)における鰊の取引を扱った高村象平の研究がある。高村象平『ハンザの経済史的研究——西欧中世都市の研究 2』筑摩書房,1980年,補論2「スカネール市場における鰊取引」,107-122ページ。スコーネに関しては,例えば以下の史料があるが,ここでは利用していない。Dietrich Schäfer, Das Buch des Lübeckischen Vogts auf Schonen, Hansische Geschichtsquellen, Bd. IV, Lübeck, 1927. Carsten Jahnke, Die Malmöer Schonenzolliste des Jahres 1375, in: HGbll, 115, 1997, S. 1-107. 後者のヤーンケによれば,スコーネ市場のなかでマルメーはファールステルボーやスカンィェールと比べて過小評価されてきたが,14世紀末にはリューベックにとっての重要な鰊の市場であったという。Ebenda, S. 16.

第 8 章　スコーネ（ショーネン）を中心としたデンマークとの商業　261

1　商　　品

　リューベック・デンマーク間で取引された商品の分析に入る前に，取引額の面からリューベックのバルト海貿易に占める対デンマーク商業の位置を確認しておこう。ポンド税台帳の初期の編纂者であるブルンスの集計結果をフォークトヘアから引用すれば，1492 年から 96 年までのリューベック・ポンド税台帳に記録された対デンマーク貿易の取引額は，輸出入合わせて合計 256,673 リューベック・マルク（以下マルクと略）となり，リューベックのバルト海貿易全体（2,088,640 マルク）の約 12％に相当する[4]。この値はどの程度の重要性と考えればよいであろうか。この時期，リューベックで最も取引額が多かったリーフラントは，輸出入合わせたリューベックのバルト海貿易全体の約 45％（931,516 マルク）を，次いで多かったプロイセンは約 20％（419,274 マルク）をそれぞれ占めていた。それゆえ，これらの地域との取引と比べれば，デンマークとの取引がリューベックのバルト海貿易全体に占めていた重要性は，取引額からみる限りそれ程大きいとはいえない。
　また，貿易収支をみておくと，対デンマーク貿易の合計 256,673 マルクの内訳は，輸入が 172,266 マルク，輸出が 84,407 マルクであり，大幅な輸入超過であった。金額からみればデンマークとの取引は，リーフラントやプロイセンとの取引に比べて小さかったとはいえ，この大幅な輸入超過こそは，リューベックにとってスコーネ領を中心としたデンマークが，以下で見るように，まずもって鯡という不可欠な商品の調達先であったことを反映していたといえる。それでは，リューベックがスコーネ領を中心にデンマークと鯡をはじめとしてどのような商品を取引していたか，1492 年と 1493 年の二カ年を取り上げて輸入，輸出の順に見ていくことにしよう。

　　4）　Hans-Jürgen Vogtherr, Pfundzollbücher, Teil 1, S. 37, Tabelle 4 よりスコーネとデンマークの欄を合計した値。以下リーフラント，プロイセンとの取引額も同表に依拠している。

(1) リューベックの輸入——鰊を中心に

リューベックがデンマークから輸入した主な商品は，表8-1にまとめてある。ここで用いる1492—93年のポンド税台帳からは，デンマーク・スコーネの個別的な取引相手港名がほとんど確認できないので，本章の表では，原簿での記載に添う形で取引相手の項目分けを行なっている。これらの表について付言しておくと，まず，「スコーネ・デンマーク」と記された項目に一括して記録された取引は，デンマーク本土及びスコーネ領との取引にそれぞれ振り分けることはできない。また，「デンマーク」の項目には，編纂者に従って原簿で「デンマーク」の項目に記録された取引と，同国内部での取引相手都市名ないし地域名の明らかな取引とがあわせて集計されている[5]。商品に関しては，主要商品のうち価格の判明する取引のみしか集計されていない。それゆえ，実際に台

表8-1 リューベックがデンマークから輸入した主な商品（1492, 1493年）

品 目	1492年				1493年			
	S/D	S	D	D全体	S/D	S	D	D全体
鰊	19,659	18,984	56	38,699	40,164	7,970	1,248	49,382
スキムメーゼ	24	72	70	166	60	—	71	131
鰻	240	132	0	372	0	144	0	144
皮	—	170	—	170	—	—	55	55
獣脂	—	36	—	36	20	48	0	68
木の実	—	12	0	12	30	140	0	170
その他・不明	9,412	7,616	2,515	19,543	2,745	1,603	542	4,890
合 計	29,335	27,022	2,641	58,998	43,019	9,905	1,916	54,840
取引登録数	230	248	45	523	387	76	38	501

備考）・単位はマルク（リューベック・マルク）。
・S, Dはそれぞれスコーネ（ショーネン），デンマークの略。
・「−」は取引が記録されていても価格が不明の場合。各品目ごとに価格の割出せない取引はすべて「その他・不明」に含めている。
・鰊は台帳でheringと記録されたものの合計。それ以外の鰊はわずかしかないが，「その他・不明」の項目に含めている。
・合計金額は編纂者の集計値に依拠している。H.-J. Vogtherr, Pfundzollbücher, Teil 1, S. 45, Tabelle 15, 16.
出典） Ebenda, Teil 1-4, S.50-1750 より作成。

---

5) Ebenda, Teil 1, S. 45-46 を参照。なお，1492年には「ヴィスマル／ロストック／デンマーク」とある項目に輸出で53取引，輸入で38取引がそれぞれ記録されているが，表8-1には含めていない。

帳に記録されている各商品の取引額がこの表の金額を上回ることは確実である。

さて，このような大まかな集計に基づいた表であるにもかかわらず，リューベックの対デンマーク貿易において鰊が占めた圧倒的な重要性は，ここからも容易に見て取ることができる。デンマークからの輸入額全体で鰊が占めた割合は，価格の判明するものだけで 1492 年が約 66％，1493 年には約 90％にまで達している。

これらの鰊は，大部分がスカンディナヴィア半島南端のデンマーク領スコーネ地方から，鰊の漁期である夏から秋にかけて輸入されたものであった。この地方では現地の漁夫が鰊漁に携わり，捕獲された鰊は，ハンザ商人に雇われた現地の婦女によりはらわたの除去，塩漬けといった加工が施され，荷造りが行なわれた[6]。鰊の加工，荷造りが行なわれたのは，フィッテ（Vitte）と呼ばれたハンザ商人の占有地である。除去されたはらわたは，魚油の原料とされ，悪臭を避けるためにフィッテからなるべく離れたところに設けられた作業場で加工された。各フィッテは「リューベック・フィッテ」のように商人の所属都市名を冠して呼ばれ，しばしば商品取引の場ともなった。各フィッテで樽詰めされた鰊は，その場所を占有する商人の出身都市へ送られ，そこからさらに各地へ再輸出された。その流通範囲は，西はライン地方，イギリス，フランス，東はプロイセン，リーフラントからポーランド，ロシアの内陸部までのほぼアルプス以北全域を覆っていたと推測されている[7]。

ところで，スコーネ地方における鰊漁は，14 世紀末頃を頂点として，その後漁獲規模を縮小させつつあった。こうした変化は，リューベック側のポンド税の記録からも，おおよそではあるが，確認することができる。例えば，1400 年にリューベックがスコーネ地方から輸入した鰊の量は，約 66,900 樽であったのに対して[8]，1492 年の輸入量は，同地方

---

6) 高村象平，前掲書，108-113 ページ。Carsten Jahnke, Das Silber des Nordens. Lübeck und der europäische Heringshandel im Mittelalter. Handel, Geld und Politik vom frühen Mittelalter bis Heute, 3, Lübeck, 2000, S. 18.

7) Dietrich Schäfer, a. a. O., Einleitung, S. LXVI.

8) Curt Weibull, a. a. O., S. 66. ヤーンケによれば，ヨーロッパの鰊取引では，伝統的にロストック製の樽が重さの基準とされた。その容量は，119-120 リットルで，830-840 匹の鰊を詰めることができたという。Carste Jahnke, Das Silber des Nordens, S. 17-18.

を含むデンマーク領全体で約 13,800 樽に過ぎない[9]。

このように，スコーネ地方における鰊漁は最盛期を過ぎてはいたが，上で確認したように，15世紀末のリューベックの対デンマーク貿易では，鰊はなおも中心的な位置を占めていた。これらリューベックに輸入された鰊は，同市内で消費されたものや大陸内部に送られたものがあったほか，表8-2に示されるように，海路バルト海各地へ向けて再輸出されたものも，少なからずあった。デンマーク以外のバルト海各地——特に遠隔地——との商業関係においても，鰊はリューベック側が定期的に提供した主要商品の一角を成していたのである。それゆえ，これらの鰊の輸入元であるスコーネ領を含めたデンマークとの貿易関係は，リューベックがバルト海各地との取引関係を維持していくうえで，欠くことのできない重要な意味を持っていたということができるだろう。

鰊以外の商品では，スキムメーゼ，鰻，皮・毛皮の帽子（hute），獣脂（talg），木の実（note）が表8-1で挙げられている。このうち，スキムメーゼは，第1章でも述べたように，皮包みの梱包品を指し，その中身も皮・毛皮であったと考えられている。価格を確認しうるスキムメーゼは，1492年に166マルク（6梱），1493年に131マルク（6梱）が記

表8-2 リューベックの鰊の輸出入

取引相手地域	輸　入		輸　出	
	1492年	1493年	1492年	1493年
メクレンブルク・ポメルン	38L 51T	90.5L 52T	1.5L 23T	9.5L 1T
プロイセン	−	1.5L	41L 7T	275L 14T
リーフラント	−	4L	55L 39.5T	178L 106.5T
スウェーデン	−	−	15.5L 61.5T	27L 26T
デンマーク	1,052.5L 1,163T	1,256.5L 1,090.5T	16L 32T	11L
不明	80L 168.5T		2L 15T	−
合　計	1,170.5L 1,382.5T	1,352.5L 1,142.5T	145L 195T	511.5L 147.5T

備考）ラスト数（L），樽数（T）で記録された鰊のみの合計。
出典）F. Bruns, Pfundzollbücher, in: HGbll, 13, 1907, S. 458-499, 14, 1908, S. 357-385 より作成。

---

9) 1ラスト=12樽として集計したおおよその値。Friedrich Bruns, Die lübeckischen Pfundzollbücher von 1492-1496, in: HGbll, 14, 1908, S. 382, 390. を参照。ところで，スコーネがバルト海・北海間の重要な商品集散地であったことは「はじめに」でも述べたが，ドランジェは，鰊の漁獲高減少の理由として，まずこのスコーネ市場の衰退に伴う鰊需要の減少があったことを指摘している。Philippe Dollinger, a. a. O., S. 313.

録されているが，その他に価格不明の記録が1492年に11梱，1493年に10梱存在する[10]。鰻の場合，表に挙げてある金額の取引以外に，1492年に3ラスト54.5樽分の価格不明の取引が記録されている。デンマーク・スコーネからリューベックに向かった鰻が，長期保存のために鰊のように塩漬け・加工が施されていたか否かは不明である。皮・毛皮の帽子はいかなる動物の皮であるかは，台帳から見て取ることはできない。価格不明の取引が多く，表にまとめた取引以外に1492年には合計0.5ラスト190樽40梱（kip：Packen）の，1493年には合計71樽の金額不明の取引が台帳に記録されている。獣脂，木の実ともにまた，価格不明の取引記録が非常に多い。1492年の記録のみを挙げれば，獣脂の場合，表にまとめた取引（1ラスト22樽：計36マルク）以外に1.5ラスト106樽が，木の実では，表に挙げた12マルク（15樽）のほか2.5ラスト59樽がそれぞれ存在する。このうち木の実とは，ブルンスによれば，はしばみの実であるとされ，リューベックはそれをもっぱらデンマークから輸入したという[11]。

(2) リューベックの輸出——塩を中心に

次に，リューベックがデンマークに輸出した商品を見ていこう。表8-3から明らかなように，デンマーク向け商品の中では，鰊の樽詰め，保存に不可欠な塩が他の商品と比べて圧倒的な重要性を持っていた。デンマーク向け輸出額全体に占める塩の割合は，価格の確認しうるもののみで1492年が約57％（18,943マルク），1493年が約63％（11,409マルク）に達しており，それらは量にして，前者が1,072.5ラスト37樽3船舶（schip），後者が633ラスト1船舶に及んでいる。これら以外にも，価格の判明しない輸出が1492年に133ラスト8樽，1493年に27.5ラストそれぞれ存在する。これら大量の塩の取引からは，鰊の取引がデンマークからの輸入のみならず，鰊の保存に不可欠な塩の取引を通じて同国に向けた輸出をも，商品構成の面から強く規定していたことが見て取れる[12]。

---

10) ポンド税台帳 Hans-Jürgen Vogtherr, Pfundzollbücher, Teil 1-4 から集計。以下，集計値はすべて同台帳に依拠している。

11) Friedrich Bruns, Pfundzollbücher, S. 401.

表 8-3 リューベックがデンマークへ輸出した主な商品（1492，1493 年）

品 目	1492 年				1493 年		
	S/D	S	D	D 全体	S/D	D	D 全体
塩	14,433	3,546	964	18,943	10,707	702	11,409
オスムント	434	90	195	719	135	30	165
鉛（bli）	339	0	216	555	123	72	195
ホップ	376	75	320	771	252	-	252
ビール	162	-	45	207	90	0	90
亜麻布	90	40	-	130	-	0	-
毛織物	98	-	420	518	514	-	514
その他・不明	6,066	972	4,616	11,654	3,666	1,754	5,420
合 計	21,998	4,723	6,776	33,497	15,487	2,558	18,045
取引登録数	391	100	121	612	237	50	287

備考）・単位はマルク（リューベック・マルク）。
　　　・S, D はそれぞれスコーネ（ショーネン），デンマークの略。
　　　・「-」は取引が記録されていても価格が不明の場合。各品目ごとに価格の割出せない取引はすべて「その他・不明」の項目に含めている。
　　　・合計金額は編纂者の集計値に依拠している。H.-J. Vogtherr, Pfundzollbücher, Teil 1, S. 45, Tabelle 15,16.
出典）　Ebenda, Teil 1-4, S. 50-1750 より作成。

　リューベックからデンマークへ輸出された塩は，ほとんどがリューネブルクで生産されたものであった[13]。リューネブルクはリューベックの南方近郊に位置し，そこの塩井から得られた塩は，陸路及び水路の双方を経由して積出し港であるリューベックまで運ばれ，さらにここからバルト海各地へと輸出された[14]。ハンザ発展期・盛期のリューベック商人

　12）スコーネでは，3-5 樽（Tonnen）の魚につき 1 樽（Faß）の塩が必要とされたという。Walter Fellmann, Die Salzproduktion im Hanseraum, in: Hansische Studien, Forschung zur mittelalterlichen Geschichte, Bd. 8, Berlin, 1961, S. 57-58.
　13）リューベック周辺では，リューネブルクのほか，オルデスロー近郊でも塩が生産されていたが，既に第 1 章第 1 節で述べたように，後者の塩がリューベック以遠のバルト海各地に送られることは，ほとんどなかった。
　14）リューネブルクからリューベックまでは陸路が用いられていたほか，1398 年のシュテクニッツ運河開鑿により水路による連絡も可能となり，リューネブルクからイルメナウ川・エルベ川・シュテクニッツ運河・トラーフェ川を経てリューベックまで塩を送り出すことが可能となった。シュテクニッツ運河については第 1 章で触れた。またこの運河は，鯡の通り道でもあった。リューネブルクから先，南に向けて鯡はマグデブルク，ハノーファー方面に送られていった。Carsten Jahnke, das Silber des Meeres. Fang und Vertrieb von Ostseehering zwischen Norwegen und Italien (12.-16. Jahrhundert), QDHG, NF, Bd. 49, Köln/Weimar/Wien, 2000, S. 247.

は，これらの塩の流通を支配することにより，バルト海の塩の取引において支配的な立場を占めることができたのであり，それゆえ，彼らが塩を不可欠とするスコーネの鰊取引において優位に立つことができた理由の一端もここにあるものと考えられる[15]。リューベックからバルト海各地へ送られた塩の量は表8-4に示されている。このなかで，デンマーク向けの塩は圧倒的な比重を占めていたというわけではないものの，リューベックにとって同国が主要な販売市場の一角を成していたということは，この表からも見て取る事ができる。

ところで，バルト海各地に向けては，14世紀後半以降，大西洋沿岸からもたらされた価格の安い塩——いわゆるベイ塩——が広く普及していくことになり[16]，オランダ船舶のバルト海進出とともに，この傾向はさらに顕著となる。例えばダンツィヒでは，塩の輸入全体のなかでリューベックを輸入元とする塩——すなわちリューネブルク塩——の占める割合が，15世紀後半には10％台にまで低下する年さえ見られるようになっていた[17]。スコーネ地方はバルト海沿岸地域にとって北海・大西洋

表8-4　リューベックの塩の輸出

輸出先	1492年		1493年	
メクレンブルク・ポメルン	1,041.5 ラスト	18 樽	651 ラスト	
プロイセン	1,554 ラスト	72 樽	448 ラスト	4 樽
リーフラント	7.5 ラスト	13 樽	41.5 ラスト	13 樽
スウェーデン	478 ラスト	74 樽	476.5 ラスト	12 樽
デンマーク	1,180 ラスト	62 樽	665.5 ラスト	
不明	256 ラスト	49 樽	—	
合　　計	4,517 ラスト	288 樽	2,282.5 ラスト	29 樽

出典）　F. Bruns, Pfundzollbücher, in: HGbll, 13, 1907, S. 458-499 より作成。

15）高村象平『中世都市の諸相—西欧中世都市の研究　1』筑摩書房，1980年，「塩の取引」，205ページ。リューネブルクの最盛期とされる15，16世紀は，この地の塩が最も広範に行き渡った時代であり，海域でのその流通範囲は，西はアムステルダム，ロッテルダムから東はノヴゴロドまで，また北はデンマーク，スウェーデン，ノルウェーの北欧一帯に及んでいた。Harald Witthöft, Struktur und Kapazität der Lüneburger Saline seit dem 12. Jahrhundert, in: VSWG, 63-1, 1976, S. 5.

16）Pilippe Dollinger, a. a. O., S. 288. Curt Weibull, a. a. O., S. 65.

17）Walter Stark, Lübeck und Danzig in der zweiten Hälfte des 15. Jahrhunderts. Untersuchungen zum Verhältnis der wendischen und preußischen Hansestädte in der Zeit des Niedergangs der Hanse, AHS, Bd. 11, Weimar, 1973, S. 58, Tabelle 11. また，本研究第5章第3節を参照。

への窓口に位置しているだけに，この地方がベイ塩を早くから輸入していたことは確かだと考えられるが[18]，その具体的な普及の度合いについては明らかではない。

　一方，ハンザ盛期から衰退期にかけてリューベックからスコーネに向けて輸出された塩の量的な変化に注目すると，樽数に換算して1368年が約20,000樽，1398年が14,177樽，1400年が14,594樽であったのに対して，1492年が約14,200樽，1493年が約8,000樽と長期的に見て減少傾向にあったことがわかる[19]。その理由としては，先にも指摘した鰊の漁獲量自体の減少が挙げられるとともに，スコーネ地方でベイ塩が普及したことも，一つの要因として挙げることができるであろう。塩は，鰊の保存以外にも食資源として多く用いられていたため，鰊の漁獲量の減少がそのまま比例するかたちでリューネブルク塩の取引量の減少に繋がったわけではない。しかし，長期的に見てその取引規模は，鰊と同様減少傾向にあったといえる。

　塩以外でリューベックからデンマークに向かった商品には，表8-3にも挙げてあるようにオスムント鉄，鉛，ホップ，ビール等があった。いずれの商品も表にまとめた取引以外に価格の判明しない取引が存在するのは表8-1と同じである。

　このうちオスムント鉄は，スウェーデンで産出されたものが，リューベックを経由してデンマークへ送られた。スウェーデンから直接デンマークに向かったオスムント鉄の量は不明であるとはいえ，リューベック経由のオスムント鉄の流れがあったということからは，同市が東西貿易の動脈から外れつつあったとはいえ，なおもバルト海内の商品集散地として位置づけられていたことがわかる。表にまとめたオスムント鉄の取引は，1492年の場合719マルク，量にして30.5ラスト14樽であるが，同年の価格不明の取引は36.5ラスト21樽と，価格がわかる取引の量を上回っている。

　鉛は主にハンガリーで産出されたものがダンツィヒから積出され[20]，

　　18）例えば，Dietrich Schäfer, a. a. O., Einleitung, S. LXX-LXXI を参照。
　　19）1368年，1398年，1400年の値は，Curt Weibull, a. a. O., S. 65 より引用。1492年と1493年の値は，ブルンスの集計値を1ラスト＝12樽として樽数に換算したおおよその値。Friedrich Bruns, Pfundzollbücher, in: HGbll, 13, 1907, S. 497, 14, 1908, S. 402.

第8章　スコーネ（ショーネン）を中心としたデンマークとの商業　269

リューベックを経由してデンマークへ向かった。表にまとめた取引以外に価格不明の取引が 1492 年に 3 ラスト 22.5 シップポンド，1493 年に 0.5 ラスト 25 シップポンド記録されている。

　ビールの原料として欠かせないホップは，リューベックからバルト海各地へ送り出されており，なかでもデンマークに輸出されたものが群を抜いて多かった。ビール自体の輸出では，アインベック（Embek：Einbeck）産のものが多く，これに対してリューベック産のビールは当時評価が低く，バルト海商業ではわずかしか扱われていなかった[21]。

　なお，付け加えておくと，リューベックが西欧方面から輸入した商品のなかでは，毛織物が最も重要な商品であったと考えてよいが，価格の判明する取引を見る限り，リューベックのデンマーク向け輸出において毛織物の占める位置はわずかでしかなく，価格不明の取引を考慮したとしても，表3で示される塩を中心とした商品構成の大枠はほとんど変わらないと推測される[22]。

　以上，本節の考察からは，リューベックがデンマークから輸入した商品の中では鰊が，同国に向けて輸出した商品のなかでは塩が圧倒的な重要性を持っていたことが確認された。鰊は，その保存に必要な塩の取引を伴うことにより，リューベックの対デンマーク商業を輸出入両面から特徴づけていたといえよう。

2　商　　人

　次に，リューベック・デンマーク間で取引活動を行なった商人について分析を進める。まず，商人の数の面からリューベックのバルト海商業全体に占める対デンマーク商業の位置を確認しておこう。フォクトヘアの編纂に依拠しながら 1492—96 年のポンド税台帳に記録されている

　20）　Friedrich Bruns, Pfundzollbücher, in: HGbll, 14, S. 386.
　21）　Ebenda, S. 386.
　22）　この点で，毛織物が圧倒的な重要性を持っていた同じ時期のリューベックのダンツィヒ向け輸出と対照的である。Walter Stark, a. a. O., S. 33, Tabelle 2. また，本研究第 5 章第 3 節も参照。

商人を集計すると、その数は2,863人に及ぶ[23]。このうちデンマークとの取引を記録した商人は911名に達し、その比率は全体の33%を占める。これらデンマークとの取引に従事した商人を、台帳での対デンマーク取引の記録数（以下これを取引回数とみなす）に従って分類すれば、表8-5のようにまとめられる。

さて、この表で特徴的なことは、取引記録が一回のみの商人の数が517名と、きわめて多いということである。このうち、他地域との取引のある商人は169名、他地域との取引がなく、デンマークとのみ一回取引を記録した商人は348名であった。それゆえ、デンマークとの商業に従事した商人（911名）の四割近く（348名）は、デンマークと一回しか取引を記録しておらず、なおかつ他地域との取引も記録していない、恐

表 8-5 リューベック・デンマーク間で
取引に従事した商人の分布
―取引登録数からみた―
（1492―1496年）

取引登録回数	商人数	取引登録回数合計
1	517	517
2	145	290
3	66	198
4	42	168
5	28	140
6	24	144
7	11	77
8	13	104
9	9	81
10	6	60
11 — 20	30	450
21 — 30	9	240
31 — 50	5	191
50 以上	6	417
合　計	911	3,077

出典） H.-J. Vogtherr, Pfundzollbücher, Teil 1-4, S. 50-1750 より作成。

23） 但し、原簿での綴りの不統一という問題から、同一人物を別人として集計したり、逆に同姓同名の別人を一人として扱っている可能性は十分有り得る。本章で扱っている数値はおおよそのものでしかないということを、改めて確認しておく。

らくは資力の乏しい小規模な商人ということになる[24]。ちなみに，1492
—96年のポンド税台帳全体から取引記録が一回の商人の数を得ると，
その数は1,469名に達するが，このうち，その唯一の取引を対デンマー
ク商業で記録した商人（348名）が占める割合は24％に及んでいる。
　次にリューベック・デンマーク間で取引回数が多かった商人について
みてみよう。表8-6では，1492年から1496年までを通じて取引回数の
多い商人を上位10名まで挙げている。ここでは上位3人までの商人に
ついてコメントしておこう。
　輸出入あわせた取引回数，取引金額ともに最も多かった商人は，ジー
モン・クスター（Simon Kuster）で，それぞれ91取引，10,315マルク
を記録している[25]。さらに取引額を輸出と輸入とに分けてみれば，それ

表8-6　リューベック・デンマーク間で取引に従事した主要商人
　　　　—1492—1496年の取引登録回数からみた—

商人名	取引登録数（1492—1496年の合計）			取引金額（1492—1496年の合計：リューベック・マルク）		
	輸出	輸入	輸出入合計	輸出	輸入	輸出入合計
Simon Kuster	51	40	91	3,671	6,644	10,315
Arnd Jagehorne	36	49	85	2,169	8,130	10,299
Hans Eggebrecht	20	47	67	1,065	3,415	4,480
Hinrik Soveneke	25	40	65	2,407	5,579	7,986
Hans Jagehorne	17	38	55	1,077	6,156	7,233
Hans Borchstede	19	35	54	1,061	4,936	5,997
Hans Smit	28	18	46	2,508	3,801	6,309
Hans Gerolt	12	31	43	1,090	2,934	4,024
Tile Tilinger	12	24	36	636	2,181	2,817
Hermen Huntenberch	10	25	35	606	3,138	3,744

出典）　H.-J. Vogtherr, Pfundzollbücher, Teil 1-4, S. 50-1750. 各商人の該当箇所は次の通り。Simon Kuster: Teil 2, S. 841-853, Arnd Jagehorne: Teil 2, S. 623-641, Hans Eggebrecht:Teil 1, S. 342-351, Hinrik Soveneke: Teil 3, S. 1426-1437, Hans Jagehorne: Teil 2, S. 641-650, Hans Borchstede: Teil 1, S. 171-188, Hans Smit: Teil 3, S. 1382-1396, Hans Gerolt: Teil 1, S. 426-432, Tile Tilinger: Teil 4, S. 1553-1558, Hermen Huntenberch: Teil 2, S. 588-600.

24）　リューベックのスコーネ貿易は，スコーネ（ショーネン）渡航商人組合（ショーネン・ファーラー）のもとに統括されていた。とはいえ，1492—1496年にデンマークとの商業に従事していた商人（911名）のうち，どれだけが同商人組合に属していたかは不明。恐らく，この911名にはデンマークの農民も含まれていたと推測される。第9章参照。

25）　Hans-Jürgen Vogtherr, Pfundzollbücher, S. 841-853.

それ3,671マルク，6,644マルクとなり，リューベック側から見て，輸入額が輸出額を遥かに上回っている。取扱商品では，リューベック・デンマーク商業全般の特徴を反映して塩と鰊の記録が圧倒的に多く，それ以外ではオスムント鉄とホップをデンマークに輸出していた。彼の最も大口の申告をみると，1495年に504マルクという記録があり，その内容は，10隻の船舶に分けて輸入した23ラストの鰊であった[26]。彼の取引相手都市を見れば，コペンハーゲン（1492年，輸出）とオールボー（1493年，輸出）だけしか確認できない。ところで，クスターが積み荷を託した船長の数を集計すると，その数は41人の多きに及び，それゆえ，ほとんどの船長は，彼から1回ないし2～3回しか輸送の委託を受けていなかった。クスターから輸送を託された回数が最も多い船長（Oleff Andersen）でさえ，彼の商品の輸送は7回しか記録しておらず，クスターの場合，ある特定の船長（船舶）との強い結び付きはなかったものと思われる。

　続いて取引数の多かった商人はアルント・ヤーゲホルネ（Arnd Jagehorne）で，85取引，10,299マルクを記録している。輸出額と輸入額とを比べてみると，前者が2,169マルク，後者が8,130マルクとなり，クスターの取引と同様輸入額が輸出額を遥かに上回っていた。[27]取扱商品をみると，鰊と塩を中心として輸入でタール，皮，肉などを，輸出でホップ，オスムント鉄などを記録している。大口の申告では，1492年にヒンリク・クローガー（Hinrik Kroger）という船長に12ラスト，金額にして576マルクのリューベック向け鰊を託したとの記録がある[28]。ヤーゲホルネが積み荷を託した船長の数も，42名と多数に及んでおり，最多の船長（Severin Juel）で彼の商品の輸送記録は10回，そのほかの船長は，ほとんどが1回ないし2～3回しか記録していない。

　ハンス・エッゲブレヒト（Hans Eggebrecht）の取引も前二者の取引と同様の特徴を持つ。すなわち，輸入額（3,415マルク）が輸出額（1,065マルク）を大きく上回っており，取扱い商品の中ではリューベック向けの鰊とデンマーク・スコーネ向けの塩が圧倒的な位置を占めてい

26）　Ebenda, S. 853.
27）　Ebenda, S. 623-641.
28）　Ebenda, S. 628.

第8章　スコーネ（ショーネン）を中心としたデンマークとの商業　273

た。また積み荷を託した船長の数が多く（38名），ほとんどの船長に対して1回ないし2〜3回しか輸送を託してないという点も共通している[29]。

　以上が，取引回数から見て上位を占めた3商人それぞれの取引に見られた特徴である。これらの特徴は，さらに表8-6にまとめた商人の多くに共通するものでもある。繰り返しを厭わず確認しておけば，輸入額が輸出額を上回っており，取扱商品のほとんどがリューベック向けの鰊とデンマーク・スコーネ向けの塩であること，そして，特定の船長と密接な関係を持つことなく，数多くの船長の船舶に商品を分散して託している点，これらがリューベックの対デンマーク商業で数多くの取引を記録した商人にほぼ共通する特徴として挙げられる。最後の点は，難破による貨物の損失を最小限に食い止めるための商人側の工夫であったと考えることもできるであろう。

　次に，表8-6に挙げた商人のデンマーク以外の取引について見ておこう。いずれの商人もデンマーク以外の地域との取引を記録しているが，その数にはかなりのばらつきがみられ，最小の商人で3取引，最多の商人で85取引を記録している。デンマーク以外との取引で最多の取引数を記録した商人はハンス・ボルフステーデ（Hans Borchstede）で，プロイセン，リーフラントを中心に85取引，金額にして9,410マルクと，対デンマーク取引（54取引，4,936マルク）を上回る記録を残している。但し，地域別にみれば，最も多いプロイセンとの取引が45取引，4,403マルクなので，対デンマーク取引の規模が最大であるとはいえるが，それも圧倒的比重を持つというわけではない[30]。ボルフステーデに次いでデンマーク以外との取引数が多かったのはハンス・スミット（Hans Smit）で，やはりプロイセン，リーフラントを中心に69取引，8,323マルクを記録している。しかし，地域別にみれば，最も多いプロイセンとの取引でも41取引，3,869マルク程なので，対デンマーク商業の規模（69取引，6,309マルク）には及んでいない[31]。一方，デンマーク以外との取引数が3回と最も少なかったのは，デンマークとの取引数で最上

---

29) Ebenda, S. 342-351.
30) Ebenda, S. 171-188.
31) Ebenda, S. 1382-1396.

位に位置したジーモン・クスターとハンス・エッゲブレヒトの二人であり，彼らの取引の中心は，ほかならぬデンマークにあったといえる。

　最後に表 8-6 に挙げた商人への取引集中の度合いをみておきたい。まず取引数の側面から見ていくと，これら 10 商人の取引記録数の合計は 577 取引に及び，リューベック・デンマーク間で記録された取引総数 (3,077) の約 19％を占める。この 10 人という商人数はリューベック・デンマーク間で取引に従事した商人全体 (913 人) のおよそ 1％に過ぎず，それゆえこの区間の取引全体の 19％が人数比にしてわずか 1％の商人に集中しているということになる[32]。次に取引額の面からみると上位の商人への集中の度合いはさらに高くなる。すなわち，表 8-6 に挙げた 10 商人の取引額の合計 63,204 マルクはリューベック・デンマーク間の取引総額 (256,173 マルク) の約 25％に及び，人数比にして 1％の商人にこの区間の取引全体の 25％が集中していることになる[33]。このように上位商人への取引集中が見られる一方，リューベックの対デンマーク商業では，既に見たように，取引記録が一回のみの商人も 348 名と多く，この区間で従事していた商人の 4 割近くに及んでいた。リューベックの対デンマーク商業は，鰊の輸入と塩の輸出を中心に少数の大規模商人と多数の小規模な商人によって展開されていたということができるだろう。

　最後に船長・船舶の側面からリューベックの対デンマーク商業の特徴を探っていくことにしよう。

3　船長・船舶

　まず前節と同様，リューベックのバルト海商業全体に占める対デンマーク商業の位置を船長数の面から見ておきたい。1492—96 年のポンド税台帳からは，編纂者の作成した名簿をもとに合計 1,092 名の船長を確認することができる[34]。このうちリューベック・デンマーク間でこの期

---

[32]　取引数から見た上位 20 名への集中の度合いは約 28％ (848 取引／3,077 取引)。
[33]　取引額から見た上位 20 名への集中の度合いは約 38％ (96,763 マルク／256,173 マルク)。
[34]　Hans-Jürgen Vogtherr, Pfundzollbücher, S. 1752-1859.

間に航海の記録を残した船長の数は519名に達し[35]、その比率は全体の約48%に及ぶ。すなわち、おおむね二人に一人の船長は、リューベック・デンマーク間の航海に従事していたということになる。また、この区間のみの航海に従事した船長の数は303名、船長全体の28%であり、この比率もきわめて高いといってよいであろう。

次に台帳における記録の回数、すなわちリューベック・デンマーク間で商品の輸送を委託された回数が多かった船長についてみてみよう。表8-7では、1492, 93年の両年に範囲を絞り、この期間に商人から商品の輸送を託された回数の多い船長のうち上位10名までを挙げている。登録された記録のなかには、当該の船長を含む複数の船長に商品の輸送が託される場合があるが、そのような記録は括弧の中でその数を示してある。登録の回数、すなわち商人から商品の輸送を託された回数が最も多かった船長はペーター・アンダーゼン（Peter Andersen）で、鯡と塩を中心に1492, 93年両年の輸出入合計で90の登録数があり、以下、同様に両年の登録数の合計でクラウス・ナーゲル（Claus Nagel）が55、ペーター・ハーケンゼン（Peter Hakensen）の48、オッテ（Otte）とのみ記された船長の47と続く。

ところで、これらの船長が乗り込む船舶の運航状況並びに各船舶の積み荷については、確実なことがほとんどわからない。一般的に1年間の航海数は、登録の日付をもとに船舶の出港と入港の時期を推定し、それらの分布を見ることにより推測することができる。だが、表8-7に示されるように、ポンド税台帳への登録がなされた日付は、あまりにもばらつきが大きく、出港及び入港の日付を正確に反映しているとはいえない[36]。また、風の状況如何によって速度の変わる帆船の場合[37]、正確な航海期間を確定することは困難であり、登録日の間隔の長短を基準としてその間の期間が航海期間か停泊期間かを見極めることも難しい。それゆえ、ここでは航海数を確定し、個々の航海に商品を振り分けるといっ

---

35) 「ヴィスマル／ロストック／デンマーク」の項目で記録された船長は含まれていない。
36) Hans-Jürgen Vogtherr, Pfundzollbücher, S. 18.
37) ドランジェによれば、ハンザ時代の帆船の航行速度は、平均で時速4-5km、風に恵まれたときで時速15km程度であったという。Philippe Dollinger, a. a. O., S. 192.

た作業までは行なっていない。ちなみにブルンスの試算によれば，リューベックからデンマークに向かった船舶の数は，1492年が212隻，1493年が142隻，逆方向の場合，1492年が142隻，1493年が136隻とされるが，あくまでも試算でしかない旨を彼は幾重にも強調している[38]。

　最後に，表8-7に挙げられた船長達が，リューベック・デンマーク間以外でどれだけの航海を行なっていたか，編纂者に依拠しながら1492－1496年の台帳全体を通じて確認しておきたい。航海数の確定はできないとはいえ，このような分析からは，多くの船長がリューベック・デンマーク間，ないしリューベックから近いバルト海南西部の狭い海域を中心に航海を行なっていたことが見えてくる。例えば，商品輸送の委託の回数が最も多かったペーター・アンダーゼンの場合，1494年にレーヴァルとの，1495年にリーガとの間の輸送が記録されているが，それ以外はすべてデンマークもしくはメクレンブルクとの間の航海であった[39]。ヒンリク・ベルガー（Hinrik Berger）とクラウス・ヒンゼルマン（Claus Hinselman）については，航海の重心が対デンマーク貿易と対リーフラント貿易との二つにあったと見られるが[40]，それ以外の表8-7に挙げた船長の輸送の重心は，いずれも対デンマーク貿易にあったと考えられる。クラウス・ナーゲル（Claus Nagel），ペータ・ハーケンゼン（Peter Hakensen），オッテ，ジーモン・ボルンホルム（Simon Bornholm）の4名の航海は，台帳に依拠する限り，全てがデンマークとドイツによって囲まれるバルト海南西海域内のものであった[41]。

　リューベック・デンマーク間では，この区間の輸送だけに従事していた船長が数多く（303名）活動し，そうした船長がリューベックのポンド税台帳に記録されていた船長全体の28％に及んでいたということは，既に指摘した。また，台帳に記録された船長の中で，リューベック・デンマーク間の航海の記録を残した船長は519名に達し，全体の48％に達していたということも，あわせて指摘した。これらの諸点を考慮すれ

---

38) Friedrich Bruns, Pfundzollbücher, in: HGbll, 11, 1904/05, S. 116-119.「メクレンブルク／デンマーク」の項目にある船舶は除いたうえでの集計。
39) Hans-Jürgen Vogtherr, Pfundzollbücher, S. 1753.
40) Ebenda, S. 1755, 1782.
41) Ebenda, S. 1761, 1777, 1812-1813, 1816.

第 8 章 スコーネ（ショーネン）を中心としたデンマークとの商業

表 8-7 リューベック・デンマーク間で航海を行った主な船長

船長名	登録回数				合計	登録の日付			
	1492 年		1493 年			1492 年		1493 年	
	輸出	輸入	輸出	輸入		輸出	輸入	輸出	輸入
Peter Andersen	25 (4)	25 (9)	18	22 (3)	90	7/13 8/15 8/19 9/8 9/22	8/15 10/1 10/8	3/17 3/31 4/7 6/6 6/24 8/15 8/17	6/6 7/25 8/11 8/15 9/14 10/9 10/14 10/21
Claus Nagel	14 (1)	36 (18)	4	1 (1)	55	7/13 7/22 9/1 9/8 9/22	8/15 8/22 9/8 9/14 10/1 10/8 10/28	3/31 4/7 6/6 7/15	7/15
Peter Hakensen	25 (3)	22 (6)	1 (1)	0	48	8/15 8/19	8/15	7/13	
Otte	20 (3)	11 (2)	2	14 (2)	47	8/22 8/23 8/29	8/22 10/8	8/15 8/17	4/7 8/11 8/17
Simon Bornholm	14	21 (15)	3	8	45	7/13 9/1 9/8 9/22	9/8 9/14 10/1 10/8	8/15	8/15 9/17
Ingemar Juel	8	25 (6)	1	6	40	8/29 9/1	8/10 8/22 10/1 10/8	9/29	9/17 9/29 10/9
Hans Tanke	12 (2)	19 (2)	5	2	38	8/15 8/19	9/27 10/1	7/15 8/15 8/29	8/15 8/24
Gert Gilow	18 (1)	16 (4)	2	1	37	7/13 9/1 9/8 9/22	9/8 10/8	6/24	6/24
Hinrik Berger	16 (1)	20	0	0	36	8/19 8/23 8/29	8/15 8/22		
Claus Hinselman	5	10 (1)	4	15 (1)	34	8/19 8/23	8/10 10/21	7/2 8/15	8/15 9/9 9/14 10/14

備考） 括弧内は、各欄の登録数のうち、当該の船長を含む複数の船長に商品が託された場合の登録数。
出典） H.-J. Vogtherr, Pfundzollbücher, Teil 1-4, S. 50-1750 より作成。

ば、バルト海南西海域では、リューベックを中心にデンマーク各地との間を航海する船舶により密度の濃い通航圏が形成されていたと推測される。

小　括

　以上，ハンザが衰退期に差し掛かった時期のリューベックの対デンマーク商業を，15世紀末のポンド税台帳を素材として，スコーネ地方との取引を中心に考察を続けてきた。

　リューベックのデンマークからの輸入では鰊が，デンマーク向けの輸出では塩が，ハンザ盛期と比べればそれぞれ取引量を減らしてはいたものの，なおも圧倒的ともいえる比重を見せていた。デンマーク商業は，金額面ではリューベックのバルト海商業全体の中でわずかな比率（12%）しか占めていなかったとはいえ，記録された商人と船長の多くは，リューベック・デンマーク間商業に従事していた。すなわち，商人全体の33%と船長全体の48%がデンマークとの商業に従事していたということを考え合わせれば，ハンザ衰退期のリューベックにとってスコーネ地方を中心とするデンマークとの取引は，それが同市の取引総額に占める比重（12%）から窺うことができる以上の重要性を持っていたといえるのではないだろうか。

　ところで，ハンザ衰退期のリューベックが，北方ヨーロッパ東西間商業の動脈としての位置を海路（エーアソン海峡）に譲り，バルト海内の地理的に近い地域との商業関係を強化していたことは，既に第5章で指摘した。本章でも，具体的な船舶数までは示すことができなかったとはいえ，バルト海南西海域を舞台として多くの商人や船長が隣国デンマークとの取引に参加していたことを確認することができた。近世のリューベックはこの海域を往来する多数の船舶の目的地の一つとなり，バルト海南西海域との商業関係を以前にもまして密接なものにしていく。第9章では，17世紀後半のリューベックの関税記録をもとに，リューベック・デンマーク間商業に再度光を当て，本章より後の時代のバルト海南西海域におけるリューベック・デンマーク間商業の具体相を探っていく。

補　論

リューベックの対メクレンブルク・ポメルン商業

はじめに

　この補論では，第8章に引き続き，ハンザが衰退期に差し掛かった時期のリューベックが，バルト海の近い地域とどのような取引を行なっていたかを検討する。取り上げる地域は，リューベックの東側に広がるメクレンブルク・ポメルン地域であり，ハンザにおいてリューベックと共同歩調をとることが多かった，いわゆるヴェンド都市との商業関係が分析の中心となる[1]。依拠する史料は，前章と同様，15世紀末リューベックのポンド税台帳である。以下，リューベックの取引相手都市と商品，それに商人や船長に関するデータの集計と分析の成果を手短に紹介・検討することにより，地理的に近い区間の取引に関する第8章の考察を補うと同時に，第9章の17世紀期のバルト海商業に関する考察のための予備的な検討を行なっておくことにしたい。
　また，以下本論でも指摘されるように，メクレンブルク・ポメルンと

---

　1) とりわけリューベックに近いメクレンブルクは，政治面，人的交流の面でもリューベックの「重力圏」の範囲内にあり，人々の移動・交流が盛んであった。例えば，ロストック大学（1419年設立）ではリューベック出身の学生が多くここで学び，15世紀を通じてその数は300名ほどに達したという。Antjekathrin Graßmann, Lübeck und der deutsche Osten im Spätmittelalter, in: N. Angermann (Hg.), Die Hanse und der deutsche Osten, Lüneburg, 1990, S. 35.

の取引に関するポンド税台帳の記載箇所は，この史料のデータを集計して分析を行なおうとする際に，史料的な限界が明確となる箇所でもある。それゆえ以下は，序論で行なった史料に関する考察の補論としても位置づけることができるだろう。

1 取引相手都市の確認——史料的制約との関連で

まず，リューベックのバルト海商業に占める対メクレンブルク・ポメルン商業の位置を確認しておきたい。ブルンスの集計結果をフォークトヘアから引用すれば，1492年から1496年までの間に記録されたリューベックのメクレンブルク・ポメルン方面との取引額の合計は，輸出入合わせて157,444リューベック・マルク（以下マルクと略）となる。これはこの期間のリューベックのバルト海貿易全体（2,088,640マルク）の約7.5％に当たる[2]。

ポンド税台帳から見たリューベックとメクレンブルク・ポメルン地域との取引関係は，リューベック側の輸出についてのみを，表8-8の(1)で金額面から，(2)で取引登録数の面からそれぞれまとめている。トラーフェミュンデ，ヴァルネミュンデは，それぞれリューベックとロストックの外港である[3]。各表ともに原簿での区分に従って取引相手の項目を分けているが，各表に示されているように，ヴィスマル，ロストックのような主要港との取引は，例えば「ヴィスマル／ロストック／シュトラールズント」，あるいは「ヴィスマル／ロストック」のように一括して記載されることが多い。第8章の対デンマーク・スコーネ商業の検討に際

---

2) Hans-Jürgen Vogtherr (Brarb.), Die Lübecker Pfundzollbücher 1492-1496, Teil 1-4, QDHG, NF, Bd. 41, 1-4, Köln/Weimar/Wien, 1996, Teil 1, S. 37, Tabelle 4. 各年度の取引額は，輸出入比とともに以下でまとめられている。Ebenda, Teil 1, S. 46, Tabelle 17. なお，ブルンスの行なった商品の集計について，フォークトヘアは，今日の研究水準からみてもほとんど何も付け加える余地はないとの高い評価を与えている。Ebenda, Teil 1, S. 14.

3) トラーフェミュンデとの取引は1492年に限りリューベック側の輸出で4回記録されている。リューベックの外港という位置関係から考えて，こことの商品のやり取りはもっと活発であったと考えてよい。恐らく徴税官は試行錯誤を重ねていくうちにトラーフェミュンデとの取引を非課税扱いにしたのではないかとも推測される。

補　論　リューベックの対メクレンブルク・ポメルン商業　　　281

表 8-8(1)　リューベックのメクレンブルク・ポメルン方面
　　　　　　への輸出(1)―金額からみた―

（単位：リューベック・マルク）

輸　出　先	1492年	1493年	1494年	1495年	1496年
W/R/S	36	25,172	15,017	15,384	5,458
W/R	13,328	2,178	−	−	−
W/R/DK	2,218	−	−	−	−
S/St	12,505	−	−	−	−
S/St/Po	4,972	−	−	−	−
R/S	−	−	−	144	−
St/Po	−	72	72	−	−
ヴィスマル	2,096	800	478	366	−
ロストック	5,375	953	420	849	30
シュトラールズント	6,375	2,889	1,278	1,198	−
アンクラム	758	−	18	−	−
ゴルノウ	416	−	−	−	−
グライフスヴァルト	171	−	−	−	−
コルベルク	108	−	−	−	−
シュタルガルト	−	−	40	−	−
シュテッティン	−	88	−	66	180
シュトルプ	72	−	−	−	−
トレプトウ	30	−	−	−	−
ヴァルネミュンデ	42	−	−	−	−
ヴォルガスト	108	−	36	−	−
トラーフェミュンデ	111	−	−	−	−
合　　　計	48,721	32,152	17,359	18,007	5,668

備考）　目的地の項目は台帳での区分に従った。Wはヴィスマル，Rはロストック，Sはシュトラールズント，DKはデンマーク，Stはシュテッティン，Poはポメルンのそれぞれ略。「−」は記録無しを示す。

出典）　H.-J. Vogtherr, Pfundzollbücher, Teil 1-4, S. 50-1750 より作成。

しても浮上した問題であるが，各港に区分された記録が少ないという史料上の制約が，ここからも見て取れるのである。ある一地点に限定して記録された取引は全体の一部でしかなく，例えばヴィスマルの場合，同市と確認できる取引の記録は，1496年の輸出には一つも残されていない。また，「ヴィスマル／ロストック／デンマーク」の項目のように，原簿でもともと「ヴィスマル／ロストック」のための箇所であったところに，デンマークとの取引が後から書き加えられてできた項目もあり，このような記載箇所ではヴィスマル／ロストックとデンマークの記録を

表 8-8(2) リューベックのメクレンブルク・ポメルン方面への輸出(2)―取引登録数からみた―

輸 出 先	1492年	1493年	1494年	1495年	1496年
W/R/S	1	262	168	164	57
W/R	217	15	-	-	-
W/R/DK	53	-	-	-	-
S/St	130	-	-	-	-
S/St/Po	33	-	-	-	-
R/S	-	-	-	1	-
St/Po	-	1	1	-	-
ヴィスマル	51	15	5	8	-
ロストック	79	10	8	9	1
シュトラールズント	74	19	5	8	-
アンクラム	2	-	1	-	-
ゴルノウ	2	-	-	-	-
グライフスヴァルト	4	-	-	-	-
コルベルク	1	-	-	-	-
シュタルガルト	-	-	1	-	-
シュテッティン	-	1	-	2	1
シュトルプ	1	-	-	-	-
トレプトウ	1	-	-	-	-
ヴァルネミュンデ	2	-	-	-	-
ヴォルガスト	1	-	1	-	-
トラーフェミュンデ	4	-	-	-	-
合　　計	656	323	190	192	59

備考) 目的地の項目は台帳での区分に従った。Wはヴィスマル，Rはロストック，Sはシュトラールズント，DKはデンマーク，Stはシュテッティン，Poはポメルンのそれぞれ略。「-」は記録無しを示す。

出典) H.-J. Vogtherr, Pfundzollbücher, Teil 1-4, S. 50-1750 より作成。

それぞれ区別することができない。要するに，この台帳に依拠したとしても，各都市がリューベックとどれだけの取引を行なっていたかまでは，確認することはできないのである。

しかしながら，このような制約があるなかでも，表 8-8 の(1)と(2)からメクレンブルク・ポメルン地域におけるヴィスマル，ロストック，シュトラールズント 3 都市のリューベックにとっての重要性は，はっきりと見て取ることができる。金額と登録数の双方から見て，これら 3 都市に取引が集中していたのは，輸出のみならず，輸入も同様であった。ヴェンド都市と総称されるバルト海南西海域のドイツ都市の間でこれら 3 都市は，リューベックを中心としてハンザの経済・外交の案件において共

同歩調をとることが多かった（第4章参照）。地理的に近いリューベックとの密接な商業関係が，これら諸都市間の強い繋がりの一端を形づくっていたと考えてよいであろう。

貿易収支にも着目しておくと，1492年から1496年まで，いずれの年もリューベック側の大幅な輸出超過つまり黒字であった。台帳への取引登録数から見てもリューベック側の輸出の記録は輸入の記録を大幅に上回っている。例えば，1492年の場合，輸出が48,721マルクに対して輸入は11,959マルク，また，取引登録数は，輸出が656，輸入が161であった[4]。

2 商　品

商品に関しては，既にブルンスが，メクレンブルク・ポメルン全域を一括して量的側面からの集計を行なっているので，ここではヴィスマル，ロストック，シュトラールズントの主要三都市について，取引相手港名の確定できる輸出の記録のみをそれぞれ表8-9の(1)(2)(3)でまとめてみた。各表の括弧外の数値は金額を，括弧内の数値は量を示している。いずれの表も価格の判明する記録のみを各商品欄に挙げ，複数の商品種が一括して課税されるなどして商品ごとの価格が判明しない取引記録は，すべて「不明」欄に金額のみを集計してある。

取引相手港名を確定できない記録が多数存在するという史料的制約の下，各表にまとめた商品の一覧は不完全なものとならざるを得ないが，そのことを踏まえた上でリューベックがメクレンブルク・ポメルン主要都市に輸出した主要な商品を挙げれば以下のようになろう。まず，重要な商品としては，塩と毛織物（表8-9(1)には記録がない），それにオスムント鉄があったと考えられる。特に1492年には大量の塩の輸出が記録されており，ヴィスマル，ロストック，シュトラールズント三都市ともに，確認しうる限りでリューベックからの輸入額全体の40％前後を塩

---

[4]　筆者の集計。詳しくは，拙稿「1492-1496年リューベックのポンド税台帳」，『市場史研究』第19号，1999年，171-188ページ参照。

表 8-9(1) リューベックがヴィスマルに輸出した商品（1492—1495 年）

（単位はリューベック・マルク，括弧内は量を示す）

品　目	1492 年	1493 年	1494 年	1495 年
塩	791(44 L)	162(9 L)	162(9 L)	144(8 L)
オスムント鉄	300(10 L)	−	−	120(4 L)
羊毛	111(8 Sa)	0	−	18(1 Sa)
麻（hennep）	14(1 F)	0	0	−
銅	46(7 St)	0	0	0
ビール	18(2 F)	0	0	0
鉛	72(1 L)	0	0	0
ホップ	15(10 D)	0	0	0
蜜蝋	25(0.5 Sp)	0	0	0
亜麻（flas）	48(2 F)	0	0	−
黍の一種（herse）	8(4 T)	0	0	0
香料	48(1 korveken)	0	0	0
魚の一種（rotscher）	0	236(3.5 L 17 T)	24(0.5 L)	0
魚の一種（sporden）	0	14(7 T)	0	0
油	0	0	72(2 Pipen)	0
不　明	600	388	220	84
合　計	2,096	800	478	366

備考）「−」は取引取引の記録はあるが商品価格が不明の場合。
　　　略号は以下の通り。L：ラスト，Sa：包（Sack），F：樽（vate），St：Stück，
　　　D：Drompten，Sp：シップポンド，T：樽（Tonnen）
出典）H.-J. Vogtherr, Pfundzollbücher, Teil 1-4, S. 50-1750 より作成。

が占めていた。ちなみに，メクレンブルク・ポメルン地域全体で見ると，この地域は，リューベックの塩輸出全体のなかでは，鰊の塩漬けのために大量の塩を必要としていたデンマーク・スコーネ地方に次ぐ位置を占めた[5]。毛織物は塩と並ぶハンザの主要取扱商品の一つであり，フランドルを中心に低地地方各地で生産されたものが，15 世紀末の段階でもなおリューベックを中継地として大量にバルト海各地へ送られていた[6]。

5）　例えば 1492 年の場合，デンマーク・ショーネンに送られた塩の総量は 1,180 ラスト 62 樽，メクレンブルク・ポメルン向けの総量は 1,041.5 ラスト 18 樽であった。Friedrich Bruns, Die lübeckischen Pfundzollbücher von 1492-1496, in: HGbll, 13, 1907, S. 462, 497.

6）　ロストック産（Rostker）の毛織物がリューベックから再びメクレンブルク・ポメルン地域へ輸出されていることに注目される。1492 年から 1494 年にかけて 5 Pack の輸出が記録されている。Ebenda, S. 460. 一方ロストックからは，1492 年と 1494 年にリューベックに毛織物が輸出されたとの記録がある。拙稿「1492-1496 年リューベックのポンド税台

補　論　リューベックの対メクレンブルク・ポメルン商業　　285

表 8-9(2)　リューベックがロストックに輸出した商品（1492—1496 年）

(単位はリューベック・マルク，括弧内は量を示す)

品　目	1492 年	1493 年	1494 年	1495 年	1496 年
塩	2,145(118.5L)	54(3 L)	198(11 L)	144(1 船 2L)	30(2 L)
オスムント鉄	534(16.5L 10F)	0	0	0	0
ワイン	480(6 St)	0	0	0[2]	0
毛織物	340(3P)	432(3 P)	60(1 P)	0	0
鉛（bli）	45(6 St)	28(4 Sp)	0	0	0
ビール	36(4 F)	0	0	27(3 F)	0
ハンガリー銅（lebeter）	54(4 Sp)	105(7 Sp)	0	0	0
タール	8(4 T)	0	0	0	0
海豹のベーコン	0[1]	70(14 T)	0	0	0
鰊	0	144(3 L)	0	18(1 L)	0
魚の一種（rotscher）	0	0	96(26 T)	0	0
羊毛	－	0	0	150(5 Sa)	0
不　明	1,733	120	66	510	0
合　計	5,375	953	420	849	30

備考）「－」は取引の記録はあるが商品価格が不明の場合。
　(1)単にベーコン（Speck）とある記録は 3 樽（価格不明）。
　(2)バスタート（bastert）ワインの記録は 2 樽（vate）1 pipe（価格不明）。
　略号は以下の通り。L：ラスト，Sa：包（Sack），F：樽（vate），St：Stück，Sp：シップポンド，T：樽（Tonnen），P：Pack
出典）H.-J. Vogtherr, Pfundzollbücher, Teil 1-4, S. 50-1750 より作成。

　また，オスムントという名称はスウェーデン産の鉄に用いられたので，表に記録されたオスムント鉄は，いずれもスウェーデンからリューベックに輸入されたものが再輸出されたものと考えられる。毛織物やオスムント鉄の流通からは，バルト海・北海間貿易の動脈が内陸路（リューベック）から海路（エーアソン海峡）へ移りつつあったとはいえ，リューベックがなおも同市周辺のバルト海沿岸地域にとっては重要な商品集散地であったことを推測させる。
　なお，表は挙げていないが，メクレンブルク・ポメルン三都市からリューベックに送られた商品について付言しておけば，鰊の記録が比較的目立っていたほか，ロシア・東欧からの輸入が主流を成す毛皮（スキムメーゼ）の輸入も記録されていた。確認しうる記録数自体が少ないので，はたしてこれがメクレンブルク・ポメルンからの輸入の一般的な特徴な

帳」180 ページ，表 9 参照。

表 8-9(3)　リューベックがシュトラールズントに輸出した商品（1492—1495 年）

(単位はリューベック・マルク，括弧内は量を示す)

品　　目	1492 年	1493 年	1494 年	1495 年
塩	2,865(158.5 L)	450(23.5 L)	0	594(33 L)
オスムント鉄	90(3 L)	150(6 L)	0	0
毛織物	1,061(4 Te)	1,920(2.5Te3P)	876(3 P)	288(1 P)
毛織物（herderwik 産）	222(1P mit 29)	0	0	0
ビール	36(4 F)	0	0	0
掛布	38(2 P)	0	0	0
羽（ペン）	15(1 Sa)	0	0	0
スキムメーゼ	40(1 スキムメーゼ)	0	0	0
瓶（vlaschen）	10(1 F)	0	0	0
油	0	144(4 Pipen)	0	0
芥子油	0	30(3 F)	0	0
clavant	0	72(3 T)	0	0
ベット用掛布	0	42(1 P)	0	0
明礬	－	0	90(0.5 L)	0
亜麻（flas）	0	0	192(7.5F 6T)	0
無花果	0	0	0	24(1 F)
不　　明	1,998	81	120	292
合　　計	6,375	2,889	1,278	1,198

備考）「－」は取引の記録はあるが商品価格が不明の場合。
　　　略号は以下の通り。L：ラスト，Sa：包（Sack），F：樽（vate），St：Stück，Sp：シップ
　　ポンド，T：樽（Tonnen），P：Pack，Te：テルリンク
　　なお，スキムメーゼとは皮包みの梱包品のこと。Clavant は不明。
出典）H.-J. Vogtherr, Pfundzollbücher, Teil 1-4, S. 50-1750 より作成。

のかはわからない[7]。

3　商　人

　既に述べたように，1492—1496 年のポンド税台帳の編纂は，商人を基準になされているので，各商人の取引内容はフォークトヘアの編纂し

7）総じて，都市ごとの取引状況を把握しようとする場合，1492—96 年のポンド税台帳は不十分な情報しか与えてくれないといわざるをえない。商品構成の面から掘り下げた分析を行なうのであれば，視点を個々の都市ではなく，メクレンブルク・ポメルン地域全体との関係に置いて，「ヴィスマル／ロストック／デンマーク」及び「ヴィスマル／ロストック」等とまとめられた項目の記録を利用する必要がある。

た台帳からたやすく把握でき，集計も比較的容易であるかと思われる。それゆえここでは，個別の商人の取引内容にまでは踏み込まず，基本的な試算値を提示するだけにしておきたい。

台帳に記録されている 2,863 名ほどの商人のうち，メクレンブルク・ポメルンとの取引を記録した商人は 765 名であり，全商人の約 27% を占めている。これらメクレンブルク・ポメルンとの取引に従事した商人を当該地域との取引の登録回数（以下取引回数とする）から分類してみた結果は，表 8-10 のようにまとめられる。この表に示されるように，取引記録が 1 回のみの商人は 454 名，2 回の商人は 117 名が記録されており，リューベックの対メクレンブルク・ポメルン商業に従事した者の過半数は，取引回数 1，2 回という少ない度合いでしかこの区間の商業に関与していなかったことがわかる。取引の記録が 1 回のみの商人が多いという特徴は，先に見たリューベック・デンマーク間商業の特徴と共通する。

表 8-10　リューベックとメクレンブルク・ポメルンとの間で取引に従事した商人
—1492—1496 年の取引登録数からみた分布—

取引登録回数	商人数	取引登録回数合計
1	454	454
2	117	234
3	68	204
4	41	164
5	18	90
6	15	90
7	11	77
8	3	24
9	3	27
10	7	70
11	7	77
12	7	84
13—15	5	68
16—20	4	75
21 以上	5	159
合　計	765	1,897

出典）H. -J. Vogtherr, Pfundzollbücher, Teil 1-4, S. 50-1750 より作成。

リューベックの対メクレンブルク・ポメルン商業が大幅な輸出超過であることは既に指摘したが，このことは，主要な商人の取引の内容からも確認することができる。すなわち，1492年から1496年にかけて，取引数からみて多くの記録を残した上位21名（12記録以上）の取引の内容を見ると，18名の商人は金額面で輸入より輸出を多く記録していたのである。しかも，この21名の商人のうち6名には輸入の記録はなかった。

　取引記録数の多い上位3商人を確認しておけば，最上位に位置したのはハンス・エピンク（Hans Eppink）なる商人で，取引記録数の合計が39，そのうち輸出が27で輸入が12であった。彼の取引額は輸出が1,310マルク，輸入が728マルクである。第2位のエッゲルト・イェーガー（Eggert Jeger）は，取引回数で37（輸出20，輸入17），取引額で2,628マルク（輸出1,310マルク，輸入1,081マルク）を記録し，第3位のヤーコプ・パロウ（Jacob Parow）は，取引回数で35（輸出24，輸入11），取引額で8,194マルク（輸出5,702マルク，輸入2,492マルク）を記録した。取引回数からみて第3位のパロウは，金額からみれば，メクレンブルク・ポメルン商業に従事した商人の中では筆頭に位置した。

4　船長・船舶

　リューベックとメクレンブルク・ポメルンの間で航海に従事した船長は371名に及び，これは台帳全体で記録された船長の数（1,092名）の約34％に相当する。1492年から1496年までを通じてこれらの船長を，台帳に記録された回数，すなわちリューベックとメクレンブルク・ポメルンの区間で商人から商品の輸送を委託された回数の面から分類すると，表8-11のようにまとめられる。商人の場合と同様，船長においても登録回数の少ないものが圧倒的多数を占めていることが，ここから見て取ることができる。すなわち，1回のみ記録された船長は195名と過半数に達していたものの，2回記録された船長は44名，3回記録されたものは35名と急減しているのである。

　さて，ある区間の貿易構造を船舶の側面から考察して行こうとするな

表 8-11 リューベックとメクレンブルク・ポメルンとの間で航海を行なった船長
— 1492—1496 年の取引（輸送委託）登録数からみた分布 —

登録数	船長数
1	195
2	44
3	35
4	30
5	12
6	7
7	7
8	8
9	1
10	3
11	6
12	3
13	3
14 — 20	5
21 — 30	5
31 — 50	3
51 以上	4
合　計	371

出典）H.-J. Vogtherr, Pfundzollbücher, Teil 1-4, S. 50-1750 より作成。

ら，その区間を行き来した船舶の数及びそれらの積荷を明らかにすることは，必須の要件であるといえる。

しかし，第 8 章第 3 節において述べたのと同じ理由により，ここでも航海の数を確定し，個々の航海に商品を振り分け積荷の内容を明らかにするといった作業は行なっていない[8]。

最後に，1492 年から 1496 年までを通じて台帳に記録された回数，す

---

8) ブルンスの試算によると，リューベックからメクレンブルク・ポメルンに向かった船舶は，1492 年が 163 隻，1493 年が 131 隻，逆方向の場合 1492 年が 42 隻，1493 年が 55 隻等とされるが（「メクレンブルク／デンマーク」の項目は除く），あくまでも試算であることに注意すべきである（本研究第 8 章第 3 節参照）。Friedrich. Bruns, Pfundzollbücher, in: HGbll, 11, 1904/05, S. 118-119.

なわちリューベックとメクレンブルク・ポメルンの区間で商人から商品の輸送を委託された回数が多かった船長を3名確認しておくと，筆頭に位置したのは，ペーター・ナハトラーヴェン (Peter Nachtraven) なる船長で，登録数の合計は90，そのうち輸入は35，輸出は55であった。また，彼が輸送した商品の合計金額は，1492年から1496年までの合計で5,904マルク，そのうち輸入は2,152マルクで輸出は3,752マルクであった。第2位に位置したのはハンス・クリューヴァー (Hans Clüver) で，登録数で合計で75（輸入35，輸出55），輸送商品額の合計で4,447マルク（輸入1,652マルク，輸出2,795マルク）を記録し，第3位ペーター・ラメロウ (Peter Rammerow) は，登録数で74（輸入27，輸出47），輸送商品額の合計で4,358マルク（輸入1,425マルク，輸出2,933マルク）を記録した。これら3名に関しては，登録数からみた順位と商品額から見た順位は一致している。

小　括

　この補論では，1492—96年リューベックのポンド税台帳を素材として，メクレンブルク・ポメルン地域との取引を概観した。以上の考察から確認し得たこととしては，取引のおおよその規模と収支，リューベックの個別的な相手先，主要都市との間で取引していた商品の一部，商人や船長の活動規模から見た分布状況，主要な商人と船長の名前等があり，リューベックが地理的に近い地域との間で行なっていた商業の具体相を一部明らかにすることができた。

　しかし一方で，都市ごとの取引の全貌を把握することができないなど，リューベックとその近隣地域との取引を見ていく上でこの台帳が持つ史料的な限界も示されたといえる。特に，輸送状況を明らかにしていく上でこの台帳が持つ記録は不十分なものでしかなく，船舶の運航状況といった商業・貿易史研究の基礎的な事柄について正確なデータを得ることは困難であった。既に「序論」において，1492—96年のポンド税台帳が持つ史料的な制約については触れたが，第8章およびこの補論では，実際に史料を利用するなかで具体的にどのようなかたちで制約が生じる

補　論　リューベックの対メクレンブルク・ポメルン商業　　291

かを確認することができた。

　ところで，先にも見たように，金額面から見て 15 世紀末の時点で対メクレンブルク・ポメルン商業がリューベック商業全体に占める比率は 7.5％とわずかでしかなかった。しかし，16 世紀末近くでは，船舶数から見て，この地域との取引がリューベック商業に占める比率は 19％に達していた（第 5 章第 2 節参照）。無論これは，金額と船舶数といった異質のデータの比較でしかないが，ハンザ衰退期のリューベックがバルト海内の地理的に近い地域との取引を拡大していくなか，やはりメクレンブルク・ポメルンとの商業が占める比重も増えたと推測してよかろう。以下第 9 章で，再度デンマークとの商業に視点を当てて近世リューベックの近隣地域を取引相手とするバルト海商業の具体相に迫ってみることにしたい。

第 9 章

ドイツ北部・デンマーク間の商業関係

——バルト海南西海域を舞台として——

はじめに

　本章では，主に 17 世紀後半の関税台帳の記録に依拠しながら，近世リューベックの対デンマーク商業に光を当ててみたい[1]。

　ここで主に検討するのは，前章で検討した時代（1490 年代）からおよそ 200 年近くが経過した時代（1680 年前後）であり，ハンザ史の流れから見れば，既に最後のハンザ総会が開催された（1669 年）後の時代である。考察の対象とされる商業は，リューベック・デンマーク間商業であるが，バルト海という商業空間を念頭に置けば，ユトランド，スカンディナヴィア両半島と，大陸沿岸部によって囲まれたバルト海南西海域を舞台とする比較的狭い範囲内の国際商業であるということもできよう。ドイツとデンマークの間では，ユトランド半島を経由した陸路による取

　1）　近世のハンザ都市・デンマーク間の取引を扱った研究としては，例えば以下がある。Johan Jørgensen, Denmark's Relations with Lübeck and Hamburg in the Seventeenth Century, in: Scandinavian Economic History Review, 11-2, 1963, pp. 73-116. John P. Maarbierg, Scandinavia in the European World-Economy, ca. 1570-1625. Some Local Evidence of Economic Integration, New York, 1995. また，以下では組織としてのハンザが消滅した後の時代が扱われている。Johan Jørgensen, Hamburg, Lübeck, Kopenhagen und der dänische Provinzstadthandel um 1730, in: HGbll, 85, 1967, S. 85-110. Aage Rasch, Kopenhagen und die deutsche Ostseestädte 1750-1807, in: HGbll, 82, 1964, S. 55-68. Herbert Schult, Lübecker Wirtschaftsbeziehungen nach Dänemark, Finland und Schweden 1775-1809 im Spiegel Lübecker Schuldforderungen, I, II, in: ZVLGA, 53, 1973, S. 33-115, 55, 1975, S. 99-135.

第9章 ドイツ北部・デンマーク間の商業関係　　　293

引も行なわれていたが[2]，本章では考察を海上商業に限定する。バルト海という内海のさらに内海ともいうべきこのような狭い海域で繰り広げられた異国同士の活発な商業の実態とその特性を検討し，バルト海南西海域を一つの商業空間としてとらえることが可能かどうか見ていくことにしたい。以下では，まず17世紀リューベックの関税台帳の記録をもとに[3]，当時のリューベックのバルト海商業の構造を概観する。次いで，一部ロストックの関税台帳の集計結果にも依拠しながら[4]，16世紀の事

　2) ユトランド半島を南北に縦断する陸路は，「牛の道」としてデンマークからドイツ北部に送り出される多数の家畜が通過した重要な交易路であった。Lothar Schwetlik, Der hansisch-dänische Landhandel und seine Träger 1484-1519, Teil 1, Teil 2, in: Zeitschrift der Gesellschaft für schleswig-holsteinische Geschichte, 85/86, 1961, S. 61-130, 88, 1963, S. 131-174.
　3) ここで主に依拠する数値は，1680年代にリューベックで徴収された付加税台帳（Zulagebücher）の集計値であり，マイヤー・シュトールが17世紀リューベックの商人に関する以下の研究で作成した貿易統計を利用する。Cornelia Meyer-Stoll, Die lübeckische kaufmannschaft des 17. Jahrhunderts unter wirtschafts-und sozialgeschichtlichen Aspekten, Frankfurt a. M., 1989. この付加税は，リューベックを流れるトラーフェ川の浚渫費用などをまかなうために，1609年から同港を出入りする船舶とその商品に課税された。リューベック独自の税であり，ポンド税のように他都市で支払い済みの船舶や商品がリューベックでは非課税となり記録されないということは，原則なかったと考えられるので，付加税台帳の記録は，ポンド税の記録以上に商業の実態を正確に反映しているものと思われる。以下本章では，マイヤー・シュトールが作成した貿易統計に従って，輸入については1680年（7月31日）―1682年（10月31日），輸出については1679年（11月1日）―1681年（8月30日）の記録を用いている。なお，この付加税の記録を用いたこれまでの研究成果としては，例えば以下がある。Ahasver von Brandt, Seehandel zwischen Schweden und Lübeck gegen Ende des 17. Jahrhunderts. Ein Beitrag zur Geschichte der Ostseeschiffahrt, in: Scandia, 18, 1947, S. 33-72. Elizabeth Harder-Gersdorff, Lübeck, Danzig und Riga. Ein Beitrag zur Frage der Handelskonjonktur im Ostseeraum am Ende des 17. Jahrhunderts, in: HGbll, 96, 1978, S. 106-138 がある。
　4) ロストックに関しては，フーンホイザーが編纂・集計したヴァルネミュンデ認可税台帳（Lizentbücher）の集計データを利用した。Alfred Huhnhäuser, Rostocks Seehandel von 1635-1648 (nach den Warnemünder Lizentbüchern), I, die Schiffahrt, Rostock, 1913. ヴァルネミュンデはヴァルノ川の河口に位置し，そのやや上流のロストックに寄港する船舶の通過地点に当たる。三十年戦争の進展とともにドイツの沿岸地域がスウェーデンに占領されていくなか，ここヴァルネミュンデもスウェーデンの支配領域となり，1632年にメクレンブルク侯との間で締結された条約に基づき，スウェーデンはここで関税の徴収に着手し，18世紀に至るまでその徴収は続いた。とはいえ，その付加税（沿岸税）の徴収に際しては，地元領邦（メクレンブルク・ギュストロウ）とスウェーデンの間で対立もあったという。伊藤宏二『ヴェストファーレン条約と神聖ローマ帝国――ドイツ帝国諸侯としてのスウェーデン』九州大学出版会，2005年，122, 133ページ。税率は，ミュラーによれば，商品価格の20～30％で，船舶も課税の対象になったという。Walther Müller, Rostocks Seeschiffahrt

例をも含めつつバルト海南西海域で繰り広げられたドイツ北部・デンマーク間商業の具体的な諸相を検討することにしたい。なお，当時はシュレスヴィヒ・ホルシュタイン公国も，それがデンマークと同君連合をなしていたことに鑑み，デンマークに含め，ドイツ北部の取引相手地域として扱うことにする[5]。

1 近世リューベックのバルト海商業

近世リューベックのバルト海商業は，どのような構造的特徴を見せていたのであろうか。まずはこの点を具体的に確認するために，17世紀後半リューベックの海上商業を取引相手の側面から検討しておくことにしよう。表9-1ではマイヤー・シュトールによる付加税台帳の分析にもとづいて，(1)で1680年から1682年にかけてのリューベックの輸入を，(2)で1679年から1681年にかけての輸出を，それぞれ取引相手地域ごとに集計している。二つの表の船舶数の欄を見ると，リューベックとの間で活発な船舶の往来を記録した上位4地域は，輸出入とも多い順に，①デンマーク，②シュレスヴィヒ・ホルシュタイン，③ドイツ・ポーランド沿岸地域[6]，④スウェーデンとなり，いずれもバルト海のほぼ西半分のリューベックから比較的近い地域であったことがわかる。表9-1の地域区分に従ったこれら4地域とリューベックとの間で行き来した船舶数の合計は，リューベックへの入港数が3,241隻，リューベックからの出港数が2,134隻となり，それぞれリューベックの入港総数の89％，出

---

und Seehandel im Wandel der Zeiten. Ein Beitrag zur Geschichte der deutschen Seestädte, Rostock, 1930, S. 13. フーンホイザーは，スウェーデンが一時的にヴァルネミュンデを撤退した1638年を除く1635年から1648年までを対象として，第1巻でロストックに寄港した船舶の航跡を明らかにし，数値の集計を試みているが，続巻が刊行されたか否かは不明である。

5) 旧デンマーク領のなかでは，スカンディナヴィア半島南端のスコーネ地方も，リューベックやロストックの重要な取引相手であったが，1658年にスウェーデン領となったこともあり，以下では十分には触れていない。

6) ドイツ・ポーランド沿岸とはダッソウ Dassow からメーメル Memel までの沿岸地帯を指す。ここにはまた，当時スウェーデンにより占領された地域が含まれるが，表ではそれを区分せず，原表の作成者に従って一つの地域として扱っている。Cornelia Meyer-Stoll, a. a. O., S. 20.

第9章 ドイツ北部・デンマーク間の商業関係　　295

表 9-1 17世紀後半のリューベックの輸出入

(1) 1680—1682年の輸入

輸　入　元	船舶数 (隻)	積載総量 (ラスト)	輸入額 (商人)	輸入額 (船長)	輸入総額
デンマーク	1,087	10,777	394,146	316,333	710,478
シュレスヴィヒ・ホルシュタイン	1,038	5,373	33,958	425,486	459,444
ドイツ・ポーランド沿岸	707	6,648	710,129	126,308	836,437
スウェーデン	409	9,681	1,648,759	60,253	1,709,012
沿バルト地域	188	9,820	2,514,451	65	2,514,517
ノルウェー	56	1,382	129,648	82,263	211,911
フィンランド	29	1,263	144,538	11,035	155,573
ポルトガル	47	2,063	624,715	－	624,715
イングランド	22	986	192,695	375	193,070
フランス	35	2,338	712,270	2,050	714,320
スペイン	－	－	－	－	－
ドイツ北西部	2	48	5,315	－	5,315
低地方	16	567	174,718	2,750	177,468
グリーンランド	4	－	－	－	－
スペイン領低地地方	2	23	860	－	860
不明	12	78	1,905	6,525	8,430
合　　計	3,654	51,047	7,288,103	1,033,441	8,321,544

備考) 小数点以下は四捨五入。原表の誤差及び四捨五入より生じた誤差はそのままにしている。
輸入額の単位はリューベック・マルク。
出典) C. Meyer-Stoll, Die lübeckische Kaufmannschaft, S. 222, 224 より作成。

港総数の88％と極めて高い割合を占めている。

このような近隣地域との密接な交易関係は，ロストックの海上貿易にも認められる。表9-2は，1635年から1648年にかけての同港の輸出入船舶をフーンホイザーが集計したものである。ロストックもシュレスヴィヒ・ホルシュタイン，スコーネ，ゴトランド地方を含む当時のデンマーク領[7]との間で活発な航海を行なっていたことが，ここから確認できる。また，これらデンマーク領にヴェンド諸都市を加えた諸地域とロストックとの間を往来した船舶の数をこの表から求めれば，13,807隻（12,721隻 + 1,086隻）となり，ロストックの出入港船舶数全体の約

---

7) スカンディナヴィア半島南部のデンマーク領のうち，ゴトランドとハランドは1645年にスウェーデン領となったが，ここでは原表に従ってそのままデンマーク領に含めている。なお，表9-1と表9-2とでは地域の区分が若干異なるがそれぞれ原表に従うことにした。

表 9-1

(2) 1679—1681 年の輸出

輸 出 先	船舶数 (隻)	積載総量 (ラスト)	輸出額 (商人)	輸出額 (船長)	輸出総額
デンマーク	894	7,525	1,113,070	223,150	1,336,220
シュレスヴィヒ・ホルシュタイン	496	2,852	80,045	73,080	153,125
ドイツ・ポーランド沿岸	452	6,036	528,945	48,880	577,825
沿バルト地域	175	9,015	840,995	14,405	855,400
スウェーデン	292	6,605	903,385	28,940	932,325
ノルウェー	29	979	69,688	14,203	83,891
フィンランド	30	833	43,995	12,120	56,115
ポルトガル	9	1,152	145,860	650	146,510
イングランド	9	386	20,950	660	21,610
フランス	15	1,123	15,940	7,325	23,265
スペイン	1	80	7,550	−	7,550
ドイツ北西部	5	10	6,485	1,855	8,340
低地地方	1	10	810	−	810
グリーンランド	5	110	−	−	−
スペイン領低地地方	2	108	8,335	7,115	15,450
不明	5	28	5,630	1,220	6,850
合　　計	2,420	36,852	3,791,683	433,603	4,225,287

備考）　(1)に同じ。
出典）　C. Meyer-Stoll, Die lübeckische Kaufmannschaft, S. 222, 223 より作成。

86％と極めて高い比率に達していた。

　リューベックの海上貿易については，さらに船舶の積載量と取引総額の面からの検討が可能である。船舶の積載量から見て取引が多い上位3地域は，表 9-1 から輸入の場合，①デンマーク，②沿バルト地域（Baltikum），③スウェーデン，輸出の場合，①沿バルト地域，②デンマーク，③スウェーデンの順になり，船舶数の場合とは異なる。しかし，リューベックから比較的近いデンマーク，シュレスヴィヒ・ホルシュタイン，ドイツ・ポーランド沿岸地域，スウェーデンの船舶数から見た上位4地域の合計がリューベックでの積載総量に占める割合は，輸入で64％（32,479 ラスト），輸出で62％（23,018 ラスト）となり，船舶数の場合ほど大きな比率ではないが，それでも輸出入ともに過半数を占めている。同様に，これら4地域の合計がリューベックの輸出入総額に占める比率を求めると，輸入が45％（3,715,371 リューベック・マルク：以下マルクと略），輸出が71％（2,999,495 マルク）となる。金額面から見れ

ば,輸入では,沿バルト地域[8]とスウェーデンの重要性が高い。しかし,輸入の場合も過半数をやや下回るとはいえ,船舶数などそのほかのデータを合わせて勘案すれば,やはり近隣地域からの輸入の比率の大きさは無視できるものではない。

このように17世紀後半のリューベックのバルト海貿易では地理的に近い地域,すなわちバルト海のほぼ西半分の地域との取引が大きな比重を占めていたと言える。

次に,リューベックの遠隔地との取引に目を転じてみよう。リューベックのバルト海を経由した北海・大西洋地域[9]との繋がりに着目してみると,リューベックの輸入に占める北海・大西洋地域との取引の割合は,表から船舶数,積載量,価格の順にそれぞれ4%(128隻),12%(6,025ラスト),21%(1,715,748マルク),輸出に占める割合は,表から同じ順にそれぞれ2%(47隻),8%(2,979ラスト),5%(223,535マルク)と計算され,とりわけ船舶数における比率が低い。リューベックの北海・大西洋地域との貿易は,ハンブルクに至る内陸路を経由しても行なわれていたと考えられるが,海上商業に着目する限りで言えば,リューベックの貿易は,大部分がバルト海沿岸地域との間で行なわれていたといえる[10]。

ここで他のバルト海主要都市において北海・大西洋地域との取引が占める割合を船舶数の面から見ておくと,例えばストックホルムでは,1643年の場合輸入で28%(46隻),輸出で31%(54隻)に達していた[11]。また,ダンツィヒでは,1583年の場合低地地方船籍の船舶だけで出入

---

8) 沿バルト地域には,リーフラントの主要商業都市が含まれる。すなわち,対ロシア商業の窓口であり,第I部第3章で検討したロシア・リーフラント産品の盛んな流通が輸入に反映されているものと考えられる。

9) ポルトガル,イギリス,フランス,スペイン,ドイツ北西部,低地地方,グリーンランド,スペイン領低地地方を含む。ノルウェーは含めていない。

10) 例えば,以下でも同様の趣旨のことが述べられている。Rolf Hammel-Kiesow, Lübeck —— Grundlinie der Wirtschaftsgeschichte der Stadt, in: Mitteilungen der Geographischen Gesellschaft zu Lübeck, Bd. 59, 1999, S. 16.

11) Maria Bogucka, Handelsbeziehungen im Ostseeraum: Der Handel zwischen Danzig/Gdańsk und Stockholm in der I. Hälfte des 17. Jahrhunderts, in: Seehandel und Wirtschaftswege Nordeuropas im 17. und 18. Jahrhunderts, hg. v. K. Friedland u. F. Irsigler, Ostfildern, 1981, S. 43.

港船舶全体の 46%（1,015 隻）に達していた。（第 5 章第 1 節参照。）史料の制約ゆえに正確な比較は期し難いが，これに対してリューベックの出入港船舶全体に占める北海・大西洋地域向け航海の割合を再度挙げれば，輸入が 4%，輸出が 2% に過ぎなかった。また，ロストックにおいても北海・大西洋地域との取引が占める割合を表から求めると[12]，輸出入合わせてわずか 1%（141 隻）に過ぎなかった。以下でも指摘するように，近隣諸地域との取引に比べて北海・大西洋貿易では大量の商品の輸送が可能な大型船が用いられていたことを考慮すれば，積載量と価格から見た場合，ストックホルムとダンツィヒ両港において北海・大西洋地域との取引が占める割合は，船舶数から見た場合以上に大きくなると考えられる。

　以上の概観からは，17 世紀リューベックの海上貿易が近隣諸地域を中心に営まれ，輸出入全体に占める北海・大西洋地域との取引の比重が小さく，この点においてストックホルムやダンツィヒといった，近世に大きく発展したバルト海主要港の貿易構造とは異なっていたことが確認された。同じような特徴はロストックについても当てはまるものであった。ここに，オランダのバルト海進出が，リューベック及びその周辺のヴェンド諸都市に与えた商業的な影響を見て取ることができるだろう。エーアソン海峡を経由する新たなバルト海・北海間の通商動脈の形成は，ハンザ盛期までリューベックが担ってきたヨーロッパ東西間の広域的な商品流通における拠点的性格が失われていく契機となった。それに伴い，リューベックの海上商業の中では，地理的に近い地域との取引の比重が増していったのである[13]。もし，「ヨーロッパ世界経済」の成立に伴う広域的な商品流通構造の変化がリューベック商業に与えた負の影響を取り上げるのであれば，こうした国際商業界における拠点性の喪失にこそ

　　12）表 9-2 のオランダとドイツ西部・西欧の欄の合計。ここでもノルウェーは含めていない。
　　13）遠方との取引の比重低下は，対ロシア・リーフラント（沿バルト地域）商業が金額面で占める比率の変化から窺うことができる。ハンザが衰退期に差し掛かった 15 世紀末のリューベックのバルト海商業全体に占める比率は，輸出入合わせてなおも 44.6% の大きさを見せていた。（第 3 章参照）だが，17 世紀後半の表から同じ比率（バルト海内の地域のみの合計値で沿バルト地域の数値を除した値）を求めれば，大幅な減少というわけではないが，31.8%（輸入で 38.1%，輸出で 21.4%）まで減少を見せた。

第9章　ドイツ北部・デンマーク間の商業関係　　299

注目する必要があろう。たとえ，商業規模から見てハンザ盛期と比べて量的な拡大が見られたとしても，近隣諸地域との取引の比重が増し，遠方との商業関係を媒介する役割を減じた近世のリューベックは，ハンザ盛期と比べれば，北方ヨーロッパの国際商業界で果たす役割をやはり低下させたと考えられるのである（第5章第2節及び小括を参照）。

　ところで，リューベックとロストックが近隣諸地域を中心に海上貿易を展開していたなかで，両港がひときわ緊密に取引網を張り巡らしていた地域こそ，バルト海南西海域を取り囲むデンマーク及びその旧領土にほかならない。次に，この海域を舞台として，これら二つの港湾都市がデンマークとどのような取引を行なっていたか，具体的に検討していこう。

2　ドイツ北部の対デンマーク商業

(1)　航　海

　リューベックとロストック両都市の対デンマーク商業を第一に特徴づけるのは，ほかの地域との貿易と比べて延べ航海数（船舶数）が非常に多いということである。まず，リューベック・デンマーク間の船舶の往来数を見ておくと，1680年から1682年にかけてデンマーク及びシュレスヴィヒ・ホルシュタインからリューベックに向かった船舶は，表9-1(1)からそれぞれ1,087隻，1,038隻と確認され，両者の合計数2,125隻はリューベックの入港船舶全体の58％に達した。同様にして同表(2)より1679年から1681年にかけてリューベックからデンマーク及びシュレスヴィヒ・ホルシュタインに向かった船舶を見ると，それぞれ894隻，496隻であり，両者の合計数1,390隻はリューベックの出港船舶全体の57％に達した。ロストックについても，表9-2からデンマークとの間に活発な船舶の往来があったことを確認することができる[14]。

---

　14)　但し，1644年のロストックの対デンマーク商業は，デンマーク・スウェーデン戦争（トシュテンソン戦争）の影響を受けて，同国領土との取引を中心に低調であった。なかでも，シュレスヴィヒ・ホルシュタイン地方との間の船舶の往来数は激減しており，この年ロストックからこの方面に向けた出港数は2隻，この方面からの入港数は3隻に過ぎなかっ

表 9-2 1635—1648 年におけるロストックの出入港船舶

相手地域	航海総数	割合	年平均	出港数	入港数	相手港数
デンマーク	12,721	78.9	978	6,494	6,227	95
デンマーク 1	6,998	42.6	538	3,670	3,328	54
デンマーク 2	3,552	22	273	1,720	1,832	21
デンマーク 3	1,942	12	149	947	995	20
ヴェンド都市	1,086	6.7	84	438	648	5
ノルウェー	705	4.3	54	375	330	23
スウェーデン	501	3.1	39	294	207	10
プロイセン	462	3	36	254	208	4
メクレンブルク・ポメルン	334	2	26	157	177	22
オランダ	115	0.7	9	53	62	8
リーガ・クールラント	93	0.6	7	54	39	2
フィンランド	52	0.4	4	32	20	3
ドイツ西部・西欧	26	0.2	2	8	18	8

備考) デンマーク1は,史料編纂時(1913年)のデンマーク領,デンマーク2は,スコーネ(ショーネン),ゴトランド地方,デンマーク3は,シュレスヴィヒ・ホルシュタイン公領をそれぞれ指す。なお,相手地域としてデンマークとのみ記された航海はデンマーク1-3には振り分けてない。

出典) A. Huhnhäuser, Rostocks Seehandel von 1635-1648. S. 11 より作成。

　また,デンマークの側での取引相手地の数が非常に多く,沿岸部に広く分散しているということも,北部ドイツ両都市の対デンマーク商業の特徴として挙げることができる。表が依拠している関税の記録から,1679年から1682年にかけてリューベックと取引関係にあったデンマーク及びシュレスヴィヒ・ホルシュタインの港の数を求めると,その数はそれぞれ58港,21港に及び[15],ほかの取引相手地域の港の数と比べて

た。Alfred Huhnhäuser, a. a. O., S. 13, 48. 北ドイツ都市の中では,ヴィスマルも,規模は小さいとはいえ,デンマークと盛んな航海を行なっていたようである。例えば,ロストックと同様にヴィスマルでも課せられていた認可税(licent)の記録をもとに,1665年の船舶数を見ると,この年ヴィスマルに入港した船舶の数は,総数が407隻,そのうちシュレスヴィヒ・ホルシュタイン(デンマーク領)からが125隻,リューベックからが116隻,デンマーク本国からが47隻を記録し,シュレスヴィヒ・ホルシュタインからは木材や乳製品,デンマーク本国からは家畜,バター,ベーコンなどを輸入していた。Carl Christian Wahrmann, Aufschwung und Niedergang. Die Entwicklung des Wismarer Seehandels in der zweiten Hälfte des 17. Jahrhunderts, Kleine Stadtgeschichte, Bd. 4, Berlin, 2007, S. 95-97, 104-105. 以下でも,やはり認可税の記録から,ヴィスマルで小規模な沿岸航海が多数記録されていたことを指摘している。Philip Tober, Wismar im dreißigjährigen Krieg 1627-1648. Untersuchungen zur Wirtschafts-, Bau- und Sozialgeschichte, Kleine Stadtgeschichte, Bd. 5, Berlin, 2007, S. 54.

15) デンマーク領内であっても,ユトランド半島西岸の港との船舶の往来は記録され

第9章 ドイツ北部・デンマーク間の商業関係

はるかに多かった。ちなみに，リューベックにとってデンマークと同様きわめて重要な取引相手地域の一つであった沿バルト地域——輸入額から見ればデンマークよりはるかに重要であった（表9-1(1)参照）——においてリューベックと取引関係にあった港はわずか10港に過ぎなかった[16]。また，ロストックと取引関係を持ったデンマークの港の数も多く，1635年から1648年にかけて，ここと取引関係にあったデンマークの港は54港，シュレスヴィヒ・ホルシュタインの港は20港に及んでいる[17]。

このようなデンマークと北部ドイツとの間の活発な取引関係がいつ頃から生じたかは明らかではない。遅くとも14世紀後半には両者の間の船舶の往来はかなり盛んであったようであるが[18]，この頃のドイツ・デンマーク間商業は，スコーネ産の鰊を中心に営まれており，そのような状況は15世紀末でも変わりはない。14世紀末のリューベックのポンド税台帳の記録を集計したヴェイブルによれば，リューベックからスコーネ地方に向かった船舶の数は，1399年が694隻，1400年が754隻，逆方向に向かった船舶数は，1399年が1,066隻，1400年が845隻であり，年度によっては既に1,000隻を超える場合があったことがわかる[19]。このように，ショーネン地方との取引が活発であったとはいえ，第8章でも検討したように，リューベックの海上商業の全取引額の中で占める対

ていない。Cornelia Meyer-Stoll, a. a. O., S. 20. 当時リューベックとの間で最も多くの船舶の往来を記録したデンマーク都市は，いうまでもなくコペンハーゲンであった。リューベックの輸入（表9-1）においてコペンハーゲンがデンマーク（本土）全体に占める割合を挙げれば，船舶数で16％（175隻），積載量で26％（2,772ラスト）であった。Ebenda, S. 231-237より計算。

16) Ebenda, S. 225-226. 港名の代わりに記された地域名（クールラント）も集計に加えた。

17) 港名の代わりに地域名が記されている際は，地域名を港名として集計に加えた。Alfred Huhnhäuser, a. a. O., S. 11.

18) 1320年から21年にかけて，メクレンブルクの小都市パセヴァルク，プレンツラウ，テムプリンが，デンマーク王クリストフ二世からデンマーク領内での非課税特権が与えられており，当時既に，ドイツ北部の商人がデンマークに進出していたことが確認される。Heidelore Böcker, Die kleine Hansestadt in ihren europäischen Dimensionen, in: Beiträge zur hansischen Kultur-, Verfassungs- und Schiffahrtsgeschichte. Hansische Studien 10, hg. v. H. Wernicke u. N. Jörn, AHS, Bd. 31, Weimar, 1998, S. 243, 251.

19) Curt Weibull, Lübecks Schiffahrt und Handel nach den nordischen Reichen 1368 und 1398-1400. Studien nach den lübischen Pfundzollbüchern, in: ZVLGA, 47, 1967, S. 40, Tabelle 2 より計算。

デンマーク商業の比重は，15世紀末の段階でもそれほど大きいわけではなかった（1492—96年の輸出入合計で約12%）。

リューベックにおける対デンマーク商業の比重の大きさが，船舶数の面から数値化して確認されるのは，16世紀後半になってからである。ジャナンの集計によれば，1580年にリューベックからシュレスヴィヒ・ホルシュタイン及びスコーネ地方を加えたデンマークに向かった船舶の数は1,149隻を数え，これはリューベック向け出港船舶総数の58%に達した（第5章第2節を参照）。同様に，17世紀後半においてもリューベックの寄港船舶全体のなかでデンマークとの間を往来する船舶の占める比重が高かったことは，既に指摘したとおりである。但し，取引額で見ると，リューベックの海上商業全体のなかで占めるデンマークの比率は，以下でも検討するように，船舶比と比べて，ことにリューベック側の輸入においてかなり低かった。概していえば，デンマークとリューベックとの間では，多数の船舶の往来によって金額面から判断される以上の活発な商業関係が展開されていたのだといえよう。北方ヨーロッパの商業世界でリューベックを経由しない遠隔地間の流通が増えつつあったなかで，ここリューベックでは，その代わりにデンマークをはじめとする近隣地域との取引が増していったのである。一方，デンマーク側の事情もドイツとの商業関係の強化に寄与したと考えられる。デンマークでは，農業生産力の向上により，農民のもとに輸出可能な余剰農産物が確保されるようになった。また，農民たちは，税金の支払いなどで必要とされる貨幣や自国での調達が不可能な商品を，ドイツで自分たちの産物を販売することにより入手する必要があった。このような背景の下で，ドイツ・デンマーク間の取引が増大し，船舶の往来が増えたものと推測される[20]。

次にドイツとデンマークとの間を航海していた船舶の規模について見てみよう。航海距離の短いドイツとデンマークとの間では，小型船舶が多く就航していたと考えられるが，このことは，史料からも容易に確認することができる。例えば，表9-1の双方の表からリューベックとデン

---

20) 以下を参照。Bjørn Poulsen, Middlemen of the Regions. Danish Peasant Shipping from the Middle Ages to c. 1650, in: Regional Integration in Early Modern Scandinavia, ed. by F.-E. Eliassen, J. Mikkelsen, B. Poulsen, Odense, 2001, pp. 56-79.

マーク本土との間で用いられていた船舶の一隻当りの積載量を求めると，リューベック向けで10ラスト，デンマーク向けで約11ラストしかなかった[21]。これに対して，リューベックから大西洋沿岸に向かった船舶の一隻当りの平均積載量は，フランス向けで75ラスト，ポルトガル向けで128ラストにも達していた。また，同じくバルト海内であっても沿バルト地域に向かった船舶の積載量は平均56ラストであり，デンマーク向けの約5倍の規模であった。対デンマーク貿易において10ラスト前後の小型船が多く用いられていたことは，ロストックの記録からも確認される。フーンホイザーの分析によると，例えば1635年にデンマーク及びその領土との貿易においてロストックで記録された輸入船舶601隻，輸出船舶616隻のうち，10ラスト以下の船舶は輸入で262隻，輸出で258隻だったのに対して，30ラスト以上の船舶は輸入で6隻，輸出で5隻に過ぎなかった[22]。

中世後期・近世のバルト海で用いられていた小型船舶には，シューテ（Schute），エヴェア（Ewer），プラーム（Prahm）などのタイプがあり，主に沿岸部での近距離の航海や河川での交易に利用されていた[23]。各小型船舶の具体的な形状や構造及び乗組員については不明であるが，水深の十分でないバルト海沿岸で多く就航していたことから，恐らく喫水の浅い平底の船舶であったと考えられる。また，フォーゲルに従って，積載量5ラストにつき一人の船員が必要とされたと考えれば，10ラスト規模の船舶であれば，2～3人の乗組員が乗船していたと推測される[24]。

---

21) 積載総量を船舶数（積載のない船舶は含めていない）で割った値。以下も同様。ジャナンも，リューベックにおける沿岸航海用軽量小型船の多さに注目する。しかし，ジャナンはそれをリューベックの繁栄のあかしと見なしているようである。彼は，16世紀東西ヨーロッパ間商業におけるリューベックの役割を高く評価している。Pierre Jeannin, The Sea-borne and the Overland Trade Route of Northern Europe in the 16th and 17th Centuries, in: JEEH, 11, 1982, pp. 42-48. また，カービーの挙げるデータによれば，ノルウェーとシュレスヴィヒ・ホルシュタインを除いたデンマークの1600年頃の商船隊は，圧倒的部分が小船であり，その数は，およそ1,370隻，積載総量はわずか10,000ラスト（20,000トン）でしかなかった。David Kirby and Merja-Liisa Hinkannen, The Baltic and the North Sea, London/New York, 2000, p. 95, Note 30.

22) Alfred Huhnhäuser, a. a. O., S. 32.

23) Erich Hoffmann, Lübeck im Hoch- und Spätmittelalter: Die Große Zeit Lübecks, in: A. Graßmann (Hg.), Lübeckische Geschichte, 2. überarbeitete Auflage, Lübeck, 1989, S. 325.

24) Walther Vogel, Geschichte der deutschen Seeschiffahrt, Bd. I, Berlin, 1915, S. 452.

ドイツ・デンマーク間の航海に従事した船舶の船籍（正確には船長の所属地）については，ロストックに寄港した船舶の記録から知ることができる。例えば，1635年のデンマーク（本土と領土）との間の取引について見ると，出港数616隻のうちロストック船籍の船舶は349隻，デンマークを船籍地とする船舶は264隻であり，また，入港数601隻のうちロストック船籍の船舶は336隻，デンマークを船籍地とする船舶は258隻であった[25]。ロストック船の数には及ばないとはいえ，デンマークとその領土を船籍地とする船舶が，バルト海南西海域の近距離航海において盛んに行き来していた。ただし，これらの船舶の航海には，後でも触れるように，農民の航海が多数含まれていたと考えられるので，ここから直ちにデンマークにおける海運業の発達を推測することはできない。

最後にドイツ・デンマーク間の航海のパターンについてロストック船籍の船を例にして触れておくと，17世紀にはほとんどのロストック船舶は年に複数の航海を行なっており，一回のみの航海を記録した船舶は少なかった。バルト海南西海域での航海に従事していた多くのロストック船籍の船は，年に10往復程度の航海を船籍地との間で記録しており，この海域から外れて遠方の地に向かうことも無いわけではなかったが，デンマークとの間で航海を行なっていた大抵のロストック船は，バルト海南西海域を取り囲む海域内，すなわちデンマークとその領土及びドイツ沿岸地域とロストックとを結ぶ航海に従事していた。航海に要した期間は，関税台帳の記録に依拠する限りでは，荷物の積降ろし期間を含めて，ロストックとデンマークないしシュレスヴィヒ・ホルシュタインとを結ぶ航海で往復2～3週間，ロストックとスコーネ地方とを結ぶ航海で往復8日～2週間というのが一般的であった[26]。

(2) **商　品**

ここでは，リューベックの対デンマーク商業に絞って商品取引の面から検討を加えていく。まず，取引額の面からリューベックの海上貿易に占める対デンマーク商業の位置を見ておくことにしよう。

---

25) Alfred Huhnhäuser, a. a. O., S. 32.
26) Ebenda, S. 58-125でロストック船籍の各船舶の停泊地が詳しくまとめられている。

1680年前後におけるリューベックの海上商業全体の収支は，表9-1(1)と(2)のそれぞれの合計金額の比較から明らかなように，リューベック側の大幅な輸入超過であった。しかし，そのような傾向にある中でデンマーク（本土）との貿易は輸出が大きく超過しており，この地域はリューベックの海上貿易の大幅な赤字分をわずかとはいえ補うための重要な取引相手であったといえる[27]。シュレスヴィヒ・ホルシュタイン領を含めたデンマークがリューベックの輸入総額に占める割合をみると，表より両者合わせた比率は14％（1,169,922マルク），リューベックの輸出総額に占める両者合わせた比率は，表より35％（1,489,345マルク）と計算される。両地域がリューベックの出入港船舶数に占める大きな割合（入港58％，出港57％）と比べれば，これらの値はかなり小さい。このような比較からは，とりわけデンマークからリューベックに向けて輸出された商品の単価が安かったことが推測される[28]。

　さて，リューベックはデンマーク及びシュレスヴィヒ・ホルシュタインとの間でどのような商品を取引していたのであろうか。ここでは，その取引の全体量を示すことはできないが，付加税台帳の分析を行なったマイヤー・シュトールに従って，リューベックとデンマーク本土との間で取引された主要商品を確認しておこう。まず，デンマーク側の輸出品には，大麦，燕麦などの穀物，牛や馬などの家畜，バター，ベーコン，牛や羊などの各種皮・毛皮，鰊や鱈，鰻などの魚介類のほか，卵，果実，蜂蜜，チーズ，豆類，タマネギなどの一次産品があり，一方，リューベック側の輸出品には，小間物，毛皮，毛織物や帆布，亜麻・麻，ホップ，鉄及び各種鉄製品，銅，真鍮，植民地・南欧物産などがあった[29]。スコ

---

27) シュレスヴィヒ・ホルシュタインとの取引は，リューベック側の輸入超過すなわち赤字であった。なお15世紀末では，デンマーク領全体との取引でリューベック側が赤字であった。第8章参照。

28) 一方，沿バルト地域との取引を見ると，リューベックの入港船舶全体に占めるこの地域の比率は5％であったにもかかわらず，輸入総額全体に占める比率は30％にまで達していた。デンマークとは対照的に，沿バルト地域からリューベックに向けて輸出された商品は高価であった（蜜蠟，毛皮，ロシア皮など）ことが，このような比較から確認される。

29) Cornelia Meyer-Stoll, a. a. O., S. 58-67. 付加税台帳に，1679年から1682年までリューベック・デンマーク間で取引に従事した者が，430名記録されているという。Ebenda, S. 58. ロストックについても付言すれば，1600年頃からロストックは，ビールの醸造に必要な大麦をデンマーク諸島やスウェーデン南部から，またマキをスウェーデン南部やホルシュタ

ーネ地域を領有していたデンマークは、先にも触れたように、かねてからハンザ商業圏において鰊並びに家畜の供給地として位置づけられていたが、以上の品目を見る限りでは、ショーネン領を失った17世紀後半においても、同国が大陸側のリューベックにとって各種食料品・一次産品の供給地であったことがわかる。一方リューベックは、東西ヨーロッパの主要経路から外れたとはいえ、ハンザ期以来のバルト海の商品集散地としての性格を完全には失っておらず、毛織物などの手工業製品、植民地・南欧物産などの遠隔地商品をデンマークに供給していた。

ところで、17世紀後半のデンマークは、クリスチャン4世の下、重商主義政策が推し進められ、一国の中心としてコペンハーゲンが著しく発展した時期である[30]。ここで、首都機能を急速に整備させつつあったコペンハーゲンのリューベックとの貿易関係に着目してみよう。表9-3 (1)に示されるように、リューベックがコペンハーゲンに主に輸出していた商品には、小間物、毛織物、鉄、亜麻など、ハンザが伝統的に扱ってきた商品に加えてタバコその他の植民地物産があった。亜麻はバルト海沿岸地域で生産されたもの、鉄はスウェーデン産、ワインは多くがフランス産ないしはライン・ワインであり、植民地・南欧からの商品には砂糖、アニスのほか様々な香料や果実が含まれていた。このようにリューベックは、コペンハーゲンに向けて遠隔地貿易で扱われる商品を輸出しており、その内容は、リューベックがデンマーク各地へ輸出した商品として上で列挙した品目とほぼ共通していたといえる。

一方、コペンハーゲンがリューベックに輸出した商品には、食料品・一次産品の供給地というデンマークのリューベックに対する一般的な関係だけからでは捉えきれない側面があった。表9-3(2)に見られるように、コペンハーゲンからリューベックへは、アイスランド、ベルゲン産の魚、スウェーデンの主要産物である鉄と銅、ロシア革などの北欧各地の物産

イン東岸、フェーマルン島などから輸入するようになったという。比嘉清松「近世初頭におけるロストックの海上商業」、『松山商科大学論集』、第25巻第2, 3号、1974年、135-136ページ。これらロストックの輸入元は、いずれもバルト海南西海域に面した地域である。

30) Adolf Jurgens, Zur schleswig-holsteinischen Handelsgeschichte des 16. und 17. Jahrhunderts, Abhandlungen zur Verkehrs- und Seegeschichte, Bd. 8, Berlin, 1914, S. 229. H・S・ヤコブセン（村井誠人監修、高橋直樹訳）『デンマークの歴史』ビネバル出版発行、星雲社発売、1995年、108-122ページ。

第9章 ドイツ北部・デンマーク間の商業関係　　307

表9-3　リューベックのコペンハーゲン貿易
(1) コペンハーゲン向け輸出 (リューベック・マルク)

品　目	1679/80年	1680/81年	1681年
小間物 (Kramgut)	16,650	74,130	31,485
毛織物	9,875	75,830	18,620
タバコ	2,060	19,169	1,632
植民地物産	1,692	14,502	9,644
鉄/鉄製品	4,588	18,773	8,413
亜麻 (Flachs)	2,846	11,448	4,826
ホップ	2,950	11,485	2,900
ワイン	800	9,464	1,683
塩	2,015	6,452	1,575
ガラス	215	4,588	4,288
魚油	175	7,650	525
ロシア革	1,640	4,985	3,090
その他皮革	−	1,018	390
麻 (Hanf)	75	5,421	150
帽子	900	3,515	850
軍装品	−	1,400	2,995
化学・染色素材	330	1,768	2,813
真鍮・銅製品	563	2,728	810
書籍	350	2,120	820
紙	280	1,875	793
毛皮製品	−	1,455	300
木製品	320	250	1,390
その他	668	7,128	2,304
合　計	48,991	287,154	102,295

備考) 小数点以下四捨五入。原表の誤差ならびに四捨五入により生じた誤差はそのままにしてある。

出典) C. Meyer-Stoll, Die lübeckische Kaufmannschaft, S. 61 より作成。

のみならず、胡椒や明礬といった植民地・南欧物産までもが輸出されていた。ここから看取しうるのは、コペンハーゲンのヨーロッパ国際商業における商品集散地としての役割である。17世紀のデンマークは、東インド会社や西インド・ギニア会社といった国策的貿易会社の設立に見られるように、重商主義体制の整備を通じて外国貿易の発展に力が注がれた時期であった。コペンハーゲンからリューベックに向かった商品が遠隔地商品を中心に構成されていたことは、当時のコペンハーゲンが、既にリューベックと同様に国際商業の結節点をなし、国際的な商品流通のネットワークに組み込まれていたことを推測させる。

表 9-3
(2) コペンハーゲンからの輸入　　　（リューベック・マルク）

品　目	1680/81 年	1681/82 年	1682 年
アイスランド産の魚	2,180	7,650	6,900
アイスランド産の羊の毛皮	7,500	6,220	3,134
銅／銅貨／銅版	2,810	6,368	5,600
硝石	3,800	550	-
火薬	3,325	-	-
明礬	900	3,300	1,535
バター	350	995	2,100
瀝青（pech）	1,225	-	232
胡椒（粉末：Staub）	1,185	150	500
ベルゲン・オールボー産の魚	643	1,790	1,190
子羊の毛皮（Schmaschen）	-	1,250	315
山羊皮	300	655	225
小間物	600	-	700
ロシア革	375	455	-
アイスランド産靴下・ズボン	375	510	600
灰	330	375	110
羽ペン？（Federn/-poosen）	100	397	38
鉄・Altgut	-	420	75
イングランド産品	675	-	40
にかわ革（Leimleder）	30	-	-
その他	40	4,035	407
合　計	26,743	35,120	23,701

備考）　小数点以下四捨五入。原表の誤差ならびに四捨五入により生じた誤差はそのままにしてある。
出典）　C. Meyer-Stoll, Die lübeckische Kaufmannschaft, S. 63 より作成。

　だが，これに対してデンマークにおいてコペンハーゲンに次ぐ取引額をリューベックとの間に記録したオールボーがリューベックに輸出した商品に目を転じると，そこにあるのはオールボー周辺の漁場ないし農村から調達されたと推測される鰊やバター，皮・毛皮がほとんどであり，遠方からの商品は，オールボーを経由してリューベックに向かうということがほとんど無かったと推測される（表9-4参照）。

　ここでデンマークからリューベックへの輸出について，個別的な事例を幾つか見ておこう。例えば，1655年には，オーフスが7,005バレルの穀物をオランダに輸出していた一方で，2,191バレルの穀物をリューベックへも輸出していたとの記録がある[31]。また，1680年から1682年にかけて，ボルンホルム島からは751頭の牛と63頭の馬が，オーレか

第9章　ドイツ北部・デンマーク間の商業関係　　309

表9-4　リューベックのオールボーからの輸入(リューベック・マルク)

商品	1680/81年		1681/82年		1682年	
	商人	船長	商人	船長	商人	船長
鰊	21,134	3,425	22,233	7,789	20,204	2,925
魚	874	547	296	556	1,479	793
バター	1,100	7,278	75	2,238	1,538	－
皮革	1,007	261	3,958	685	1,143	18
毛皮	807	50	3,756	88	2,185	－
その他	429	1,198	1,186	1,417	900	25
合　計	25,352	12,581	31,514	12,774	17,449	3,763

備考)　小数点以下四捨五入。原表の誤差ならびに四捨五入により生じた誤差はそのままにしてある。
出典)　C. Meyer-Stoll, Die lübeckische Kaufmannschaft, S. 65 より作成。

らは102頭の牛と78頭の馬がそれぞれリューベックに輸送された[32]。17世紀はデンマークからオランダに向けて農産物の輸出が増えた時代であるが、フューン島では1630年頃においてハンブルクやリューベックから商品を輸入した際、なお農産物がその対価としてこれらハンザ都市に輸出されていたという[33]。コペンハーゲンからの輸入を例外として、一般に近世のリューベックは、以前と同様、デンマークから家畜、畜産品、穀物、魚介類などの食料・必需品を輸入していたといえるであろう[34]。

　これらの産品が、リューベック商人によってデンマークで調達されただけでなく、デンマーク農民によってリューベックへ運ばれる場合もあったことは、多くの論者によって指摘されている[35]。ほぼ内海を成すバ

---

31)　Johan Jørgensen, Denmark's Relations with Lübeck and Hamburg, p. 77.
32)　Cornelia Meyer-Stoll, a. a. O., S. 66.
33)　Johan Jørgensen, Denmark's Relations with Lübeck and Hamburg, p. 77.
34)　1484年から1519年にかけてのゴットルプの関税台帳からは、当時リューベックがハンブルクとともに、陸路を経由して輸入されたデンマーク産の家畜に大きく依存していたことが確認される。なお、穀物の流通は、この台帳にはほとんど記録されていないという。Lothar Schwetlik, a. a. O., Teil 1, S. 128.
35)　例えば以下を参照。Johannes Hansen, Beiträge zur Geschchte des Getreidehandels und der Getreidepolitik Lübecks, Lübeck, 1912, S. 28. John P. Maarbjerg, op. cit., p. 43. Hermann Kellenbenz, Bäuerliche Unternehmertätigkeit im Bereich der Nord- und Ostsee vom Hochmittelalter bis zum Ausgang der neueren Zeit, in: VSWG, 49-1, 1962, S. 14. Curt Weibull, a. a. O., S. 75. Kraus Friedland, Dänemark 1350-1650, in: Handbuch der europäischen Wirtschafts- und Sozialgeschichte, Bd. 3, Europäische Wirtschafts- und Sozialgeschichte vom

ルト海南西海域においては，農民であってもある程度航海の経験を積みさえすれば，海岸線に沿った小型船による航海はそれほど困難ではなかったと推測される。

　次にリューベックのシュレスヴィヒ・ホルシュタインとの商品取引について。リューベック側のこの方面からの輸入については，比較的近距離にあって輸入額の多いフェーマルンとグレミッツからの輸入を表9-5の(1)と(2)にまとめている。これらの表からは，リューベックがシュレスヴィヒ・ホルシュタイン地方からもっぱら穀物を中心とした食料品を多く調達していたことが確認される[36]。リューベックに近接しているだけに，この地方は，デンマーク本国よりもこの都市に対する食料・必需品供給地としての役割を多く果たしていたと考えられる[37]。表には家畜が見当たらないが，シュレスヴィヒ・ホルシュタイン地方からの家畜は，主に陸路を用いてリューベックまでもたらされていた[38]。

　リューベックのシュレスヴィヒ・ホルシュタイン向け輸出では，フレンスブルクとキールに向かった商品が多かった。リューベックからこれら都市へ送られた商品を見ると，塩，鉄，ワインなどのように広くバルト海地域で流通していた商品に加えて植民地物産も記録されていたこと

---

ausgehenden Mittelalter bis zur Mitte des 17. Jahrhunderts, hg. v. H. Kellenbenz, Stuttgart, 1986, S. 463. また，最近の成果としては以下がある。Bjørn Poulsen, op. cit.

36）　1679年から1682年にかけてリューベックとシュレスヴィヒ・ホルシュタインとの間で取引を行なっていた商人は，付加税台帳に132名記録されている。そのなかの一人としてリューベック商人トマス・フレーデンハーゲンが挙げられる。Cornelia Meyer-Stoll, a. a. O., S. 79-80. 彼はシュレスヴィヒ・ホルシュタインから盛んに小麦や大麦を輸入していたほか，広く大西洋沿岸地域とも貿易活動を展開していた。フレーデンハーゲンの商業に関して詳しくは以下を参照。Ahasver von Brandt, Thomas Fredenhagen (1627-1709). Ein Lübecker Großkaufmann und seine Zeit, in: Lübeck, Hanse und Nordeuropa, Gedächtnisschrift für Ahasver von Brandt, hg. v. K. Friedland u. R. Sprandel, Köln/Wien, 1979. S. 246-269. また，それより前の16世紀末・17世紀初頭にバルト海南西海域を舞台にデンマークと広範な取引を行なっていたリューベック商人としては，ヨハン・グランドルプが挙げられる。グランドルプについては，以下で詳しく取り上げられている。Michaela Blunk, Der Handel des Lübecker Kaufmannes Johan Grandorp an der Wende vom 16. zum 17. Jahrhundert, Lübeck, 1985.

37）　リューベックの市民の中には，都市当局や聖職団体とともにホルシュタイン領内で土地を取得するものがいた。その目的の一つに，他地域との取引で必要とされる穀物の確保があった。高村象平『中世都市の諸相――西欧中世都市の研究(1)』筑摩書房，1980年，第5章「市民の土地所有（その1）」，159-167ページ。

38）　Cornelia Meyer-Stoll, a. a. O., S. 80.

第9章 ドイツ北部・デンマーク間の商業関係　　　311

表 9-5　リューベックのシュレスヴィヒ・ホルシュタインからの輸入
(1)　フェーマルンからの輸入（リューベック・マルク）

商品	1680/81年 船長	商人	1681/82年 船長	商人	1682年 船長	商人
大麦	70,993	4,800	58,010	4,235	23,630	2,225
小麦	18,323	3,500	19,330	650	12,550	1,300
穀粉	700	−	6,730	525	5,490	625
エンドウ	2,143	798	2,938	113	400	−
その他	215	90	1,628	615	605	445
合　計	92,373	9,188	88,635	6,228	42,675	4,595

(2)　グレミッツからの輸入（リューベック・マルク）

商品	1680/81年 船長	商人	1681/82年 船長	商人	1682年 船長	商人
大麦	6,291	−	10,133	−	8,280	−
小麦	5,800	−	17,363	−	10,525	−
果実	116	−	1,086	−	723	−
チーズ	995	−	538	−	705	−
その他	35	−	1,453	−	185	−
合　計	13,238	−	30,573	−	20,418	−

備考）　小数点以下四捨五入。原表の誤差ならびに四捨五入により生じた誤差はそのままにしてある。
出典）　C. Meyer-Stoll, Die lübeckische Kaufmannschaft, S. 80-81 より作成。

がわかる（表9-6(1)(2)）。これらの商品は，先に列挙したリューベックからデンマーク本国へ向かった商品と重なるものが多い。

ところで，リューベックのシュレスヴィヒ・ホルシュタインとの取引で注目される点に，商人自身の取引の記録が極端に少なく，船長の取引が大きな比率を占めていたということがある。一連の表では，商人と船長それぞれが行なった取引を分けて掲載しているが，特にグレミッツのリューベック向け輸出の場合，表9-5(2)に見られるように，記録された取引はすべて船長によるものであった。船長自身の取引が目立つのは，リューベックとデンマーク本国との取引も同じである。特にリューベックに向けて商品が送り出される際に，船長の行なう取引が多く記録されていた（表9-1(1)参照）。取引が記録された船長が，商人として自らの計算で取引に当たっていたのか，それともほかの商人から委託されて船長が取引を行なっていたのかは，ここからは明らかにはならない。だが，デンマーク領内からドイツの港湾都市に向かった農民が存在したのであ

表 9-6 リューベックのシュレスヴィヒ・ホルシュタインへの輸出
(1) フレンスブルクへの輸出（リューベック・マルク）

商品	1679/80 年 船長	1679/80 年 商人	1680/81 年 船長	1680/81 年 商人	1681 年 船長	1681 年 商人
塩	425	550	5,313	2,050	4,437	900
鉄	330	808	2,661	4,185	1,879	2,448
亜麻	－	188	568	2,776	606	2,256
麻	－	263	393	3,853	－	506
銅／銅製品	－	－	175	506	263	363
植民地物産	－	－	70	770	－	390
船材	－	－	100	650	310	－
明礬	－	150	338	113	75	300
その他	25	90	48	2,888	185	1,090
合　計	780	2,048	9,666	17,790	7,755	8,255

(2) キールへの輸出（リューベック・マルク）

商品	1679/80 年 船長	1679/80 年 商人	1680/81 年 船長	1680/81 年 商人	1681 年 船長	1681 年 商人
塩	1,100	600	6,400	1,510	4,550	50
船材	－	－	3,950	1,650	－	－
ワイン	－	－	713	1,050	－	1,200
鉄	900	1,620	240	460	160	233
麻	－	－	300	243	－	518
亜麻	38	－	38	175	38	73
その他	233	175	825	1,610	342	1,334
合　計	2,270	2,395	12,465	6,698		3,410

備考）小数点以下四捨五入。原表の誤差ならびに四捨五入により生じた誤差はそのままにしてある。
出典）C. Meyer-Stoll, Die lübeckische Kaufmannschaft, S. 83 より作成。

れば，これら船長の中に自らの生産物を販売するために海路リューベックまで渡ってきた農民航海者が含まれていたと考えてよいであろう。

　以上の考察では，まず(1)でドイツ北部（リューベック，ロストック）とデンマーク本土及びシュレスヴィヒ・ホルシュタインの各港との間で小型船による活発な船舶の往来があったことを明らかにした。次いで，(2)で商品流通の面から次の点を指摘した。すなわち，デンマーク及びシュレスヴィヒ・ホルシュタインからリューベックへ向けては，主に食料・必需品など，日常的，在地的な色彩の濃い商品が，逆の方向ではバルト海各地の特産品や植民地物産などの遠隔地商品が流通していた[39]。これら性格の異なった商品がリューベックを結節点として交換されていたと

いうことが，ドイツ・デンマーク間のバルト海南西海域における通商関係の大まかな見取り図として指摘することができると思う。但し，デンマークからリューベックへ向かった商品が在地的な色彩の濃い商品のみに限られなかったことを，再度ここで確認しておこう。少なくともリューベックとの商品流通関係を見る限り，コペンハーゲンは，リューベックと相互に植民地物産を取り交わしていたのであり，重商主義国家の首都としてコペンハーゲンもヨーロッパ国際商業のネットワークの一角を成していたといえる。すなわち，ドイツ北部とデンマークは，ヨーロッパ国際商業の網の目にリンクされつつ，しかも在地的な色彩の濃い商品と遠隔地商品との交換を通じてバルト海南西海域を密度の濃い商品流通空間としていたといえるのではないか。リューベックは，広域的な商業における拠点性を減じたとはいえ，ハンザ商業が「ヨーロッパ世界経済」の商業に包摂されるなか[40]，地理的に近い地域を世界商業の網の目に組み込む役割を担いながらも，バルト海南西海域のローカルな交易拠点としての性格を強めていったと考えられるのである。

　最後に，デンマークの側からドイツとの商業関係に少し触れることによって，以上の検討を補っておきたい。

---

39)　ここでは，在地的な商品としては，週市のようなローカルな性格を持った定期市（Markt, market）で取引される商品を，また遠隔地商品としては，国際的な広がりを持つ年市や大市（Messe, fair）で取引される商品をそれぞれ念頭に置いている。川北稔責任編集『歴史学事典 1, 交換と消費』弘文堂，1994年の「市場」，「定期市」，「大市」の項目を参照。

40)　ハーダー－ゲルスドルフは，17世紀後半のリューベック商業の変動局面が，東欧全般のそれと一致することに注目している。この点を根拠に，彼女は，西欧で生じた商業革命（Revolution of Trade）の支流が17世紀末までにはリューベックにまで及んでいたとする。Elizabeth Harder-Gersdorff, a. a. O., S. 138. また，ハメル－キーゾーは，不動産市場の長期の変動からリューベック経済の変動局面の検出を試みているが，彼によれば，リューベックでは「長い16世紀」がほかの中欧，西欧地域と比べて遅く始まり，1630年台まで続いたという。Rolf Hammel, Häusermarkt und wirtschaftliche Wechsellagen in Lübeck von 1284 bis 1700, in: HGbll, 106, 1988, S. 69. それゆえ，ハンザ商業の中心に位置したリューベックは，ほかの西欧・中欧地域と比べて遅く「ヨーロッパ世界経済」の商業に包摂されていったと考えられる。

3 デンマークの対ドイツ商業

　17世紀の到来とともに，それまで北欧の覇者を目指して争ってきたデンマークとスウェーデンは，対照的な道を歩むことになった。世界システム論の構図に当てはめるのであれば，重商主義の波に乗ったスウェーデンが「半辺境」へと上昇していったのに対して，デンマークは「辺境」にとどまったということになろう[41]。同じく絶対王政を確立した両国でありながら，スウェーデンが豊富な鉱産資源を基に鉱工業を発展させ，軍事国家として「大国」へと転身したのに対して，デンマークはスウェーデンとの覇権争いに敗れ，主に賦役労働を用いて生産された穀物，家畜といった低賃金商品の輸出を通じて西欧との関係を強めていくことになった[42]。これら一次産品の輸出を通じて，デンマークは，「ヨーロッパ世界経済」において「辺境（周辺）」として位置づけられるとともに，「中核（中心）」に位置したオランダ——ハンザに代わるバルト海貿易の主要な担い手でもあった——との関係を深めていき，主要な貿易相手をそれまでのドイツ北部のハンザ都市，特にリューベックからオランダへと移していく[43]。一般的には，このような解釈が成り立つであろう。

　しかし，以上で明らかにしたように，ドイツ北部の都市（リューベック，ロストック）から見て，デンマークは他の地域にもまして重要な取引相手であり，多くの船が領土を含めた同国からドイツへと向かっていた。それでは逆に，デンマークから見て北ドイツとの取引は，どの程度の比重を占めていたといえるのであろうか。ここでは，この問いに直接

---

　41) Immanuel Wallerstein, The Modern World-System II: Mercantilism and the Consolodation of the European World-Economy, 1600-1750, NewYork, 1980, pp. 203-224. 邦訳（川北稔訳『近代世界システム 1600-1750，重商主義と「ヨーロッパ世界経済」の凝集』名古屋大学出版会，1993年），238-255ページを参照。

　42) 近世のヨーロッパ各地で見られた物価の上昇傾向は，1540—50年頃にはデンマークにまで波及したと考えられる。John P. Maarbjerg, op. cit., pp. 72, 237. これも，デンマークが「ヨーロッパ世界経済」に包摂されつつあったことを物語る一つの指標であろう。

　43) 例えば，Ibid., pp. 2-3, 16, 41を参照。但し，リューベック商人の役割を過小評価すべきでないことは同書でも指摘されている Ibid., p. 44.

第 9 章　ドイツ北部・デンマーク間の商業関係

答えることはできないが，一つの目安として，17世紀後半にデンマーク商人が残した遺産の中に含まれていた外国商人を債権者とする債務を検討する。さらに個別的な取引の記録やデンマーク側の政策などにも目を向けることにより，近世のデンマークにとって北部ドイツとの取引関係が有していた意義を見ていくことにしたい。

表9-7は，17世紀後半のデンマーク13都市[44]の75商人が低地地方，ハンブルク，リューベックの各市民に残した負債額を取引相手地ごとに集計してまとめたものである。ここからは，当時デンマークとの関係が深いとされるオランダを含む低地地方市民に向けられた負債額の合計がハンブルク，リューベック両市民向けのそれを大きく下回っていたことがわかる。さらに，商人の数から見ても，低地地方市民に負債を残した商人の数は，合計75人中わずか13人であり，ハンブルクないしリューベックの市民に負債を残した商人の数よりもはるかに少ない。一方リューベックに注目すると，ここの市民に残された負債は，金額から見ればハンブルク市民向けのそれを下回るが，負債を残したデンマーク商人の数では，リューベックはハンブルクを大きく上回っている。リューベック市民に負債を残したデンマーク商人の数は全体の84％（63人）を占めたのであり，リューベック市民と取引を行なっていたデンマーク市民の多さが，ここからわかる。それに比べれば，オランダを含む低地地方市民と取引のあったデンマーク商人の数ははるかに少なかった。無論これは記録に残された限りでの断片的なデータを集計した結果に過ぎない

表 9-7　デンマーク75商人の外国（商人）向け負債
（17世紀後半）

負債を残した地域	負債額 (Slettedaler)	デンマーク商人の数
低地地方	23,406	13
ハンブルク	87,924	32
リューベック	61,788	63

備考）75商人の負債額の合計は459,615 Slettedaler。
出典）J. Jørgensen, Denmark's Relationship with Lübeck and Hamburg, pp. 83-85 より作成。

---

44) Copenhagen (københavn), Køge, helsingør, Holbaek, Korsør, Kalundborg, Naestved, Nakskov, Nyborg, Fåborg, Odense, Århus, Ålborg の13都市。

とはいえ，オランダとの経済関係を強化しつつあったデンマークが，17世紀後半においてなおもリューベックと密接な取引関係にあったことを推測させる根拠の一つにはなろう。

さらに個別的な研究を追っていくと，16，17世紀のデンマークにとってリューベックが不可欠な取引相手であったことを示す多くの事例を見出すことができる。例えば，フューン島南部のスヴェンボー (Svendborg) の関税の記録 (1519—21年) からは，この都市から輸出された牛皮190枚のうち187枚と小獣の皮4,500枚のうち3,900枚が，さらに肉とバターのほとんどがリューベックに向かっていたことが確認されている[45]。デンマークの中でもフューン島とランゲラン島など南部の島々は，ドイツから近い位置にあっただけに，バルト海沿岸ドイツのハンザ都市に農産物を供給する上で好都合な地理的条件のもとにあった。また，ハンセンは，ファルスター島とロラン島がホルシュタイン東部とともにリューベックのヒンターラントを形成していたと述べているが[46]，これらデンマークの南部の島々では，都市のみならず農村地域もが農産物の出荷などを通じてリューベックなどドイツの沿岸地域と取引を行なっていた。

こうした農産物の流れからは，リューベックをはじめとするバルト海沿岸の複数のハンザ都市を中心とする農産物を主体とした商品流通圏の存在が想定できそうである。但し，この場合の商品流通のあり方は，一般に都市・農村関係という言葉から推測されるような，同一の政治的主体のもと狭い範囲内で繰り広げられるような交換関係といったものではない。これに対して，ここで述べられているハンザ都市を中心とする商品流通圏は，農産物のような在地的性格の強い商品から成り立っていたにもかかわらず，ドイツ諸邦とデンマークという異なった政治的領域に跨り，しかも海を媒介として遠方にまで広がっていたのである。

中世後期のデンマークはハンザの通商網に組み込まれ，同国の対外商業，とりわけ遠方との貿易はハンザ商人が取り仕切っていたと見ることができる。しかし15世紀になり，オランダのバルト海進出とそれに伴

---

45) John P. Maarbjerg, op. cit., pp. 131-132.
46) Johannes Hansen, a. a. O., S. 28.

第9章　ドイツ北部・デンマーク間の商業関係　　　317

うハンザ商業の停滞・衰退が明確化していくと，デンマークはハンザの経済的圧力の下からの脱却を図るようになった。オランダの商業発展に注目したデンマークは，ハンザに代えてオランダとの通商関係を重視するようになり，オランダを対外通商関係の窓口としながら自国の商業を発展させ，国力の増強を実現していこうとした（第4章参照）。そのためにもまずは，デンマーク国内の都市を商品流通の拠点として位置づけ，ドイツへと流出しつつあった農産物をはじめとするデンマーク産品が自国内で流通するための体制を整備する必要があったのである。それゆえデンマーク側は，自国都市の頭越しに農村地域で行なわれるドイツ向け取引に対しては，都市商人側の苦情を汲み取り，敏感ともいえる対応を示すようになった。それは農民に対する交易禁止令として15世紀以降繰り返し発令されていった。

　パウルセンにしたがって具体例を見ていこう[47]。例えば，1442年にロラン島の農民は，都市以外での取引並びに非合法の港の訪問が認められなくなり，さらには交易者として振舞うことも禁じられた。1445年には，ロラン島の農民が直接異国と交易することが非合法である旨が，国王クリストフ3世により念を押されている。1447年に国王は，ランゲラン島の住民に通達を発し，島内唯一の都市ルッドケビン（Rudkøbing）のみを市場とすることとし，非合法の港から船舶で商品を持ち込むことを禁じた。

　同じく1447年に国王クリストフ3世は，オーフスの司教とトーシンエ（Tåsinge）島の島民を一方とし，スヴェンボーの市民を他方とする対立を調停し，次のような合意を導き出した。すなわち，司教はトーシンエ島にある所領で必要な物資をドイツで調達することが，また同島の農民は牛馬をドイツに輸出することが認められる。しかし，彼らは穀物や穀粉，バター，蜂蜜などはスヴェンボーの市場に卸さなければならず，またドイツで購入した商品の取引も認められなかった。都市を穀物などの基礎的商品の流通拠点とし，それらを国内に行き渡らせようとする国

---

47) 以下の具体的な事例は，Bjørn Poulsen, op. cit., p. 62 に依拠する。また，以下の文献が，北欧の農民航海一般に関する日常生活史的な記述を含む。キアステン・ハストロプ編（熊野聡ほか訳）『北欧社会の基層と構造　2　北欧の自然と生業』東海大学出版会，1996年，146-175ページ。

王および都市側の意向が、ここからは窺える。だが、スヴェンボーの市民とトーシンエ島の農民の間の対立は、なおも続く。1475年に国王クリスチャン1世は農民の対ドイツ取引を一律禁止扱いとし、1480年にはトーシンエ島の農民に対して、スヴェンボー市民の利益に反する交易活動が改めて禁止の対象とされた。しかもこの決定はトーシンエ島のみならず、同島周辺の島々の住民に対しても適用されていった。同じ趣旨の禁令が1521年にも発令されていたことから、国外すなわちドイツに向けた農産物の発送をめぐる農民と都市商人との対立が継続していたことがわかる。

1516年にクリスチャン2世はシェラン島南部、ロラン、ファルスター、ムーンの各島に対して農民航海を全面的に禁止した。そこには、デンマークの国内市場を整備し、さらにコペンハーゲンを広くバルト海・西欧間の商品集散地として発展させたいというクリスチャンの野心があった[48]。だが、この禁令は早くも翌年に撤回されることになる。家畜や穀物をドイツにもたらすことができなくなった農民たちは、これらの産物を購買力がわずかなデンマーク国内では十分に売りさばくことができず、収入を減らし、それゆえ税の支払いにさえ支障をきたす事態を招いたからである。禁令が撤回されると、多くの船舶がドイツに向けて殺到した。リューベックに向かった小型船(Schute・Skuder型船舶)の数がわずか二日間で200隻に及んだことがあったことを、同市の年代記作者が伝えている[49]。

デンマークの中でリューベックと活発な取引を行なっていた地域は、

---

48) Johannes Hansen, a. a. O., S. 28-29. クリスチャン2世は、フッガー家の援助を得てコペンハーゲンをバルト海・西欧間の商品集散地とすることを目論んでいた。ハンザの影響力を排除したうえで通商路を確保し、販路の拡大を目指すという点で、デンマークとフッガー家双方の利害は一致していた。また、クリスチャン2世とフッガー家は、さらに以下のような接点を通じても互いの関係を深めていった。すなわち、クリスチャン2世の王妃となったのは、スペイン・ハプスブルク家の皇女で神聖ローマ帝国皇帝カール5世——フッガー家の資金援助で皇帝になった——の妹のイザベラである。1515年の結婚に際して、ハプスブルク家からデンマークに送られた持参金108,000グルデンは、フッガー家と繋がりの強いアムステルダムの商人ポンペイウス・オッコ(Pompeius Occo)によってフッガーのネットワークを通じて送金された。Götz Freiherr von Pölnitz, Fugger und Hanse, Ein hundertjähriges Ringen um Ostsee und Nordsee, Tübingen, 1953, S. 28-29.

49) Johannes Hansen, a. a. O., S. 28.

南部の島々に限られなかった。一例として，1602 年にユトランド半島北部のオールボーの市場を訪れた外国商人についてみると，訪問者のうちアムステルダムからの者が 4 人であったのに対して，リューベックからここに赴いた商人は 27 人に達していた[50]。さらにスカンディナヴィア半島南部のデンマーク領（スコーネ）をも視野に入れれば，この地域もハンザの鰊取引の伝統があっただけに，リューベックとの繋がりは 17 世紀においても強かった。例えば，1632 年のランスクローナの関税の記録によれば，この年同市が輸入した毛織物はすべてリューベックから供給され，その多くは地元スコーネ地方の商人によって輸入された。リューベックのエーアソン海峡周辺における制海権は失われたとはいえ，その周辺地域のデンマーク領は輸入の多くをリューベックに依存していた[51]だけでなく，リューベックにとっても穀物調達先の一つであった。この地域に直接赴いたリューベック商人による穀物の買い付けは，しばしば地元スコーネ地方の農民や市民の反発さえ招いたのである[52]。

デンマーク南部の農民がドイツ都市に向けて穀物をはじめとする様々な産物を輸出していた背景には，地元都市では必要な商品が十分確保されないという事情があったようである。例えば，1528 年にランゲラン島の農民には，牛や穀物といった自らの産物をドイツのハンザ都市で販売し，ホップや塩，はがねをそこで購入することが認められた。なぜなら，地元の都市ルッドケビンでは，これら必需品の調達が難しかったからであった。貨幣の調達も対ドイツ取引の主要な目的であった。この点は，先にも挙げた 1516 年の農民航海禁止に関する国王とデンマーク諸島の島民の間の折衝からも明らかである。地代の納入が現金で設定されていたがゆえに，ドイツに向けた航海が認められなければ地代納入のための貨幣を入手できない旨を，農民は国王に対して訴えたのである。おそらく，それゆえに 1516 年の禁令はわずか 1 年で撤回されたのであろう。都市部においても貨幣が十分流通しておらず，その確保が対ドイツ商業の動向如何によって左右されてしまうという近世デンマーク経済の後進的な状況が，ここからは示される[53]。

---

50) Johan Jørgensen, Denmark's Relations with Lübeck and Hamburg, p. 77.
51) Ebenda, p. 77.
52) Johannes Hansen, a. a. O., S. 26-27.

バルト海南西海域を舞台に，デンマークは北部ドイツと結びついていた。多数の農民そして商人が，この海域で商品を流通させ，小型船を就航させていたのである。

以上，デンマークの対ドイツ商業について，リューベックとの個別的な事例を中心に検討してきた。デンマークにおいて対ドイツ商業が占める位置は，数値など明確な形で提示することはできなかったものの，以上の考察では，17世紀に至るまでデンマークにとってドイツがなおも不可欠な貿易相手であったということを，乏しいとはいえ具体的な事例を通じて見てきた。デンマークは，オランダとの関係を重視することにより，旧来からのハンザ商人の経済的圧力を振り切るとともに，ほかのヨーロッパの強国と同様，重商主義国家としてヨーロッパ国際商業において自国の地位を向上させることを意図していた。16世紀前半にクリスチャン2世がフッガー家との取引を熱望し，さらに17世紀初頭にクリスチャン4世がコペンハーゲン港の大規模な改築に着手したのも，このような重商主義的な意図が彼らにあったからだと考えられる。しかし，ドイツ北部ハンザ都市との商業関係は，17世紀においてもこれまで通り続いており，むしろ強まったとも考えられる。なぜなら，本研究のこれまでの考察から浮き彫りとされたように，リューベックでは，ハンザ盛期と比べてデンマーク領を中心とする地理的に近い地域との商業が規模とともに比重を増していた。そうであるなら，デンマークの対外商業の規模や構造に大きな変化がない限り，デンマークから見ても対リューベック商業が以前と比較して規模・比重を増したと考えられるからである。

いずれにせよ，デンマークでは，国内の流通機構が整備されていなかったので，農産物のドイツ・ハンザ都市への流出とそこからの商品や貨幣の調達は続き，リューベックをはじめとするハンザ都市とデンマーク

---

53) Bjørn Poulsen, op. cit., p. 72. 近世初頭の北ドイツ都市とデンマークとの間の経済力に差があったことを示す事例を一つあげておく。1424年にデンマークは，通貨価値をリューベックのそれと連動させることでリューベックをはじめとする北ドイツ都市との間で合意した。しかし，1500年頃には3リューベック・マルクが4デンマーク・マルクに換算されるまでにデンマーク通貨の価値は下落していたのだった。Klaus-Joachim Lorenzen-Schmidt, Lübisch und Schleswig-Holsteinisch Grob Courant, Handel, Geld und Politik 6, Lübeck, 2003, S. 22.

との商業関係がなおも継続していた。国家機構の強化を通じて国を単位とした重商主義政策が推し進められていたにもかかわらず，デンマーク本土及びその領土は，農産物の供給を一つの核としてバルト海南西海域という狭い内海を舞台にバルト海南岸のドイツ，特にリューベックと活発な取引関係を展開していたのである。

小　括

　本章では，近世バルト海南西海域で展開されたドイツ・デンマーク間の取引関係を，主に船舶と商品の側面から検討してきた。リューベック及びロストックとシュレスヴィヒ・ホルシュタイン領を含むデンマークとの間には頻繁な船舶の往来があり，商品の交換に基づく強い結びつきがあった。さらに商品の考察からは，リューベックからデンマークに向けては，主にバルト海各地の特産物や植民地物産などの遠隔地商品が，逆の方向では主に食料・必需品など在地的ともいえる商品がそれぞれ送り出されており，性格の異なった商品がリューベックとデンマークとの間で交換されていたことが示された。

　17世紀のデンマークは，他のヨーロッパの大国と同様，重商主義的な政策を通じてヨーロッパ国際商業における地位向上を図り，その一端はコペンハーゲンのリューベックとの取引関係からも確認することができた。だが，国民経済的な意識の芽生えが見られたとはいえ，国内の流通機構の整備はまだ行き届いておらず，農産物のリューベック，北ドイツへの流出はなおも続いていた。デンマークは，これら食料・必需品と引き換えに遠隔地・植民地物産を輸入することにより，リューベックとなおも活発な取引を行なっていた。一方，リューベックは，組織としてのハンザが消滅しつつあった17世紀後半には，以前保持していたような北方ヨーロッパの国際商業における拠点性を失いつつあった。しかし，それに代わってバルト海という内海のさらに内海である狭い海域（バルト海南西海域）内での商業拠点という性格を強めていったのである[54]。

54）ハメル－キーソーが「緩やかな再度の発展期」と性格づけした1530年代から18

このような状況を背景として，リューベックとデンマークとの間では，様々な商品が数多くの小型船舶で運ばれ，農民を含む多くの人々の手を経て流通していた。本章で検討された内容を勘案すれば，その舞台となったバルト海南西海域には，ドイツ・デンマーク間の交易関係を母体として，一つの商業圏が成り立っていたと考えてよいのではないだろうか。むろん，この仮説をさらに具体化していくためには，交易拠点同士の点と線との関係だけでなく，この海域内各地の面としての繋がりをも，今後明らかにしていく必要があろう[55]。

世紀末までのリューベック商業のなかで，17世紀末までの「発展」の内実は，このようにまとめることができるだろう。Rolf Hammel-Kiesow, Von Tuch und Herring zu Wein und Holz. Der Handel Lübecker Kaufleute von der Mitte des 12. bis zum Ende des 19. Jahrhunderts, in: Der Lübecker Kaufmann. Aspekte seiner Lebens- und Arbeitswelt vom Mittelalter bis zum 19. Jahrhunderts, hg. v. G. Gerkens, u. A. Graßmann, Lübeck, 1993, S. 13. また，本書第5章第2節を参照。取引の具体的な内容は，本章で検討してきたとおりである。量的にみれば，16—18世紀にリューベックは取引規模を拡大したとはいえ，オランダやイングランド，ハンブルクやダンツィヒと比べれば，リューベックには，世界的な尺度での重要性は，もはや備わってはいなかったといえる。Ebenda, S. 29.

55) 近世スウェーデンの農民も，航海を行なって自らの産物をバルト海南岸のドイツ都市に納めていたという。Åke Sandström, Ploughing Burgher and Trading Peasants. The Meeting between the European Urban Economy and Sweden in the Sixteenth and Seventeenth Centuries, in: Regional Integration in Early Modern Scandinavia, ed. by F.-E. Eliassen, J. Mikkelsen, B. Poulsen, Odense, 2001, pp. 95-105.

結　び

　本研究では，14世紀から17世紀までの北方ヨーロッパで繰り広げられた広域的な商業について，主にリューベックに視点を置きながら検討がなされた。近世の世界経済の形成に伴いヨーロッパ経済が大きく変質するなかで，ハンザ・北欧商業圏の商業都市がいかなる商業を展開し，それがハンザの盛衰とどう関係したか，主に通商網の広がりという面から取引相手先や流通する商品，取引の頻度などの面から解明してきたのであった。

　以下では，本書で検討された内容を手短に確認するとともに，今後の研究の展望，ハンザ研究の現代的な意義について若干述べておくことにしたい。

　第Ⅰ部ではハンザ商業の動脈であったリューベック・ハンブルクを経由したバルト海・北海間商業の構造の解明に力点が置かれ，ハンザの伝統的な東西間商業を中心に考察が進められた。まず第1章では，ハンザ盛期（1368年）のリューベックを経由したバルト海・北海間商業について，具体的な経路について考察した後に史料に密着した分析を行ない，商品や輸送の面からこの区間の流通の実態を明らかにした。第2章では，同じくリューベック・ハンブルクを経由したバルト海・北海間商業について，ハンザ後期（15世紀後半—16世紀前半）に流通した商品の内容を中心に分析を行ない，1500年頃でもリューベック・ハンブルク間の内陸路では，ロシア・リーフラント産品を中心に多くの商品が流通していたことを確認した。そして第3章では，このロシア・リーフラント産品の取引に焦点を当て，リューベックにおけるロシア・リーフラント商業

の比重の大きさや具体的な取引の内容について検討した。また，蜜蠟という，現在の我々の生活にはあまり縁のない商品についても若干の考察を施した。

　これらの検討を通じて，第Ⅰ部では，リューベックがハンザ盛期のみならず，ハンザ後期においてもバルト海・北海間商業で一定の役割を担っており，その取引の中心にロシア・リーフラント産品があったことを確認した。すなわち，ハンザ盛期のバルト海・北海間商業の基本構造が，ハンザ後期の1500年前後においても維持されていたように窺えるのであった。

　第Ⅱ部では，近世「ヨーロッパ世界経済」の形成に伴うヨーロッパ経済の変化とそれに基づくハンザ都市間の関係の変化を念頭に置き，リューベックのほかにも主なハンザ都市を取り上げて，それらの商業について考察した。まず第4章では，それまで上り調子であったハンザとその中心都市リューベックの商業の発展傾向が頭打ちとなる15世紀初頭を取り上げ，この時期のバルト海情勢が，オランダとの関係を軸にデンマークとの関係を交えて検討された。そして，オランダのバルト海商業が15世紀前半にはハンザ商業を侵食し始め，ハンザの結束力にも影響を与えていたことを示し，それがハンザ商業の構造を大きく変える端緒であることを論じた。すなわち，15世紀前半はハンザが盛期から衰退期へと移り変わる転換期として位置づけられるのではないかとの仮説を，ここで提示した。第5章では，そのオランダのバルト海進出に伴うバルト海商業の構造変化が，ダンツィヒ商業の発展とリューベック商業への打撃という対照的な影響を通じて，各種集計データから明らかにされた。さらにリューベックとダンツィヒ双方が依拠する商業基盤が異なるのではないかという仮説を提示し，ダンツィヒの商業的繁栄は，ハンザ商業よりもむしろ「ヨーロッパ世界経済」の拡大・深化とより強く関連していたと推測されること，そしてオランダによってダンツィヒから穀物が大量に輸出される体制が整った（十三年戦争後）15世紀後半には，ハンザは衰退期に入ったと考えられるとの筆者の考えを述べた。合わせて，リューベックも取引規模を拡大させたとしても，東西間の広域的な商業の動脈から外れた同市からは，かつてのような商業的重要性が失われていったとの見解を述べた。すなわち，ハンザ盛期のバルト海・北海間商

業の基本構造が 1500 年前後においても維持されていたように見えたとはいえ，リューベック商業はやはり大きな構造的な変容を遂げ，そのヨーロッパ規模での重要性は失われていったのだった。第 5 章の補論では，スウェーデン産銅の流通を取り上げ，そのヨーロッパ的な意義を検討したが，これら銅のリューベックを経由した流通も，ハンザ衰退期のリューベックの繁栄に繋がったわけではないことを示した。

　第Ⅱ部の後半では，まず第 6 章でケルンの商業基盤が検討され，それがリューベックなどバルト海ハンザ都市の商業基盤とは異なること，そしてケルンのバルト海方面との取引も，結局はケルンの生命線である内陸路の補強に繋がったということが示された。その補論では，イングランド商業をめぐるケルンのハンザからの除名問題が扱われ，対イングランド関係におけるケルンの独自の行動から，やはり，ケルンと海域のハンザ都市とが，それぞれ依拠する経済基盤を異にしていたとの見解が導き出された。そして，第 7 章ではハンブルクの商業の展開が考察された。リューベックとは対照的にハンザ衰退期に大きく発展したハンブルクの商業基盤に大西洋とヨーロッパ大陸内部との交易があったことがここで述べられ，主に大陸内部地域との商業関係が，各種の記録に依拠しながら検討された。こうして第Ⅱ部では，リューベックを中心とする組織としてのハンザの求心力低下が，大航海時代以降のヨーロッパ経済の変質を背景とする主要ハンザ都市の商業的利害の個別化と関連づけて説明された。総じて第Ⅱ部は，「ヨーロッパ世界経済」の形成を背景とするハンザ商業の変化に考察の中心があった。

　第Ⅲ部では，再びリューベックの商業に視点が置かれ，ハンザ衰退期のバルト海近隣地域との商業に焦点が当てられた。概して，ハンザの主要都市は，ハンザ衰退期に商業活動を活発化させていた。リューベックもその例外ではなく，バルト海・北海間のかつての動脈としての重要性は失いつつあったとはいえ，バルト海内で地理的に近い地域との商業を拡大させつつあり，それが同市の取引規模の増大につながっていたのだった。そこで，まず第 8 章では 15 世紀末の関税史料の分析から，リューベックから近いスコーネ地方を中心とするデンマークとの商業の内実が明らかにされた。またその補論では，やはり近くに位置するメクレンブルク・ポメルン地方との商業の内容が，同じ関税史料に即して具体的

に検討された。そして，第9章では，17世紀後半の関税データの分析を中心に，リューベックがバルト海の内部でも特に地理的に近いその周辺地域と活発な取引関係を構築していたことを改めて確認し，デンマーク経済が抱えていた問題にも踏み込みながら，リューベックなどドイツ北部の港湾都市とデンマークとの密接な商業関係に焦点を当てた。そして，両者の間の高頻度の商業関係を母体として，ハンザ衰退期のバルト海南西海域には，リューベックを一つの結節点として商業圏が形成されていたのではないかとの仮説を述べた。

　本研究は，14世紀から17世紀までの比較的長い時代を扱い，地理的にもドイツを中心に，ロシアからイングランドまでと広い領域を扱ってきた。世界経済の形成というヨーロッパ経済の長期的な大変動のなかにハンザを位置づけると，どのような商業世界が見えてくるか。こうした問題意識のもと，本書では，リューベックをはじめとするハンザの主要都市に視点を置きながら，ある限られた時点での商業の具体的な内容と合わせて，長い時間軸のなかでのハンザ商業の変質について述べてきたのであった。広域的，長期的観点から複数のハンザ都市を拠点とした商業の変化を扱い，これまでのドイツ本国の研究で欠けていた世界経済的な観点からハンザの衰退を理解するための視座を提示した点，ここに本研究が持つ新しさがあるものと考えられる。本研究では，幾つかの仮説を提示したが，それらは，さらに多くの関税史料や商業に関する統計的なデータとともに，本研究では十分には活用されなかった各種文書史料を参照することにより，さらに深化させていく必要がある。また，商業・経済のみならず政治・外交問題についての緻密な考察も求められるだろう。

　ハンザ（同盟）とは，中世後期から近世初頭にかけて北方ヨーロッパに出現したドイツの商人や都市を母体とする固有の組織であり，その実態は，「序論」でも述べたように，極めて摑みどころがなく曖昧模糊とした存在であった。しかし，ともすればそのゆるい結びつきにこそ，ハンザの現代的な意義が見いだされることがあるかもしれない。グローバル化が進んだ現在，地球上の各地では，国家を単位として見ていくだけでは読み解くことのできない様々な事態が生じている。グローバル化した世界の諸情勢を解釈・検討していくうえで，例えば「世界システ

論」(ウォーラーステイン)や「帝国」(ネグリ，ハート)のようなグランド・セオリーがあるとしても，それらは，すべてのケースにおいて適用可能な伝家の宝刀であるというわけにはいかないだろう。場合によっては，かつての「ハンザ」という商人や都市を単位とした，ある種茫洋とした組織のあり方の再検討やそれとの比較が，現在の世界情勢を読み解いていくうえで有効な解読装置となることもあるかもしれない。あるいは，国境線の持つ役割が相対化された現在，複数の国や地域にまたがる何らかの広域的な組織を立ち上げようとする際に，ハンザという都市や市民(商人)を母体とする緩やかな結びつきは，新たなタイプの国際的な組織のあり方を考案していく上で，一つの有効な選択肢になるのではなかろうか。ハンザは歴史上ユニークな一回限りの現象であったとはいえ，やがてその現代的な意義が注目されるようになることがあるかもしれない。そのためにも，ハンザとは何かということを組織の内部から，また外部世界との関係からも明らかにしていくことが求められるであろう。ハンザに関して，これからも多面的な研究が必要とされるのである。

　　　　　　　あ と が き
　　　　　　　―――――――

　本書は，2010 年に早稲田大学大学院経済学研究科に提出された学位論文「北欧商業史の研究――世界経済の形成とハンザ商業」を，若干の修正を施したうえで刊行したものである。

　研究者になることを志して勉強を始めてから 25 年が経過した。私が学問の世界に強く憧れるようになったのは一度大学を出てから後のことであった。卒業してすぐにサラリーマンになったものの，会社になじめずにいた私は読書を中心とする研究生活への憧れを断ちがたく，結局は会社を退社，1986 年に早稲田大学大学院経済学研究科に入学し，鈴木健夫先生のもとで西洋経済史の勉強を開始した。
　西洋経済史を専攻しようとする思いは，これまでの読書によって培われていた。増田四郎先生の著作を幾つか読み，その学風に惹かれていたのである。「増田四郎のような学者になりたい」という，今から思えば不遜とも思える希望を当時は抱いていたのであった。後年私は，勤務校の『図書館便り』に「私を変えた一冊の本」というテーマで執筆の機会が与えられたが，その際，迷わず選んだ本は，増田先生の『大学でいかに学ぶか』（講談社現代新書，1966 年）であった。一方，研究テーマとしてハンザ商業史を選ぶようになったきっかけは，これも読書の産物といえるものであった。修士論文では都市の歴史を取り上げたいと漠然と思いつつ，読み進めていた都市史関係の本のなかに，たまたま高村象平先生の本があった。『ハンザの経済史的研究』，『中世都市の諸相』（ともに筑摩書房，1980 年）と読み進めていくうちに，ハンザ衰退に関する妙に具体的なイメージが頭の中に浮かんだのである。オランダのバルト海進出がリューベックを経由するバルト海・北海間の連絡路の利用を減らし，盟主リューベックの衰退を通じてハンザの衰退が促されたのではないか。

その際に得られたこのような仮説は，高橋理先生の『ハンザ同盟』（教育社，1980年）を読んだ後にはますます強固なものとなっていた。モデルの設定や理論とも無縁の単なる出来事の連鎖でしかないこの単純な筋書きをいかにして実証していくか，これが結局は，博士論文執筆までの私のハンザ商業史研究の，いわばライトモティーフをなすに至った。

通商動脈の移動に着目したこの仮説自体は私のオリジナルなものというわけではなく，既に高村先生，高橋先生の著作のなかでも述べられてきた事柄である。しかし，十分な実証は我が国のみならずドイツ本国でもまだなされていなかった。むろんそのことがわかってきたのは，研究を進めてやや時間が経過してからであったが，まずは修士課程2年の時，この仮説をベースに，バルト海・北海間内陸路の利用減少とともに重要性が低下するリューベックとオランダのバルト海進出とともに発展するダンツィヒとを対比的に扱ったやや長めのレポートを鈴木先生に提出した。やがてこのレポートは，唖然とするくらいに徹底に語句，文章が修正されて返却されてきた。あまりの修正箇所の多さに，正直めげたというのが当時の率直な感想であったが，これはまた，一学生のレポートに時間と労力を割いてこれほどまで真摯な対応を示してくれる鈴木先生の学問上の師匠としてのすごさを思い知る機会でもあった。ともあれ，このテーマを膨らますことにより，修士論文として「ドイツ・ハンザの衰退——東西交易路の転換期におけるリューベクとダンチヒ」（1989年早稲田大学大学院経済学研究科提出）が生まれ，この修士論文の骨子を活かして最初の学術論文「近世初頭のバルト海貿易——リューベックとダンツィヒ」（『早稲田経済学研究』1992年）が作成された。そして，バルト海・北海間の交易路の変化にこだわったこの研究テーマは関連する諸論考とともに学位論文としてまとめられ，このたび書籍として刊行される運びとなった。

同じテーマを扱った私の修士論文とここに刊行する『北欧商業史の研究』であるが，つたない成果とはいえ，もし本書のほうがボリュームでまさるだけでなく，内容も深化したものであるのなら，それはやはりこれまでの私の研究を支えてくれた方々のおかげであろう。私は決して社交的な人間というわけではないが，それでもやはり名前を挙げて感謝申

あとがき

し上げたい方々が何人か存在する。

　高校時代にまでさかのぼれば，成城高校（東京都新宿区）の元島敏博先生の世界史の授業を思い出す。元島先生の若々しいエネルギッシュな授業を通じて叩き込まれた世界史に関する知識は，後年経済史を勉強していくうえで極めて有益であった。上智大学に進学してからは，中村宏先生の経済史と鬼頭宏先生の日本経済史の講義を履修した。このうち中村先生の講義は，実は最初の履修に失敗してしまった。改めて二度目に本腰を入れて経済史の勉強に取り組んだことも，この分野に対する興味を培うきっかけになったのかもしれない。卒業後大学院への進学を決意するにあたり，まず相談にのっていただいたのが中村先生であった。中村先生が増田四郎先生の門下生であったことは私にとって幸運であった。あるときは上智大学の研究室で，またあるときは神奈川県藤沢市のご自宅で，中村先生からは経済史を学ぶに際しての心構え，増田先生のエピソードなどをうかがうことができた。残念ではあるが，増田先生，そして中村先生ともに既にこの世の方ではない。

　大学院入学後，鈴木健夫先生からは，研究者になるための実に様々なノウハウを一から授けていただいた。長年にわたりご迷惑をおかけし，学位論文の審査に際してまでお世話になり，ほんとうに感謝の言葉もない。ロシア経済史が専門であるにもかかわらずドイツ留学の経験があり，ドイツ語にもフランス語にも通じておられる鈴木先生から，私はドイツ語経済史文献の読み方を教えていただいた。レポート・論文の書き方や研究報告の進め方，酒の席での振る舞いなど，鈴木先生から教えていただいたことは枚挙に暇がない。鈴木ゼミでは実に様々な話題が取り上げられ，議論の対象となった。ともに鈴木ゼミで学んだ諸氏，とりわけ松村岳志，小野田若菜，川崎亜紀子，尾崎麻弥子の各氏，また川勝平太先生のゼミから参加されていた辻智佐子氏に感謝申し上げたい。

　また大学院時代には，授業を通じて二宮宏之先生，野崎直治先生，南部宣行先生，藤田幸一郎先生，諸田實先生，小倉欣一先生，川勝平太先生にお世話になった。ことに諸田先生の授業は学生が私一人で，一対一の気安さから大塚史学をはじめ様々な質問を先生に投げかけたのであるが，諸田先生は該博な知識をもとに一つ一つの質問に丁寧に答えてくださった。南部先生は私の学位論文の審査のためにお時間を割いてくださ

った．早稲田の先輩では，内田日出海先生と佐久間弘展先生にお世話になった．佐久間先生には，わざわざ佐世保にある私の勤務校にまでおいでいただき，学内の研究会で研究報告をしていただいたことがあった．それが亡き佐久間先生との一番の思い出となっている．

そのほかにも，日本ハンザ史研究会では高橋理先生と斯波照雄先生，国際商業史研究会では深沢克己先生，バルト・スカンディナヴィア研究会では村井誠人先生から，研究会での報告の機会を提供していただくなどしてこれまでの私の研究を支えていただいた．斯波先生も私の学位論文の審査を担当してくださった．先生から頂いた有益なコメントは論文を完成させていくうえで大いに役立った．九州に赴任してからは，神寶秀夫先生，田北廣道先生，山田雅彦先生，藤井美男先生から九州圏内の学会での報告を勧めていただくなど，ご配慮いただくようになった．

ハンザ・北欧史の研究仲間にも感謝したい．玉木俊明氏の情報収集能力とネットワーク構築能力にはかねがね敬服している．玉木氏とともに根本聡氏，柏倉知秀氏からは常日頃から研究のみならず様々な有益な情報をいただきお世話になっている．他にもお世話になっている方として小野寺利行，奥村優子，高橋陽子，小澤実，牧野正憲，井上光子，入江幸二，佐藤睦朗，塩谷昌史，山本大丙の諸氏のお名前を挙げさせていただきたい．このうち奥村氏は，かつて早稲田大学の交換留学生として一年間ドイツ・ボン大学に学んだ際，学生寮で苦楽をともにした，いわば戦友である．

勤務校である長崎県立大学経済学部でも多くの先生方にお世話になっている．とりわけマルサスの専門家で書籍について幅広い知識をお持ちの柳田芳伸先生からは，いつも様々な文献や経済学史にまつわる有益な情報・アドヴァイスを授けていだき，感謝するばかりである．既に退職されたが，私と同じくドイツ語圏の経済史を専攻する岩井隆夫先生にも大変お世話になった．かつて柳田先生，それに岩井先生が続けて学位を取得された後，そのお祝いに今は亡き吉尾清先生と四人でささやかな温泉旅行に赴いたことがあった．吉尾先生との交流にまつわる大切な思い出である．

知泉書館を紹介していただいたのは玉木俊明氏である．改めて玉木氏に御礼申し上げるとともに，本書の刊行に至るまで大変お世話になった

あとがき

　小山光夫社長と髙野文子氏にも感謝申し上げたい。私にとって初めての単著であり、不慣れゆえにご迷惑をおかけしたことが多々あったかもしれない。小山社長の適切なリードのおかげで本書の刊行はスムーズに進められた。

　両親にも感謝したい。父・舜一・母・治子ともに三十代後半になるまで定職のなかった私の生活を支えてくれた。満足に親孝行を果たすことができないうちに父は逝ってしまった。迷惑をかけ続けた本当にわがままな息子であったことをお詫びしたい。また、父の友人で弁護士の村山利夫先生は、お忙しいなか頻繁に私を食事に誘い、様々な悩みを聞いてくださった。現在も機会あるごとに温かい言葉をかけていただいている。村山先生にも御礼申し上げたい。

　そして最後に私の妻へ。日頃から仕事が忙しいにもかかわらず、家事と子育てをこなしてくれている妻・増美には感謝の言葉もない。彼女の支えがあってこそ、現在の私の研究生活は成り立っているのである。

2011 年 11 月

　　　　　　　　　　　　　　　　　　　　　　　　　佐世保にて
　　　　　　　　　　　　　　　　　　　　　　　　　谷　澤　毅

初 出 一 覧

初出は以下のとおり。ただし，いずれも大幅に加筆，修正した。

序論　書き下ろし
第 1 章　『社会経済史学』第 63 巻第 4 号，1997 年。
第 2 章　『北欧史研究』第 20 号，2003 年。
第 3 章　鈴木健夫編『ロシアとヨーロッパ』早稲田大学出版部，2004 年。
第 4 章　『長崎県立大学論集』第 38 巻第 4 号，2005 年。
第 5 章　『早稲田経済学研究』第 35 号，1992 年。
　第 5 章補論　『北欧史研究』第 10 号，1993 年。
第 6 章　『早稲田経済学研究』第 41 号，1995 年。
　第 6 章補論　鈴木健夫編『地域間の歴史世界――移動・衝突・融合』早稲田大学出版部，2008 年。
第 7 章　『長崎県立大学論集』第 39 巻第 4 号，2006 年。
第 8 章　『長崎県立大学論集』第 32 巻第 4 号，1999 年。
　第 8 章補論　『市場史研究』第 19 号，1999 年。
第 9 章　『北欧史研究』第 15 号，1998 年。
結び　書き下ろし

参 考 文 献

略 号

AHS:　Abhandlungen zur Handels- und Sozialgeschichte
HGbll:　Hansische Geschichtsblätter
HR:　Hanserecesse
HUB:　Hansisches Urkundenbuch
JEEH:　Journal of European Economic History
QDHG, NF:　Quellen und Darstellungen zur hansischen Geschichte, Neue Folge
UBSL:　Urkundenbuch der Stadt Lübeck
VSWG:　Vierteljahrschrift für Sozial- und Wirtschaftsgeschichte
ZVLGA:　Zeitschrift des Vereins für Lübeckische Geschichte und Altertumskunde
ZVHG:　Zeitschrift des Vereins für Hamburgische Geschichte

史 料

Bruns, Friedrich, Die lübeckischen Pfundzollbücher von 1492-1496, in: HGbll, 11, 1904-5, S. 457-499, 13, 1907, S. 109-131, 14, 1908, S. 357-407.

Dösseler, Emil, Der Niederrhein und der deutsche Ostseeraum zur Hansezeit. Neue Quellenbeiträge zur Geschichte der niederrheinischen Auswanderung in die Ostseestädte und des niederrheinischen Ostseehandels, in: Quellen und Forschung zur Geschichte des Niederrheins Bd. 1, Düsseldorf, 1940.

Huhnhäuser, Alfred, Rostocks Seehandel von 1635-1648 (nach den Warnemünder Lizentbüchern), I, die Schiffahrt, Rostock, 1913.

Kuske, Bruno (Hg.), Quellen zur Geschichte des Kölner Handels und Verkehrs im Mittelalter, Publikationen der Gesellschaft für Rheinische Geschichtskunde, 33, Bonn, Bd. 1, 2, 1917.

Lechner, Georg (Hg.), Die hansischen Pfundzollisten des Jahres 1368, QDHG, NF, Bd. 10, Lübeck, 1935.

Das Hamburgische Pfundzollbuch von 1369, bearb. v. H. Nirrnheim, Veröffentlichungen aus dem Staatsarchiv der Freien und Hansestadt Hamburg, Bd. 1, Hamburg, 1910.

Hanserecesse, 1. Abt. 1256-1430, bearb. v. K. Koppmann, Leipzig, Bd. 1, 1870, Bd. 2, 1872, Bd. 4, 1877, Bd. 6, 1889, Bd. 7, 1893, Bd. 8, 1897. 2. Abt. 1431-1476, bearb. v. G. v. d. Ropp, Leipzig, Bd. 1, 1876, Bd. 2, 1878, Bd. 4, 1883, Bd. 5, 1888, Bd. 6, 1890.

Hansisches Urkundenbuch, hg. v. Verein für Hansische Geschichte, Bd. 1, 2, bearb. v. K. Höhlbaum, Halle, 1876, 1879, Bd. 4, 5, 6, bearb. v. K. Kunze, Leipzig, 1896,

1899, 1905, Bd. 10, 11, bearb. v. W. Stein, Leipzig, 1907, 1916.

Die Lübecker Pfundzollbüher 1492-1496, Teil 1-4, bearb. v. Hans-Jürgen Vogtherr, QDHG, NF, Bd. 41, 1-4, Köln/Weimar/Wien, 1996.

Pitz, Ernst, Zolltariffe der Stadt Hamburg, Deutsche Handelsakten des Mittelalters und der Neuzeit, 11, Wiesbaden, 1961.

Sprandel, Rolf, Das Hamburger Pfundzollbuch von 1418, QDHG, NF, Bd. 18, Köln/Weimar, 1972.

Stieda, Wilhelm, Revaler Zollbücher und -quittungen des 14. Jahrhunderts, Hansische Geschichtsquellen, Bd. 5, Halle, 1887.

Vogtherr, Hans-Jürgen, Hamburger Faktoren von Lübecker Kaufleuten des 15. und 16. Jahrhunderts, in: ZVLGA, 73, 1993, S. 39-138.

Urkundenbuch der Stadt Lübeck (Lübeckisches Urkundenbuch), hg. v. Verein für Lübeckische Geschichts- und Altertumskunde, Lübeck, Bd. 1, 1843, Bd. 2, 1858, Bd. 3, 1871, Bd. 6, 1881, Bd, 10, 1898.

外国語文献

Achilles, Walter, Getreidepreise und Getreidehandelsbeziehungen europäischer Räume im 16. und 17. Jahrhundert, in: Zeitschrift für Agrargeschichte und Agrarsoziologie, 7, 1959, S. 32-55.

Akteure und Gegner der Hanse - Zur Prosopographie der Hansezeit, Hansische Studien, 9, hg. v. D. Kattinger, H. Wernicke unter Mitw. v. R. - G. Werlich, AHS, Bd. 30, Konrad-Fritze- Gedächtnisschrift, Weimar, 1998.

Alberts, W. Jappe, Overijssel und die benachbarten Territorien in ihren wirtschaftlichen Verflechtungen im 14. und 15. Jahrhundert, in: Rheinische Vierteljahrsblätter, 24, 1959, S. 40-57.

Ammann, Hektor, Die deutschen und schweizerischen Messen des Mittelalters, in: Recueil de la Société Jean Bodin, Bd. 5: La Foire, Brüssel, 1953, pp. 149-173.

Angermann, Norbert, Johann von Gohren. Ein Lübecker Rußlandkaufmann des 17. Jahrhunderts, in: ZVLGA, 64, 1984, S. 97-114.

Angermann, Norbert, Die Hanse und Rußland in den Jahren 1584-1603, in: HGbll, 102, 1984, S. 79-90.

Angermann, Norbert, Die Bedeutung Livlands für die Hanse, in: Die Hanse und der Deutsche Osten, hg. v. N. Angermann, Lüneburg, 1990, S. 97-115.

Angermann, Norbert, Der hansische Rußlandhandel. Zur Forschungslage, in: N. Angermann u. K. Friedland (Hg.), Novgorod - Markt und Kontor der Hanse, QDHG, NF, Bd. 53, Köln/Weimar/ Wien, 2002, S. 5-12.

Angermann, Norbert, Deutsche Handelsverbindungen mit Moskau im 15. und 16. Jahrhundert, in: HGbll, 125, 2007, S. 121-142.

Asmussen, Georg, Die Lübecker Franderfahrer in der zweiten Hälfte des 14. Jahrhunderts (1358-1408), in: W. Paravicini (Hg.), Hansekaufleute in Brügge,

Teil 2, Kieler Werkstücke Reihe D. Beiträge zur europäischen Geschichte des späten Mittelalters, Bd. 9, Frankfurt am Main u. a., 1999.

Aubin, Gustav, Bartolomäus Viatis. Ein Nürnberger Großkaufmann vor dem dreißigjährigen Kriege, in: VSWG, 33, 1940, S. 145-157.

Baasch, Ernst, Die »Durchfuhr« in Lübeck. Ein Beitrag zur Geschichte der lübischen Handelspolitik im 17. und 18. Jahrhundert, in: HGbll, 13 (Jg. 34), 1907, S. 109-152.

Baum, Hans Peter u. Sprandel, Rolf, Zur Wirtschaftsentwicklung im spätmittelalterlichen Hamburg, in: VSWG, 59-4, 1972, S. 473-488.

Baumann, Wolf-Rudiger, The Merchants Adventurers and the Continental Clothtrade (1560s-1620s), Berlin/New York, 1990.

Biskup, Marian, Die polnisch-preußischen Handelsbeziehungen in der ersten Hälfte des 15. Jahrhunderts, in: Hansische Studien, Bd. 8, Berlin, 1961, S. 1-6.

Biskup, Marian, Das Reich, die wendische Hanse und die preußische Frage um die Mitte des 15. Jahrhunderts, in: Neue Hansische Studien, Berlin, 1970, S. 341-357.

Blanckenburg, Christine von, Die Hanse und ihr Bier. Brauwesen und Bierhandel im hansischen Verkehrsgebiet, QDHG, NF, Bd. 51, Köln/Weimar/Wien, 2001.

Blaschke, Karlheinz, Elbschiffahrt und Elbzölle im 17. Jahrhundert, in: HGbll, 82, 1964, S. 42-54.

Blockmans, Wim P., Der holländische Durchbruch in der Ostsee, in: S. Jenks u. M. North (Hg.), Der Hansische Sonderweg? Beiträge zur Sozial- und Wirtschaftsgeschichte der Hanse, QDHG, NF, Bd. 39, Köln/Weimar/Wien, 1993, S. 40-58.

Blunk, Michaela, Der Handel des Lübecker Kaufmannes Johann Glandorp an der Wende vom 16. zum 17. Jahrhundert, Veröffentlichungen zur Geschichte der Hansestadt Lübeck, Reihe B, Bd. 12, Lübeck, 1985.

Böcker, Heidelore, Die kleine Hansestadt in ihren europäischen Dimensionen, in: Beiträge zur hansischen Kultur-, Verfassungs- und Schiffahrtsgeschichte. Hansische Studien, X, hg. v. H. Wernicke u. N. Jörn, AHS, Bd. 31, Weimar, 1998, S. 239-251.

Bode, Wilhelm, Hansische Bundesbestrebungen in der ersten Hälfte des 15. Jahrhunderts, in: HGbll, 25, 1919, S. 173-246.

Bogucka, Maria, Handelsbeziehung im Ostseeraum: Der Handel zwischen Danzig/Gdańsk und Stockholm in der 1. Hälfte des 17. Jahrhunderts, in: Seehandel und Wirtschaftswege Nordeuropas im 17. und 18. Jahrhundert, hg. v. K. Friedland u. F. Irsigler, Ostfildern, 1981, S. 39-47.

Bogucka, Maria, Danzig an der Wende zur Neuzeit: Von der aktiven Handelsstadt zum Stapel und Produktionzentrum, in: HGbll, 102, 1984, S. 91-103.

Bohmbach, Jürgen, Ein London-Hamburger Kommissionsgeschäft der Jahre 1574-1577, in: ZVHG, 63, 1977, S. 69-86.

Böhnke, Werner, Die Binnenhandel des deutschen Ordens in Preußen und seine Beziehungen zum Außenhandel um 1400, in: HGbll, 80, 1962, S. 26-95.
Borries, Hans Karl von, Handels- und Schiffahrtsbeziehungen zwischen Lübeck und Finnland, Jena, 1923.
Brandt, Ahasver von, Seehandel zwischen Schweden und Lübeck gegen Ende des 17. Jahrhunderts. Ein Beitrag zur Geschichte der Ostseeschiffahrt, in: Scandia, 18, 1947, S. 33-72.
Brandt, Ahasver von, Geist und Politik in der lübeckischen Geschichte, Lübeck, 1954.
Brandt, Ahasver von, Der Untergang der Polis als Großmacht (Lübeck und Venedig im 16. Jahrhundert), in: Geist und Politik in der lübeckischen Geschichte, Lübeck, 1954, S. 147-164.
Brandt, Ahasver von, Lübeck und Norden. Umrisse einer internationalen Beziehung, in: Geist und Politik in der lübeckischen Geschichte, Lübeck, 1954, S. 97-122.
Brandt, Ahasver von, Waren und Geld um 1560. Aus dem Geschäftsbuch des Lübecker Maklers Steffen Molhusen, in: ZVLGA, 34, 1954, S. 45-57.
Brandt, Ahasver von, Hamburg und Lübeck, in: Geist und Politik in der lübeckischen Geschichte, Lübeck, 1954, S. 123-146.
Brandt, Ahasver von, Die Hanse und die nordischen Mächte im Mittelalter. Arbeitsgemeinschaft für Forschung des Landes Nordrhein-Westfalen, Heft 102, Köln/Opladen, 1962.
Brandt, Ahasver von, Hamburger Kaufleute im Ostseehandel des 14. Jahrhunderts (bis 1363) nach dem Lübecker Niederstadtbuch, in: ZVLGA, 49/50, 1964, S. 1-28.
Brandt, Ahasver von, Die gesellschaftliche Struktur des spätmittelalterlichen Lübeck, in: Lübeck, Hanse, Nordeuropa. Gedächtnisschrift für Ahasver von Brandt, hg. v. K. Friedland u. R. Sprandel, Köln/Wien, 1979, S. 209-232.
Brandt, Ahasver von, Thomas Fredenhagen (1627-1709). Ein Lübecker Großkaufmann und seine Zeit, in: Lübeck, Hanse, Nordeuropa, Gedächtnisschrift für Ahasver von Brandt, hg, v. K. Friedland u. R. Sprandel, Köln/Wien, 1979, S. 246-269.
Brandt, Ahasver von, Die Hanse als mittelalterliche Wirtschaftsorganisation, in: Von Pommern bis zum Baltikum. Die Hanse im Ostseeraum, 12. bis 17. Jahrhundert, Bonn, 1983, S. 5-23.
Brulez, Wilfrid, L'Exportation des Pay-Bas vers l'Italie par voie de terre au milleu de XVIe siècle, Annales, Economies-Société-Civilisations, Juillet-Septembre, 1959, pp. 461-491.
Bruns, Friedrich, Lübecks Handelsstraßen am Ende des Mittelalters, in: HGbll, 8, 1896, S. 43-87.
Buszello, Horst, Köln und England (1468-1509), in: Mitteilungen aus dem

Stadtarchiv von Köln, 60, 1971, S. 431-467.

Buszello, Horst, Die auswärtige Handelspolitik der englischen Krone im 15. Jahrhundert, in: Frühformen English - Deutscher Handelspartnerschaft, hg. v. Hansischen Geschichtsverein, bearb. v. K. Friedland, QDHG, NF, 23, Köln/Wien, 1976, S. 64-86.

Carter, Francis W., Trade and Urban Development in Poland. An Economic Geography of Cracow, from it's Origin to 1795, Cambridge Studies in Historical Geography, 20, Cambridge, 1994.

Carus-Wilson, E. M., The Iceland Venture, in: Medieval Merchant Venturers, Collected Studies, London, 1954, pp. 98-142.

Christensen, Aksel, Scandinavia and the Advance of the Hanseatics, in: Scandinavian Economic History Review, 1-2, 1957, pp. 89-117.

Cordes, Albrecht, Spätmittelalterlicher Gesellschaftshandel im Hanseraum, QDHG, NF, 45, Köln/Weimar/Wien, 1998.

Cordes, Albrecht, Graßman, Antjekathrin und Hammel-Kiesow, Rolf, Zwischen Globalisierung und Konfessionalisierung : Kommunikation und Raum in der hansischen Geschichte, in: HGbll, 123, 2005, S. 1-6.

Czaja, Roman, Neuere Hanseforschung in Polen (1970-1998), in: HGbll, 117, 1999, S. 131-149.

Die Deutsche Hanse als Mittler zwischen Ost und West. Arbeitsgemeinschaft für Forschung des Landes Nordrhein- Westfalen. Wissenschaftliche Abhandlung 27, Köln, 1963.

Daenell, Ernst, Der Ostseeverkehr und die Hansestädte von der Mitte des 14. bis zur Mitte des 15. Jahrhunderts, in: HGbll, 1902, S. 3-47.

Daenell, Ernst, Die Blütezeit der deutschen Hanse, 3. Auflage, 2 Bde, Berlin/New York, 2001.

Dahlbäck, Göran, Schweden und Finland, in: Europäische Wirtschafts- und Sozialgeschichte vom ausgehenden Mittelalter bis zur Mitte des 17. Jahrhunderts, unter Mitarb. v. N. Angermann, hg. v. H. Kellenbenz, Handbuch der Europäischen Wirtschafts- und Sozialgeschichte, Bd. 3, Stuttgart, 1986, S. 389-437.

Dahlbäck, Göran, Eisen und Kupfer, Butter und Lachs. Schwedische Produkte im hansischen Handel, in: Vergleichende Ansätze in der hansischen Geschichtsforschung, hg. v. R. Hammel -Kiesow, Hansische Studien, Bd. 13, Trier, 2002, S. 163-173.

Deeters, Joachim, Gerhard von Wesel - ein Kölner Kaufmann im Londoner Hansekontor, in: V. Henn u. A. Nedkvitne (Hg.), Norwegen und die Hanse. Wirtschaftliche und kulturelle Aspekte im europäischen Vergleich, Kieler Werkstücke, Reihe A, Bd. 11, Frankfurt a. M. u. a., 1994, S. 161-176.

Doehaerd, Renée, Études Anversoises. Documents sur le commerce international à

Anvers 1488-1514, Ecole Pratique des Hautes Études, VIe Section. Centre de Recherche Historique, Ports-Routes-Trafics XIV, 3 vol., Paris, 1962/63.

Dollinger, Philippe, Die Bedeutung des Stralsunder Friedens in der Geschichte der Hanse, in: HGbll, 88, 1970, S. 148-162.

Dollinger, Philippe, Die Hanse, 4. erweiterte Auflage, Stuttgart, 1989.

Dorošenko, Vasilij V., Quellen zur Geschichte des Rigaer Handels im 17. -18. Jahrhundert und Problem ihrer Erforschung, in: K. Friedland u. F. Irsigler (Hg.), Seehandel und Wirtschaftswege Nordeuropas im 17. und 18. Jahrhundert, Ostfildern, 1981, S. 3-25.

Eckoldt, Martin (Hg.), Flüsse und Kanäle. Die Geschichte der deutschen Wasserstraßen, Hamburg, 1998.

Edelmayer, Friedrich (Hg.), Die Geschichte des europäischen Welthandels und der wirtschaftliche Globalisierungsprozeß, Wien/München, 2001.

Ehrenberg, Richard, Hamburg und England im Zeitalter der Königin Elizabeth, Jena, 1896.

Eiden, Herbert, Die Hanse, die Leipziger Messen und die ostmitteleuropäische Wirtschaft, in: HGbll, 120, 2002, S. 73-95.

Ellmers, Detlev, Hansischer Handel mit Schiffbauholz. Ein Beitrag zur Wörter- und Sachen Forschung, in: Wirtschaft-Gesellschaft-Mentalitäten im Mittelalter, Festschrift zum 75. Geburtstag von Rolf Sprandel, hg. v. H. -P. Baum, R. Leng u. J. Schneider, Beiträge zur Wirtschafts- und Sozialgeschichte, Nr. 107, Stuttgart, 2006, S. 63-78.

Engel, Evamaria, Bürgerlicher Lehnsbesitz, bäuerliche Produktenrente und altmärkisch- hamburgische Handelsbeziehungen im 14. Jahrhundert, in: HGbll, 82, 1964, S. 21-41.

Fellmann, Walter, Die Salzproduktion im Hanseraum, in: Hansische Studien, Forschung zur mittelalterlichen Geschichte, Bd. 8, Berlin, 1961.

Fischer, Frank, Danzig, Die zerbrochene Stadt, Berlin, 2006.

Fischer, Gerhard, Aus zwei Jahrhunderten Leipziger Handelsgeschichte 1470-1650. Die kaufmännische Einwanderung und ihre Auswirkungen, Leipzig, 1929.

Frensdorf, Ferdinand, Die Hanse zum Ausgang des Mittelalters, in: HGbll, 7 (Jg. 21), 1893, S. 75-101.

Frensdorf, Ferdinand, Die Zollordnung des Lübischen Rechts, in: HGbll, 9 (Jg. 25), 1897, S. 107-146.

Friedland, Klaus, Kaufmannstum und Ratspolitik im späthansischen Lübeck, in: ZVLGA, 43, 1963, S. 5-17.

Friedland, Klaus, Die Verlegung Brüggeschen Kontors nach Antwerpen, in: HGbll, 81, 1963, S. 1-19.

Friedland, Kraus, Dänemark 1350-1650, in: Handbuch der europäischen Wirtschafts- und Sozialgeschichte, Bd. 3, Europäische Wirtschafts- und

Sozialgeschichte vom ausgehenden Mittelalter bis zur Mitte des 17. Jahrhunderts, hg. v. H. Kellenbenz, Stuttgart, 1986, S. 438-467.

Friedland, Klaus, Die Hanse, Stuttgart/Berlin/Köln, 1991.

Fritze, Konrad, Dänemark und die hansisch - holländische Konkurrenz in der Ostsee zu Beginn des 15. Jahrhunderts, Wissenschaftliche Zeitschrift der Ernst-Moritz-Arndt- Universität Greifswald, Jahrgang 13, 1964, Gesellschafts- und sprachwissenschaftliche Reihe Nr. 1/2, S. 79-87.

Fritze, Konrad, Am Wendepunkt der Hanse, Untersuchungen zur Wirtschafts - und Sozialgeschichte wendischer Hansestädte in der ersten Hälfte des 15. Jahrhunderts, Berlin, 1967.

Fritze, Konrad, Problem der Stadt - Land - Beziehungen im Bereich der wendischen Hansestadt, in: HGbll, 85, 1967, S. 38-58.

Fritze, Konrad, Erich von Pommern und die Sundfrage, in: Mare Balticum, Beiträge zur Geschichte des Ostseeraums im Mittelalter und Neuzeit, Festschrift zum 65. Geburtstag von Erich Hoffmann, hg. v. W. Paravicini, Kiel, 1992, S. 203-211.

Fritze, Konrad, Der Hafen zur Hansezeit als ökonomisch- technisches und soziales Ensemble, in: Beiträge zur hansischen Kultur-, Verfassungs- und Schiffahrtsgeschichte. Hansische Studien 10, hg. v. H. Wernicke u. N. Jörn, AHS, Bd. 31, Wemar, 1998, S. 101-114.

Fudge, John D., Cargoes, Embargoes and Embassies. The Commercial and Political Interaction of England and the German Hansa, 1450-1510, Tronto, 1995.

Gassert, Michael, Kulturtransfer durch Fernhandelskaufleute. Europäische Hochschulschriften Reihe III, Geschichte und ihre Hilfswissenschaften, Bd. 915, Frankfurt am Main u. a., 2001.

Gelius, Rolf, Farbewaren im Seehandel der Ostseeländer, in: HGbll, 121, 2003, S. 93-122.

Gelius, Rolf, Von Nutzen einer hansischen Warenkunde, in: HGbll, 124, 2006, S. 93-114.

Glamann, Kristof, European Trade 1500-1750, in: The Fontana Economic History of Europe, The Sixteenth Centuries, ed. by C. M. Cipolla, Glasgow, 1974, pp. 427-526.

Glamann, Kristof, The Changing Patterns of Trade, in: Cambridge Economic History of Europe, 5, E. E. Rich and C. H. Wilson (ed.), The Economic Organization of Early Modern Europe, Cambridge, 1977, pp. 185-289.

Goetz, Karl Leopold, Deutsch-russische Handelsgeschichte des Mittelalters, Lübeck, 1922.

Goetze, Jochen, Hansische Schiffahrtswege, in: HGbll, 93, 1975, S. 71-88.

Gömmel, Rainev, Die Entwicklung der Wirtschaft im Zeitalter des Mercantilismus 1620-1800. Enzyklopädie Deutscher Geschichte, Bd. 46, München, 1998.

Gramulla, Gertrud Susanna, Kölner Kaufleute im Handel mit dem Ostseeraum am

Ende des 15. und 16. Jahrhunderts, in: Mitteilungen aus dem Stadtarchiv von Köln, 60, 1971, S. 553-598.

Gramulla, Gertrud Susanna, Handelsbeziehungen Kölner Kaufleute zwischen 1500 und 1650. Forschungen zur Internationalen Sozial- und Wirtschaftsgeschichte, Bd. 4, Köln/Wien, 1972.

Graßmann, Antjekathrin, Lübeck und der deutsche Osten im Spätmittelalter, in: N. Angermann (Hg.), Die Hanse und der deutsche Osten, Lüneburg, 1990, S. 23-39.

Hammel, Rolf, Häusermarkt und wirtschaftliche Wechsellagen in Lübeck von 1284 bis 1700, in: HGbll, 106, 1988, S. 41-117.

Hammel-Kiesow, Rolf, Die Lübecker Häusermarktkurve (1284-1700) und die wirtschaftliche Entwicklung in Schleswig-Holstein. Erste Ansätze zu einen Vergleich, in: Wirtschaftliche Wechsellagen in Schleswig-Holstein vom Mittelalter bis zur Gegenwart, hg. v. J. Brockstedt, Wirtschafts- und Sozialgeschichte Schleswig-Holstein, Bd., 20, Neumünster, 1991, S. 37-55.

Hammel-Kiesow, Rolf, Hansischer Seehandel und wirtschaftliche Wechsellagen. Der Umsatz im Lübecker Hafen in der zweiten Hälfte des 14. Jahrhunderts, 1492-96, und 1680-82, in: Der hansische Sonderweg? Beiträge zur Sozial- und Wirtschaftsgeschichte der Hanse, hg. v. S. Jenks u. M. North, QDHG, NF, Bd. 39, Köln/Weimar/Wien, 1993, S. 77-93.

Hammel-Kiesow, Rolf, Von Tuch und Herring zu Wein und Holz. Der Handel Lübecker Kaufleute von der Mitte des 12. bis zum Ende des 19. Jahrhunderts, in: Der Lübecker Kaufmann. Aspekte seiner Lebens- und Arbeitswelt vom Mittelalter bis zum 19. Jahrhunderts, hg. v. G. Gerkens u. A. Graßmann, Lübeck, 1993, S. 13-33.

Hammel-Kiesow, Rolf, Hildebrand Veckinchusen (um 1365-1426), in: Der Lübecker Kaufmann. Aspekte seiner Lebens- und Arbeitswelt vom Mittelalter bis zum 19. Jahrhundert, hg. v. G. Gerkens u. A. Graßmann, Lübeck, 1993.

Hammel-Kiesow, Rolf, Wer kaufte die Waren des hansischen Handels? Eine Annäherung an die Endverbraucher, in: kopet uns werk by tyden: Beiträge zur hansischen und preußischen Geschichte; Festschrift für Walter Stark zum 75. Geburtstag, hg. v. N. Jörn u. a., Schwerin, 1999, S. 73-80.

Hammel-Kiesow, Rolf, Lübeck-Grundlinie der Wirtschaftsgeschichte der Stadt, in: Mitteilungen der Geographischen Gesellschaft zu Lübeck, Bd. 59, 1999, S. 5-34.

Hammel-Kiesow, Rolf, Bevölkerungsentwicklung und städtische Topographie, in: Die Hanse. Lebebswirklichkeit und Mythos; Textband zur Hamburger Hanse-Ausstellung von 1989, hg. v. J. Bracker, V. Henn und R. Postel, Lübeck, 1999, S. 242-248.

Hammel-Kiesow, Rolf, Neue Aspekte zur Geschichte Lübecks: Von der Jahrtausende bis zum Ende der Hansezeit. Die Lübecker Stadtgeschichtsforschung der letzten 10 Jahre(1988-1999), Teil II: in: ZVLGA, 20, 2000, S. 9-61.

Hammel-Kiesow, Rolf, Die Hanse, München, 2000.

Hammel-Kiesow, Rolf, Einführung zu den Hansische Studien 13, Vergleichende Ansätze in der hansischen Geschichtsforschung, hg. v. R. H. -Kiesow, Hansische Studien 13, Trier, 2002, S. 1-30.

Hammel-Kiesow, Rolf, Lübeck and the Baltic Trade in Bulk Goods for the North Sea Region 1150-1400, in: Cogs, Cargoes, and Commerce: Maritime Bulk Trade in Northern Europe, 1150-1400, ed. by L. Berggren, N. Hybel, A. Landen, Papers in Medieval Studies 15, Tronto, 2002, pp. 53-91.

Hammel-Kiesow, Rolf, Hanseatic Leage, in: The Oxford Encyclopedia of Economic History, Vol. 2, Oxford, 2003, pp. 495-498.

Hammel-Kiesow, Rolf, unter Mitarbeit von Dieter Dummler u. Michael North, Silber, Gold und Hansehandel, Lübecks Geldgeschichte und der Große Münzschatz von 1533/37, Lübeck, 2003.

Hammel-Kiesow, Rolf, Schoßeinnahmen in Lübeck (1424-1811) und Hamburg (1461-1650), Überlegung zur Interpretation vorindustrieller Zeitreihen, in: Das Gedächtnis der Hansestadt Lübeck. Festschrift für Antjekathrin Graßmann zum 65. Geburtstag, hg. v. R. H. -Kiesow und Michael Hundt, Lübeck, 2005, S. 301-312.

Hammel-Kiesow, Rolf, Europäische Union, Globalisierung und Hanse. Überlegungen zur aktuellen Vereinnahmung eines historischen Phänomens, in: HGbll, 125, 2007, S. 1-44.

Handbuch der Historischen Stätten Deutschlands, 1. Bd., Schleswig-Holstein und Hamburg, hg. v. O. Klose, Stuttgart, 1964.

Die Hanse. Lebebswirklichkeit und Mythos ; Textband zur Hamburger Hanse-Ausstellung von 1989, hg. v. J. Bracker, V. Henn und R. Postel, Lübeck, 1999.

Hansen, Johannes, Beiträge zur Geschichte des Getreidehandels und der Getreidepolitik Lübecks, Lübeck, 1912.

Hansische Handelsstraßen. Aufgrund von Vorarbeiten von F. Bruns bearbeitet von H. Veczerka, QDHG, NF, Bd. 13, Köln/Graz, Teil 1, 1967, Teil 3, Atlas, 1962.

Häpke, Rudolf, Der Untergang der hansischen Vormachtstellung in der Ostsee (1531-1544), in: HGbll, 18, 1912, S. 85-119.

Harder-Gersdorff, Elisabeth, Seehandel zwischen Lübeck und Rußland im 17. /18. Jahrhundert nach Zollbucher Novgorodfahrer, in: ZVLGA, Teil 1, 41, 1961, S. 43-114, Teil 2, 42, 1962, S. 5-153.

Harder-Gersdorff, Elisabeth, Lübeck, Danzig und Riga. Ein Beitrag zur Frage der Handelskonjonktur im Ostseeraum am Ende des 17. Jahrhunderts, in: HGbll, 96, S. 106-138.

Harder-Gersdorff, Elisabeth, Avoiding Sound Traffic and Sound Toll: Russian Leather and Tallow Going West via Archangel and Narva-Lübeck (1650-1710), in: From Dunkirk to Danzig, Shipping and Trade in the North Sea and the

Baltic, 1350-1850, ed. by W. G. Heeres et al., Hilversum, 1988, pp. 246-248.
Harder-Gersdorff, Elisabeth, Lübeck, die Kompagnie der Novgorodfahrer und der Rußlandhandel vor Gründung St. Petersburg. Eine Untersuchung zum 17. Jahrhundert, in: HGbll, 120, 2002, S. 97-147.
Harder-Gersdorff, Elisabeth, Hansische Handelsgüter auf dem Großmarkt Novgorod (13. -17. Jh.) : Grundstrukturen und Forschungsfragen, in: N. Angermann u. K. Friedland (Hg.), Novgorod - Markt und Kontor der Hanse, QDHG, NF, Bd. 53, Köln/Weimar/ Wien, 2002.
Harreld, Donard J., High Germans in the Low Countries. German Merchants and Commerce in Golden Age Antwerp, The Northern World. North Europe and the Baltic c. 400-1700 AD. People, Economies and Cultures, Vol. 14, Leiden/Boston, 2004.
Hatz, Gert, Das Münzwesen in vor- und frühhansischer Zeit, in: Die Hanse. Lebebswirklichkeit und Mythos; Textband zur Hamburger Hanse-Ausstellung von 1989, hg. v. J. Bracker, V. Henn und R. Postel, Lübeck, 1999, S. 749-754.
Hausschild, Wolf-Dieter, Frühe Neuzeit und Reformation: das Ende der Großmachtstellung und die Neuorientierung der Stadtgemeinschaft, in: A. Graßmann (Hg.), Lübeckische Geschichte, 2. überarbeitete Aufl., Lübeck, 1989, S. 341-434.
Heckscher, Eli F., An Economic History of Sweden, Cambrigde, 1954.
Heckscher, Eli F., The Place of Sweden in Modern Economic History, in: Economic History Review, 4-1, 1932, pp. 1-22.
Heineken, Hermann, Der Salzhandel Lüneburgs mit Lübeck bis zum Anfang des 15. Jahrhunderts, Berlin, 1908.
Hemann, Friedrich-Wilhelm, Lübecks Englandpolitik von der Mitte des 15. Jahrhunderts bis zum Utrechter Frieden, in: F. B. Fahlbusch u. a. (Hg.), Beiträge zur westfälischen Hansegeschichte, Warendorf, 1988, S. 64-108.
Henn, Volker, Städtebünde und regionale Identität im hansischen Raum, in: Regionale Identität und soziale Gruppen im deutschen Mittelalter, hg. v. P. Moraw, Zeitschrift für historische Forschung, Beihefte 14, Berlin, 1992, S. 41-64.
Henn, Volker, "…de alle tyd wedderwartigen Suederseeschen stedere". Zur Integration des niederrheinisch - ostniederländischen Raumes in die Hanse, in: HGbll, 112, 1994, S. 39-56.
Henn, Volker, Die Fahrt nach Frankreich und zur Iberischen Halbinsel, in: Die Hanse. Lebebswirklichkeit und Mythos; Textband zur Hamburger Hanse-Ausstellung von 1989, hg. v. J. Bracker, V. Henn und R. Postel, Lübeck, 1999, S. 105-109.
Henn, Volker, Die Bergenfahrer und die süderseeische Städte. Ein "Werkstattbericht", in: Das Hansische Kontor zu Bergen und die Lübecker Bergenfahrer - International Workshop Lübeck, 2003 -, Veröffentlichungen

zur Geschichte der Hansestadt Lübeck, Bd, 41, Lübeck, 2005, S. 231-244.

Hill, Thomas, Der Schonenmarkt - die große Messe im Norden, in: Die Hanse. Lebebswirklichkeit und Mythos; Textband zur Hamburger Hanse-Ausstellung von 1989, hg. v. J. Bracker, V. Henn und R. Postel, Lübeck, 1999, S. 721-726.

Hirsch, Theodor, Handels - und Gewerbegeschichte Danzigs unter der Herrschaft des Deutschen Ordens, Leipzig, 1858.

Hirschfelder, Gunther, Die Kölner Handelsbeziehungen im Spätmittelalter, Köln, 1994.

Hoffmann, Erich, Lübeck im Hoch- und Spätmittelalter: Die große Zeit Lübecks, in: A. Graßmann (Hg.), Lübeckische Geschichte, 2. überarbeitete Auflage, Lübeck, 1989, S. 79-339.

Hoffmann, Erich, Lübeck und die Erschließung des Ostseeraums, in; Die Hanse. Lebenswirklichkeit und Mythos; Textband zur Hamburger Hanse-Ausstellung von 1989, hg. v. J. Bracker, V. Henn und R. Postel, Lübeck, 1999, S. 34-50.

Hoffmann, M., Lübeck und Danzig nach dem Frieden zu Wordingborg, HGbll, Jg. 29, 1901.

Holbach, Rudolf, Zur Handelsbedeutung von Wolltuchen aus dem Hanseraum, in: Der Hansische Sonderweg? Beiträge zur Sozial- und Wirtschaftsgeschichte der Hanse, hg. v. S. Jenks u. M. North, QDHG, NF, Bd. 39, Köln/Wemiar/Wien, 1993, S. 135-190.

Hroch, Miroslav, Die Rolle des zentraleuropäischen Handels im Ausgleich der Handelsbilanz zwischen Ost- und Westeuropa 1550-1650, in: I. Bog (Hg.), Der Außenhandel Ostmitteleuropas 1450-1650, Köln, 1971.

Irsigler, Franz, Köln, Frankfurter Messe und die Handelsbeziehungen mit Oberdeutschland im 15. Jahrhundert, in: Köln, das Reich und Europa. Mitteilungen aus dem Stadtarchiv von Köln, 60, 1971, S. 341-429.

Irsigler, Franz, Kölner Wirtschaft im Spätmittelalter, in: Zwei Jahrtausende Kölner Wirtschaft, Bd. 1. hg. v. H. Kellenbenz, Köln, 1975, S. 217-319.

Irsigler, Franz, Industrial Production, Industorial Trade and Public Finance in Cologne (14th and 15th Century), in: JEEH, 6-2, 1977, pp. 269-306.

Irsigler, Franz, Hansischer Kupferhandel im 15. und in der ersten Hälfte des 16. Jahrhunderts, in: HGbll, 97, 1979, S. 15-35.

Irsigler, Franz, Die wirtschaftliche Stellung der Stadt Köln im 14. und 15. Jahrhundert. Strukturanalyse einer spätmittelalterlichen Exportgewerbe- und Fernhandelsstadt, VSWG Beihefte Nr. 65, Wiesbaden, 1979.

Irsigler, Franz, Der hansische Handel im Spätmitttelalter, in: Die Hanse. Lebebswirklichkeit und Mythos; Textband zur Hamburger Hanse-Ausstellung von 1989, hg. v. J. Bracker, V. Henn und R. Postel, Lübeck, 1999, S. 700-721.

Jahnke, Carsten, Die hamburg-lübischen Pfundgeldlisten von 1458/59 und 1480-1487, in: ZVLGA, 76, 1996, S. 27-53.

Jahnke, Carsten, Die Malmöer Schonenzolliste des Jahres 1375, in: HGbll, 115, 1997, S. 1-107.

Jahnke, Carsten, Das Silber des Meeres, Fang und Vertrieb von Ostseehering zwischen Norwegen und Italien (12. -16. Jahrhundert), QDHG, NF, Bd. 49, Köln/Weimar/Wien, 2000.

Jahnke, Carsten, Das Silber des Nordens. Lübeck und der europäische Heringshandel im Mittelalter, Handel, Geld und Politik vom frühen Mittelalter bis Heute, 3, Lübeck, 2000.

Jeannin, Pierre, Le cuivre, les Fugger et la Hanse, in: Annales Economies- Sociétés- Civilisations, X, no 2, 1955, pp. 229-236.

Jeannin, Pierre, Contribution à l'étude du commerce de Lubeck aux environs de 1580, in: Hansische Studien, Heinrich Sproemberg zum 70. Geburtstag, Berlin, 1961, pp. 162-189.

Jeannin, Pierre, Lübecker Handelsunternehmungen um die Mitte des 16. Jahrhunderts, in: ZVLGA, 43, 1963, S. 19-67.

Jeannin, Pierre, Die Rolle Lübecks in der hansischen Spanien- und Portugalfahrt des 16. Jahrhunderts, in: ZVLGA, 55, 1975, S. 5-40.

Jeannin, Pierre, The Sea - borne and the Overland Trade Route of Northern Europe in the 16th and 17th Centuries, in: JEEH, 11, 1982, pp. 5-59.

Jenks, Stuart, England, die Hanse und Preußen. Handel und Diplomatie 1377-1474, 3 Bde., QDHG, NF, Bd. 36, Köln/Weimar/Wien, 1992.

Jenks, Stuart, Der Frieden von Utrecht 1474, in: Der Hansische Sonderweg? Beiträge zur Sozial- und Wirtschaftsgeschichte der Hanse, hg. v. S. Jenks u. M. North, QDHG, NF, Bd. 39, Köln/Weimar/Wien, 1993, S. 59-76.

Jenks, Stuart, Die Hansen in England: Die wirtschaftliche und politische Bedeutung ihres Handels (1380-1474) und ihre Versuche zur Bewältigung der Krise von 1468, in: V. Henn u. A. Nedkvitne (Hg.), Norwegen und die Hanse, Wirtschaftliche und kulturelle Aspekte im europäischen Vergleich, Kieler Werkstücke, Reihe A, Bd. 11, Frankfurt a. M. u. a., 1994, S. 109-159.

Jenks, Stuart, England und die Hanse 1450-1509. Anmerkungen zu: John D. Fudge, Cargoes, Embargoes and Embassies, Tronto, 1995, in: HGbll, 117, 1999, S. 151-160.

Jenks, Stuart, Köln/Lübeck/Danzig, Unvereinbarkeit der Interesse im Englandhandel, in: Die Hanse. Lebenswirklichkeit und Mythos. Textband zur Hamburger Hanse-Ausstellung von 1989, hg. von. J. Bracker, V. Henn und R. Postel, Lübeck, 1999, S. 141-151.

Jenks, Stuart, England und die kontinentalen Messen im 15. Jahrhundert und die Entstehung der Merchant Adventurers, in: Europäische Messe und Märktesysteme in Mittelalter und Neuzeit, hg. v. P. Johanek u. H. Stoob, Städteforschungen, Reihe A, Bd., 39, Köln/ Weimar/Wien, 1996, S. 57-86.

Jenks, Stuart, Transaktionskostentheorie und die mittelalterliche Hanse, in: HGbll, 123, 2005, S. 31-42.
Jenks, Stuart, Das Danziger Pfundzollbuch von 1409&1411, Einleitung, in: HGbll, 2006, S. 117-158.
Jochmann, Werner, Hamburgisch-schlesische Handelsbeziehungen. Ein Beitrag zur abendländischen Wirtschaftsgeschichte, in: Geschichtliche Landeskunde und Universalgeschichte. Festgabe für H. Aubin, Hamburg, o. J., S. 217-228.
Johansen, Paul, Der hansische Rußlandhandel, insbesondere nach Novgorod, in kritischer Betrachrung, in: Ahasver von Brandt u. a., Die Deutsche Hanse als Mittler zwischen Ost und West, Köln/Opladen, 1963, S. 39-57.
Jørgensen, Johan, Denmark's Relations with Lübeck and Hamburg in the Seventeenth Century, in: Scandinavian Economic History Review, 11-2, 1963, pp. 73-116.
Jørgensen, Johan, Hamburg, Lübeck, Kopenhagen und der dänische Provinzstadthandel um 1730, in: HGbll, 85, 1967, S. 85-110.
Jörn, Nirs, »with money and bloode«. Der Londoner Stalhof im Spannungsfeld der englisch-hansischen Beziehungen im 15. und 16. Jahrhundert, QDHG, NF, Bd. 50, Köln/Weimar/ Wien, 2000.
Jurgens, Adolf, Zur schleswig-holsteinischen Handelsgeschichte des 16. und 17. Jahrhunderts, Abhandlungen zur Verkehrs- und Seegeschichte, Bd. 8, Berlin, 1914.
Kammler, Andreas, Up Eventur, Untersuchungen zur Kaperschiffahrt 1471-1512, vornehmlich nach Hamburger und Lübecker Quellen, Sachüberlieferung und Geschichte, 37, St. Katharinen, 2005.
Kellenbenz, Hermann, Unternehmerkräfte im hamburger Portugal- und Spanienhandel 1590-1625, Hamburg, 1954.
Kellenbenz, Hermann, Der Pfeffermarkt und die Hansestädte, in: HGbll, 74, 1956, S. 28-49.
Kellenbenz, Hermann, Rheinische Verkehrswege der Hanse zwischen Ostsee und Mittelmeer, in: Die deutsche Hanse als Mittler zwischen Ost und West, hg. v. A. v. Brandt, Wissenschaftliche Abhandlungen der Arbeitsgemeinschaft für Forschung des Landes NRW, Bd. 27, Köln/Opladen, 1963, S. 103-118.
Kellenbenz, Hermann, Die Hanse und die Städte Lübeck, Hamburg und Bremen, in: Geschichte der deutschen Länder, Territorienplatz, 1. Band, hg. v. G. S. Wilhelm und A. G. Plötz-Verlag, Würzburg, 1964, S. 446-458.
Kellenbenz, Hermann, Der Aufstieg Kölns zur mittelalterlichen Handelsmetropole, in: Jahrbuch des Kölnischen Geschichtsvereins, 41, 1967, S, 1-30.
Kellenbenz, Hermann, Wirtschaftsgeschichte Kölns im 16. und beginnenden 17. Jahrhundert, in: Zwei Jahrtausende Kölner Wirtschaft, Bd. 1, hg. v. H. Kellenbenz, Köln, 1975, S. 321-427.

Kellenbenz, Hermann, Europäisches Kupfer, Ende 15. bis Mitte 17. Jahrhunderts. Ergebnisse eines Kolloquiums, in: H. kellenbenz (Hg.), Schwerpunkte der Kupferproduktion und des Kupferhandels in Europa 1500-1650. Kölner Kolloquien zur internationalen Sozial- und Wirtschaftsgeschichte, Bd. 3, Köln/Wien, 1977, S. 290-351.

Kellenbenz, Hermann, Deutsche Wirtschaftsgeschichte, Bd. 1, Von Anfängen bis zum Ende des 18. Jahrhunderts, München, 1977.

Kellenbenz, Hermann, Die Durchfuhr durch die schleswig-holsteinische Landbrücke als Konkurrenz der Öresundfahrt, in: H. Knittler (Hg.), Wirtschafts- und sozialhistorische Beiträge, Festschrift für Alfred Hoffmann zum 75. Geburtstag, Wien, 1979, S. 138-155.

Kellenbenz, Hermann, Deutschland und Spanien. Wege, Träger und Güter des Handelsaustausches, in: Kleineschriften I, Europa, Raum wirtschaftlicher Bewegung, VSWG Beihefte 92, Stuttgart, 1991, S. 285-326.

Kellenbenz, Hermann, Spanien, die nördlichen Niederlande und der skandinavisch-baltische Raum in der Weltwirtschaft und Politik um 1600, in: Kleine Schriften I, Europa, Raum wirtschaftlicher Bewegung, VSWG Beihefte 92, Stuttgart, 1991, S. 77-120.

Kellenbenz, Hermann, Landverkehr, Fluß- und Seeschiffahrt im europäischen Handel, in: Kleine Schriften I, Europa, Raum wirtschaftlicher Bewegung, VSWG Beihefte 92, Stuttgart, 1991, S. 327-441.

Kellenbenz, Hermann, Norddeutsche Wirtschaft im europäischen Zusammenhang, in: Kleine Schriften II, Dynamik in einer quasi-statischen Welt, VSWG Beihefte 93, Stuttgart, 1991, S. 587-607.

Kellenbenz, Hermann, Bäuerliche Unternehmertätigkeit im Bereich der Nord- und Ostsee vom Hochmittelalter bis zum Ausgang der neueren Zeit, in: Kleine Schriften III, Wirtschaftliche Leistung und gesellschaftlicher Wandel, VSWG Beihefte 94, Stuttgart, 1991, S. 801-840.

Kellenbenz, Hermann, u. Walter, Rolf, Das Deutsche Reich 1350-1650, in: Europäische Wirtschafts - und Sozialgeschichte vom ausgehenden Mittelalter bis zur Mitte des 17. Jahrhunderts unter Mitarb. v. N. Angermann, hg. v. H. Kellenbenz, Handbuch der Europäischen Wirtschafts - und Sozialgeschichte, Bd. 3, S. 822-893.

Keyser, Erich, Die Baugeschichte der Stadt Danzig, Köln/Wien, 1972,

Kiesselbach, G. Arnold, Die wirtschaftlichen Grundlagen der deutschen Hanse und die Handelsstellung Hamburgs bis in die zweite Hälfte des 14. Jahrhunderts, Berlin, 1907.

Kirby, David and Hinkannen, Merja-Liisa, The Baltic and the North Sea, London/New York, 2000.

Kivimäe, Jüri, Reval- Lübeck-Amsterdam: The Triangle of Trade on the Eve of the

Livonian War (1554-1557), in: From Dunkirk to Danzig. Shipping and the Trade in the North Sea and the Baltic, 1350-1850, ed. by W. G. Heeres, L. M. J. B. Hesp, L. Noordegraaf and R. G. W. van der Voort, Hilversum, 1988, pp. 299-315.

Koppe, Wilhelm, Lübeck-Stockholmer Handelsgeschichte im 14. Jahrhundert, AHS NF, Bd. 2, Neumünster, 1933.

Koppe, Wilhelm, Revals Schiffsverkehr und Seehandel in den Jahren 1378/84, in: HGbll, 64, 1940, S. 111-152.

Koppe, Wilhelm, Die Hansen und Frankfurt am Main im 14. Jahrhundert, in: HGbll, 71, 1952, 30-49.

Koppmann, Karl, Hamburgs Stellung in der Hanse, in: HGbll, 2 (Jg. 5), 1875, S. 3-30.

Krieger, Martin, Der südliche Ostseeraum und der Deutsche Reichstag (16. -18. Jahrhundert), in: N. Jörn u. M. North (Hg.), Die Integration des südlichen Ostseeraums in das alte Reich. Quellen und Forschungen zur Höchsten Gerichtsbarkeit im alten Reich, Bd. 35, Köln/Weimar/Wien, 2000, S. 275-309.

Kumlien, Kjell, Stockholm, Lübeck und Westeuropa zur Hansezeit, in: HGbll, 71, 1952, S. 9-29.

Kumlien, Kjell, Hansischer Handel und Hansekaufleute in Skandinavien - Einige Probleme, in: A. v. Brandt u. a., Die Deutsche Hanse als Mittler zwischen Ost und West, Köln/ Opladen, 1963, S. 79-101.

Kumlien, Kjell, Staat, Kupfererzeugung und Kupferausfuhr in Schweden 1500-1650, in: H. kellenbenz (Hg), Schwerpunkte der Kupferproduktion und des Kupferhandels in Europa 1500-1650. Kölner Kolloquien zur internationalen Sozial- und Wirtschaftsgeschichte, Bd. 3, Köln/Wien, 1977, S. 241-259.

Kuske, Bruno, Die Kölner Handelsbeziehungen im 15. Jahrhundert, in: VSWG, 7, 1909, S. 296-308.

Kuske, Bruno, Handel und Handelspolitik am Niederrhein vom 13. bis 16. Jahrhundert, in: HGbll, 15, 1909, S. 301-327.

Lampen, Angelika, Fischerei und Fischhandel im Mittelalter. Wirtschafts- und sozialgeschichtliche Untersuchungen nach urkundlichen und archäologischen Quellen des 6. bis 14. Jahrhunderts im Gebiet des Deutschen Reichs. Historische Studien, Bd. 461, Husum, 2000.

Langer, Herbert u. Hacker, Hans-Joachim, Fernhandel und Feudalmacht im Ostseeraum in der frühen Neuzeit (1560-1660), in: Der Ost- und Nordseeraum, AHS, Bd. 25, 1986, S. 36-56.

Lehe, Erich von, Hamburgische Quellen für den Elbhandel der Hansezeit und ihre Anwendung, in: HGbll, 76, 1958, S. 131-142.

Lesnikov, M. P., Lübeck als Handelsplatz für Osteuropäische Waren im 15. Jahrhundert, in: HGbll, 78, 1960, S. 67-86.

Lesnikov, M. P., Der Hansische Pelzhandel zu Beginn des 15. Jahrhunderts, in: Hansische Studien. Heinrich Sproemberg zum 70. Geburtstag. Forschungen zur mittelalterlichen Geschichte, 8, Berlin, 1961, S. 219-272.

Lindberg, Folke, La Baltique dans l'historiographie scandinave, problèmes et perspectives, in: Annales, Ecomomies-Sociétés-Civilisations, XVI, no 3, 1961, pp. 425-440.

Lingenberg, Heinz, Die Hanse im Ostseeraum. Pommerellen, Preußen und Lievland, in: Von Pommern bis zum Baltikum. Die Hanse im Ostseeraum, 12. bis 17. Jahrhundert, Bonn, 1983, S. 49-54.

Lingenberg, Heinz, Danzig, in: Die Hanse. Lebebswirklichkeit und Mythos; Textband zur Hamburger Hanse-Ausstellung von 1989, hg. v. J. Bracker, V. Henn und R. Postel, Lübeck, 1999, S. 370-387.

Link, Christina und Kapfenberger, Diana, Transaktionskostentheorie und hansische Geschichte: Danzigs Seehandel im 15. Jahrhundert im Licht einer volkswirtschaftlichen Theorie, in: HGbll, 123, 2005, S. 153-169.

Looper, Bert, Holland, die Ijssel und die Hanse, in: HGbll, 121, 2003, S. 1-11.

Lorenzen-Schmidt, Kraus-Joachim, Lübisch und Schleswig-Holsteinisch Grob Courant, Handel, Geld und Politik 6, Lübeck, 2003.

Das Lübecker Niederstadtbuch 1363-1399, 2 Bde. bearb. v. Ulrich Simon, QDHG, NF, Bd. 56, 2006.

Lütge, Friedlich, Die wirtschaftliche Lage Deutschlands vor Ausbruch des dreißigjärigen Krieges, in: Jahrbücher für Nationalökonomie und Statistik, 170, 1958, S. 43-99.

Maarbierg, John P., Scandinavia in the European World-Economy, ca. 1570-1625. Some Local Evidence of Economic Integration, New York, 1995.

Mączak, Antoni & Samsonowicz, Henryk, La zone baltique; l'un des éléments du marché européen, in: Acta Poloniae Historica, 11, 1965, pp. 71-99.

Małowist, Marian, The Economic and Social Development of the Baltic Countries from the 15th to the 17th Centuries, in: Economic History Review, 2nd ser., 12-2, 1959, pp. 177-189.

Mantels, Wilhelm, Der im Jahre 1367 zu Köln beschlossene zweite hanseatische Pfundzoll, in: Beiträge zur Lübisch- hansischen Geschichte. Ausgewählte Historische Arbeiten, Jena, 1881, S. 233-286.

Meyer-Stoll, Cornelia, Die lübeckische Kaufmannschaft des 17. Jahrhunderts unter wirtschafts -und sozialgeschichtlichen Aspekten, Frankfurt a. M., 1989.

Militzer, Klaus, Wirtschaftsleben am Niederrhein im Spätmittelalter, in: Rheinische Vierteljahrsblätter, 49, 1985, S. 61-91.

Militzer, Klaus, Handel und Vertrieb rheinischer und elsässischer Weine über Köln im Spätmittelalter, in: A. Gerlich (Hg.), Weinbau, Weinhandel und Weinkultur. Sechstes Alzeyer Kolloquium, Geschichtliche Landeskunde, Bd. 40, Stuttgart, 1993, S. 165-185.

Müller, Walther, Rostocks Seeschiffahrt und Seehandel im Wandel der Zeiten. Ein

Beitrag zur Geschichte der deutschen Seestädte, Rostock, 1930.
Müller-Mertens, Eckhard und Böcker, Heidelore, Geleitwort, Konzeptionelle Ansätze der Hanse-Historiographie, hg. v. E. Müller-Mertens und H. Böcker, Hansische Studien, 14, Trier, 2003, S. 1-18.
Müller-Mertens, Eckhard, Die Hanse in europäischer Sicht. Zu den konzeptionellen Neuansätzen der Nachkriegszeit und zu Rörigs Konzept, in: Konzeptionelle Ansätze der Hanse-Historiographie, hg. v. E. Müller-Mertens und H. Böcker, Hansische Studien, 14, Trier, 2003, S. 19-43.
Munro, John H., Hanseatic Commerce in Textiles from the Low Countries and England during the Later Middle Ages: Changing Trends in Textiles, Makets, Prices, and Values, 1290-1570, in: M. -L. Heckmann u. J. Röhrkasten (Hg.), Von Novgorod bis London. Studies zu Handel, Wirtschaft und Gesellschaft im mittelalterlichen Europa. Festschrift für Stuart Jenks zum 60. Geburtstag, Göttingen, 2008, S. 97-181.
Newman, Karin, Hamburg in the European Economy. 1660-1750, in: JEEH, 14-1, 1985, pp. 57-94.
Nielsen, Axel, Dänische Wirtschaftsgeschichte, unter Mitarbeiten von E. Arup, O. H. Larsen und A. Olsen, Jena, 1933.
Nissen, Rudorf, Neue Forschungsergebnisse zur Geschichte der Schiffahrt auf der Elbe und dem Stecknitzkanal, in: ZVLGA, 46, 1966, S. 5-14.
Nordmann, Klaus, Nürnberger Großhändler im spätmittelaterichen Lübeck. Nürnberger Beiträge zu den Wirtschafts- und Sozialwissenschaften, Heft 37/38, Nürnberg, 1933.
Nordmann, Klaus, Oberdeutschland und die deutsche Hanse. Pfingstblätter des Hansischen Geschichtsvereins, 26, Weimar, 1939.
North, Michael, Geldumlauf und Wirtschaftskonjunktur im südlichen Ostseeraum an der Wende zur Neuzeit (1440-1570), Kieler Historische Studien, Bd. 35, Sigmaringen, 1990.
North, Michael, Bullion Transfer from Western Europe to the Baltic and the Problem of Trade Balances: 1550-1750, in: From the North Sea to the Baltic. Essays in Commercial, Monetary and Agrarian History 1500-1800, Hampshire, 1996, pp. 186-195.
North, Michael, Die Beziehungen Hamburgs zu den sächsischen Hansestädten beziehungsweise zum Elbe-Weser-Raum, in: Hanse-Städte-Bünde, Die sächsischen Städte zwischen Elbe und Weser um 1500, hg. v. M. Puhle, Magdeburg, 1996, Bd. 1, S. 356-358.
North, Michael, The Export Trade of Royal Prussia and Ducal Prussia 1550-1650, in: From the North Sea to the Baltic, Essays in Commercial, Monetary and Agrarian History 1500-1800, Hampshire, 1996, pp. 383-390.
North, Michael, Hamburg: the 'continent's most English city', in: From the North

Sea to the Baltic. Essays in Commercial, Monetary and Agrarian History 1500-1800, Hampshire, 1996, S. 1-13.
Odén, Brigitta, A Netherlands Merchant in Stockholm in the Reign of Erik XIV, in: Scandinavian Ecomnomic History Review, vol. 10-1, 1962, pp. 3-37.
Olechnowitz, Karl-Friedlich, Handel und Schiffahrt der späten Hanse, AHS, Bd. 6, Weimar, 1965.
Paravicini, Werner, Jenseits von Brügge. Norddeutsche Schiffer und Kaufleute an der Atlantikküste und im Mittelmeer in Mittelalter und früher Neuzeit, in: Konzeptionelle Ansätze der Hanse-Historiographie, hg. v. E. Müller-Mertens und H. Böcker, Hansischen Studien, 14, Trier, 2003, S. 69-114.
Pelus, Marie-Louise, Walter von Holsten. Ein Lübecker Kaufmann in der zweiten Hälfte des 16. Jahrhunderts, in: HGbll, 95, 1977, S. 66-79.
Petri, Franz, Die Stellung der Südersee- und Ijselstädte im flandrisch- hansischen Raum, in: HGbll, 79, 1961, S. 34-57.
Pitz, Ernst, Kapitalausstattung und Unternehmensformen in Antwerpen, VSWG, 53, 1966, S. 53-91.
Pitz, Ernst, Steigende und fallende Tendenzen in Politik und Wirtschaftsleben der Hanse im 16. Jahrhundert, in: HGbll, 102, 1984, S. 39-77.
Pölnitz, Götz Freiherr von, Fugger und Hanse. Ein hundertjähriges Ringen um Ostsee und Nordsee, Tübingen, 1953.
Postan, Michael M., The Trade of Medieval Europe: The North, in: The Cambridge Economic History of Europe, second edition, vol. 2, Cambridge, 1987, pp. 168-305.
Postel, Rainer, Hamburg und Lübeck im Zeitalter der Reformation, in: ZVLGA, 59, 1979, S. 63-81.
Poulsen, Bjørn, Middlemen of the Regions. Danish Peasant Shipping from the Middle Ages to c. 1650, in: Regional Integration in Early Modern Scandinavia, ed. by F. -E. Eliassen, J. Mikkelsen, B. Poulsen, Odense, 2001, pp. 56-79.
Power, Eileen and Postan, Michael M., Studies in English Trade in the Fifteenth Century, London, 1933.
Puhle, Mattias, Innere Spannungen, Sonderbünde - Druck und Bedrohung von außen, in: Die Hanse. Lebebswirklichkeit und Mythos; Textband zur Hamburger Hanse-Ausstellung von 1989, hg. v. J. Bracker, V. Henn und R. Postel, Lübeck, 1999, S. 110-123.
Quellen zur Hanse-Geschichte mit Beitr. v. J. Bohnbach u. J. Goetze, hg. v. R. Sprandel, Ausgewählte Quellen zur Geschichte des Mittelalters, Bd. 36, Darmstadt, 1982.
Radtke, Christian, Die Entwicklung der Stadt Schleswig : Funktionen, Strukturen und die Anfänge der Gemeindebildung, in: E. Hoffmann u. F. Lubowitz (Hg.), Die Stadt im westlichen Ostseeraum. Vorträge zur Stadtgründung und

Stadterweiterung im hohen Mittelalter, Teil 1, Kieler Werkstücke, Reihe A, Bd. 14, Frankfurt am Main u. a., 1995, S. 47-91.

Ranke, Ermentrude von, Kölns binnendeutscher Verkehr im 16. und 17. Jahrhundert, in: HGbll, 29, 1924, S. 64-77.

Ranke, Ermentrude von, Die wirtschaftlichen Beziehungen Kölns zu Frankfurt am Main, Süddeutschland und Italien im 16. und 17. Jahrhundert, in: VSWG, 17, 1923/24, S. 54-94.

Rasch, Aage, Kopenhagen und die deutsche Ostseestädte 1750-1807, in: HGbll, 82, 1964, S. 55-68.

Rehder, Peter, Bauliche und wirtschaftliche Entwicklung der lübeckischen Schiffahrtsstraßen und Hafenanlagen, in: ZVLGA, 11, 1909, S. 339-373.

Reinhold, Josef, Polen/Litauen auf den Leipziger Messen des 18. Jahrhunderts, AHS, Bd. 10, Weimar, 1971.

Reincke, Heinrich, Kaiser Karl IV und die deutsche Hanse. Pfingsblätter des Hansischen Geschichtsvereins, Blatt. 22, Lübeck, 1931.

Reincke, Heinrich, Bevölkerungsprobleme der Hansestadt, in: HGbll, 70, 1951, S. 1-33.

Richter, Klaus, Ein Schlag Englands gegen Hamburgs Iberienschiffahrt 1598, in: ZVHG, 60, 1974, S. 91-109.

Rörig, Fritz, Die Hanse und die nordischen Länder, in: Hansische Beiträge zur deutschen Wirtschaftsgeschichte, Breslau, 1928, S. 157-173.

Rörig, Fritz, Das Meer und das europäische Mittelalter, in: Festschrift für Hermann Reincke, Zeitschrift für Hamburgische Geschichte, 47, 1951, S. 1-19.

Rörig, Fritz, Großhandel und Großhändler im Lübeck des 14. Jahrhunderts, in: Wirtschaftkräfte im Mittelalter, zweite Aufl. hg. v. P. Kaegbein, Wien/Köln/Graz, 1971, S, 216-246.

Rörig, Fritz, Außenpolitik und innerpolitische Wanderungen in der Hanse nach dem Stralsunder Frieden 1370, in: Wirtschaftkräfte im Mittelalter, zweite Aufl. hg. v. P. Kaegbein, Wien/Köln/Graz, 1971, S. 147-166.

Rörig, Fritz, Rheinland - Westfalen und die deutsche Hanse, in: Wirtschaftkräfte im Mittelalter, zweite Aufl. hg. v. P. Kaegbein, Wien/Köln/Graz, 1971, S. 392-420.

Salter, F. R., The Hansa, Cologne and the Crisis of 1468, in: Economic History Review, 3-1, 1931, pp. 93-101.

Samsonowicz, Henryk, Untersuchungen über das Danziger Bürgerkapital in der zweiten Hälfte des 15. Jahrhunderts, AHS, Bd. 8, Weimar, 1969.

Samsonowicz, Henryk, Le commerce maritime de Gdańsk dans la première moitié du 16e siècle, in: Studia Historiae Oeconomicae, 9, 1974, pp. 47-65.

Samsonowicz, Henryk, Changes in the Baltic Zone in the 13-16 Centuries, in: JEE H, 4-3, 1975, pp. 655-672.

Samsonowicz, Henryk, Wirtschaftsbeziehungen zwischen Schweden und dem

Weichselgebiet im Spätmittelalter (Schwedisch - Pommerellische Wirtschaftsbeziehungen im Spätmittelalter) in: Visby Colloquium des Hansischen Geschichtsvereins, hg. v. K. Friedland, QDHG, NF, Bd. 32, Köln, 1987, S. 3-13.

Sandström, Åke, Ploughing burgher and trading peasants. The meeting between the European urban economy and Sweden in the sixteenth and seventeenth centuries, in: Regional Integration in Early Modern Scandinavia, ed. by F. -E. Eliassen, J. Mikkelsen, B. Poulsen, Odense, 2001, pp. 95-105.

Sandström, Åke, Sweden und russische Markt im 16. und 17. Jahrhundert - Erwartungen und Enttäuschungen, in: H. Wernicke (Hg.), Beiträge zur Geschichte des Ostseeraumes. Vortrtäge der ersten und zweiten Konferenz der Ständigen Konferenz der Historiker des Ostseeraums, Katzow, 1996/Greifswald, 1998, Greifswalder Historiker Studien, Bd. 4, Hamburg, 2002, S. 67-75.

Schäfer, Dietrich, Zur Frage nach der Einführung des Sundzolls, in: HGbll, 5, 1885, S. 33-43.

Schäfer, Dietrich, Die deutsche Hanse, Bielfeld/Leipzig, 1925.

Schäfer, Dietrich, Das Buch des Lübeckischen Vogts auf Schonen, Hansische Geschichtsquellen, Bd. IV, Lübeck, 1927.

Scheftel, Michael, Künstliche Wasserstraßen, Kanäle, in: Die Hanse, Lebenswirklichkeit und Mythos, Textband zur Hamburger Hanse-Ausstellung von 1989, hg. v. J. Bracker, V. Henn und R. Postel, Lübeck, S. 797-800.

Schildhauer, Johannes, Hafenzollregister des Ostseebereiches als Quellen zur hansischen Geschichte, in: HGbll, 1968.

Schildhauer, Johannes, Zur Verlagerung des See- und Handelsverkehrs im nordeuropäischen Raum während des 15. und 16. Jahrhunderts. Eine Untersuchung auf der Grundlage der Danziger Pfahlkammerbücher, in: Jahrbuch für Wirtschaftsgeschichte, 1968, Teil IV, S. 187-211.

Schildhauer, Johannes, Zum Warenhandel Danzigs mit den wendischen Hansestädten im ausgehenden 15. und 16. Jahrhundert, in: Wissenschaftliche Zeitschrift der Ernst Moritz Arndt Universität Greifswald, Gesellschafts- und Sprachwissenschaftliche Reihe, Nr. 3/4, Bd. 18, 1969, S. 139-151.

Schildhauer, Johannes, Der Seehandel Danzigs im 16. Jahrhundert und die Verlagerung des Warenverkehrs im nord- und mitteleuropäischen Raum, in: Jahrbuch für Wirtschaftsgeschichte, 1970, Teil III, S. 155-178.

Schildhauer, Johannes, Ftitze, Konrad und Stark, Walter, Die Hanse, Berlin, 1974.

Schilling, Heinz, Die Stadt in der frühen Neuzeit, Enzyklopädie Deutscher Geschichte, Bd. 24, 2. Aufl. München, 2004.

Schipmann, Johannes Ludwig, Politische Kommunikation in der Hanse (1550-1621). Hansetage und Westfälische Städte, QDHG, NF, Bd. 55, Köln/Weimar/Wien,

2004.

Schmidt, Brughart, Die Beziehungen zwischen Frankreich und den drei Hansestädte Hamburg, Bremen und Lübeck im Zeichen von Politik, Wirtschaft und Kultur (13. -19. Jahrhundert), in: Die Beziehungen zwischen Frankreich und den Hansestädte Hamburg, Bremen und Lübeck, Mittelalter-19. Jahrhundert, hg. v. I. Richefort u. B. Schmidt, Bruxelles, 2006, S. 7-28.

Schmidt, Gerog, Städtehanse und Reich im 16. und 17. Jahrhundert, in: Niedergang oder Übergang? Zur Spätezeit der Hanse im 16. und 17. Jahrhundert, hg. v. A. Graßman, QDHG, NF, Bd. 44, Köln/Weimar/Wien, 1998, S. 25-46.

Schoenfelder, Wilhelm, Die wirtschaftliche Entwicklung Kölns von 1370-1513, Neue Wirtschaftsgeschichte, Bd. 1, Köln/Wien, 1970.

Schult, Herbert, Lübecker Wirtschaftsbeziehungen nach Dänemark, Finland und Schweden 1775-1809 im Spiegel Lübecker Schuldforderungen, I, II, in: ZVLGA, 53, 1973, S. 33-115, 55, 1975, S. 99-135.

Schulte, Eduard, Das Danziger Kontorbuch des Jakob Störe aus Münster, in: HGbll, 62, 1937, S. 40-72.

Schulz, Friedrich, Die Hanse und England von Eduards III. bis auf Heinrichs VIII. Zeit, Abhandlungen zur Verkehrs und Seegeschichte, 5, Berlin, 1911.

Schwetlik, Lothar, Der hansisch - dänische Landhandel und seine Träger 1484-1519, Teil 1, Teil 2, in: Zeitschrift der Gesellschaft für schleswig-holsteinische Geschichte, 85/86, 1961, S. 61-130, 88, 1963, S. 131-174.

Scott, Tom, Town, County, and Regions in Reformation Germany, Studies in Medieval and Reformation Traditions. History, Culture, Religion, Ideas, vol. CVI, Leiden/Boston, 2005.

Seifert, Dieter, Der Hollandhandel und seine Träger im 14. und 15. Jahrhundert, in: HGbll, 113, 1995, S. 71-91.

Seifert, Dieter, Kompagnons und Konkurrenten. Holland und die Hanse im späten Mittelalter, QDHG, NF, Bd. 43, Köln/Weimar/Wien, 1997.

Stefke, Gerald, Die Hamburger Zollbücher von 1399/1400 und "1418". Der Werkzoll im 14. und frühen 15. Jahrhundert und die Ausfuhr von Hamburger Bier über See im Jahre 1417, in: ZVHG, 69, 1983, S. 1-33.

Stein, Walther, Beiträge zur Geschichte der deutschen Hanse bis um die Mitte des 15, Jahrhunderts, Gießen, 1900.

Selzer, Stephan u. Ewert, Ulf Christian, Verhandeln und Verkaufen, Vernetzen und Vertrauen. Über die Netzwerkstruktur des hansischen Handels, in: HGbll, 119, 2001, S. 135-161.

Selzer, Stephan u. Ewert, Ulf Christian, Die Neue Institutionenökonomik als Herausforderung an die Hanseforschung, in: HGbll, 123, 2005, S. 7-29.

Sommerlad, Theo, Verkehrswesen im deutschen Mittelalter, in: Handwölterbuch der Staatswissenschaft, 3. Aufl., Bd. 8, Jena, 1911, S. 194-209.

Soom, Arnold, Der Kampf der baltischen Städte gegen das Fremdkapital im 17. Jahrhundert, in: VSWG, 49, 1962, S. 433-458.

Spading, Klaus, Holland und die Hanse im 15. Jahrhundert, AHS, Bd. 12, Weimar, 1973.

Sprandel, Rolf, Die wirtschaftlichen Beziehungen zwischen Paris und dem deutschen Sprachraum im Mittelalter, in: VSWG, 49, 1962, S. 289-319.

Sprandel, Rolf, Die Konkurrenzfähigkeit der Hanse im Spätmitttelalter, in: HGbll, 102, 1984, S. 21-38.

Sprandel, Rolf, Das Hamburger Zollbuch 1418 - ein Pfund- oder Werkzollbuch ? in: ZVHG, 70, 1984, S. 223-226.

Sprandel, Rolf, Der Hafen von Hamburg, in: See und Flußhäfen vom Hochmittelalter bis zur Industrialisierung, hg. v. H. Stoob, Städteforschung, A/24, Köln, 1986, S. 193-210.

Sprandel, Rolf, Von Malvasia bis Kötzschenbroda. Die Weinsorten auf den spätmittelalterlichen Märkten Deutschlands, VSWG, Beihefte 149, Stuttgart, 1998.

Sprandel, Rolf, Wirtschaftliche Einführung, in: A. Cordes, K. Friedland, R. Sprandel (Hg.), Societates. Das Verzeichnis der Handelsgesellschaften im Lübecker Niederstadtbuch 1311-1361, QDHG, NF, Bd. 54, Köln/Weimar/Wien, 2003, S. 1-9.

Stark, Walter, Der Salzhandel von Lübeck nach Preußen am Ende des 15. Jahrhunderts, in: Wissenschaftliche Zeitschrift der Ernst Moritz Arndt Universität Greifswald, Gesellschafts- und Sprachwissenschaftliche Reihe, Nr. 3/4, Bd. 18, 1969, S. 177-186.

Stark, Walter, Der Lübecker Preußenhandel - seine Stellung und Struktur im System des Lübecker Ostseehandels am Ende des 15. Jahrhunderts, in: Neue Hansische Studien, Forschung zur mittelalterlichen Geschichte, Bd, 17, Berlin, 1970, S. 244-262.

Stark, Walter, Lübeck und Danzig in der zweiten Hälfte des 15. Jahrhunderts. Untersuchungen zum Verhältnis der wendischen und preußischen Hansestädte in der Zeit des Niedergangs der Hanse, AHS, Bd. 11, Weimar, 1973.

Stieda, Wilhelm, Schiffahrtsregister, in: HGbll, 5, 1885, S. 77-115.

Der Stralsunder Frieden von 1370. Prosopographische Studien, hg. v. N. Jörn, R. -G. Werlich und H. Wernicke, QDHG, NF, Bd. 46, Köln/Weimar/Wien, 1998.

Teuerkauf, Gerhard, Der Hamburger Hafen vom 12. bis 16. Jahrhundert, in: Beiträge zur hansischen Kultur-, Verfassungs- und Schiffahrtsgeschichte, AHS, Bd. 31, Hansische Studien 10, Weimar, 1998, S. 129-143.

Tielhof, Milja van, Der Getreidehandel der Danziger Kaufleute in Amsterdam um die Mitte des 16. Jahrhunderts, in: HGbll, 113, 1995, S. 93-110.

Tober, Philip, Wismar im dreißigjährigen Krieg 1627-1648. Untersuchungen zur

Wirtschafts-, Bau- und Sozialgeschichte, Kleine Stadtgeschichte, Bd. 5, Berlin, 2007.

Tschentscher, Horst, Die Entstehung der hamburgischen Elbhoheit (1189-1482). Ein Beitrag zur Rechtsgeschichte der Territorialgewässer, in: ZVHG, 43, 1956, S. 1-48.

Uhlemann, Hans Joachim, Die Verbindung zwischen Spree und Oder, in: M. Eckoldt (Hg.), Flüsse und Kanäle. Die Geschichte der deutschen Wasserstraßen, Hamburg, 1998, S. 446-450.

Unger, Richard W., Beer in the Middle Ages and the Renaissance, Philadelphia, 2004.

Van der Wee, Hermann, The Growth of the Antwerp Market and the European Economy (14th -17th Century), The Hague, 1963.

Van Houtte, Jan Albert, Die Handelsbeziehungen zwischen Köln und den südlichen Niederlanden bis zum Ausgang des 15. Jahrhunderts, in: Jahrbuch für Kölnischen Geschichtsverein, 23, 1941, S. 141-184.

Van Roosbroeck, Robert, Die Niederlassung von Flamen und Wallonen in Hamburg (1567-1605). Ein Überblick, in: ZVHG, 49/50, 1964, S. 53-76.

Van Uytven, Raymond, Die Bedeutung des Kölner Weinmarktes im 15. jahrhundert. Ein Beitrag zu dem Problem der Erzeugung und des Konsums von Rhein- und Moselwein in Nordwesteuropa, in: Reinische Vierteljahrsblätter, 30, 1964, S. 234-252.

Vogel, Walther, Geschichte der deutschen Seeschffahrt, Bd. 1, Berlin, 1915.

Vogel, Walther, Beiträge zur Statistik der deutschen Seeschiffahrt im 17. 18. Jahrfundert, in: HGbll, 56, 1931, S. 110-152, 57, 1932, S. 78-151.

Vogel, Walther, Handelskonjonktur und Wirtschaftskrisen in ihrer Auswirkung auf den Seehandel der Seestädte 1560-1806, in: HGbll, 74, 1956, S. 50-64.

Vogtherr, Hans-Jürgen, Beobachtungen zum Lübecker Stockholm-Verkehr am Ende des 15. Jahrhunderts, in: HGbll, 111, 1993, S. 1-24.

Vogtherr, Hans-Jürgen, Der Lübecker Hermann Messmann und die lübisch-schwedischen Beziehungen an der Wende des 15. und 16. Jahrhunderts, in: ZVLGA, 75, 1995, S. 53-135.

Vogtherr, Hans-Jürgen, Spuren der schwedischen Geschichte im Lübecker Archiv, in: ZVLGA, 78, 1998, S. 221-270.

Vogtherr, Hans-Jürgen, Livlandhandel und Livlandverkehr Lübecks am Ende des 15. Jahrhunderts, in: N. Angermann u. P. Kägbein (Hg), Fernhandel und Handelspolitik der baltischen Städte in der Hansezeit. Schriften der Baltischen Historischen Kommission, Bd. 11, Lüneburg, 2001, S. 201-237.

Vogtherr, Hans-Jürgen, Hansischer Warenverkehr im Dreieck Lübeck-Hamburg-Lüneburg am Ende des 15. Jahrhunderts, in: HGbll, 123, 2005, S. 171-188.

Volk, Otto, Weinbau und Weinabsatz im späten Mittelalter, Forschungsstand und

Forschungsprobleme, in: A. Gerlich (Hg.), Weinbau, Weinhandel und Weinkultur. Sechstes Alzeyer Kolloquium, Geschichtliche Landeskunde, Bd. 40, Stuttgart, 1993, 149-163.

Vollbehr, Friedel, Die Holländer und die deutsche Hanse, Pfingstblätter des Hansischen Geschichtsvereins, 21, Lübeck, 1930.

Wahrmann, Carl Christian, Aufschwung und Niedergang. Die Entwicklung des Wismarer Seehandels in der zweiten Hälfte des 17. Jahrhunderts, Kleine Stadtgeschichte, Bd. 4, Berlin, 2007.

Wallerstein, Immanuel, The Modern World-System: Capitalist Agriculture and the Origins of the European World-Economy in the Sixteenth Century, New York, 1974, 邦訳（川北稔訳）『近代世界システム——農業資本主義と「ヨーロッパ世界経済」の成立』Ⅰ，Ⅱ，岩波書店，1981 年。

Wallerstein, Immanuel, The Modern World-System II: Mercantilism and the Consolidation of the European World-Economy, 1600-1750, New York, 1980, 邦訳（川北稔訳）『近代世界システム 1600～1750——重商主義と「ヨーロッパ世界経済」の凝集』名古屋大学出版会，1993 年。

Warnke, Ch., Der Handel mit Wachs zwischen Ost- und Westeuropa im frühen und hohen Mittelalter. Voraussetzungen und Gewinnmöglichkeiten, in: Untersuchungen zu Handel und Verkehr der vor- und frühgeschichtlichen Zeit in Mittel- und Nordeuropa, Teil IV, hg. von K. Düwel u. a., Göttingen, 1987, S. 545-569.

Weber, Karl-Klaus, Die Hansestadt Lübeck und die Generalstaaten. Die Beziehung zwischen der Stadt als Haupt der Hanse und der Republik von ihrer Gründung 1579 bis zum Beginn des dreißigjährigen Krieges im Spiegel niederländischen Quellen, in: ZVLGA, 81, 2001, S. 201-248.

Weber, Klaus, Deutsche Kaufleute im Atlantikhandel 1680-1830. Unternehmen und Familien in Hamburg, Cádiz und Bordeaux. Schriftenreihe zur Zeitschrift für Unternehmengeschichte, Bd. 12, München, 2004.

Weczerka, Hugo, Verkehrsnetz und Handelsgüter der Hanse, in: Von Pommern bis zum Baltikum. Die Hanse im Ostseeraum, 12. bis 17. Jahrhundert, Bonn, 1983, S. 24-40.

Weczerka, Hugo, Lübeck und der Ostseeraum im 12./13. Jahrhundert, in: Neue Forschungen zur Geschichte der Hansestadt Lübeck, hg. v. A. Graßmann, Lübeck, 1985, S. 27-40.

Weczerka, Hugo, Hansische Handelswege in den nordwestrussischen Raum, in: N. Angermann u, K. Friedland (Hg.), Novgorod. Markt und Kontor der Hanse, QDHG, NF, Bd. 53, Köln/Weimar/Wien, 2002, S. 15-24.

Weibull, Curt, Lübecks Schiffahrt und Handel nach den nordischen Reichen 1368 und 1398-1400. Studien nach den lübischen Pfundzollbüchern, in: ZVLGA, 47, 1967, S. 5-98.

Wendt, Oscar, Lübecks Schiffs- und Warenverkehr in den Jahren 1368 und 1369 in tabellarischer Übersicht am Grund der Lübecker Pfundzollbücher aus denselben Jahren, Marburg, 1902.

Werveke, Hans van, Die Beziehungen Flanderns zu Osteuropa in der Hansezeit, in: A. v. Brandt u. a., Die Deutsche Hanse als Mittler zwischen Ost und West, Köln/Opladen, 1963, S. 59-77.

Westermann, Ekkehard, Silberrausch und Kanonendonner. Deutsches Silber und Kupfer an der Wiege der europäischen Weltherrschaft, Lübeck, 2001.

Weststrate, Job, Abgrenzung durch Aufnahme. Zur Eingliederung der Süderseeischen Städte in die Hanse, ca. 1360-1450, in: HGbll, 121, 2003, S. 13-40.

Willert, Helmut, Anfänge und frühe Entwicklung der Städte Kiel, Oldesloe und Plön, Neumünster, 1990.

Wirtschaftliche Wechsellagen im hansischen Wirtschaftsraum 1300-1800. Ein internationals Projekt an der Forschungsstelle für Geschichte der Hanse und des Ostseeraums der Hansestadt Lübeck. (http://www.phil.uni-erlangen.de/~plges/hgv/wechsellagen.html)

Wirtz, Carolin, Köln und Venedig. Wirtschaftliche und kulturelle Beziehungen im 15. und 16. Jahrhundert, Beihefte zum Archiv für Kulturgeschichte, Heft 57, Köln/Weimar/Wien, 2006.

Witthöft, Harald, Struktur und Kapazität der Lüneburger Saline seit dem 12. Jahrhundert, in: VSWG, 63-1, 1976, S. 1-117.

Wubs-Mrozewicz, Justyna, The Bergenfahrer and the Bergenvaarder: Lübeck and Amsterdam in a Study of Rivalry c. 1441-1560, in: Das Hansische Kontor zu Bergen und die Lübecker Bergenfahrer - International Workshop Lübeck, 2003 -, Veröffentlichungen zur Geschichte der Hansestadt Lübeck, Bd. 41, Lübeck, 2005, S. 206-230.

Zoellner, Klaus-Peter, Seehandel und Handelspolitik der Hanse in der Zeit ihres Niedergangs (1550-1600), in: Jahrbuch für Wirtschaftsgeschichte, 1970/III, S. 221-238.

Zwei Jahrtausende Kölner Wirtschaft, 2 Bde., hg. v. H. Kellenbenz, Köln, 1975.

邦語文献

エーリック・アールツ（藤井美男監訳）『中世末南ネーデルラント経済の軌跡――ワイン・ビールの歴史からアントウェルペン国際市場へ』九州大学出版会，2005年。

石坂昭雄「オランダ共和国の経済的興隆とバルト海貿易（1585-1660）――ズント海峡通行税記録の一分析」，日蘭学会編『オランダとインドネシア』山川出版社，1986年，63-89ページ。

板垣晴朗「イングランド商人のプロイセン進出とハンザ都市リューベック」，『ヨーロッパ研究』第2号，1998年，273-298ページ。

参 考 文 献

伊藤栄『西洋商業史』東洋経済新報社，1971年。
井上光子「近世デンマーク史と「ズント海峡通航税」」，『関学西洋史論集』第23号，2000年，35-44ページ。
入江幸二『スウェーデン絶対王政研究——財政・軍事・バルト海帝国』知泉書館，2005年。
上野喬『オランダ初期資本主義研究』御茶の水書房，1973年。
小倉欣一「中世フランクフルトの大市」，『東洋大学経済研究所研究報告』第4号，1978年，36-53ページ。
小倉欣一『ドイツ中世都市の自由と平和——フランクフルトの歴史から』勁草書房，2007年。
越智武臣『近代英国の起源』(新装版）ミネルヴァ書房，1995年。
小野寺利行「13世紀ノヴゴロドの対ハンザ通商政策——西ドヴィナ川流域地方との比較において」，『ロシア史研究』第64号，1999年，53-60ページ。
小野寺利行「ハンザ」，木村靖二編『ドイツの歴史——新ヨーロッパ中心国の軌跡』有斐閣，2000年，33-38ページ。
小野寺利行「中世ノヴゴロドのバルト海貿易における陸路——13世紀の対ハンザ通商政策の一側面」，『立正西洋史』第19号（高橋理教授古稀記念号），2003年，9-18ページ。
小野寺利行「中世ハンザ交易におけるノヴゴロドの内陸輸送」，『比較都市史研究』第23巻第1号，2004年，45-57ページ。
影山久人「中世ニュルンベルク・リュベック間交易事情の一斑」，『コスミカ』第7号，1977年，260-280ページ。
景山久人「ハンザ都市リューベックの財政収入（1407/8）に関する若干の覚書Ⅰ」，『コスミカ』第13号，1983年，145-154ページ。
柏倉知秀「中世リーフラント・ロシア間の内陸交易——13世紀末・14世紀初頭のハンザ都市リーガを中心に」，『立正史学』第86号，1999年，47-64ページ。
柏倉知秀「中世リーフラントの「そりの道」——13・14世紀のハンザ都市リーガと冬季商業」，『立正大学大学院年報』第17号，2000年，195-204ページ。
柏倉知秀「中世北ヨーロッパ商業圏におけるベー塩取引と海運——運送契約書の分析」，『北欧史研究』第19号，2002年，31-40ページ。
柏倉知秀「14世紀後半レーヴァルの海上商業」，『立正史学』第93号（高橋理教授退職記念号），2003年，61-73ページ。
柏倉知秀「14世紀ハンザ諸都市のポンド税台帳」，『立正西洋史学』第19号（高橋理教授古稀記念号），2003年，19-25ページ。
柏倉知秀「中世ハンザ都市の商業規模——14世紀後半のポンド税決算書を中心に」，『比較都市史研究』第23巻第1号，2004年，33-44ページ。
柏倉知秀「14世紀ハンザ商業の一断片——リューベックの損害一覧（1345年)」，『宗教社会史研究』（立正大学）第3号，2005年，397-414ページ。
柏倉知秀「14世紀後半リューベック商人のネットワーク」，『立正史学』第105号，2009年，1-23ページ。

参考文献

片平宣秀「15世紀ドイツ・ハンザの造船技術と海運の構造変化」,『クリオ』vol.12, 1998年, 15-28ページ。
川久保公夫『ドイツ初期資本主義の経済構造』法律文化社, 1961年（川久保公夫『ドイツ経済史研究』大阪経済法科大学出版部, 1995年に収められて再刊）。
川原温『ブリュージュ——フランドルの輝ける宝石』中公新書, 2006年。
菊池雄太「ヨーロッパ世界商業におけるハンブルクの役割（17-18世紀）」,『比較都市史研究』第27巻第1号, 2008年, 13-29ページ。
北村次一『初期資本主義の基本構造——ドイツ初期資本主義の研究』ミネルヴァ書房, 1961年。
木村和男『カヌーとビーヴァーの帝国』山川出版社, 2002年。
木村和男『毛皮交易が創る世界』岩波書店, 2004年。
ヨーゼフ・クーリッシェル（増田四郎監訳, 伊藤栄, 諸田實訳）『ヨーロッパ中世経済史』東洋経済新報社, 1974年。
小山哲「バルト海貿易と東ヨーロッパの社会」, 週刊朝日百科『世界の歴史67 16世紀の世界1 商品と物価』朝日新聞社, 1990年, B-440-443ページ。
近藤和彦編『西洋世界の歴史』山川出版社, 1999年。
齊藤寛海「ヴェネツィアの外来者」, 歴史学研究会編（深沢克己責任編集）『港町の世界史② 港町のトポグラフィー』青木書店, 2006年, 271-295ページ。
酒井昌美『ドイツ中世後期経済史研究序論——オスト・エルベを中心として』学文社, 1989年。
酒井昌美「ダンチヒの海上貿易——16世紀の北欧・中欧における商品流通の移動」,『帝京史学』第5号, 1990年, 205-213ページ。
酒井昌美「対デンマーク戦争とリューベック財政——研究ノート」,『帝京史学』第6号, 1991年。
佐藤幸弘『西欧低地諸邦毛織物工業史——技術革新と品質管理の経済史』日本経済評論社, 2007年。
斯波照雄「ハンザ商人考」, 渡辺國廣編『経済史讃92』慶應通信, 1992年, 66-80ページ。
斯波照雄「中世末期のハンザ商人像の検討」,『北陸史学』第44号, 1995年, 54-70ページ。
斯波照雄『中世ハンザ都市の研究——ドイツ中世都市の社会経済構造と商業』勁草書房, 1997年。
斯波照雄「15世紀におけるハンザの動向について——ハンザ商業と都市経済事情」,『商学論纂』（中央大学）第40号第1・2号, 1998年, 37-60ページ。
斯波照雄「中世末期ハンブルクの「領域政策」と商業」,『商学論纂』（中央大学）第41号第6号, 2000年, 153-176ページ。
斯波照雄「中世末期リューベックの「領域政策」と商業」,『商学論纂』（中央大学）第43号第4・5号, 2002年, 171-194ページ。
斯波照雄「中世末から近世初頭のハンブルクの都市経済事情」,『商学論纂』（中央大学）第44巻第4号, 2003年, 257-274ページ。

斯波照雄「中世末期から近世初頭におけるリューベックの商業と都市経済事情」，『商学論纂』（中央大学）第45号第3・4号，2004年，37-52ページ。
斯波照雄「ハンザ都市ハンブルクの発展と醸造業」，木立真直，辰馬信男編著『流通の理論・歴史・現状分析』中央大学企業研究所研究叢書 26，2006年，83-102ページ。
斯波照雄「近世初頭のハンザとハンザ都市」，『商学論纂』（中央大学）第49巻第5・6号，2008年，23-44ページ。
斯波照雄『ハンザ都市とは何か──中近世北ドイツ都市に関する一考察』中央大学出版部，2010年。
斯波照雄ほか「日本におけるハンザ史研究の動向と現状」，『比較都市史研究』第28巻第1号，2004年，58-63ページ。
下山晃「毛皮交易史の研究：毛皮の世界フロンティアと人種奴隷制(1)～(4)」，『社会科学』（同志社大学）第51号～第54号，1993年～1995年。
下山晃『毛皮と皮革の文明史』ミネルヴァ書房，2005年。
エチエンヌ・ジュイヤール（大嶽幸彦訳）『ヨーロッパの南北軸──大空間の地理学』地人書房，1977年。
甚野尚志『中世ヨーロッパの社会観』講談社学術文庫，2007年。
『新約聖書』日本聖書協会，1954年改訳。
杉浦未樹「近世アムステルダムの都市拡大と社会空間」，歴史学研究会編（深沢克己責任編集）『港町の世界史②港町のトポグラフィー』青木書店，2006年，297-324ページ。
関谷清『ドイツ・ハンザ史序説』比叡書房，1973年。
高橋理「ハンザ貿易と絶対王政期イギリスの通商政策」，『文経論叢』（弘前大学人文学部）第5巻第5号，1970年，47-88ページ。
高橋理「合同ハンザ成立以前におけるドイツ商人のイングランド貿易──『商人ハンザ』の一研究として」，『文化紀要』（弘前大学教養部）第8号，1974年，33-66ページ。
高橋理『ハンザ同盟──中世の都市と商人たち』教育社歴史新書，1980年。
高橋理「ハンザ同盟」，川北稔責任編集『歴史学事典1　交換と消費』弘文堂，1994年，680-685ページ。
高橋清四郎『ドイツ商業史研究』お茶の水書房，1977年。
高橋陽子「サン＝トメールのハンザに関する一考察──13世紀を中心に」，『西洋史学』第164号，1991年，53-66ページ。
高村象平『中世都市の諸相──西欧中世都市の研究1』筑摩書房，1980年。
高村象平『ハンザの経済史的研究──西欧中世都市の研究2』筑摩書房，1980年。
田北廣道「中世後期ケルン空間の中心地システムの確立──小都市ジークブルクの市場機能からみた」，『経済学研究』（九州大学）第59巻第3・4号，1993年，257-294ページ。
田北廣道『中世後期ライン地方のツンフト「地域類型」の可能性──経済システム・社会集団・制度』九州大学出版会，1997年。

田北廣道「中世後期ケルン空間における経済・社会・制度——社会統合論としての「市場史」研究にむけて」,『社会経済史学』第63巻第2号, 1997年, 56-80ページ.

田北廣道「中世後期ケルン空間の流通と制度——シュターペル研究序説(1)(2)」,『経済学研究』(九州大学) 第65号第4巻, 1998年, 1-25ページ, 第65巻第5号, 1999年, 49-66ページ.

田北廣道「中世後期下ライン地方の流通と制度——15世紀前半ゲルデルン戦争期のケルン空間」,『福岡大学商学論叢』第43巻第3号, 1999年, 383-413ページ.

田口一夫『ニシンが築いた国オランダ——海の技術史を読む』成山堂書店, 2002年.

田中史高「14世紀後半ホラント伯領諸都市の『会合行動』(dagvaarten)」, 小倉欣一編『ヨーロッパの分化と統合』太陽出版, 2004年, 131-149ページ.

玉木俊明「地中海からバルト海へ——1600年頃のヨーロッパ経済の中心の移動」,『文化史学』第45号, 1989年, 173-193ページ.

玉木俊明「『ズント海峡関税台帳』前編——1560-1657年」,『文化学年報』第41号, 1992年, 134-154ページ.

玉木俊明「バルト海貿易(1560-1660年)——ポーランド・ケーニヒスベルク・スウェーデン」,『社会経済史学』第57巻第5号, 1992年, 12-32ページ.

玉木俊明「「強国の時代」のスウェーデン貿易(1611-1720年)」,『立命史学』第15号, 1994年, 46-68ページ.

玉木俊明「イギリスのバルト海貿易(1731～1780年)」,『社会経済史学』第63巻第6号, 1998年, 86-105ページ.

玉木俊明「18世紀ハンブルクの中継貿易——フランス大西洋貿易の拡大との関係を中心に」,『関学西洋史論集』第21号, 1998年, 55-66ページ.

玉木俊明「オランダのヘゲモニー」, 川北稔編『ウォーラーステイン』講談社選書メチエ, 2001年, 103-121ページ.

玉木俊明「ボルドー・アムステルダム・ハンブルクの貿易関係——大西洋貿易の拡大とヨーロッパ大陸北部の商業」,『関西大学西洋史論叢』第4号, 2001年, 1-14ページ.

玉木俊明「18世紀ヨーロッパ商業におけるハンブルクの位置——大西洋貿易の拡大との関係を中心に」,『関西大学西洋史論叢』第5号, 2002年, 20-34ページ.

玉木俊明「イギリスとオランダのバルト海・白海貿易——ロシアとの関係を中心に」, 深沢克己編著『近代ヨーロッパの探求9 国際商業』ミネルヴァ書房, 2002年, 289-316ページ.

玉木俊明「近世ヨーロッパ商業史・経済史研究に関する覚書——オランダの事例を中心に」,『京都マネジメント・レヴュー』第7号, 2005年, 43-65ページ.

玉木俊明「近世スウェーデン経済史概観」,『京都マネジメント・レヴュー』第12号, 2007年, 69-81ページ.

玉木俊明『北方ヨーロッパの商業と経済——1550-1815年』知泉書館, 2008年.

参 考 文 献

玉木俊明『近代ヨーロッパの誕生——オランダからイギリスへ』講談社選書メチエ，2009年．
玉木俊明，根本聡『スウェーデンを中心としたバルト海商業史，15～18世紀』京都産業大学経済経営学会ディスカッションペーパーシリーズ，No.31，2000年．
千脇修「イングランドに於けるドイツ・ハンザの形成」，『西洋史論叢』第12号，1990年，65-77ページ．
千脇修「14世紀ブリュージュにおける金融と貿易——高利貸・両替商・取引仲介人」，『西洋史論叢』第18号，1996年，15-27ページ．
ミルヤ・ファン・ティールホフ（玉木俊明・山本大内訳）『近世貿易の誕生——オランダの「母なる貿易」』知泉書館，2005年．
寺村銀一朗「スウェーデンとハンザ——主権国家の誕生と異邦人の同化」，川口博編『伝統と近代——西洋近代史の再検討』彩流社，1988年，41-72ページ．
中澤三「国際商都アントウェルペンの興隆——繁栄の契機をめぐって」，『一橋論叢』第75巻第2号，1976年，194-211ページ．
中澤勝三「アントウェルペンの興隆と銅＝香辛料貿易」，『文経論叢』（弘前大学）第14巻第5号，1979年，1-24ページ．
中澤勝三「16世紀中葉におけるアントウェルペンのイベリア交易」，『地中海論集』第9号，1984年，147-169ページ．
中澤勝三「「オランダの覇権」をめぐって」，『弘前大学経済研究』第8号，1985年，21-38ページ．
中沢勝三「16世紀アントウェルペンの銅貿易とヨーロッパ経済」，『地中海論集』第10号，1986年，137-147ページ．
中澤勝三「15世紀ブリュッヘと世界経済——デスパル商会の交易」，『弘前大学経済研究』第14号，1991年，50-61ページ．
中澤勝三『アントウェルペン国際商業の世界』同文舘，1993年．
西村三郎『毛皮と人間の歴史』紀伊國屋書店，2003年．
根本聡「16，17世紀スウェーデンの帝国形成と商業——バルト海支配権をめぐって」『関西大学西洋史論叢』第3号，2000年，1-19ページ．
根本聡「ストックホルムの成立と水上交通」，『歴史学研究』第756号，2001年，56-67，76ページ．
根本聡「海峡都市ストックホルムの成立と展開——メーラレン湖とバルト海のあいだで」，歴史学研究会編（村井章介責任編集）『港町の世界史① 港町と海域世界』青木書店，2005年，365-397ページ．
根本聡「近世スウェーデン王国のステープル都市体系とストックホルムの首都化過程」，『市場史研究』第27号，2007年，33-55ページ．
延広知児，柏倉知秀「日本における古代・中世「東欧」史関係研究文献目録（1984～1994年）」立正大学西洋史研究会，1995年．
アイリーン・パウアー（山村延昭訳）『イギリス中世史における羊毛貿易』未来社，1966年．

参考文献

橋本淳編『デンマークの歴史』創元社，1999年。
キアステン・ハストロプ編（熊野聡ほか訳）『北欧社会の基層と構造 2 北欧の自然と生業』東海大学出版会，1996年。
服部春彦『フランス近代貿易の生成と展開』ミネルヴァ書房，1992年。
服部良久「中世末期のリューベックにおける市民闘争」，『史林』第59巻第3号，1976年，106-145ページ。
パトリシャ・ジェームズ編（小林時三郎・西沢保訳）『マルサス北欧旅行日記』未来社，2002年。
馬場哲『ドイツ農村工業史——プロト工業化・地域・世界市場』東京大学出版会，1993年。
比嘉清松「中世末北ヨーロッパにおける毛皮取引」，『松山商大論集』第19巻第2号，1968年，27-43ページ。
比嘉清松「近世初頭におけるヴィスマールの海上貿易——スペイン・ポルトガル貿易を中心に」，『国民経済雑誌』第152巻第5号，1985年，51-71ページ。
アンリ・ピレンヌ（大塚久雄・中木康夫訳）『資本主義発展の諸段階』未来社，1955年。
深沢克己「比較史のなかの国際商業と国際秩序」，社会経済史学会編『社会経済史学の課題と展望』有斐閣，2002年，119-131ページ。
深沢克己「年市と海港のヨーロッパ史」，深沢克己編著『近代ヨーロッパの探究9 国際商業』ミネルヴァ書房，2002年，1-18ページ。
深沢克己『海港と文明——近世フランスの港町』山川出版社，2002年。
深沢克己『商人と更紗——近世フランス＝レヴァント貿易史研究』東京大学出版会，2007年。
藤井和夫「内陸の交易路——16，17世紀ポーランドにおける毛皮・肉牛取引から」，田中きく代・阿河雄二郎編『〈道〉と境界域』昭和堂，2007年，120-138ページ。
藤井美男『ブルゴーニュ国家とブリュッセル——財政をめぐる形成期近代国家と中世都市』ミネルヴァ書房，2007年。
ギュンター・フランツ（高橋清四郎訳）『ドイツ穀物取引史』中央大学出版部，1982年。
ハンノ・ブラント（玉木俊明訳）「ホラント・ブルゴーニュとブリュージュにおけるハンザのステープル政策——1440-1500年頃」，『市場史研究』第27号，2007年，4-19ページ。
フェルナン・ブローデル（浜名優美訳）『地中海』藤原書店，藤原セレクション版，1999年。
フェルナン・ブローデル（村上光彦訳）『物質文明・経済・資本主義 15-18世紀 世界時間』1 みすず書房，1996年。
フェルナン・ブローデル（浜名優美監訳）『ブローデル歴史集成Ⅱ 歴史学の野心』藤原書店，2005年。
牧野正憲「1397年のカルマル連合会議に関する一考察——戴冠文書と連合文書を

中心に」,『北欧史研究』第 4 号, 1985 年, 1-10 ページ。
松浦道一「アングロ・ハンザ抱合関係の一考察——とくにユトレヒト条約について」,『史学研究』(広島史学研究会) 第 97 号, 1966 年。
松木栄三「ノヴゴロドの市場——店舗台帳ノート」,『宇都宮大学教養部研究報告』第 22 号第 1 部, 1989 年, 55-84 ページ。
松田絹『ヤーコブ・フガー』丘書房, 1982 年。
山内進『北の十字軍——「ヨーロッパ」の北方拡大』講談社選書メチエ, 1997 年。
松井透『世界市場の形成』岩波書店, 1991 年。
永松美穂『ドイツ北方紀行』NTT 出版, 1997 年。
レオス・ミュラー (玉木俊明・根本聡・入江幸二訳)『近世スウェーデンの貿易と商人』嵯峨野書院, 2006 年。
百瀬宏ほか編『北欧史』, 新版世界各国史 21, 山川出版社, 1998 年。
森永貴子『ロシアの拡大と毛皮貿易—— 16-19 世紀シベリアの北太平洋の商業世界』彩流社, 2008 年。
諸田實『ドイツ初期資本主義研究』有斐閣, 1967 年。
諸田實『フッガー家の時代』有斐閣, 1999 年。
諸田實「16, 17 世紀ドイツにおけるイギリス毛織物の輸入・仕上げ・販売——「ロンドン＝アントウェルペン枢軸」の延長」,『商経論叢』(神奈川大学) 第 35 巻第 2 号, 1999 年, 1-46 ページ。
ヘリエ・サイゼリン・ヤコブセン (村井誠人監修高藤直樹訳)『デンマークの歴史』ビネバル出版発行, 星雲社発売, 1995 年。
山瀬善一「ブリュージュとアンヴェルスの「市場」の性格について——最近の研究業績によせて」,『国民経済雑誌』第 131 巻第 5 号, 1975 年, 1-18 ページ。
山本大丙「貿易ルートの統合—— 17 世紀初期のオランダ・バルト海貿易」, 小倉欣一編『ヨーロッパの分化と統合——国家・民族・社会の史的考察』太陽出版, 2004 年, 177-201 ページ。
山本大丙「商人と「母なる貿易」—— 17 世紀初期のアムステルダム商人」,『史観』第 152 冊, 2005 年, 52-73 ページ。
カール・ヨルダン (瀬原義生訳)『ザクセン大公ハインリヒ獅子公——中世北ドイツの覇者』ミネルヴァ書房, 2004 年。
フリッツ・レーリヒ (瀬原義生訳)『中世の世界経済——一つの世界経済時代の繁栄と終末』未来社, 1969 年。
フリッツ・レーリヒ (魚住昌良・小倉欣一訳)『中世ヨーロッパ都市と市民文化』創文社, 1978 年。
ロバート・S・ロペス (宮松浩憲訳)『中世の商業革命——ヨーロッパ 950-1350』法政大学出版局, 2007 年。
拙稿「近世リューベックのスウェーデン貿易」,『北欧史研究』第 10 号, 1993 年, 9-23 ページ。
拙稿「中世後期・近世初頭におけるケルンの北ドイツ・バルト海商業」,『早稲田経済学研究』第 41 号, 1995 年, 13-28 ページ。

拙稿「1492-1496 年リューベックのポンド税台帳」,『市場史研究』第 19 号, 1999 年, 171-188 ページ。

拙稿「近世初頭の国際商業とケルン――アントウェルペン・ケルン・フランクフルト」, 鈴木健夫編『「ヨーロッパ」の歴史的再検討』早稲田大学出版部, 2000 年, 169-194 ページ。

拙稿「ライプツィヒの通商網――ドイツ・中欧における内陸商業の展開」, 深沢克己編『近代ヨーロッパの探求 9　国際商業』ミネルヴァ書房, 2002 年, 21-49 ページ。

拙稿「中世後期ドイツにおけるワインの流通」,『長崎県立大学論集』第 34 巻第 4 号, 2001 年, 147-174 ページ。

拙稿「近世ヨーロッパ経済とオランダ――オランダ東インド進出の経済的背景」,『長崎県立大学論集』第 36 巻第 4 号, 2003 年, 331-352 ページ。

拙稿「近世ドイツの商業都市とヨーロッパ国際商業に関する研究」平成 15-17 年度科学研究費補助金研究成果報告書, 2006 年。

拙稿「ハンザ期リューベック商業の諸相――近年の研究成果から」,『長崎県立大学論集』第 40 巻第 4 号, 2007 年, 283-303 ページ。

索　引

ア　行

アーベル（デンマーク王）　144
アーヘン　177
アーモンド　97
アイスランド　208,233,306
アインベック　269
アウクスブルク　187,241,242
アカネ　187,188
麻　93,99,188,229,230,235,238,239,
　242,243,247,254,305
アジア　3
アドルフ3世（ホルシュタイン伯）
　226
アニス　72,306
アムステルダム　11,17,71,79,80,
　109-12,115-17,129,136,139,142,
　150,172,175,177,180,196,200,201,
　205,225,234,235,237,243,245,267,
　318,319
アルザス　186
アルスター川　39
アルハンゲリスク　76
アルブレヒト・フォン・バイエルン
　111
アルメニア　242
アンゲルマン，N.　79
アントウェルペン　17,34,69,144,145,
　147,148,173,177,184,186,189-92,
　199,201-05,208,215,220,222,223,
　233-37
EU　15
イヴァン3世　78
イェール，ルイ・ド　174,175
筏　147,187
イザベラ（クリスチャン2世の王妃）
　318
石臼　249,250,253
イズラエル，J. I.　139
委託販売　236
イタリア　187,188,191,203,242,243
イチジク　64,250
一次産品　75,254,305,306,314　→原
　材料
イベリア半島　14,69,155,167,233,
　234,239,242
イムケライ　86-88
イルジーグラー，F.　183,187,192
イルメナウ川　53,266
イングランド　1,16,31,43,45,49,71,
　88,114,119,123,126,127,129,156,
　182,187-91,196-99,203-05,207-23,
　229,234-37,239,243,245-247,250,
　322,324
インディゴ　236
ヴァルデマー4世　22,121
ヴァルネミュンデ　280,293,294
　――認可税台帳　293
ヴァルノ川　293
ヴァルンケ，Ch.　84-87
ウィーン　189,192
ウイキョウ　72
ヴィスビュー　5,22,34,193
ヴィスマル　26,118,122,126,130,143,
　154,197,262,275,280-83,286,300
ヴィスワ川（ヴァイクセル川）　146,
　166,197
ヴィリンゲン　187
ウィレム5世（ホラント伯）　111
ヴェイブル，C.　241,260,301
ヴェーゼル，ゲルハルト・フォン
　210
ヴェストストラーテ，J.　111,112

ヴェストファーレン　35, 109, 114, 130, 182, 193, 201, 293
ヴェチェルカ，H.　59, 100, 167
ヴェネツィア　13, 33, 95, 191, 196
ヴェルク税　56, 230
ヴェンド都市　119, 120, 127, 128, 130, 131, 133, 135, 183, 216, 279, 282
────・ハンザ　114, 118, 120, 124-37, 142, 143, 154
ヴォーディンボー条約　128
ウォーラーステイン，I.　4, 9, 10, 12, 16, 17, 105, 107, 324
ウォリック伯　217
ヴォルムス　187
迂回航路　31, 49, 115, 144
牛　107, 238, 305, 309, 316, 317, 319
────の道　293
内張板　162, 163
馬　73, 238, 305, 309, 317
ヴリーラント　142
ヴレンヴェーバー　153, 154, 167
エアケレンツ　246
エヴェア　303
エーアソン海峡（ズント海峡）　31, 39, 50, 76, 105, 110, 115, 120, 123-32, 136, 143, 145, 146, 150, 155-57, 160, 162, 164-66, 180, 181, 196, 197, 199-201, 208, 236, 278, 285, 298, 319
エーリク・ア・ポンメルン　122-24, 127, 128, 131
エーレンベルク，R.　235
エスリンゲン　187
エドワード4世　211, 216-19
エブロ川　191
エルフスボリ賠償金　174, 175
エルベ川　53, 56, 60, 87, 119, 125, 177, 225-27, 233, 237-39, 241, 247, 249-53, 266
遠隔地商業都市　231
────商品　306, 307, 312, 313, 321
エンクハイゼン　142
燕麦　229, 305

沿バルト地域　156, 296-98, 301, 303, 305　→リーフラント
オーデル川　226
オーバーラウジッツ　250
オーフェルスティフト　112
オーフス　308, 317
オールボー　272, 308, 319
オーロフ3世　121, 122
黄金時代　105, 187
牡牛皮　97
大市　188, 189, 191, 202, 204, 241-43, 245, 246, 313
大麦　88, 238, 305, 310
オスナブリュック　201
オスムント鉄　47, 48, 53, 64, 178, 195, 229, 268, 272, 283, 285
オッコ，ポンペイウス　318
オランダ　11, 17, 18, 20, 47, 48, 60, 65, 75, 76, 94, 100, 105-37, 139, 140, 142-46, 148, 150, 151, 153-58, 160-62, 164-69, 172, 174, 175, 178, 180, 181, 189, 217, 224, 225, 234, 242, 255, 267, 298, 308, 309, 314-17, 320, 322, 324
────商業　108, 117-20, 139, 168
────戦争　128, 130, 131, 135
オリーブ　72
────油　45, 187
オルデスロー　31-34, 36-41, 43, 45, 46, 48-54, 59-61, 65, 79, 96, 119, 143, 160, 194, 228, 229, 266
オレヒノヴィッツ，K.-F.　8, 154

カ　行

カール5世　318
海路　31, 39, 47, 49, 50, 69, 71, 76, 94, 99, 108, 119, 125, 143, 144, 150, 171, 173, 180, 181, 191, 194, 196, 201, 202, 206, 226, 229, 264, 278, 285, 312
柏倉知秀　18, 22, 28, 37, 77, 81
河川交易　238, 247, 253
カテガット海峡　133

索　引

家畜　87, 123, 189, 293, 300, 305-06, 309, 310, 314, 318
カメン，クラウス・ド　41, 42
辛子　187
ガラス　236
カラス麦　88, 238
カルマル　170, 174
　──連合　121-23, 131
川舟　37, 53, 188
関税　5, 21, 22, 34, 37, 56, 60, 77, 164, 165, 227, 230, 233, 238, 240, 243, 251-53, 278, 293, 300, 316, 319, 324
　──台帳　13, 25, 27, 34, 43, 77, 116, 139, 228, 230, 231, 235, 241, 292, 293, 304, 309
環大西洋経済　3, 225, 238, 255
乾物　72, 231
カンペン　110, 112-14, 186, 189, 191, 200, 201
キール　10, 310
飢饉　115, 119, 138
貴金属　15, 45, 83
菊池雄太　12, 225
北の十字軍　10
絹　72, 185, 188, 190, 191, 235, 245
木の実　264, 265
客人法　210
近代世界システム　4, 10, 167, 168, 205, 314
クヴェステンベルク家　198
クスケ，B.　183, 187
グスタヴ・ヴァーサ　174, 175
　──・アドルフ2世　174, 175
クネーレの講和　174
クニッツ，ヤーコプ　245
クライヤー　154
グライフスヴァルト　22, 140
クラウスブルッフ，ハインリヒ・クラマー・フォン　245
クラカウ　5, 6, 16, 173, 189, 190, 240
グラムラ，G. S.　183, 196
グランド・セオリー　15, 324

グランドルプ，ヨハン　310
クリスチャン1世　60, 208, 318
　──2世　318, 320
　──4世　174, 306, 320
クリストフ3世　317
クリストファー・ア・バイエルン　131-34
クリップハーフェン（もぐりの港）　117
クレーディッツ，ゴットフリート　248
グレミッツ　310, 311
グローバル化　10, 12, 15, 324
軍事国家　314
経済基盤　119, 175, 184, 324
経済統一体　185
ケーニヒスベルク　139
ゲートウェイ　11, 237
毛織物　36, 43, 52, 64, 65, 67, 71, 73, 81, 82, 90, 93, 94, 97, 116, 118, 148, 158, 159, 173, 185, 188-91, 193, 194, 196, 197, 199, 203-05, 209, 215, 222, 229, 231, 235, 236, 238, 245-47, 269, 283-85, 305, 306
毛皮　36, 48, 64, 73, 75, 81-84, 88-90, 93-96, 98, 99, 107, 158, 178, 185, 188, 191, 193, 195, 197, 199, 202, 229-31, 235, 236, 242, 245, 264, 265, 285, 305, 308
結節点　21, 54, 55, 157, 167, 224, 232, 238, 241, 242, 307, 313, 324
ケルン　1, 5, 6, 20, 21, 23, 45, 88, 95, 109, 126, 145, 169, 181-223, 255, 324
　──同盟　23-25, 109-11, 135
ケレンベンツ，H.　16, 167, 183, 235
建設企業者　158
原材料　9, 82, 83, 185, 187, 188, 249
航海数　26, 275, 276, 299
高地ドイツ　183, 187, 188, 190, 202, 203, 237, 242
皇帝　13, 211, 219, 227, 239, 245, 318
コーヒー　242

香辛料　45,72,173,188,191
港湾税台帳　21,22,139
穀倉　115,139,187
国際商業　17-19,31,54,75,101,123,
　　137,169,180,184,186,202,222,223,
　　225,241,242,254,256,292,298,299,
　　307,313,320,321
黒死病　40,138
穀粉　317
国民経済　13,16-19,321
穀物　9,12,31,49,50,88,105,107,
　　115,117,119,120,123,134,138-40,
　　145-47,149,150,155,157,160,162,
　　165,166,168,169,187,200,233,236,
　　239,249,250,254,305,308-10,314,
　　317-19,324
護衛料　36
コッゲ船　111,116,230
ゴットルプ　309
コップマン，K.　239
コッペ，W.　117
ゴトランド島　22,34,192
琥珀　49,193,195
コペンハーゲン　127,133,259,272,
　　301,306-09,313,318,320,321
　　──条約　133,134
コルク　191
コルドバ革　229

サ　行

最初の近代経済　139
再販農奴制　107
ザイフェルト，D.　108,110,118,124,
　　125,129,130,135
債務台帳　239,241
鮭　178
ザクセン　87,126,227,242,245,248,
　　250
　　──公アルブレヒト　36,228
　　──・スイス　250
砂糖　148,191,236,249,306

サフラン　191,242
サムソノヴィチ，H.　9,147,159
ザルター，F.R.　212
ザルツヴェーデル　231,239,240
三十年戦争　14,17,138,167,177,235,
　　243,246,293
参事会　37,56,131,165,170,214,215,
　　233,235,244,245
シェーファー，D.　7,123
塩　38,39,47,49,53,64,81,94,97,
　　129,130,134,143,148,149,158-60,
　　164,191,193,236,251,260,263,265-
　　69,272-75,278,283,284,310,319
　　──の道　49
ジェンクス，S.　8,11,16,150,203,204,
　　213
斯波照雄　18,153,164,225,231
資本主義世界経済　9,138,139
市民台帳　198
市民闘争　106,153,196,233
シャウエンブルク家　60,124,226,227
ジャナン，P.　151,152,156,157,176,
　　302,303
シャンパーニュ大市　202
自由ハンザ都市　224
シュヴァルツヴァルト　187
シューテ　154,303
宗教改革　17,153,233
宗教難民　233,234
手工業　38,113,114,182,184,185,188,
　　191,209,231,237,242,250,254
　　──者組合　184
　　──製品　82,188,229,231,254,306
収支　83,147,149,150,261,283,290,
　　305
十三年戦争　142,145,146,165,167,
　　169,324
樹脂　187
獣脂　64,67,70,71,73,81,83,90,95-
　　98,238,264,265
シュターデ　231,247
シュターベル　144,145,186,196,239

索　　引

シュタールホーフ　211, 219, 220
シュタルク，W.　7, 17, 147, 158, 159, 162, 163, 221
シュテクニッツ運河　38, 39, 53, 60, 64, 73, 125, 143, 164, 266
シュテッティン　34
シュテフケ，G.　230, 231
シュトラールズント　5, 45, 110, 126, 127, 130, 143, 154, 197, 231, 280, 282, 283
────条約　7, 8, 106, 108, 110, 121, 221
重商主義　10, 134, 217, 306, 307, 313, 314, 320, 321
十七世紀の危機　138
シュパイアー　187
シュプランデル，R.　5, 41, 230, 231, 234, 236
シュルツ，F.　221
シュレージェン　189, 225, 242, 243, 247, 254
シュレスヴィヒ　35, 60, 122
シュレスヴィヒ・ホルシュタイン　60, 154, 256, 294-96, 299-305, 310-12, 321
生姜　72, 236
商業基盤　18, 20, 101, 181, 183, 200, 207, 220, 223, 225, 254-56, 324
商業圏　4, 21, 140, 144, 160, 168, 306, 322, 324
商業封鎖　129
商品学　11
商品構成　54, 65, 82, 94, 99, 147, 151, 178, 249, 265, 269, 286
商品流通構造　184, 298
植生　84, 87, 99
植民地物産　148, 306, 310, 312, 313, 321
シルトハウアー，J.　7, 140-42, 147, 159, 162
申告証書　27, 55-59, 64, 72, 77, 95-98
新制度学派　10, 11

新大陸貿易　177
真鍮　230, 231, 235, 305
人物誌研究　11, 26, 58
水銀　235
スイス　187, 203, 205
水路　31, 32, 35, 37, 38, 52, 60, 73, 119, 143, 164, 201, 202, 225, 227, 240, 243, 266
スウェーデン　24, 46-48, 70, 79, 96, 128, 151, 155, 170-75, 177-81, 194, 195, 259, 267, 268, 285, 293-97, 299, 305, 306
スヴェンボー　316-18
スカーイェラク海峡　115
スカゲン岬　31
スカンイェール　110, 116, 260
スカンディナヴィア　4, 47, 110, 125, 126, 259, 263, 292, 294, 295, 319
スキムメーゼ　48, 96-98
スコーネ（ショーネン）　1, 21, 26, 47, 52, 65, 79, 110, 115, 116, 118, 123, 148, 149, 161, 193, 195, 256, 259-68, 271-73, 278, 280, 284, 294, 295, 301, 302, 304, 306, 319, 324
スコットランド　155, 156
錫　190, 238
ストックホルム　41, 53, 70, 91, 121, 170-73, 176, 178-81, 194, 195, 297, 298
ストラスブール　186
ストラ鉱山　175
スモレンスク　77
スロヴァキア　147, 173, 175
生命線　20, 54, 89, 192, 206-08, 214, 220, 222, 324
ゼーラント　106, 110, 111, 113, 117, 118, 125, 126, 129, 136
世界システム論　10, 12, 15, 17, 19, 107, 255, 314
世界経済　1, 4, 9, 10, 12, 14-20, 72, 100, 105, 107, 140, 166, 169, 172, 178, 181, 205, 223, 225, 233, 255, 323, 324

世界市場　3, 9, 16, 100, 172, 181, 223
積載量　36, 53, 91, 155, 234, 296-98, 301, 303
石鹸　64
絶対王政　314
船籍地　141, 142, 156, 304
染料　72, 187, 236, 242
相互主義　210, 218
ゾイデルゼー都市　106, 110-14, 117, 126, 189, 201, 202
ゾイデル海　189
ゾースト　201
造船　31, 91, 99, 114, 119, 177, 185
組織としてのハンザ　5, 6, 9, 17, 18, 20, 21, 100, 107, 122, 137, 182, 254, 292, 321, 324　→ハンザ

タ　行

タール　50, 147, 162, 272
ダーラナ　128
大西洋　3, 4, 20, 45, 64, 94, 100, 115, 129, 155, 156, 160, 191, 224-26, 232, 234, 236, 237, 239, 241, 247, 251, 254, 267, 297, 298, 303, 310, 324
大麻　187, 235
大航海時代　3, 17, 20, 100, 191, 232, 324
高橋清四郎　225
高村象平　18, 65, 108, 113, 145, 260
ダッソウ　294
タバコ　250, 253, 306
玉木俊明　11, 18, 76, 105, 175, 225, 237, 243
玉葱　187
脱ハンザ　20, 214, 256
ダンツィヒ　1, 5, 11, 14, 17, 20-21, 27, 34, 39, 41, 45, 69, 71, 76, 79, 82, 91, 93, 116, 119, 120, 126, 127, 129, 134, 137-47, 149-51, 155-69, 171-73, 179, 181, 193, 196-200, 210, 213, 229, 236, 243, 255, 267-69, 297, 298, 322, 324

――・オランダ枢軸　164, 166
チーズ　178, 236, 305
地政学　121, 259
地中海　3, 4, 18, 33, 45, 69, 107, 115, 148, 155, 195, 203, 242
――世界　3, 85
チャンネル　237
中継商業　185
中継地　37, 99, 159, 187-89, 191, 196, 202, 222, 284
中世都市　11, 17, 18, 33, 66, 88, 108, 145, 160, 170, 183
中世の世界経済　4, 12, 13, 168, 171
丁子　72
チロル　173
ツィーリクゼー　110-12, 116, 117, 129
通過交易　33
通商動脈　1, 17, 55, 75, 95, 120, 136, 137, 140, 182, 200, 208, 209, 215, 220, 223, 224, 255, 298
通商路　4, 5, 18, 20, 76, 119, 125, 318
ツェルナー，K.-P.　8
ツェルプスト　251
積換え　37, 50, 54, 71, 90, 119, 120, 143, 144, 166, 180, 185, 191, 200, 226
デーネル，E.　7, 221
低地地方　43-46, 113, 114, 142, 177, 186, 189, 190-92, 201, 202, 205, 208, 220, 222, 234, 297, 315
低賃金商品　314
定期市　313
帝国　75, 178, 293, 318, 324
――都市　37, 227
デッサウ　251
デッセラー，E.　183
デフェンター　34, 114, 186, 189, 196, 201
デュースブルク　201
デンマーク　1, 20-22, 24, 26, 39, 47, 50, 60, 61, 79, 105-10, 115, 121-28, 130-37, 144, 148, 153, 154, 156, 157, 161, 174, 192, 200, 204, 208, 210, 237,

256, 259-78, 280, 281, 284, 286, 287,
　　　289, 291-96, 299-322, 324
　──戦争　6, 7, 23, 47, 110, 125, 128,
　　　135, 136
トイアーカオホ, G.　227
ドイツ　3, 5-7, 10, 12, 14-18, 33, 48,
　　　54, 56, 75-78, 82, 87, 88, 129, 130,
　　　134, 140, 145, 156, 169-71, 173, 177,
　　　182-91, 195, 200, 201, 203-05, 207-
　　　09, 211, 222, 225, 227, 229, 231, 233,
　　　234, 236, 237, 239, 241, 242, 245, 247,
　　　253-55, 259, 276, 282, 292-94, 296-
　　　302, 304, 311-22, 324
　──・ハンザ　5, 12, 18, 31, 33, 34,
　　　36, 39, 41, 43, 45, 47-49, 54-56, 58-
　　　60, 107, 139, 183, 190, 207　→ハンザ
　──騎士修道会　122, 145
ドゥエールト, R.　203, 204
銅　1, 47, 48, 63, 67, 70, 73, 84, 95-98,
　　　100, 124, 128, 147, 161, 163, 167, 169,
　　　170, 172-81, 189, 190, 199, 229-31,
　　　235, 238, 239, 245, 305, 306, 324
同君連合　294
東西間商業　19, 32, 34, 125, 143, 144,
　　　146, 166, 168, 232, 241, 243, 278, 323
東西貿易　75, 146, 157, 164, 268
動脈　5, 17, 19, 21, 31, 48, 54, 76, 114,
　　　125, 136, 143, 145, 157, 164, 167, 170,
　　　171, 177, 186, 188, 189, 201, 203, 220,
　　　222, 224, 228, 235, 237, 247, 268, 278,
　　　285, 323, 324
トーシンエ島　317, 318
特産物　321
独自のハンザ　210, 214, 220
都市・農村関係　50, 237, 316
トラーフェシュターペル　144
トラーフェミュンデ　90, 280
トラーフェ塩　160
トラーフェ川　32, 37, 39, 50, 52, 53,
　　　90, 119, 143, 160, 227, 266, 293
ドランジェ, Ph.　7, 107, 114, 135, 264,
　　　275

取引相手　9, 18, 20, 25-27, 79, 99, 113,
　　　140, 141, 143, 150, 154, 179, 232, 255,
　　　256, 262, 272, 279, 280, 283, 291, 294,
　　　300, 301, 305, 314-16, 323
取引基盤　181
取引登録数　280, 283
取引費用　11, 41
トリッタウ　38, 59-61
トリップ, エリアス　175
ドルトムント　201
ドルトレヒト　110, 111, 116
ドレスデン　248, 250-53

ナ　行

内陸交易路　32-34, 39, 49, 50, 54, 59,
　　　192
内陸都市　76, 220, 239, 241
内陸路　17, 19, 31, 34, 35, 39, 40, 54,
　　　55, 58, 64, 76, 95, 98, 119, 120, 125,
　　　132, 170, 172, 177, 180, 199, 226, 228,
　　　285, 297, 323, 324
ナウムブルク　244
中澤勝三　69, 105, 222
長い16世紀　4, 17, 138, 146, 313
ナツメグ　236
鉛　64, 161, 163, 190, 236, 238, 239, 268
ナントの勅令　234
ニーダーシュタットブーフ　41
ニーダーライン　182, 187
ニクズク　72
荷車　23, 36, 50, 143
西インド・ギニア会社　307
鰊　47, 53, 64, 65, 81, 94, 99, 114-16,
　　　124, 129, 148, 160, 161, 229, 230, 250,
　　　259, 260, 261, 263-65, 267-69, 272-
　　　75, 278, 284, 285, 305, 306, 308
日用品　173
日本ハンザ史研究会　18, 37
ニューマン, K.　236, 242
ニュルンベルク　34, 143, 188, 192, 203,
　　　236, 241, 242, 246

ニルンハイム　49
年市　　19, 114, 203, 313
ネグリ，A.　324
ネッカー川　187
ネルトリンゲン　187
ノイゾール　147, 173
ノヴゴロド　5, 75, 78, 83, 88, 95, 118, 196
　──・ファーラー　89
ノルウェー　31, 39, 49, 110, 114, 121, 122, 128, 134, 155, 156, 192, 201, 204, 267, 297, 298, 303
ノルト，M.　12, 15, 142

ハ　行

ハーヴェルベルク　239
ハーダー－ゲルスドルフ，E.　14, 82, 98, 313
バーデン　186
ハート，M.　324
ハーメルン　201
灰　38, 93, 162, 199, 238, 239
ハインリヒ獅子公　35, 38, 227
バウマン，W.-R.　235
博物学　11
バター　46-47, 53, 71, 81, 94, 96, 178, 229, 230, 300, 305, 308, 316, 317
蜂蜜　82, 86-88, 229, 251, 305, 317
ハノーファー　201, 240, 266
母なる貿易　139, 150
馬場哲　225, 243
ハプスブルク家　318
羽目板　162, 163
ハメル－キーゾー，R.　10, 12-15, 40, 153, 154, 165, 167, 313
ハム　199
パラヴィッチーニ，W.　20, 21
ばら戦争　216, 218
バラスト　129, 149
パリ　43, 191
ハルデルウェイク　112

バルト海・北海間商業　1, 15, 19-21, 25, 31, 35, 39, 50, 54, 76, 119-21, 129, 137, 138, 143, 150, 153, 169, 196, 220, 227, 228, 255, 256, 323, 324
バルト海商業　1, 10, 12, 20, 34, 76-77, 81, 105, 107-10, 113, 115, 118, 119, 124, 125, 128, 133, 136, 138, 139, 144, 150, 163, 164, 166, 169, 172, 178, 182, 192-94, 196, 197, 200-02, 205, 233, 254, 256, 269, 274, 278-80, 291, 293, 294, 298, 324　→バルト海貿易
バルト海地帯　9
バルト海帝国　174, 175
バルト海南西海域　21, 143, 197, 237, 276-78, 282, 292-94, 299, 304, 306, 310, 313, 320-22, 324
バルト海貿易　50, 75, 77, 79, 83, 89, 107, 113, 114, 119, 133-35, 137, 139, 140, 146, 150, 156, 166, 171, 175, 180, 192, 261, 280, 297, 314　→バルト海商業
バルヘント　188, 190, 242
ハンザ　1, 10, 12, 20, 34, 76, 77, 81, 105, 107-10, 113, 115, 118, 119, 124, 125, 128, 133, 136, 138, 139, 144, 150, 163, 164, 166, 169, 172, 178, 182, 192-94, 196, 197, 200-02, 205, 233, 254, 256, 269, 274, 278-80, 291, 293, 294, 298, 324
　──・イングランド戦争　233
　──・デンマーク戦争　22, 39, 60, 106, 108, 125, 130, 165
　──・北欧商業圏　4-6, 9, 13, 14, 18, 22, 31, 32, 38, 43, 49, 53-55, 100, 105, 120, 137, 140, 158, 164, 177, 256, 259, 323
　──の一体性　108, 135, 137, 168, 169
　──の衰退期　8, 108, 151
　──の盛期　7, 32, 65, 99, 256
　──の転換期　137
　──の盟主　32, 140, 167, 260

——史学　6,10,12,14,171
——商人　6,11,33,41,42,48,83,95,100,113,116,123,124,128,139,175,180,192,205,208-11,214,218,221,222,230,236,259,263,316,320
——総会　5,22,36,91,136,140,215,219,292
——都市　6,8,9,17,18,20,22,28,33,59,76,100,106,109,110,112-14,118,119,123-26,128,134-36,144,153,164,165,167-69,175,182-84,189,207,209-14,219-21,227,231,233,254,255,292,309,314,316,319,320,324
——都市会議　5,110,111,129,211,214
——特権　113,121,123,124,211,217-19
ハンセン，J.　316
ハンブルク　1,5,6,13,17,20,21,32-39,41,43,44,47,49,50,54-61,63-65,67-73,76,77,79,95-98,100,109,112,119,123,125,126,130,136,143,144,155,164,165,168-70,172,177,180,181,194,196,197,199,201,202,217,224-55,297,309,315,322-24
半辺境　314
帆布　305
ビール　14,37,158,185,187,203,229-31,233,236,238,268,269,305
東インド　15,191
——会社　175,307
比較史　13,19
ピッチ　162,238,239
ピッツ，E.　8,167
広幅織　221
非ハンザ　109,113,116,118,129,136
ヒルシュフェルダー，G.　183,184,193,198
ピルナ　248-53
ヒンターラント　146-147,160,166,226,316

孵　37,53,90
ファルスター島　316
ファン・メール家　204
フィタリエンブリューダー　112,122
フィッシャー，G.　244
フィッテ　110,115,116,263
賦役　314
フェーマルン島　117,306,310
フェッキンクーゼン　95,195,196
フェリペ3世　177
フェルディナント3世　245
フェロー諸島　233
フォークトヘア，H.-J.　23,24,26,27,55-59,77,91-94,261,269,280,286
フォーゲル，W.　14,303
フォルクマー家　244
フォンダコ・デ・テデスキ　191
深沢克己　19,226
付加税　21,293
付加税台帳　27,293,294,305,310
プスコフ　77,196
フッガー家　17,147,173,175,203,318,320
——の時代　17,147
プファール税　21,27,140,159,164
プファルツ　186
フューン島　309,316
プラーハ　13
プラーム　303
フライブルク　187
ブラウンシュヴァイク　231,232,239,240,244,245
ブラシュケ K.　247,248,250
ブラバント　205,209,215,245
フランクフルト　5,186,188-92,195,202,203,205,208,209,220,222,241,242
フランス　6,19,43,149,156,160,187,190,191,216,217,225,226,234,242,243,251,263,297,303,306
ブランデンブルク　233,238,239,254
ブラント，A.　7,168,180,193,228

フランドル　22, 32, 43, 59, 82, 114, 122, 145, 189, 194, 195, 205, 209, 228, 230, 231, 234, 238, 245, 284
フリースラント　111-13, 142, 230
フリートラント, K.　8, 9
フリードリヒ・ヴィルヘルム運河　243
フリードリヒ・バルバロッサ　227
フリードリヒ3世　219
ブリストル　208
フリッツェ, K.　7, 50, 117, 123, 128, 131, 135
ブリュージュ　5, 34, 43, 45, 49, 52, 71, 72, 95, 109, 113, 119, 129, 143-45, 186, 188-91, 194, 195, 198, 201, 202, 204, 205, 214
ブルヴェーア家　195
ブルゴーニュ　132, 145, 215, 216
──公　134, 216, 217
ブルファルデス家　195
ブルンス, F.　24, 48, 59, 68, 91, 151, 152, 178, 261, 265, 268, 276, 280, 283, 289
フレーデンハーゲン, トマス　310
ブレーメン　6, 34, 109, 116, 134, 199, 201, 219, 231, 236, 237
プレスカウ　77
プレスコウ（リューベック市長）122, 124
ブレスラウ　6, 147, 243
フレンスブルク　310
ブレンナー峠　187
ブロアージュ　149, 160
プロイセン　47, 49, 73, 75, 76, 88, 96, 111, 116-20, 122, 126, 127, 129, 130, 134-36, 138, 145, 147, 150, 155, 160, 164, 196-98, 204, 209, 210, 261, 263, 273
ブローデル, F.　3, 4, 155, 168, 172, 203
フロニンヘン　142
文書館　22, 25, 57, 248

兵器　76, 173, 175, 177, 185
ベイ塩　94, 129, 133, 160, 251, 267, 268
ベーコン　94, 178, 300, 305
ヘゲモニー　105, 107, 178
ベステ川　37, 39
ヘプケ, R.　144
紅花　187, 188
ベルギー　94
ベルゲン　133, 143, 306
ベルゲン・オブ・ツォーム　189, 203
ヘルシングボリ　110
ヘルデルン　113
ベルリン　237, 239, 240, 243
変動局面　14, 27, 40, 313
ヘンリー6世　217
ボイツェンブルク　49, 239
ボイトネライ　86-88
貿易構造　27, 255, 288, 298
貿易生産都市　231
北欧　4, 19, 22, 24, 49, 54, 72, 73, 108, 115, 117, 121, 122, 125, 134, 140, 144, 171, 267, 306, 314, 317
墓石　249
帽子　264, 265
ボーデン湖　187
ポーランド　9, 138, 145-47, 150, 165, 166, 294, 229, 306
干し葡萄　64, 236, 250
北方ヨーロッパ　4-6, 31, 58, 75, 107, 137, 156, 168, 299, 321, 323
北方七年戦争　151
ホップ　229, 268, 269, 272, 305, 319
ボヘミア　189, 240
ポペリンゲ　71
ポメルン　1, 26, 87, 154, 163, 279, 280, 282-91
ホラント　106, 110-13, 115, 117, 118, 125, 126, 129, 132, 136, 142, 145, 230, 245
ホルシュタイン　36, 39, 60, 122-24, 226, 227, 236, 310, 316
ホルステン, ヴァルター・フォン　167

索　　引

ホルステンブリュック関税　164
ポルトガル　18, 72, 148, 155, 160, 191, 234, 297, 303
ボルンホルム島　31, 309
ポンド税　21-25, 27-28, 34, 47, 90, 112, 134, 140, 151, 158, 230, 260, 263, 293
――台帳　21, 22, 24, 25, 27, 28, 39-41, 43, 45, 48-50, 53-55, 58, 64, 68, 70, 77, 79-82, 89-99, 140, 150-53, 157, 162, 194, 228-30, 240, 259-62, 265, 269, 271, 274-76, 278-80, 286, 290, 301

マ　行

マーガレット（ヘンリー6世の王妃）　217
マーチャント・アドヴェンチャラーズ　233, 235, 236
マイヤー・シュトール, C.　293, 294
マイセン　251, 253
マイセン辺境伯　238
マイン川　186-88
マウォヴィスト, M.　9
マクデブルク　231, 232, 238, 239, 251, 252
マラーノ　233
マルグレーテ（ヴァルデマー4世の娘）　121, 122
マルサス, T. R.　73
マルメ　110, 260
マンスフェルト　173
蜜蜂　85-88
蜜蠟　36, 47, 48, 63, 64, 67-69, 73, 75, 81-90, 93, 94, 96, 100, 162, 187, 195, 198, 199, 202, 231, 239, 242, 245, 324
ミュンスター　39, 201
明礬　64, 72, 97, 236, 307
メーメル　294
メクレンブルク　1, 26, 87, 154, 163, 276, 279, 280, 282-91, 293, 301, 324

メデムブリヒ　142
メルン　38, 49, 52, 324
モーゼル川　186, 187
木材　49, 86, 98, 119, 120, 145, 147, 150, 161, 162, 187, 229, 236, 239, 249, 300
モスクワ　77
木綿　72, 191, 242
モンチャック, A.　9

ヤ　行

ヤーンケ, C.　56, 260, 263
薬種　64, 67, 72, 97, 188, 191
山本大丙　139
ユグノー　234
ユトランド半島　31, 32, 35, 119, 120, 170, 224, 227, 292, 293, 300, 319
ユトレヒト条約　7, 182, 219, 221, 222
羊毛　190, 209, 235, 242
養蜂　84-89, 99
ヨーク家　216, 217
ヨーロッパ　3-6, 9-12, 15-21, 31, 32, 54, 56, 58, 65, 69, 75, 76, 83-88, 91, 99, 100, 107, 114, 115, 119, 120, 132, 135-39, 150, 155, 157, 160, 164, 167, 168, 170, 171, 173-75, 177, 178, 181-82, 184-86, 189, 190, 192, 202, 203, 205, 208, 209, 224-26, 233-35, 237, 241-43, 245, 254, 255, 263, 278, 298, 299, 302, 303, 306, 307, 313, 314, 320, 321, 323, 324
――世界経済　3, 4, 10, 17, 19-21, 100, 107, 115, 139, 140, 150, 154, 166, 168, 172, 205, 223, 254-56, 298, 313, 314, 324
ヨッホマン, W.　240, 241

ラ　行

ラ・ロシェル　196
ラート　33, 57, 195

索　引

ライデン　71
ライプツィヒ　76, 189, 237, 241-47, 250, 251
ラインガウ　186, 187
ラインラント　114, 193, 198, 203
ライン川　185-89, 191, 201, 202, 237
　──水系　182, 192
ライ麦　88, 116, 146, 147, 162, 187, 200, 229, 238, 239
ラウエンブルク　252
ラウテンクランツ　245
ラスト　53, 70, 91, 97, 98, 146, 155, 156, 159-63, 193, 199, 234, 239, 264, 265, 268, 269, 272, 284, 296, 297, 301, 303
ランカスター家　216
ランゲラン島　316, 317, 319
ランスクローナ　319
リーガ　5, 41, 45, 52, 69, 76, 79, 82, 91, 93, 94, 119, 144, 163, 165, 166, 229, 276
リーフラント　73-83, 85, 88-92, 94-98, 118-20, 126, 134-36, 142, 162, 165, 204, 261, 263, 273, 276, 297, 323
リエージュ　177
立地条件　120, 185, 186, 226, 233
リトアニア　147, 243
リューネブルク　38, 47, 49, 53, 64, 126, 130, 143, 149, 160, 193, 201, 231, 232, 238-40, 247, 266-68
リューベック　1, 3, 5, 6, 9, 14, 15, 17-28, 31-61, 63-65, 67-84, 87-100, 106, 110-20, 122-27, 129, 130, 132, 134-40, 142-45, 149-74, 176-85, 190, 192-97, 199-201, 204-06, 209, 213-33, 235, 237, 240, 241, 251, 254-56, 259-69, 271-80, 282-85, 287-94, 296-316, 318-24
　──大埋蔵金　11
領邦君主　111, 227

林産品　147, 193
リンツ　251
ルーアン　196
ルクセンブルク　187, 205
ルッドケビン　317, 319
レーヴァル　5, 28, 41, 69, 79-83, 87, 89-91, 93, 94, 96, 97, 116, 117, 144, 163, 198, 276
レーエ, E. v.　240, 241
レーゲンスブルク　189, 192
レーリヒ, F.　4, 7, 12, 24, 33, 136
歴史制度分析　11
レヒナー, G.　23, 25, 43, 151
レンツェン　39, 239
レンベルク　190
ロシア　14, 47, 48, 64, 73-85, 87-91, 94-99, 156, 162, 197, 242, 251, 256, 263, 285, 297, 298, 306, 323, 324
　──・リーフラント産品　1, 19, 20, 73-75, 77, 79, 82, 83, 89, 93-100, 172, 297, 323, 324
　──皮　98, 99, 305
ロストック　26, 45, 117, 122, 126, 127, 130, 143, 154, 160, 197, 262, 263, 275, 279-84, 286, 293-95, 298-301, 303-06, 312, 314, 321
ロッテルダム　237, 267
ロラン島　316, 317
ロレーヌ　187
ロンドン　5, 143, 190, 196, 199, 202-04, 211-14, 220, 222, 233, 235, 236, 239
　──・アントウェルペン枢軸　190, 209
　──・ファーラー　211

ワ　行

ワイン　45, 186, 187, 190, 193, 194, 196-99, 204, 229, 306

谷澤　毅（たにざわ・たけし）

1962年生まれ．1984年上智大学経済学部卒業．1997年早稲田大学大学院経済学研究科博士後期課程単位修得退学．1993-94年早稲田大学交換留学生としてドイツ・ボン大学に留学．現在長崎県立大学教授．博士（経済学）
〔主要業績〕「近世ドイツの商業都市とヨーロッパ国際商業に関する研究」科研費研究成果報告書，2006年．「「ハンザ都市」ケルンの外交と商業」，鈴木健夫編『地域間の歴史世界——移動・衝突・融合』早稲田大学出版部，2008年．「近世ドイツ・中欧の大市」，山田雅彦編『伝統ヨーロッパとその周辺の市場の歴史』清文堂，2010年．The Overland Trade Route between the Baltic and the North Sea during the Golden Age of the German Hansa, *Balto-Scandia*, Extra Edition, 2011. D. カービー，M. L. ヒンカネン『ヨーロッパの北の海——北海・バルト海の歴史』（共訳）刀水書房，2011年．

〔北欧商業史の研究〕　　　　　　ISBN978-4-86285-120-8

2011年11月25日　第1刷印刷
2011年11月30日　第1刷発行

著　者　谷　澤　　　毅
発行者　小　山　光　夫
印刷者　藤　原　愛　子

発行所　〒113-0033 東京都文京区本郷1-13-2
電話 03(3814)6161 振替 00120-6-117170
http://www.chisen.co.jp
株式会社 知泉書館

Printed in Japan　　　　　　印刷・製本／藤原印刷